Leibinger/Müller/Züll · Öffentliche Finanzwirtschaft

Öffentliche Finanzwirtschaft

Ein Grundriss
für die öffentliche Verwaltung in Bund und Ländern

begründet von

Prof. Herbert Wiesner

Dozent a.D. an der Hochschule des Bundes für öffentliche Verwaltung,
Mannheim

fortgeführt von

Prof. Dr. Bodo Leibinger, Reinhard Müller
und Bernd Züll

Dozenten an der Hochschule des Bundes für öffentliche Verwaltung, Brühl

15., neu bearbeitete Auflage

R. v. Decker

Reihe „Handbücher und Kommentare“

Satz: preXtension, Grafrath
Druck: CPI Clausen & Bosse, Birkstr. 10, 25917 Leck
ISBN 978-3-7685-0533-6

Vorwort

Öffentliche Finanzwirtschaft wird von verschiedenen Wissenschaftsdisziplinen geprägt. Der juristische Ansatz reicht vom Verfassungsrecht bis zum einfachen Kassenrecht, der ökonomische Ansatz von volkswirtschaftlichen Fragen der Wirtschafts- und Sozialpolitik bis zu einzelwirtschaftlichen Fragen der Organisation. Im Mittelpunkt der Betrachtung steht der staatliche Haushaltsplan. Er wird von der Verwaltung nach genau festgelegten Regeln aufgestellt und ausgeführt, von den Regierungen beschlossen und von den Parlamenten durch Haushaltsgesetz festgestellt. Allein auf Grund seines Umfangs kann der Haushaltsplan nicht ohne Einfluss auf die Gesamtwirtschaft bleiben.

Mit diesem Buch soll erneut der Versuch unternommen werden, die komplexe und umfangreiche Materie der öffentlichen Finanzwirtschaft geschlossen und vor allem verständlich wiederzugeben. Dabei werden auch die Grundzüge der Randgebiete Vergaberecht und Zuwendungsrecht dargestellt. Das Buch soll Studierenden und Praktikern auch als Nachschlagewerk dienlich sein.

Mit diesem Buch soll erneut der Versuch unternommen werden, die komplexe und umfangreiche Materie der öffentlichen Finanzwirtschaft geschlossen und vor allem verständlich wiederzugeben. Dabei werden auch die Grundzüge der Randgebiete Vergaberecht und Zuwendungsrecht dargestellt. Das Buch soll Studierenden und Praktikern auch als Nachschlagewerk dienlich sein.

Das Werk wurde begründet von Herbert Wiesner, der die ersten 10 Auflagen des Buches in den Jahren 1973 bis 2003 verfasst hat. Fortgeführt wurde das Werk bis zur 14. Auflage von Bodo Leibinger und Reinhard Müller. Nachdem sich nunmehr auch Reinhard Müller zurückgezogen hat, ist Bernd Züll als neuer Co-Autor an seine Stelle getreten. Reinhard Müller bleibt aber auch in dieser 15. Auflage als Verfasser genannt, da er an der Konzeption des Buches maßgeblich mitgewirkt hat. Für den Inhalt des Buches sind natürlich wir, das neue Autorenteam, alleine verantwortlich.

Köln, im März 2021

Bodo Leibinger
Bernd Züll

Gewidmet BGG01 und FHF01.

Bonn, im März 2021 *Bernd Züll*

„Der Staatshaushalt muss ausgeglichen sein. Die öffentlichen Schulden müssen verringert werden. Die Arroganz der Behörden muss gemäßigt und kontrolliert werden. Die Zahlungen an ausländische Regierungen müssen verringert werden, wenn der Staat nicht bankrott gehen soll. Die Leute sollen wieder lernen zu arbeiten, statt auf öffentliche Rechnung zu leben."

Marcus Tullius Cicero, 55 vor Christus

Inhaltsübersicht

Inhaltsverzeichnis

Abbildungsverzeichnis

Übersichten

Abkürzungsverzeichnis

a.a.O.	am angeführten Ort
AEUV	Vertrag über die Arbeitsweise der Europäischen Union
ANBest	Allgemeine Nebenbestimmungen (zum Zuwendungsbescheid)
AO	Abgabenordnung
Art.	Artikel
BAnz	Bundesanzeiger
BayVerf	Verfassung für den Freistaat Bayern
BBesG	Bundesbesoldungsgesetz
BBG	Bundesbeamtengesetz
Begr.	Begründung
BesGr	Besoldungsgruppe
BestMa-VB-HKR	Bestimmungen über die Mindestanforderungen für den Einsatz automatisierter Verfahren im Haushalts-, Kassen- und Rechnungswesen des Bundes
BfdH	Beauftragter für den Haushalts
BfDI	Der Bundesbeauftragte für den Datenschutz und die Informationsfreiheit
BGB	Bürgerliches Gesetzbuch
BGBl.	Bundesgesetzblatt
BGebG	Bundesgebührengesetz
BHO	Bundeshaushaltsordnung
BIP	Bruttoinlandsprodukt
BM	Bundesminister(ium)
BMBF	Bundesministerium für Bildung und Forschung
BMF	Bundesminister(ium) der Finanzen
BMI	Bundesministerium des Innern
BMWi	Bundesminister(ium) für Wirtschaft und Energie
BR	Bundesrat
BReg	Bundesregierung
BRH	Bundesrechnungshof
BSchuWG	Bundesschuldenwesengesetz
BT	Bundestag
BT-Drs.	Bundestagsdrucksache
BVerfG	Bundesverfassungsgericht
BVerfGE	Entscheidungssammlung des Bundesverfassungsgerichts
BZSt	Bundeszentralamt für Steuern
dgl.	dergleichen
EGovG	E-Governmentgesetz

Epl	Einzelplan
ERechV	E-Rechnungsverordnung
ESVG 2010	Europäisches System volkswirtschaftlicher Gesamtrechnungen (Stand 2010)
FAG	Finanzausgleichsgesetz
Fn	Fußnote
FPL	Funktionenplan
FPStatG	Gesetz über die Statistiken der öffentlichen Finanzen und des Personals im öffentlichen Dienst
FVG	Finanzverwaltungsgesetz
G115	Artikel-115-Gesetz
gem.	gemäß
GenG	Genossenschaftsgesetz
GmbH	Gesellschaft mit beschränkter Haftung
GG	Grundgesetz
GGO	Gemeinsame Geschäftsordnung der Bundesministerien
GO	Geschäftsordnung
GO-BReg	Geschäftsordnung der Bundesregierung
GO-BT	Geschäftsordnung des Bundestages
GoBIT-HKR	Grundsätze ordnungsgemäßer Buchführung bei Einsatz von automatisierten Verfahren im Haushalts-, Kassen- und Rechnungswesen
GPL	Gruppierungsplan
grds.	grundsätzlich
GVBI	Gesetz- und Verordnungsblatt
GWB	Gesetz gegen Wettbewerbsbeschränkungen
HG	Haushaltsgesetz
HGB	Handelsgesetzbuch
HGO	Hessische Gemeindeordnung
HGrG	Gesetz über die Grundsätze des Haushaltsrechts des Bundes und der Länder (Haushaltsgrundsätzegesetz)
HKR	Automatisiertes Verfahren für das Haushalts-, Kassen- und Rechnungswesen des Bundes
Hpl	Haushaltsplan
HRB	Haushaltstechnische Richtlinien des Bundes
HÜL	Haushaltsüberwachungsliste
i.V.m.	in Verbindung mit
i.d.F.	in der Fassung
i.d.R.	in der Regel
InfrGG	Infrastrukturgesellschaftsgesetz
Kap	Kapitel
KBestB	Kassenbestimmungen für die Bundesverwaltung
KLR	Kosten- und Leistungsrechnung

KonzVgV	Konzessionsvergabeverordnung
ku	künftig umzuwandeln
kw	künftig wegfallend
LHO	Landeshaushaltsordnung
LMF	Landesminister(ium) der Finanzen
LRH	Landesrechnungshof
LV	Landesverfassung
MaßstG	Maßstäbegesetz
MV	Mittelverteiler
MünzG	Münzgesetz
NJW	Neue Juristische Wochenschrift
OWiG	Ordnungswidrigkeitengesetz
PCGK	Public Corporate Governance Kodex des Bundes
RB Bau	Richtlinien des Bundes für die Durchführung von Bauaufgaben
Rdschr.	Rundschreiben
RHO	Reichshaushaltsordnung
Rn	Randnummer
S.	Seite
s.	siehe
SektVO	Sektorenverordnung
StabG	Gesetz zur Förderung der Stabilität u. des Wachstums der Wirtschaft
StG	Steuergesetz
Tit	Titel
TV	Titelverwalter
UVgO	Unterschwellenvergabeverordnung
VBRO	Buchführungs- und Rechnungslegungsordnung für das Vermögen des Bundes
VerfGH	Verfassungsgerichtshof
VerfRiB-MV/TV-HKR	Verfahrensrichtlinien des Bundes für Mittelverteiler und Titelverwalter für das automatisierte Verfahren für das Haushalts-, Kassen- und Rechnungswesen des Bundes
VerfRiBeS-HKR	Verfahrensrichtlinie für die Nutzung der elektronischen Schnittstellen zum automatisierten Verfahren für das Haushalts-, Kassen- und Rechnungswesen des Bundes
Vgl.	vergleiche
VgV	Vergabeverordnung
VOB	Vertrags- und Vergabeordnung für Bauleistungen
VOL	Vertrags- und Vergabeordnung für Leistungen
VO/VW-RiB	Vorschuss- und Verwahrungsrichtlinie des Bundes zu § 60 BHO
VSVgV	Vergabeverordnung Verteidigung und Sicherheit

VV-BHO	Verwaltungsvorschriften zur Bundeshaushaltsordnung
VV-HB	Verwaltungsvorschriften zur Haushaltssystematik des Bundes
VV-ReVuS	Verwaltungsvorschriften für die Buchführung und die Rechnungslegung über das Vermögen und die Schulden des Bundes
VV-ZBR BHO	Verwaltungsvorschriften für Zahlungen, Buchführung und Rechnungslegung (zu Teil IV Bundeshaushaltsordnung)
WRV	Weimarer Reichsverfassung
ZFB	Zentrales Finanzwesen des Bundes
ZÜV	Zahlungsüberwachungsverfahren des Bundes

Literaturverzeichnis

Andreae, C.-A., Mauser, R (1969), Finanztheorie, Stuttgart, Düsseldorf, 1969.

Arnold, V., Geske, O.-E. (Hg.), Öffentliche Finanzwirtschaft, München 1988.

Blankart, Öffentliche Finanzen in der Demokratie, 6. Auflage, Berlin, 2006.Borrmann, G.-F., Schwanenberg, M (1992), Öffentliche Finanzwirtschaft, 2. Aufl., Köln, Berlin, Bonn, München, 1992.

Burth, A. (2017), Verbreitung der kommunalen Doppik in Deutschland (Stand 22.06.2017), in: HaushaltsSteuerung.de (abgerufen am 19.01.2021).

Corneo, Öffentliche Finanzen: Ausgabenpolitik, 5. Auflage, Tübingen, 2018.

Dittrich, Bundeshaushaltsordnung mit Schwerpunkt Zuwendungsrecht, Kommentar, Loseblattwerk und Online, Verlagsgruppe Hüthig Jehle Rehm

Engels/Eibelshäuser, Kommentar zum Haushaltsrecht, Loseblattwerk mit 65. Aktualisierung.

Gerster, Der Berichterstatter im parlamentarischen Haushaltsverfahren, Regensburg, 1984.

Görg, „Finanzwirtschaft, öffentliche“ in: Evangelisches Staatslexikon, 3. Aufl., Stuttgart/Berlin, 1987.

Grunow, Die verfassungsrechtliche Rechtfertigung der Steuerlast und Steuererhebung (Diss.), Augsburg, 2017.

Heinig, K., Das Budget, 1. Bd., Tübingen, 1949.

Heller, R. F., Haushaltsgrundsätze für Bund, Länder und Gemeinden, Systematische Gesamtdarstellung, 2. Aufl., Heidelberg, 2010.

Henneke, H.-G., Öffentliches Finanzwesen – Finanzverfassung – Eine systematische Darstellung, 3. Aufl., Heidelberg 2018.

Henneke, H.-G., Aufgaben und Finanzbeziehungen von Bund, Ländern und Kommunen ab 2020, 2. Auflage, Wiesbaden, 2019.

Hilgers, D., Die Dispersion der Doppik? Das neue öffentliche Haushalts- und Rechnungswesen zwischen kommunaler Routine und europäischer Harmonisierung, 20. März 2016, http://www.haushaltssteuerung.de/weblog-die-dispersion-der-doppik-das-neue-oeffentliche-haushalts-und-rechnungswesen-zwischen-kommunaler-routine-und-europaeischer-harmonisierung.html#2-2-epsas, Stand: 29.01.2021.

Jellinek, Allgemeine Staatslehre, 3. Auflage, Berlin, 1914.

Kamp, M.E., Schönebeck, W., Smolinski, D., Weiler, H., Öffentliche Finanzwirtschaft, Köln, 1975.

Leibholz/Rinck, Grundgesetz, Kommentar anhand der Rechtsprechung des Bundesverfassungsgerichts, Loseblattsammlung mit 73. Aktualisierung 2017.

Leibinger, Hans-Bodo (1985), Fiskalpolitik unter veränderten Rahmenbedingungen: Eine Analyse am Beispiel der Bundesrepublik Deutschland, Berlin, 1985.

Leibinger, Hans-Bodo, Jordan, Bernd (1989), Das Notbewilligungsrecht des Bundesministers der Finanzen nach Art. 112 GG – Erfahrungen aus dem ersten Jahrzehnt nach dem Urteil des Bundesverfassungsgerichts, in: Die Öffentliche Verwaltung (DÖV), 42. Jg., H. 1/1989, S. 16-21.

Leibinger, Hans-Bodo (1989/1990), Öffentliche Kreditaufnahme – ein haushaltspolitischer Bumerang?, in: Der Verwaltungswirt (DVW) 6/89, S. 15-18 und 1/90, S. 11-17.

Maunz/Dürig, Grundgesetz, Kommentar, Loseblattsammlung 78. Auflage 2016.

Maunz/Schmidt-Bleibtreu/Klein/Bethge, Grundgesetz, Kommentar, Loseblattsammlung mit 50. Aktualisierung 2017.

Müller, R. (1986), Der Beauftragte für den Haushalt – eine finanzwirtschaftliche Leitungsfunktion, KKZ 1986, S. 61-67.

Müller, R. (1995), Neue finanzwirtschaftliche Steuerungsmodelle im kommunalen Bereich – Stand der Entwicklung und haushaltsrechtlicher Änderungsbedarf, VR 1995, S. 217-228.

Neumark (Hg.), Theorie und Praxis der Budgetgestaltung, in: Handbuch der Finanzwissenschaft, Bd. 1, 3. Aufl., Tübingen, 1977.

Neumark, F., Der Reichshaushaltsplan, Jena, 1929.

Nöll von der Nahmer, Lehrbuch der Finanzwissenschaft, Bd. 1, Köln/Opladen, 1964.

Patzig, W., Haushaltsrecht des Bundes und der Länder, Bd. 1, Kommentar, Baden-Baden, 1984.

Piduch, E.A., Kommentar zu den Artikeln 91a, 91b, 91c, 91d, 91e, 104a, 104b, 109 bis 115, 125c, 143c, 143d des Grundgesetzes und zur Bundeshaushaltsordnung mit rechtsvergleichenden Hinweisen auf das Haushaltsrecht der Länder und ihrer Gemeinden. Stuttgart. Loseblattausgabe; Stand: Mai 2020.

Schiffner, T., Züll, B. (2019), Einführung in die Flexibilisierung des Bundeshaushalts durch § 5 Haushaltsgesetz, in: Deutsche Verwaltungspraxis (DVP), 70. Jg., 5/2019, S. 187-190.

Schutt, R., Stoßberg, S. (2015), Tragfähigkeit der öffentlichen Finanzen, in: Gatzer/Schweisfurth (Hg.), Öffentliche Finanzwirtschaft in der Staatspraxis. Tragfähigkeit der öffentlichen Finanzen, Berlin 2015, S. 327-356.

Staender, K. (2004), Lexikon der öffentlichen Finanzwirtschaft, 6. Aufl., Heidelberg, 2004.

Stein, L.v. (1975), Finanzwissenschaft, Bd. I, 5. Aufl. 1975 (Nachdruck der Ausgabe Leipzig 1885).

Steinfatt/Schuy, Handbuch des Haushalts-, Kassen- und Rechnungswesens, Loseblattwerk, 2 Ordner, Verlagsgruppe Hüthig Jehle Rehm.

Theiß, Das Nothaushaltsrecht des Bundes, Berlin, 1975.

Ulsenheimer, Untersuchungen zum Begriff „Finanzverfassung", Stuttgart, 1969. Verwaltungsvorschriften zur Haushaltssystematik des Bundes (VV-HS) in der überarbeiteten Fassung vom 7.8.2012. Die VV-HS beinhalten den Gruppierungsplan, den Funktionenplan und die Haushaltstechnischen Richtlinien des Bundes (HRB). Die HRB wurden zuletzt am 15.12.2008 angepasst. Zur Zeit ist eine Entwurfsfassung anzuwenden.

Westermeier/Wiesner, Das staatliche Haushalts-, Kassen- und Rechnungswesen, 9. Aufl., Heidelberg u.a. 2012.

Wittmann, Einführung in die Finanzwissenschaft, 8. Aufl., Stuttgart/New York, 2000.

Quellenverzeichnis

BMF (10.07.2006), BMF-Rundschreiben zur Bedarfsprüfung, Bildung und Inanspruchnahme von Ausgaberesten im flexibilisierten Bereich, II A 2 – H 1200-97/06

BMF (2006), Das System der Öffentlichen Haushalte, Berlin, Stand: Oktober 2006.

BMF (24.09.2012), BMF-Rundschreiben zur Durchführung des Interessenbekundungsverfahrens nach § 7 Abs. 2 S. 2, II A 3 –H 1005/070/0002-2012/08643532012 – (GMBl. 2012, S. 1190).

BMF (23.11.2015), BMF-Rundschreiben zur Bedarfsprüfung, Bildung und Inanspruchnahme von Ausgaberesten im flexibilisierten Bereich, II A2 – H 1200-14/10063.

BMF (2015), Das System der Öffentlichen Haushalte, Berlin, Stand: August 2015.

BMF (07.12.2017), BMF-Rundschreiben zur vorläufigen Haushaltsführung im Haushaltsjahr 2018, IIA2-H1200/17/10021:001, DOK2017/0930422.

BMF (05.05.2019), BMF-Rundschreiben vom 12.1.2011 (GMBl. 2011, S. 76) in der Fassung des Rundschreibens vom 5.5.2019 (GMBl 2019, S. 372).

BMF (Oktober 2020), Finanzbericht 2021, Berlin Oktober 2020.

BMF (08.12.2020), Fiskalregeln, Beitrag vom 08.12.2020, https://www.bundesfinanzministerium.de/Content/DE/Standardartikel/Themen/Oeffentliche_Finanzen/Fiskalregeln/nationale-europaeische-fiskalregeln.html, Stand 29.01.2021.

BMF (18.12.2020), BMF-Rundschreiben zur Haushaltsführung 2021, IIA2-H 1200/20/10051 DOK2020/1132048.

BMF (2020), Fünfter Bericht zur Tragfähigkeit der öffentlichen Finanzen, Berlin 2020.

BMF (05.01.2021), BMF-Rundschreiben zur Aufstellung des Bundeshaushaltsplans 2022 und des neuen Finanzplans 2021 bis 2025, IIA1-H 1105/20/10002:001-DOK2020/1025660.

Bundesministerium des Inneren (1999), KLR-Referenzmodell für den Geschäftsbereich des Bundesmisnisterium des Inneren vom 19.2.1999, Vorwort, Bonn 1999.

Bundesrechnungshof (10.10.2017), Beschluss des Großen Senats des Bundesrechnungshofes zur vorläufigen Haushaltsführung, https://www.bundesrechnungshof.de/de/ueber-uns/institution/rechtsgrundlagen/beschluss-des-grossen-senats-des-bundesrechnungshofes-vom-10-oktober-2017-zur-vorlaeufigen-haushaltsfuehrung

Bundesrechnungshof (21.10.2019): Bericht an den Haushaltsausschuss des Deutschen Bundestages nach § 88 Abs. 2 BHO.: Informationen über die Entwicklung des Einzelplans 32 (Bundesschuld) für die Beratungen zum Bundeshaushalt 2020, Gz.: III 5-2019-0731.

Funktionenplan (Stand: 19.11.2020), https://www.bundesfinanzministerium.de/Content/DE/Standardartikel/Themen/Oeffentliche_Finanzen/Standards_fuer_Haushalte/funktionenplan.pdf?__blob=publicationFile&v=6

Gruppierungsplan (Stand: 18.11.2020), https://www.bundesfinanzministerium.de/Content/DE/Standardartikel/Themen/Oeffentliche_Finanzen/Standards_fuer_Haushalte/gruppierungsplan.pdf?__blob=publicationFile&v=12

Haushaltsausschuss des Deutschen Bundestages (26.11.2020), Maßgabebeschluss zum Abbau von Ausgaberesten, Ausschuss-Drs. 19(8)8295.

HaushaltsSteuerung.de, http://www.haushaltssteuerung.de/haushaltsreform-Bund.html.

Haushaltstechnische Richtlinien des Bundes 2021 –HRB 2021 (Stand 03.06.2020), https://www.verwaltungsvorschriften-im-internet.de/bsvwvbund_03062020_IIA1H1051110001004DOK20200381594.htm

1. Öffentliche Finanzwirtschaft und Finanzverfassung

1.1 Zum Begriff der Öffentlichen Finanzwirtschaft

Was ist öffentliche Finanzwirtschaft? „Öffentlich" ist, was das (staatliche) Gemeinwesen betrifft und der Allgemeinheit zugänglich ist. „Finanzen" sind Geld. „Wirtschaften" ist das (planmäßige) Einsetzen knapper Güter zur Befriedigung von Bedürfnissen. 1

Also ist „**Öffentliche Finanzwirtschaft**" die Lehre davon, wie der Staat sein Geld beschafft, verwaltet und verwendet, um die Bedürfnisse der Allgemeinheit zu befriedigen. 2

Die öffentliche Finanzwirtschaft ist die finanzielle Grundlage des Verwaltungshandelns. In den Ländern mit freiheitlich-demokratischer Grundordnung der selbstständige verfassungsrechtliche Funktionsbereich des Staates und der ihm eingegliederten Träger öffentlicher Verwaltung, der unter Beachtung gesamtwirtschaftlicher Zwecke auf die Erzielung von Einnahmen zur Deckung des durch die Erfüllung öffentlicher Aufgaben entstehenden Finanzbedarfs gerichtet ist und diese Ausgabenwirtschaft einschließlich der Prüfung aller relevanten Finanzvorgänge hinsichtlich ihrer Rechtmäßigkeit und Zweckmäßigkeit umfasst.[1] 3

Der Staat wirtschaftet nicht mit dem Ziel der Überschusserzielung oder Kapitalvermehrung. Er soll vielmehr 4

- ein transparentes und nachvollziehbares Bild seiner Finanzwirtschaft vermitteln (Transparenzfunktion),
- im Innenverhältnis seiner Staatsgewalten sicherstellen, dass die Legislative das Handeln der Exekutive steuert (Steuerungsfunktion, Budgethoheit),
- den Bedarf an öffentlichen Gütern und Dienstleistungen befriedigen (Bedarfsdeckungsfunktion),
- seine Finanzwirtschaft konjunkturgerecht gestalten (gesamtwirtschaftliche/ konjunkturpolitische Funktion),
- die Umverteilung von Einkommen oder Vermögen durch seine Geldbeschaffung und -verwendung sozialadäquat gestalten (sozialpolitische Funktion),
- die politischen Schwerpunkte entsprechend der Mehrheitsverhältnisse abbilden (regierungspolitische Funktion, „Regierungsprogramm in Zahlen") und
- eine für zukünftige Generationen tragfähige staatliche Vermögensstruktur sicherstellen (Nachhaltigkeitsfunktion).

1 Evangelisches Staatslexikon (1987), *Görg zu „Finanzwirtschaft, öffentliche"*.

5 Die öffentliche Finanzwirtschaft kann als Wissenschaftsobjekt unterschiedlicher Disziplinen betrachtet werden. Besonderes Interesse findet sie dabei in den Rechts-, Wirtschafts- und übrigen Gesellschaftswissenschaften.

6 Die gesamtwirtschaftliche Bedeutung der Staatsfinanzen (Staatsquote 2020: 51,3%[2]) rückt sie in den Fokus der **Volkswirtschaftslehre**; Finanztheorie und Finanzwissenschaft entwickeln bzw. untersuchen Modelle zu den Auswirkungen der öffentlichen Finanzwirtschaft auf die gesamte Volkswirtschaft.[3]

7 **Betriebswirtschafts- und Organisationslehre** betrachten die staatlichen Stellen als einzelwirtschaftliche Akteure; sie liefern Modelle und Untersuchungsmethoden etwa zur Aufbau- und Ablauforganisation, zu Kostenrechnung und Controlling.

8 Beschaffung, Verwaltung und Verwendung der Staatsfinanzen unterliegen Vorschriften. Verfassungen von Bund und Ländern bilden die Grundlage, auf der einfachgesetzliche Regelungen und zuletzt Verwaltungsvorschriften aufbauen. Inter- und supranationale Regelungen betten die Staatsfinanzen und -beziehungen ein. Das macht die öffentliche Finanzwirtschaft zum Betrachtungsobjekt **des Völker-, des Staats- und Verfassungsrechts, des Verwaltungs- und des Privatrechts** (z.B. Sonderprivatrecht des Staates).

9 In Politikwissenschaft (insbesondere im Bereich der Finanzpolitik), Geschichtswissenschaft und den übrigen **Sozialwissenschaften** zieht man Staatsfinanzen als Datenquellen heran oder stellt sie in den Mittelpunkt gesellschaftlicher Fragestellungen.

1.2 Träger der Öffentlichen Finanzwirtschaft

10 Die **Grenzen zwischen öffentlicher und privater Finanzwirtschaft** verlaufen nicht immer entlang klarer Linien. So kann man die Zuordnung anhand der rechtlichen Stellung der betrachteten Institution oder Stelle vornehmen, anhand ihrer Finanzierung oder anhand ihrer wahrzunehmenden Aufgaben.

1.2.1 Abgrenzung nach Rechtsstellung

11 Die Zuordnung der Gebietskörperschaften (Bund, Länder, Gemeinden), ihrer Verbände und der übrigen **juristischen Personen des öffentlichen Rechts** (rechtlich selbständige Anstalten oder Stiftungen) fällt dabei leicht. Rechtlich selbständige Staatsunternehmen in privater Rechtsform (z.B. Aktiengesellschaf-

2 BMF Monatsbericht Januar 2021, Nr. 6.1.15.
3 *Nöll von der Nahmer* (1964), S. 17.

ten oder GmbH'en) oder staatliche Beteiligungen an solchen Unternehmen stellen uns aber schon vor Abgrenzungsprobleme.

Nach der Abgrenzung von Jellinek besteht ein Staat aus Staatsvolk, Staatsgebiet und Staatsgewalt.[4] Die **Staatsgewalten** in Deutschland werden grundsätzlich von den Gebietskörperschaften durch ihre Organe ausgeübt; bei der Exekutive spricht man dann von unmittelbarer Verwaltung. 12

Die Gebietskörperschaften dürfen durch Gesetz oder auf Grund von Gesetzen **Nebenhaushalte** für einzelne Aufgaben begründen; das sind Sondervermögen oder Eigenbetriebe. 13

Durch Hoheitsakt (also auf dem Gebiet des öffentlichen Rechts) können rechtlich selbständige Einrichtungen (z.B. Verbände, Anstalten, Stiftungen des öffentlichen Rechts) gegründet und ihnen exekutive Befugnisse übertragen werden; das ist die **mittelbare Verwaltung**. 14

Aufgrund allgemeiner Gesetze kann jeder, also grundsätzlich auch der Staat, **juristische Personen des privaten Rechts** gründen. Dazu gehören eingetragene Vereine, Genossenschaften, privatrechtliche Stiftungen und die handelsrechtlichen Kapitalgesellschaften. 15

Privatrechtlichen juristischen Personen darf der Staat durch Hoheitsakt Aufgaben zwar übertragen. Die Ausübung hoheitlicher Gewalt ist davon aber ausgeschlossen, damit eine „**Flucht ins Privatrecht**" und damit aus der Bindung an die Grundrechte nicht stattfindet.[5] 16

Rechtlich selbständige Körperschaften, die öffentlich-rechtliche Aufgaben wahrnehmen, aber nicht im staatlichen Eigentum stehen, werden als **Parafiski** (Einrichtungen „neben dem Fiskus") oder intermediäre Finanzgewalten bezeichnet; dazu zählen z.B. Kammern, Träger der Sozialversicherungen und staatlich anerkannte Religionsgemeinschaften. 17

Bei der Abgrenzung, ob es sich bei privatrechtlichen juristischen Personen um „den Staat" handelt oder nicht, bestehen unterschiedliche Ansätze, zum Beispiel nach § 2 FPStatG („**finanzstatistische Abgrenzung**") oder Nr. 1.35 ESVG 2010 („**Abgrenzung der volkswirtschaftlichen Gesamtrechnungen**"). 18

Für die öffentliche Auftragsvergabe bestimmt § 99 GWB wiederum eine eigenständige Definition **der öffentlichen Auftraggeber**. 19

Inter- und supranationale Einrichtungen und sonstige Völkerrechtssubjekte werden in diesen Abgrenzungen höchst unterschiedlich berücksichtigt. 20

4 *Jellinek* (1914), S. 136 ff.
5 BVerfGE 128, 226 – 278 (21).

1.2.2 Abgrenzung nach Finanzierung

21 Die institutionelle Abgrenzung alleine fällt offensichtlich nicht immer leicht. Hilfreich kann der Blick auf die Finanzierung (also die **Beschaffung der erforderlichen Finanzen**) sein.

22 Wer kraft Gesetzes öffentliche Aufgaben zu erfüllen hat, muss über das dazu notwendige Geld verfügen können. Verschiedene Einnahmequellen ermöglichen das. Dazu gehören Einnahmen, die jeder erzielen kann, also auch der Staat, und solche, die nur Träger öffentlicher Gewalt, notfalls mit Zwang, erheben dürfen.

23 Der Staat kann also **am Wirtschaftsleben teilnehmen**. Man spricht bei dieser Art staatlicher Einnahmeerzielung auch von fiskalischen Hilfsgeschäften. Ihm sind durch Gesetz dabei Grenzen gesetzt, u.a. um eine Verdrängung der Privaten aus den Märkten („crowding out") auszuschließen.

24 Durch **Veräußerung, Nutzungsüberlassung oder Beleihung von Vermögen** kann der Staat Einnahmen z.B. in Form von Verkaufserlösen, Mieten, Pachten oder Lizenzentgelten erhalten. Das kann sowohl internes Verwaltungsvermögen sein, das zu seiner Aufgabenerfüllung notwendig gewesen ist (z.B. nicht mehr benötigte technische Ausstattung), als auch externes Verwaltungsvermögen (im Sinne von Gemeingütern, die sich im staatlichen Eigentum befinden, z.B. Forste) oder auch Finanzvermögen in Form von Unternehmensanteilen, Forderungen oder anderen geldwerten Rechten.

25 Aus dem Finanzvermögen kann der Staat **Rendite** wie Zinsen, Dividenden oder auch andere Gewinnablieferungen als Einnahmen erzielen.

26 Zur Geldbeschaffung kann der Staat wie jedes Wirtschaftssubjekt **Kredite** aufnehmen. Dem steht vermögensseitig dann die Rückzahlungsverbindlichkeit gegenüber. Betriebswirtschaftlich würde man von Einzahlungen sprechen, aber nicht von Einnahmen.

27 **Hoheitliche Einnahmen** dürfen nur öffentlich-rechtliche Gemeinwesen erheben, wenn sie durch Gesetz dazu ermächtigt sind.

28 „Steuern sind Geldleistungen, die nicht eine Gegenleistung für eine besondere Leistung darstellen und von einem öffentlich-rechtlichen Gemeinwesen zur Erzielung von Einnahmen allen auferlegt werden, bei denen der Tatbestand zutrifft, an den das Gesetz die Leistungspflicht knüpft" (§ 3 Abs. 1 AO).

29 **Steuern** bilden in Deutschland den mit Abstand größten Anteil der staatlichen Einnahmen ab; das spiegelt bereits das Grundgesetz wider, denn nur diesen Staatseinnahmen sind darin eigene Vorschriften zur Gesetzgebung, Verwaltung und Aufkommensverteilung gewidmet (siehe unten). Steuern sind grundsätzlich nicht an bestimmte Ausgabezwecke gebunden, sondern sollen den gesamten Finanzbedarf eines Gemeinwesens decken.

Steuern werden als finanzielle Lasten allen auferlegt, die den gesetzlichen Tatbestand erfüllen. Wenn eine besondere finanzielle Last für bestimmte Zwecke von einer bestimmten oder bestimmbaren Gruppe innerhalb der Gesellschaft getragen werden soll und diese Gruppe dem zu erfüllenden Zweck offensichtlich besonders nahestehen, ist die Auferlegung von **Sonderabgaben** zulässig. Sie dürfen aber nicht zur Deckung des allgemeinen staatlichen Finanzbedarfs erhoben werden. 30

Beiträge und Gebühren fasst man gelegentlich unter dem Begriff Vorzugslasten zusammen; sie sollen dazu dienen, die Finanzierung bestimmter „Vorzüge" nicht der Allgemeinheit der Steuerzahlenden, sondern verursachungsgerecht denjenigen aufzuerlegen, die eine Einrichtung oder ein Gut in Anspruch nehmen. 31

Während Steuern keinen individuellen Anspruch auf Gegenleistung begründen, wird mit den Beiträgen ein potenzieller Gegenleistungsanspruch, z.B. ein Nutzungsanspruch, erworben. Die Zahlungspflicht besteht aber unabhängig davon, ob die Nutzung tatsächlich in Anspruch genommen wird oder wurde. 32

Abhängig von der konkreten Inanspruchnahme einer öffentlich-rechtlichen Leistung werden die Gebühren erhoben. Die Inanspruchnahme kann in der Nutzung einer Einrichtung, eines Gutes oder einer Dienstleistung bestehen. Gebühren sollen grundsätzlich so bemessen sein, dass sie die Kosten für die Gegenleistung decken (vgl. § 9 Abs. 1 BGebG). 33

Verwarn- und Bußgelder, Zwangsgelder, Geldstrafen und dergleichen (**Ungehorsamsabgaben**) dienen nicht in erster Linie der Einnahmeerzielung, sondern der Ahndung von Zuwiderhandlungen. Ähnlich den Beiträgen und Gebühren sind sie vom (in diesem Fall rechtswidrigen) Verhalten der Abgabenpflichtigen abhängig. 34

Durch das **Prägenlassen von Scheidemünzen** (deren Herstellungskosten überwiegend geringer sind als ihr Nennwert) erzielt der Staat monopolähnliche, öffentlich-rechtliche Einnahmen; er trägt zwar die Herstellungskosten und die Kosten für aus dem Verkehr gezogene Münzen, erhält aber nach § 7 MünzG den Nennbetrag der in Verkehr gebrachten Münzen gutgeschrieben; das gilt für Sammlermünzen i.S.d. § 2 MünzG entsprechend. 35

Umlagen, Finanzausgleiche oder sonstige Zuweisungen von einer öffentlichen Kasse zugunsten einer anderen sind keine originären Einnahmen. Sie stellen Vermögenstransfers zwischen den Trägern der öffentlichen Finanzwirtschaft dar und dienen zum Beispiel dem Ausgleich wirtschaftlicher Leistungsfähigkeit oder der Unterstützung in Notlagen. 36

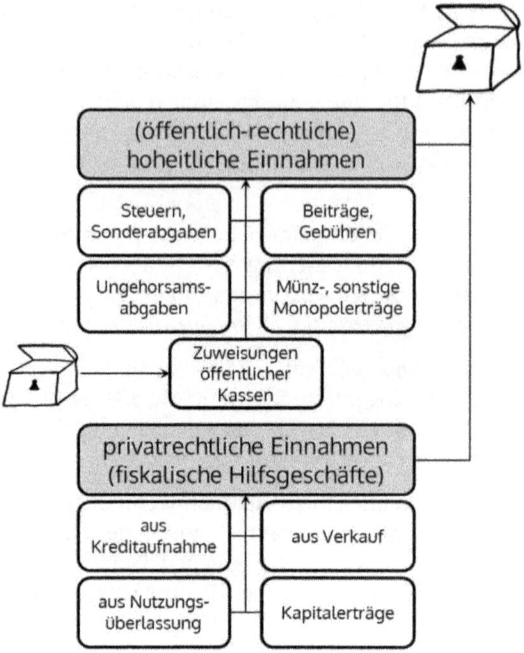

Abbildung 1: Staatseinnahmen im Überblick

1.3 Die Finanzverfassung

1.3.1 Überblick

37 In der Staatslehre gehören zum Begriff „Staat“ ein Staatsgebiet, ein Staatsvolk und eine originäre Staatsgewalt (siehe oben). Die in Art. 20 Abs. 1 GG erfolgte Entscheidung für den Föderalismus sowie das in Art. 28 Abs. 2 GG garantierte Selbstverwaltungsrecht der Gemeinden erfordert eine **Aufteilung der staatlichen Zuständigkeiten** zwischen den Gebietskörperschaften.

38 Die grundsätzliche Vorschrift ist dabei Art. 30 GG, der – dem föderalistischen Gedanken entsprechend – für alle staatlichen Befugnisse und Aufgaben eine **Zuständigkeitsvermutung zu Gunsten der Länder** beinhaltet. Diese Aussage wird für die Gesetzgebung im Art. 70 Abs. 1 GG und für die Verwaltung in Art. 83 GG konkretisiert. Die kommunale Ebene wird bezüglich der Aufgabenabgrenzung vom Grundgesetz in den Länderbereich einbezogen. Dabei muss den Gemeinden nach Art. 28 Abs. 2 GG das Recht gewährleistet sein, alle Angele-

genheiten der örtlichen Gemeinschaft im Rahmen der Gesetze in eigener Verantwortung zu regeln.

Eine Aufteilung von Zuständigkeiten zwischen Bund und Ländern muss zwangsläufig auch die **Kompetenzen auf dem Gebiet der Finanzwirtschaft** miteinschließen. Eine selbstständige, eigenstaatliche Aufgabenerfüllung durch die Länder ist nur möglich, wenn diese mit ihnen originär zustehenden Finanzmitteln in die Lage hierzu versetzt werden. Die Regelung der Zuständigkeiten auf dem Gebiet der öffentlichen Finanzwirtschaft zwischen den Ebenen der Gebietskörperschaften, insbesondere zwischen Bund und Ländern, ist die wesentliche Aufgabe der Finanzverfassung. **39**

Unter **Finanzverfassung im weiteren Sinn** ist die Gesamtheit aller grundsätzlichen Regelungen auf dem Gebiet der öffentlichen Finanzwirtschaft zu verstehen. **Finanzverfassung im engeren Sinn** ist der Abschnitt X des Grundgesetzes mit der Überschrift „Das Finanzwesen". Es handelt sich um die Artikel 104a bis 115 des Grundgesetzes. **40**

Die Finanzverfassung erhielt ihr heutiges Gesicht durch die **Föderalismusreformen**. Auf der Grundlage der Vorarbeiten der Gemeinsamen Kommission von Bund und Ländern zur Modernisierung der bundesstaatlichen Ordnung in den Jahren 2003 und 2004 wurde mit dem Gesetz zur Änderung des Grundgesetzes vom 28.8.2006 (BGBl. I S. 2039) die umfassendste Reform des Grundgesetzes seit seinem Inkrafttreten beschlossen. Ziel war es, die zahlreichen Verflechtungen zwischen Bund und Ländern abzubauen und die Gesetzgebungszuständigkeiten klarer zu trennen. Seit der Einführung der grundgesetzlichen Schuldenbremse 2009 (siehe unten) wurde der Abschnitt X des Grundgesetzes insgesamt viermal geändert.[6] **41**

6 Gesetze zur Änderung des Grundgesetzes vom 13. Juli 2017, vom 28. März 2019, vom 15. November 2019, vom 29. September 2020.

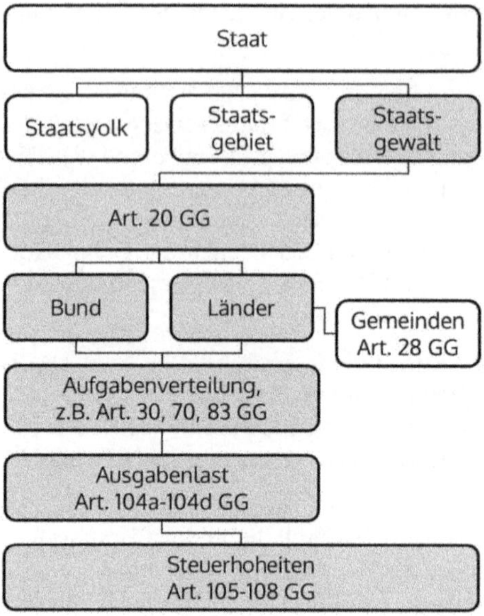

Abbildung 2: Vom Staatsbegriff zur Finanzverfassung

42 Im Jahr 2009 wurden in das Grundgesetz Regelungen zur **Begrenzung der Nettokreditaufnahme** von Bund und Ländern (Art. 109 Abs. 3 und 115 Abs. 2 GG) aufgenommen. Durch das „Gesetz zur Änderung des Grundgesetzes (Art. 91c, 91d, 104b, 109, 109a, 115, 143d)“ vom 29.7.2009 (BGBl. I S. 2248) sind auf der Grundlage der Beschlüsse der gemeinsamen Kommission von Bundestag und Bundesrat zur Modernisierung der Bund-Länder-Finanzbeziehungen (Föderalismuskommission II) die haushaltsrechtlichen Regelungen des Grundgesetzes über die Kreditaufnahme völlig neu geregelt worden. Es ist bestimmt worden, dass die Haushalte von Bund und Ländern grundsätzlich ohne Einnahmen aus Krediten auszugleichen sind (Schuldenbremse, Art. 109 Abs. 3 GG).

43 Das Grundgesetz befasst sich in dem Abschnitt „Das Finanzwesen“ in den Artikeln 105, 106 und 108 mit dem Steuerbereich, im Artikel 109 mit der Haushaltswirtschaft, in den Artikeln 104a bis 104d mit der Lastenverteilung und in Artikel 107 mit dem Finanzausgleich im engeren Sinne. Die Art. 110-115 GG enthalten grundsätzliche Regelungen des Bundeshaushaltsrechts.

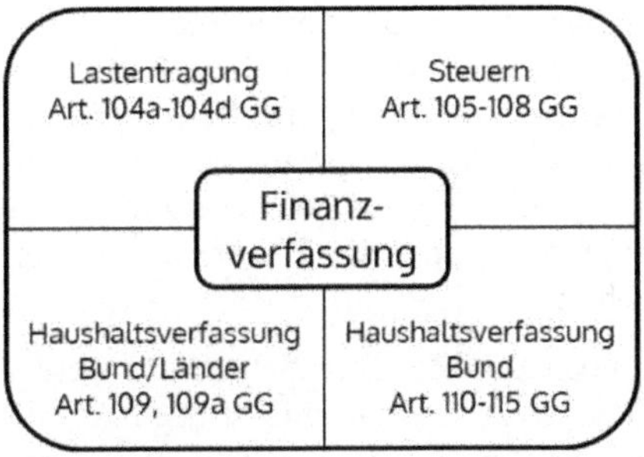

Abbildung 3: Die Regelungsbereiche der Finanzverfassung

Im Steuerbereich ist von herausragender Bedeutung, wem (Bund, Länder, Gemeinden) welche Steuer als Einnahmequelle zusteht. Man bezeichnet das Recht, über den Ertrag einer Steuer verfügen zu dürfen, als Ertragshoheit. Darüber hinaus ist von Bedeutung, wer das Recht der Gesetzgebung über die Steuern hat und wer sie verwaltet. 44

Im Ausgabenbereich ist besonders von Interesse, wer welche staatlichen Ausgaben trägt. Das ist die Lastenverteilung zwischen Bund und Ländern. Grundsätzlich tragen Bund und Länder gesondert die die Ausgaben, die sich aus der Wahrnehmung ihrer Ausgaben ergeben (Lastverteilungsgrundsatz), doch gibt es auch eine Reihe von Mischfinanzierungstatbeständen. 45

Im Bereich der Haushaltswirtschaft von Bund und Ländern stellt sich die Frage, wie unabhängig die Länder vom Bund sind bzw. welche gegenseitigen Verpflichtungen hier bestehen.

1.3.2 Steuern in der Finanzverfassung

1.3.2.1 Gesetzgebungshoheit über Steuern

Steuern sind in der Systematik des Grundgesetzes **die originären Staatseinnahmen**. Sie sollen der gleichmäßigen Deckung aller Ausgabenbedürfnisse der Gebietskörperschaften dienen. 46

Da die Besteuerung in die Eigentumsgarantie des Art. 14 Abs. 1 GG eingreift, bedarf es einer gesetzlichen Grundlage für die Erhebung einer Steuer. Ob der Bundes- oder die Landesgesetzgeber das Gesetzgebungsrecht über Steuern haben, bestimmt Art. 105 GG. Außerdem ist vorzusehen wessen Behörden die jeweiligen Steuergesetze vollziehen (Art. 108 GG) und wem schließlich welches Steueraufkommen zusteht (Art. 106 GG). 47

48 Eine Sonderrolle nehmen dabei die **Zölle** (als Steuern auf Güter, die über eine Zollgrenze verbracht werden) ein. Sie stehen nach Art. 2 des Beschlusses des Rates der EU (2014/335/EU, Euratom) als **traditionelle Eigenmittel der Europäischen Union** zu; die Mitgliedstaaten erhalten 20% der Abgaben zum pauschalen Ausgleich der Erhebungskosten, denn über eigene Finanzbehörden verfügt die Union nicht. Nach Art. 3 AEUV hat sie über die Zollunion die ausschließliche Zuständigkeit in der Gesetzgebung.

49 Ob der Bundes- oder die Landesgesetzgeber zur **Steuergesetzgebung** befugt sind, richtet sich nach Art. 70 und 105 GG. Grundsätzlich obliegt nach Art. 70 GG den Ländern die Gesetzgebung, wenn nicht das Grundgesetz etwas anderes vorschreibt oder zulässt.

50 Nach Art. 105 Abs. 1 GG hat der Bund die **ausschließliche Gesetzgebung** (Art. 71 GG) über die Zölle und Finanzmonopole. Für beide Abgabenarten läuft die Vorschrift ins Leere, denn seit dem Ende des Branntweinmonopols mit Ablauf des 31.12.2018 bestehen keine staatlichen Finanzmonopole mehr und die Gesetzgebung über die Zollunion liegt bei der Europäischen Union (siehe oben).

51 Die **konkurrierende Gesetzgebung** (Art. 72 GG) hat der Bund nach Art. 105 Abs. 2 GG über die Grundsteuer sowie auch über die übrigen Steuern, wenn sie ihm das Aufkommen dieser Steuern ganz oder zum Teil zusteht oder die Voraussetzungen des Art. 72 Abs. 2 vorliegen.

52 Die **Voraussetzungen des Art. 72 Abs. 2 GG** liegen bei den bedeutenden Steuern in der Regel vor, da eine im Wesentlichen gleiche Besteuerung sowohl der Herstellung gleichwertiger Lebensverhältnisse im Bundesgebiet als auch der Wahrung der Wirtschaftseinheit dient. Dies hat im Ergebnis dazu geführt, dass alle wirklich bedeutsamen Steuern bundesgesetzlich geregelt sind, auch wenn deren Ertrag den Ländern zusteht. Die Erbschaftsteuer ist ein Beispiel hierfür.

53 Den Ländern ausdrücklich vorbehalten ist nach Art. 105 Abs. 2a GG die Befugnis zur Gesetzgebung über **die örtlichen Verbrauch- und Aufwandsteuern**, allerdings mit der Einschränkung, dass sie nicht bundesgesetzlich geregelten Steuern gleichartig sein dürfen. Den Ländern wird auch die Befugnis zur Festlegung des Steuersatzes bei der Grunderwerbsteuer zugesprochen.

54 Nach Art. 105 Abs. 3 bedürfen Bundesgesetzen über Steuern, deren Aufkommen den Ländern oder den Gemeinden ganz oder zum Teil zufließt, der **Zustimmung des Bundesrates**.

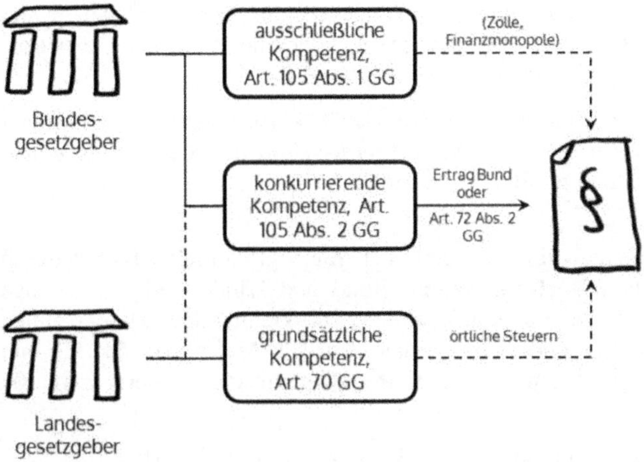

Abbildung 4: Gesetzgebungskompetenzen im Steuerbereich

1.3.2.2 Verwaltungshoheit über Steuern

Die Erhebung der Steuern wird von **Bundes- oder Landesfinanzbehörden** vorgenommen. Dabei wird, wie bei allen Verwaltungskompetenzen (Art. 30, 83 GG) nach dem Grundgesetz, vermutet, dass die Länder zuständig sind, wenn das Grundgesetz nichts anderes vorschreibt oder zulässt. Art. 108 Abs. 1 Satz 1 GG bestimmt etwas anderes für die dort aufgezählten Steuern. Sie werden von Bundesfinanzbehörden erhoben. Alle übrigen Steuern werden folglich von Landesfinanzbehörden verwaltet (Art. 108 Abs. 2 Satz 1 GG). 55

Der Aufbau der Bundes- und Landesfinanzbehörden wird durch zustimmungspflichtiges Bundesgesetz, das **Finanzverwaltungsgesetz** (FVG), festgelegt (Art. 108 Abs. 1 Satz 2 und Abs. 2 Satz 2 GG). Im FVG sind die Begriffe „Bundes-“ und „Landesfinanzbehörden“ legal definiert, §§ 1 bzw. 2. Landesfinanzbehörden sind – wenig überraschend – u.a. die Finanzämter, Bundesfinanzbehörden u.a. die Behörden der Zollverwaltung. 56

Das **Bundeszentralamt für Steuern** (als Bundesfinanzbehörde) hat in Erweiterung des Art. 108 GG durch § 5 Abs. 1 Nr. 25 FVG auch die Pflicht, die Versicherung- und Feuerschutzsteuer zu verwalten. 57

1.3.2.3 Ertragshoheit über Steuern

Unter den Steuervorschriften des Grundgesetzes nimmt Art. 106 die zentrale Rolle ein. Mit der **Verteilung der Steueraufkommen** auf die Gebietskörper- 58 schaften werden zugleich unterschiedliche Steuertypen begrifflich festgelegt, siehe unten. Der Gesetzgeber darf keine Steuern erfinden, die sich den Typusbegriffen des Art. 106 GG nicht zuordnen lassen.[7]

59 Das Aufkommen vieler Steuern wird den Gebietskörperschaften jeweils ausschließlich zugeordnet; man spricht vom **Trennsystem** der Steueraufkommen. Art. 106 Abs. 1 GG enthält die Bundessteuern, Abs. 2 die Länder- und Abs. 6 die Gemeindesteuern.

60 Einkommen-, Körperschaft- und Umsatzsteuer (die sog. **Gemeinschaftsteuern**) unterliegen jedoch dem **Verbundsystem**. Bund und Länder teilen sich nach Art. 106 Abs. 3 GG deren Steueraufkommen. Die Gemeinden erhalten einen Anteil an der Einkommen- und Umsatzsteuer (Art. 106 Abs. 5 bzw. 5a GG) und einen Teil des Länderaufkommens aller drei Gemeinschaftsteuern (Art. 106 Abs. 7 GG).

61 **Festbeträge** (nicht Steueranteile) werden den Ländern nach Art. 106a (für Zwecke des öffentlichen Personennahverkehrs) und 106b GG (auf Grund der Übertragung der Kraftfahrzeugsteuer an den Bund) aus dem Steueraufkommen des Bundes gewährt.

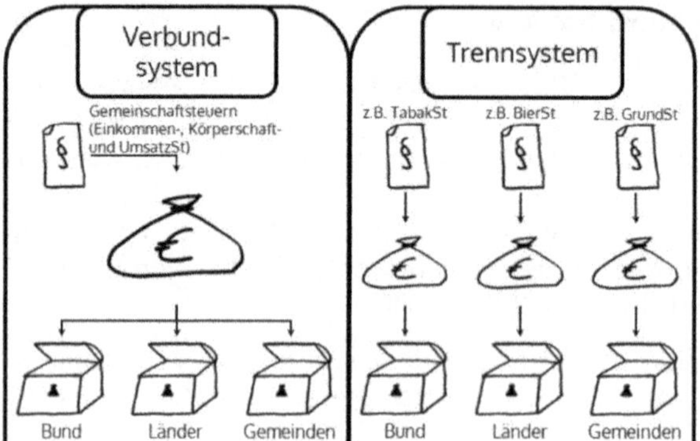

Abbildung 5: Die Verteilung der Steuern nach dem Trenn- und dem Verbundsystem

62 Nicht alle in Art. 106 GG aufgezählten Steuern und Steuerarten (**Typusbegriffe**) existieren tatsächlich. Die Vorschriften sollen vielmehr sicherstellen, dass alle vom Gesetzgeber beschlossenen und noch zu beschließenden Steuern präzise den Steuergläubigern (Bund, Ländern oder Gemeinden) zugeordnet werden können.

7 BVerfGE 145, 171 – 248.

Finanzmonopole bestehen nicht mehr, das Aufkommen der Zölle (also der Steuern auf den grenzüberschreitenden Warenverkehr) steht der EU als Eigenmittel zu (siehe oben). **63**

Verbrauchsteuern (Art. 106 Abs. 1 Nr. 2 GG) sind solche, die auf den Konsum von Gütern durch Endverbraucher angelegt sind. Ihr Aufkommen steht grundsätzlich dem Bund zu. Sie zählen zu den indirekten Steuern, bei denen die Steuerlast von denen, die die Steuern an den Staat abzuführen haben, auf die Endverbraucher abgewälzt wird. **64**

In Deutschland besteht eine **allgemeine Verbrauchsteuer**, die auf nahezu alle zu konsumierenden Güter erhoben wird: die Umsatzsteuer (verkürzt auch als Mehrwertsteuer bezeichnet[8]). Sie steht nicht dem Bund alleine zu, sondern als Gemeinschaftsteuer des Art. 106 Abs. 3 GG Bund und Ländern gemeinsam. **65**

Zusätzlich werden **besondere (spezifische) Verbrauchsteuern** auf Genussmittel und Energieerzeugnisse (einschließlich elektrischen Strom) erhoben. **65a**

Verbrauchsteuern auf Genussmittel sind die Steuern auf Trinkalkohol[9], **66**
- Spirituosen (AlkoholStG),
- alkoholhaltige Süßgetränke („Alkopops", AlkopopStG),
- Schaumwein und sog. Zwischenerzeugnisse (SchaumwZwStG) sowie
- Bier (BierStG),

und die Steuern auf Kaffee (KaffeeStG) und Tabak (TabakStG).

Die **Biersteuer** steht nicht dem Bund zu, sondern nach Art. 106 Abs. 2 Nr. 4 GG ausschließlich den Ländern. **67**

Die **Verbrauchsteuer auf Energieerzeugnisse** (EnergieStG) zielt auf fossile, nachwachsende und synthetische Brenn- und Kraftstoffe ab. Der elektrische Strom wird mit **Stromsteuer** (StromStG) belegt. **68**

Mit Ausnahme der Kaffeesteuer sind die vorgenannten Verbrauchsteuern harmonisiert, d.h. sie unterliegen einschlägigen EU-Richtlinien (z.B. Richtlinie 2008/118/EG -Systemrichtlinie-) um Besteuerung und Verfahren innerhalb der EU gleichmäßig zu gestalten. Die Alkopopsteuer als solche ist keine harmonisierte Verbrauchsteuer, aber der darin enthaltene Trinkalkohol ist von der Systemrichtlinie der EU erfasst. **69**

---

8 Streng genommen umfasst die Umsatzsteuer die inländische Umsatzsteuer (= Mehrwertsteuer,) und die Einfuhrumsatzsteuer. Da aber die Höhe der Einfuhrumsatzsteuer dem Mehrwertsteuersatz entspricht, kann vereinfacht die Umsatzsteuer mit der Mehrwertsteuer gleichgesetzt werden.

9 Außer Wein, der keiner besonderen Verbrauchsteuer, aber der steuerlichen Überwachung unterliegt, §§ 32, 33 SchaumwZwStG.

70 Neben den bundeseinheitlich geregelten Verbrauchsteuern sieht Art. 106 GG auch **örtliche Verbrauchsteuern** vor, also solche, die durch Landesgesetz geregelt werden. Ihr Aufkommen steht nach Abs. 6 Satz 1 den Gemeinden zu.

71 **Verkehrsteuern** knüpfen an Handlungen im Rechtsverkehr an, z.B. an rechtsgeschäftliche Handlungen. Die Verkehrsteuern stehen nach Art. 106 Abs. 2 GG grundsätzlich den Ländern zu, so z.B. die Grunderwerbsteuer.

72 Verkehrsteuern auf motorisierte Verkehrsmittel (Kraftfahrzeugsteuer, Luftverkehrsteuer) und auf den Kapitalverkehr stehen hingegen dem Bund zu (Art. 106 Abs. 1 Nr. 3 und 4 GG).

73 Die **Umsatzsteuer** wurde oben als Verbrauchsteuer klassifiziert. Sie ist aber auch eine Verkehrsteuer, die an vertragliche Lieferungen und sonstige Leistungen anknüpft. Sie steht nach Art. 106 Abs. 3 GG Bund und Ländern gemeinsam zu, siehe oben.

74 **Aufwandsteuern** sind solche, die an die Einkommensverwendung in Form der Nutzung bestimmter Güter (Aufwand) anknüpfen. Soweit sie nicht bundeseinheitlich geregelt sind, stehen sie als örtliche Steuern den Gemeinden zu (Art. 106 Abs. 6 Satz 1 GG). Beispiele wären die Zweitwohnsitz- und die Hundesteuer.

75 Die Typusbegriffe Verkehr-, Verbrauch- und Aufwandsteuer müssen sich in Bezug auf einzelne Steuergegenstände nicht gegenseitig ausschließen.

76 Als **Zuschlagsteuer** (Ergänzungsabgabe) wird der Solidaritätszuschlag zur Einkommen- und Körperschaftsteuer erhoben. Anders als die ihm zugrunde liegenden Steuern steht sein Aufkommen nach Art. 106 Abs. 1 Nr. 6 GG ausschließlich dem Bund zu.

Übersicht 1: Steuerhoheiten anhand zehn exemplarischer Steuerquellen

Steuer	**Gesetzgebung** (Art. 105 GG)	**Verwaltung** (Art. 108 GG)	**Ertrag** (Art. 106 GG)		
			Bund	**Länder**	**Gemeinden**
Einkommensteuer	Bund	Länder	Abs. 3	Abs. 3	Abs. 5*2
Umsatzsteuer	Bund	Länder*	Abs. 3	Abs. 3	Abs. 5a*2
Körperschaftsteuer	Bund	Länder	Abs. 3	Abs. 3	–*2
Gewerbesteuer	Bund*3	Länder	–	–	Abs. 6

Grundsteuer	Bund*3	Länder	–	–	Abs. 6
Grunderwerbsteuer	Bund*3	Länder	–	Abs. 2 Nr. 3	–
Erbschaftsteuer	Bund	Länder	–	Abs. 2 Nr. 2	
Versicherungsteuer	Bund	Bund*4	Abs. 1 Nr. 4	–	–
bundesgesetzliche Verbrauchsteuern	Bund	Bund	Abs. 1 Nr. 1	–	–
außer Biersteuer	Bund	Bund	–	Abs. 2 Nr. 4	

* außer Einfuhrumsatzsteuer nach Abs. 1
*2 nach Abs. 7 erhalten die Gemeinden einen Steueranteil am Länderaufkommen
*3 die Länder legen (durch Gesetz) den Steuersatz der Grunderwerbsteuer fest (Art. 105 Abs. 2a) und den Gemeinden ist (per Landesgesetz) das Recht der Festlegung (durch kommunale Satzung) der Hebesätze der Grund- und Gewerbesteuer einzuräumen (Art. 106 Abs. 6 Satz 2)
*4 nach § 5 Abs. 1 Nr. 25 FVG Aufgabe des BZSt

Für den bundesstaatlichen **Finanzausgleich** (also die Verteilung der Steuerauf- 77
kommen zwischen den Gebietskörperschaften) sind die Regelungen von Art. 106 Abs. 3 und 4 sowie Art. 107 GG anzuwenden. Auf ihren Grundlagen wird das Nähere im FAG und im MaßstG geregelt.

1.3.3 Die öffentlichen Ausgaben

1.3.3.1 Der Lastverteilungsgrundsatz

Die Steueraufkommensverteilung dient dazu, Bund, Länder und Gemeinden in 78
die Lage zu versetzen, ihre notwendigen Ausgaben gleichmäßig zu decken. Die Frage danach, wer welche Ausgaben zu tragen hat (bundesstaatliche **Lastenverteilung**), wird grundsätzlich durch Art. 104a Abs. 1 GG beantwortet.

Die Pflicht zur Lastentragung (also der Finanzierung aus den eigenen Einnahmen 79
oder dem eigenen Vermögen) der Ausgaben folgt aus der Wahrnehmung der Verwaltungsaufgaben nach dem Prinzip: „Wer die Aufgabe hat, trägt die Ausgaben." Es wird **Konnexitätsprinzip** oder auch Verwaltungskonnexität genannt (lat. connexus – Verbindung).

80 Die Zuständigkeit für die Wahrnehmung staatlicher Aufgaben vermutet das Grundgesetz bei den Ländern, wenn nicht im Einzelfall etwas anderes bestimmt ist (siehe oben). Folglich haben die Länder die staatlichen Ausgaben zu tragen, wenn nicht eine Aufgabe dem Bund obliegt oder eine Ausnahme vom Konnexitätsprinzip zugelassen oder vorgeschrieben ist.

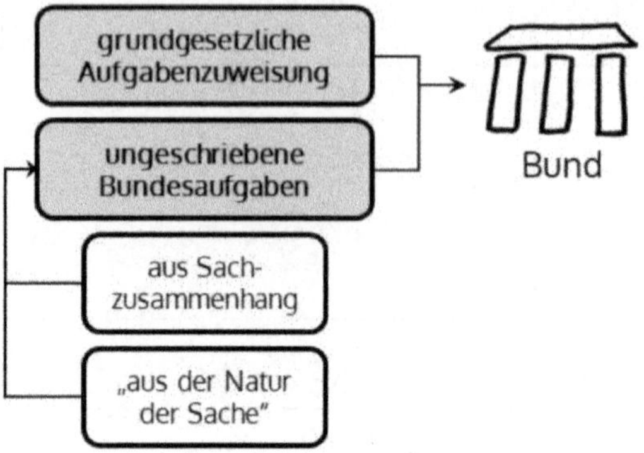

Abbildung 6: Geschriebene und ungeschriebene Zuständigkeiten des Bundes

81 Das Konnexitätsprinzip verpflichtet Bund und Länder zur Tragung der Ausgaben, die zur Erfüllung ihrer jeweiligen Aufgaben notwendig sind. Das schließt Unterstützungen des Bundes an die Länder oder auch zwischen den einzelnen Ländern („tragen *jeweils* gesondert") aus. Damit soll eine Einflussnahme auf die Entscheidungsfreiheit der einzelnen Länder ausgeschlossen werden.[10]

1.3.3.2 Mischfinanzierungstatbestände

82 Ausnahmen vom Lastverteilungsgrundsatz, also Mischfinanzierungstatbestände, müssen sich aus dem Grundgesetz ergeben.

83 Die gemischte Finanzierung der **Gemeinschaftsaufgaben** (Abschnitt VIIIa des Grundgesetzes) ergibt sich aus der gemeinschaftlichen Aufgabenerfüllung in den dort genannten Fällen. Das Nähere wird in Bundesgesetzen (Art. 91a Abs. 2 und 3, 91c Abs. 4 und 5, 91e Abs. 3 GG) oder Bund-Länder-Vereinbarungen (Art. 91b Abs. 1 und 2, 91c Abs. 2 und 3, 91d GG) bestimmt.

84 Der Bund trägt die Ausgaben, die sich aus der **Bundesauftragsverwaltung** nach Art. 85 GG ergeben, Art. 104a Abs. 2 GG. Die Bundesauftragsverwaltung ist nur dann zulässig, wenn das Grundgesetz sie ausdrücklich zulässt, z.B. in den Fällen des Art. 90 Abs. 3 (Bundesfernstraßen) oder Art. 108 Abs. 3 (Bundessteuern). Der Bund trägt dann die sich daraus ergebenden (Zweck-) Ausgaben, die Ver-

10 BVerfGE 39, 96.

waltungsausgaben (z.B. für Personal oder Sachleistungen) tragen die Länder gem. Art. 104a Abs. 5 GG selbst.

Der Bund erlässt **Geldleistungsgesetze**, die grundsätzlich von den Ländern auszuführen sind (Art. 104a Abs. 3 GG). Wenn der Bund mindestens 50% der Geldleistung (Zweckausgaben) trägt, dann gilt das Gesetz als „im Auftrage des Bundes ausgeführt“ (sog. Fiktion) und Abs. 2 (siehe oben) ist anzuwenden. Bei den Kosten der Unterkunft und Heizung („KdU“) im Bereich der Grundsicherung muss der Anteil des Bundes hingegen mindestens 75% betragen. **85**

Bei **Verletzungen supra- oder internationaler Verpflichtungen** wird die gesamtstaatliche Ausgabenlast auf Bund und Länder verteilt (Art. 104a Abs. 6 und Art. 109 Abs. 5 GG). **86**

Der Bund darf die Länder in den Fällen der Art. 104b (gesamtwirtschaftliche Erfordernisse; Notsituationen), 104c (Bildungsinfrastruktur) und 104d GG (sozialer Wohnungsbau) ausnahmsweise finanziell unterstützen. Der Begriff der **Finanzhilfe** beinhaltet, dass die Länder in jedem Fall einen Eigenanteil an den zu finanzierenden Ausgaben tragen müssen. Das Nähere ist durch Gesetz oder auf der Grundlage des Haushaltsgesetzes des Bundes durch Bund-Länder-Vereinbarungen zu regeln. **87**

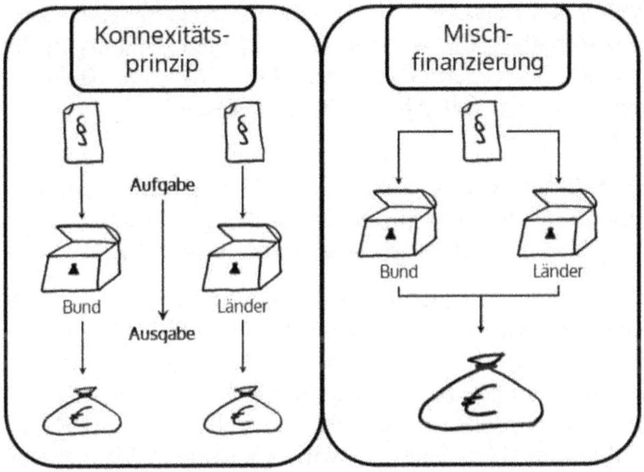

Abbildung 7: Mischfinanzierung

Der Bund darf außerdem in den Fällen des Art. 143d Abs. 4 GG **Sanierungshilfen** gewähren, das Nähere regelt das SanG. Das Bundesverfassungsgericht nimmt eine Beistandspflicht des Bundes zugunsten einzelner Länder darüber hinaus nur im Falle extremer Haushaltsnotlagen an.[11] **88**

11 BVerfG, Urteil des Zweiten Senats vom 19. Oktober 2006 -2 BvF 3/03-.

89 Die vorübergehenden Sanierungs- und Konsolidierungshilfen wegen der Einführung der grundgesetzlichen Schuldenbremse sind mit dem Ende des Jahres 2020 entfallen. Zur Bewältigung von Haushaltsnotlagen sind im bundesstaatlichen Finanzausgleich (also auf der Seite der Verteilung der Steuereinnahmen, siehe oben) **Bundesergänzungszuweisungen** möglich (§ 12 Abs. 4 MaßstG).

1.3.4 Die Haushaltsverfassung für Bund und Länder

90 Die Haushaltswirtschaft von Bund und Ländern verläuft nach Haushaltsplänen. Durch sie sollen Budgethoheit und Transparenz verwirklicht werden. Im föderalen Staatsgefüge ist es notwendig, dass der Bund und die Länder in ihrer Haushaltswirtschaft selbständig und voneinander unabhängig sind (Art. 109 Abs. 1 GG). Dieses Prinzip nennt man **Haushaltsautonomie**.

91 Die Haushaltswirtschaft umfasst die Haushalts- und Finanzplanung, den Vollzug der Haushaltspläne und die anschließende Finanzkontrolle.[12]

92 Die Haushaltsautonomie wird für Bund und Länder durch die weiteren Vorschriften des Art. 109 eingeschränkt.

93 So sind nach Art. 109 Abs. 2 GG Bund und Länder an die Vorschriften der Europäischen Union zur **Haushaltsdisziplin** gebunden und erfüllen gemeinsam die Verpflichtungen, die sich daraus ergeben. Sanktionen, die sich aus der Nichteinhaltung ergeben, werden gem. Art. 109 Abs. 5 GG gemeinschaftlich getragen (siehe oben zur Mischfinanzierung).

94 Die grundgesetzliche **Schuldenbremse** des Art. 109 Abs. 3 schränkt die Autonomie von Bund und Ländern ein. Sie dürfen ihre Haushalte grundsätzlich nicht durch Kreditaufnahme ausgleichen (siehe dazu „Haushaltsausgleich").

95 Zur Vergleichbarkeit der Haushalte von Bund und Ländern und damit zur Transparenz sowie zur Erfüllung der gesamtwirtschaftlichen Funktion der Haushaltswirtschaft dürfen durch zustimmungspflichtige Bundesgesetze **gemeinsam geltende Grundsätze** für Bund und Länder aufgestellt werden (Art. 109 Abs. 4 GG). So enthält das HGrG die Grundsätze des Haushaltsrechts, das StabG die Grundsätze einer konjunkturgerechten Haushaltswirtschaft und beide Gesetze enthalten Vorschriften über die mehrjährige (oder mittelfristige) Finanzplanung.

96 Bund und Länder sind verpflichtet, ihr Haushaltsrecht nach den Vorschriften des HGrG zu gestalten, § 1 Satz 2 HGrG. Sie setzen die Vorschriften des Teils I in ihren Haushaltsordnungen um; die Vorschriften des Teils II gelten für Bund und Länder unmittelbar. Dazu gehören auch diejenigen zur mittelfristigen Finanzplanung (§§ 50 und 51 HGrG).

12 Siehe dazu Abschnitt 6.1 zum Haushaltskreislauf.

Bund und Länder haben den Erfordernissen einer konjunkturgerechten Haushaltswirtschaft Rechnung zu tragen. Deswegen verpflichtet sie der Gesetzgeber mit § 1 StabG auf das sog. **gesamtwirtschaftliche Gleichgewicht**. Seine Bestimmungsgrößen sind Preisniveaustabilität, hoher Beschäftigungsstand, außenwirtschaftliches Gleichgewicht (drei Stabilitätsziele) und ein stetiges aber angemessenes Wirtschaftswachstum (ein Wachstumsziel); das wird auch „magisches Viereck“ genannt (siehe dazu „Gesamtwirtschaftliche Bedeutung“). Auch im „Stabilitätsgesetz“ sind Vorschriften über die mittelfristige Finanzplanung des Bundes enthalten (§§ 9 bis 11 StabG). Sie gelten für die Länder sinngemäß (§ 14 StabG). **97**

Um Haushaltsnotlagen zu vermeiden und die Einhaltung der Schuldenbremse sicherzustellen, werden gem. Art. 109a GG die Haushaltswirtschaften von Bund und Ländern vom **Stabilitätsrat** überwacht. Das Nähere bestimmt das StabiRatG. Zwar hat der Stabilitätsrat keine unmittelbaren Eingriffsbefugnisse gegenüber Bund oder Ländern, aber er kann, nachdem er eine drohende Haushaltsnotlage feststellt, Sanierungsprogramme mit ihnen vereinbaren (§ 5 StabiRatG). Zumindest insoweit kann er also Einfluss auf Bund oder Länder nehmen. **98**

Abbildung 8: Haushaltsautonomie von Bund und Ländern mit Einschränkungen

Die Art. 104a bis 109a GG enthalten also die Bestimmungen über die Lastenverteilung zwischen Bund und Ländern, über die Einnahmen, die ihnen zur Schulterung dieser Lasten zustehen, und über die Gestaltung ihrer jeweiligen Haushaltswirtschaften. **99**

1.3.5 Verfassungsrechtliche Bestimmungen für die Haushaltswirtschaft des Bundes

100 Die darauffolgenden Vorschriften des Abschnitts X, Art. 110 bis 115 GG, gelten ausschließlich für die **Haushaltswirtschaft des Bundes**. Für die Länder ist Vergleichbares in ihren jeweiligen Landesverfassungen enthalten, z.B. Art. 78 bis 83 BayVerf. Außerdem ist es Angelegenheit der Landesgesetzgeber, die Haushaltswirtschaft der Gemeinden zu regeln.

101 Art. 110 GG ist die Kernvorschrift für die Haushaltswirtschaft des Bundes. Aus ihr leiten sich **fundamentale Haushaltsgrundsätze** ab (siehe dazu „Haushaltsgrundsätze"). Die Besonderheiten der Haushaltsgesetzgebung und die Regelungsgrenzen des Haushaltsgesetzes enthalten Art. 110 Abs. 2 bis 4 GG (siehe dazu „Haushaltskreislauf").

102 Wenn ein Haushaltsplan abweichend von Art. 110 Abs. 2 GG nicht vor Beginn des betreffenden Rechnungsjahres festgestellt wurde, dann gelten die **Ausgabeermächtigungen vor Etatgenehmigung** des Art. 111 Abs. 1, damit die nötige Handlungsfähigkeit des Bundes sichergestellt ist. Reichen die gesetzlichen Einnahmequellen nicht aus, um die nach Abs. 1 zu leistenden Ausgaben zu decken, dann dürfen Einnahmen aus Krediten nach Abs. 2 getätigt werden. Dabei ist die Schuldenbremse aus Art. 115 GG (siehe unten) zu berücksichtigen.

103 Art. 112 GG versetzt das BMF in die Lage, bei unvorhergesehenen und unabweisbaren Bedürfnissen **nicht geplante zusätzliche Ausgaben** zu bewilligen (siehe dazu „Haushaltskreislauf"); diese Befugnis endet dort, wo der Haushaltsgesetzgeber noch die Möglichkeit hätte den Plan anzupassen (zeitliche Unabweisbarkeit). Die Befugnis gilt für einzelne Ausgabebedürfnisse. Spätestens dann, wenn zum Ausgleich ungeplanter zusätzlicher Ausgaben die voraussichtlichen Einnahmen nicht zur Verfügung stehen, muss dem Gesetzgeber die Entscheidung vorbehalten sein.

104 Durchaus bemerkenswert ist die Möglichkeit der Bundesregierung, die Beschlussfassung des Bundestages auszusetzen (Art. 113 Abs. 1 Satz 3 GG) oder nach Abs. 2 sogar eine erneute Beschlussfassung zu verlangen. Das gilt für Gesetze, die die Einnahmen des Bundes mindern oder seine Ausgaben erhöhen würden (siehe dazu „Haushaltskreislauf"), bei denen grundsätzlich die Zustimmung der Bundesregierung erforderlich ist (Art. 113 Abs. 1 Satz 1 GG).

105 Art. 114 GG regelt die **Grundsätze der Rechnungslegung und der Finanzkontrolle** (siehe dazu „Haushaltskreislauf"). Sein Abs. 2 ist die Grundlage für die Aufgabe des Bundesrechnungshofes als unabhängiges Verfassungsorgan für die Prüfung der gesamten Wirtschaftsführung des Bundes. Dessen Befugnisse enthält die BHO, das Nähere regelt das BRHG.

Nach Art. 115 Abs. 1 GG darf der Bund **Kredite** nur aufnehmen und **Eventualverbindlichkeiten** (Bürgschaften, Garantien und sonstige Gewährleistungen) nur dann eingehen, wenn er durch Gesetz dazu ermächtigt worden ist. Üblicherweise enthält dazu das jährliche Haushaltsgesetz diese Ermächtigungen (§§ 2 und 3 HG 2021). **106**

Diese Ermächtigungen zur Kreditaufnahme schränkt Art. 115 Abs. 2 Satz 1 GG für den Bund ein. Nach der Schuldenbremse (siehe auch oben, Art. 109 Abs. 3 GG) ist der Haushaltsausgleich der Einnahmen und Ausgaben grundsätzlich ohne Einnahmen aus Krediten zu erreichen; dabei gilt der Bundeshaushalt als ausgeglichen, wenn die Einnahmen aus Krediten 0,35% des nominalen Bruttoinlandsprodukts nicht überschreiten (Art. 115 Abs. 2 Satz 2 GG). Zudem darf gem. Art. 115 Abs. 2 Satz 3 GG eine Konjunkturkomponente berücksichtigt werden (Näheres s. Abschnitt 2.4 und 3.3.4.2). **107**

Nicht nur bei konjunkturellen Störungen, sondern auch in außergewöhnlichen Notsituationen, die sich der Kontrolle des Staates entziehen, dürfen die vorgenannten Obergrenzen durch Bundestagsbeschluss überschritten werden (Art. 115 Abs. 2 Satz 6 GG). **108**

Das Nähere zu den Verschuldungsregeln ist im Artikel-115-Gesetz (G115) festgelegt. **109**

Abschnitt X des Grundgesetzes enthält zum einen umfangreiche Regeln für die Finanzen von Bund und Ländern. Zum anderen bildet er die Grundlage für viele zuvor erwähnte einfachgesetzliche Regelungen. **110**

1.3.6 Zusammenfassung

Um öffentliche Aufgaben wahrnehmen zu können, müssen Bund, Länder und Gemeinden über ausreichende Einnahmen verfügen können. Nach dem Grundgesetz sind das in erster Linie die **Steuern**, für die **Gesetzgebungs-, Verwaltungs- und Ertragshoheit** (Art. 105, 108 bzw. 106 GG) geregelt sind. **111**

Der **Steuerertrag** (Art. 106 GG) kann nach dem **Trennsystem** (Zuordnung einer Steuerart zu einer föderalstaatlichen Ebene) oder dem **Verbundsystem** (föderalstaatliche Ebenen teilen sich bestimmte Steuerquellen) zugeordnet werden. **112**

Die Ausübung der **staatlichen Befugnisse** und die Erfüllung der staatlichen Aufgaben ist Sache der Länder, soweit das Grundgesetz keine andere Regelung trifft oder zulässt. Nach der Wahrnehmung der staatlichen Ausgaben richtet sich die Pflicht zur Tragung der Ausgaben (**Konnexitätsprinzip** nach Art. 104a Abs. 1 GG), wenn nicht **Mischfinanzierungstatbestände** etwas anderes zulassen. **113**

114 Nach Art. 109 Abs. 1 GG sind Bund und Länder in ihrer Haushaltswirtschaft selbstständig und voneinander unabhängig. Eingeschränkt wird die **Haushaltsautonomie** durch die Verpflichtung von Bund und Ländern,

- gemeinsam die Verpflichtungen der Bundesrepublik Deutschland aus Rechtsakten der Europäischen Gemeinschaft auf Grund des Artikels 104 des Vertrags zur Gründung der Europäischen Gemeinschaft zur Einhaltung der Haushaltsdisziplin zu erfüllen und
- in diesem Rahmen den Erfordernissen des gesamtwirtschaftlichen Gleichgewichts Rechnung zu tragen (Art. 109 Abs. 2 GG),
- ihre Haushalte grundsätzlich ohne Einnahmen aus Krediten auszugleichen (Art. 109 Abs. 3 GG) und
- sich an gemeinsam geltende Grundsätze für das Haushaltsrecht, eine mehrjährige Finanzplanung und eine konjunkturgerechte Haushaltswirtschaft zu halten (Art. 109 Abs. 4 GG).

115 **Sanktionsmaßnahmen der Europäischen Gemeinschaft** im Zusammenhang mit den Bestimmungen in Artikel 104 des Vertrags zur Gründung der Europäischen Gemeinschaft zur Einhaltung der Haushaltsdisziplin tragen Bund und Länder im Verhältnis 65 zu 35. Die Ländergesamtheit trägt solidarisch 35 % der auf die Länder entfallenden Lasten entsprechend ihrer Einwohnerzahl; 65 % der auf die Länder entfallenden Lasten tragen die Länder entsprechend ihrem Verursachungsbeitrag.[13]

Die finanzwirtschaftliche Darstellung der Landeshaushalte und der öffentlichen Unternehmen der Länder ist wie beim Bund in sinngemäß vergleichbarer Weise zu verstehen.

1.4 Öffentliche Finanzwirtschaft und Finanzverfassung (Kurzfassung)

116 Die **Bedeutung der Öffentlichen Finanzwirtschaft** wird durch ihre Aufgaben (Funktionen) dargestellt: „Öffentliche Finanzwirtschaft" ist die Tätigkeit des Staates, durch welche dieser die Mittel zur Erfüllung seiner Aufgaben beschafft, verwaltet und verwendet.

Hierbei hat die Öffentliche Finanzwirtschaft

- öffentliche Güter und Dienstleistungen bereitzustellen (= klassische Bedarfsdeckungsfunktion)
- wirtschaftspolitische und sozialpolitische Ziele anzustreben (= moderne gesamtwirtschaftliche Lenkungsfunktion)
- übernationale finanzpolitische Funktionen zu erfüllen.

13 Art. 109 Abs. 5 GG.

Die „Öffentliche Finanzwirtschaft“ **117**
- ist Teil der Volkswirtschaft,
- liefert im Wesentlichen immaterielle Güter,
- erzeugt im Allgemeinen nicht messbare Leistungen,
- deckt ihren Finanzbedarf durch Steuern usw. selbst,
- erstrebt keinen Gewinn.

Von besonderer Bedeutung ist die Ausstattung der Träger der öffentlichen Finanzwirtschaft mit **eigenen Einnahmequellen**. Für die Haupteinnahmequellen, die Steuern, legt die Finanzverfassung die Ertragshoheit, die Verwaltungshoheit und die Gesetzgebungshoheit über einzelne Steuerarten fest. Grundlage ist dabei die Verteilung der Steuern nach dem Trennsystem und nach dem Verbundsystem. **118**

Für den **Ausgabenbereich** liegt die Finanzverfassung die Lastenverteilung zwischen Bund und Ländern fest. Neben dem Konnexitätsgrundsatz, nachdem die Ausgabe der Aufgabe folgt, gibt es auch eine Reihe von Mischfinanzierungstatbeständen im Grundgesetz. **119**

Die **Haushaltsverfassung** als Teil der Finanzverfassung regelt die Haushaltsautonomie von Bund und Ländern im Sinne des föderalistischen Staatsaufbaus und schreibt dem Staat eine gesamtwirtschaftliche Verantwortung zu (Art. 109 Abs. 1, 2 GG). Daneben gibt es eine Reihe von Bestimmungen, die sich allein auf den Bundeshaushalt beziehen (Art. 110 bis 115 GG). **120**

Träger der Öffentlichen Finanzwirtschaft sind die Träger öffentlicher Aufgaben (Art. 30 GG/LV). Diese sind: **121**
- internationale (z.B. NATO) und supranationale (z.B. EU) Organisationen,
- der Bund,
- die Länder,
- die Gemeinden und Gemeindeverbände,
- hilfsfiskalische/intermediäre Finanzgewalten (= Parafisci, z.B. öffentlich-rechtliche Rundfunk- und Fernsehanstalten).

2. Gesamtwirtschaftliche Bedeutung der öffentlichen Haushalte

2.1 Gesamtwirtschaftliche Ziele im Konjunkturverlauf

122 Das Bund und Ländern durch Art. 109 Abs. 1 GG garantierte Recht, über die Gestaltung ihrer Haushalte frei zu entscheiden (Haushaltsautonomie), erfährt durch Art. 109 Abs. 2 GG eine gewisse Einschränkung. Dort nämlich heißt es:

> „**Bund und Länder** erfüllen gemeinsam die Verpflichtungen der Bundesrepublik Deutschland aus Rechtsakten der Europäischen Gemeinschaft [...] zur Einhaltung der Haushaltsdisziplin und **tragen** in diesem Rahmen **den Erfordernissen des gesamtwirtschaftlichen Gleichgewichts Rechnung**."

Hinter dieser Verfassungsvorschrift steht die Auffassung, dass die öffentlichen Haushalte auch als Instrument der Wirtschaftspolitik dienen sollen.

123 Was unter dem „gesamtwirtschaftlichen Gleichgewicht" zu verstehen ist, sagt das Grundgesetz nicht. Die Staatspraxis interpretiert diesen Begriff aber in Anlehnung an die in § 1 StabG (Stabilitäts- und Wachstumsgesetz) genannten gesamtwirtschaftlichen Ziele. Danach liegt der Zustand eines gesamtwirtschaftlichen Gleichgewichts vor, wenn die vier Ziele

- hoher Beschäftigungsstand,
- Preisniveaustabilität,
- außenwirtschaftliches Gleichgewicht sowie
- stetiges und angemessenes Wirtschaftswachstum

gleichzeitig erreicht sind. Da es aber an Zauberei grenzt, alle vier Ziele gleichzeitig zu realisieren, spricht man im Zusammenhang mit diesem gesamtwirtschaftlichen Zielbündel auch von einem **„magischen Viereck"**.

Verletzt werden die gesamtwirtschaftlichen Ziele, wenn **konjunkturelle Störungen** eintreten.

124 Wie in allen marktwirtschaftlich organisierten Volkswirtschaften tritt auch in der Bundesrepublik Deutschland das Phänomen der Konjunkturzyklen auf. Während das gesamtwirtschaftliche Produktionspotenzial, also die Produktionskapazität (das potenzielle Angebot) einer Volkswirtschaft im langfristigen Trend recht stetig gestiegen ist, unterliegt die gesamtwirtschaftliche Nachfrage im Zeitablauf ausgeprägten Schwankungen. Phasen stark ansteigender Nachfrage nach Gütern und Diensten (Aufschwung) schlagen sich in einer zunehmenden Auslastung der Produktionskapazitäten nieder; in einer solchen Phase sinken die Stückkosten

und die Gewinnsituation der Unternehmen verbessert sich sowohl von der Absatz- als auch von der Kostenseite her sehr deutlich.

Zumindest im fortgeschrittenen Aufschwung wird die starke Nachfrage es immer mehr Unternehmen ermöglichen, Preisanhebungen durchzusetzen (**nachfrageinduzierte Inflationstendenzen**).

Expandiert die Nachfrage anhaltend und schnell, gerät die Volkswirtschaft in **125**
eine Phase (Hochkonjunktur, Boom), in der die Unternehmen ihre Produktionskapazitäten zur Befriedigung der „überschäumenden" Nachfrage stärker auslasten als dies wirtschaftlich sinnvoll wäre, d.h. sie produzieren nahe an den technischen Grenzen ihrer Produktionsanlagen, wo Energieverbrauch und Verschleiß überproportional zunehmen. Zudem werden zunehmend Überstunden in den Betrieben geleistet und nach und nach auch Neueinstellungen vorgenommen. Als Folge dieser Entwicklung beginnen die Produktionskosten wieder zu steigen, vor allem dann, wenn die Gewerkschaften die verbesserte Beschäftigungssituation und die „explodierenden" Gewinne der Unternehmen zum Anlass nehmen, hohe Lohnforderungen durchzusetzen (**kosteninduzierte Inflationstendenzen**).

Die Unternehmen setzen den Lohnforderungen der Gewerkschaften häufig nur **126**
geringen Widerstand entgegen, da sie bei hoher Nachfrageintensität davon ausgehen (können), die gestiegenen Lohnkosten über Preisaufschläge auf die Käufer überwälzen zu können. Auch zusätzliche Gewinnaufschläge sind durchsetzbar, wenn die Produktion mit der Nachfrage nicht Schritt halten kann und die Lieferfristen immer länger werden.

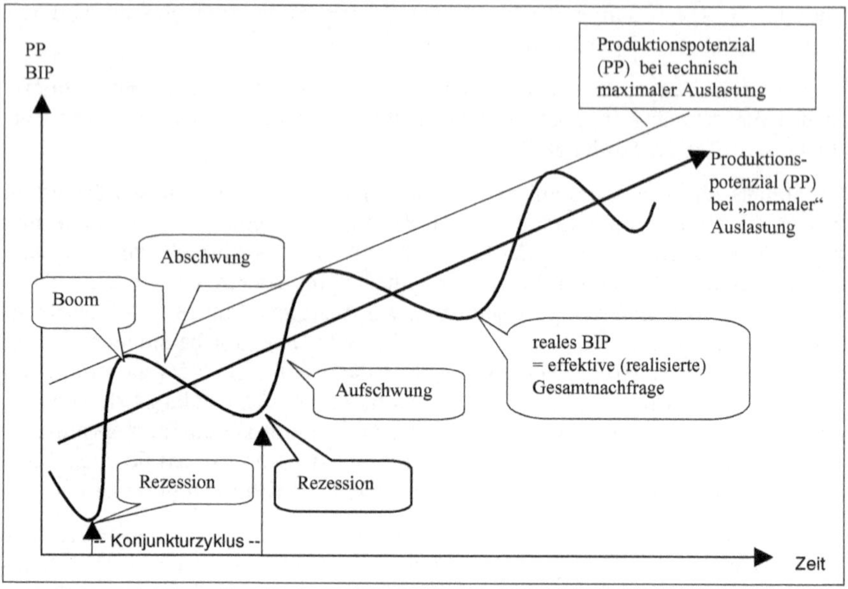

Abbildung 9: Konjunkturschwankungen

127 Spiegelbildlich verhält es sich, wenn die Wirtschaft, aus welchen Gründen auch immer, aus der Boom-Phase heraus in eine Abschwungsphase einmündet. Die nachlassende Nachfrage bewirkt, dass die Produktionskapazitäten (Maschinen wie Mensch) zunehmend unterausgelastet sind. Der nachfragebedingte Druck auf die Preise lässt nach, doch wird zunehmend das Ziel eines hohen Beschäftigungsstandes verletzt.

128 Ein beginnender Abschwungsprozess birgt die Gefahr, sich rasch kumulativ zu verstärken, da „Erwartungsfehler“ als Akzelerator (Beschleuniger) wirksam werden: die Unternehmen fürchten die Absatzkrise und schränken aus diesem Pessimismus heraus ihre Investitionsnachfrage stärker ein als es die objektive Absatzsituation rechtfertigen würde; die Beschäftigten fürchten die Beschäftigungskrise und erhöhen ihre Spartätigkeit (Vorsichts- oder Angstsparen) zu Lasten ihrer Konsumnachfrage. Ohne staatliche Eingriffe droht die Rezession, also eine Phase sehr schwacher Kapazitätsauslastung, häufig verbunden mit einem absoluten Rückgang der gesamtwirtschaftlichen Aktivität, also des realen Bruttoinlandsprodukts.[14]

14 Anders als in den USA gibt es in Europa keine einheitliche Definition für Rezession. In den USA spricht man von Rezession, wenn das reale Bruttoinlandsprodukt in zwei aufeinander folgenden Quartalen schrumpft.

In einer solchen Rezessions-Phase ist nicht nur das **Beschäftigungsziel**, sondern auch das **Ziel eines angemessenen Wirtschaftswachstums** verletzt.

2.2 Ansatzpunkte staatlicher Stabilisierungspolitik

Vom Staat wird durch Grundgesetz (Art. 109 Abs. 2) und Stabilitätsgesetz (§ 1 StabG) verlangt, dass er seine **Haushaltspläne als Instrument der Wirtschaftspolitik** einsetzt, mit dem Ziel, das gesamtwirtschaftliche Gleichgewicht zu erhalten bzw. wiederherzustellen. Konkrete Handlungsanweisungen lassen sich aus diesen Normen jedoch nicht ableiten.[15] 129

War man in Deutschland in der Dekade Mitte der 60er bis Mitte der 70er Jahre 130 dazu übergegangen, das gesamtwirtschaftliche Gleichgewicht über **antizyklische Konjunktursteuerung** (auch Globalsteuerung genannt) zu erreichen, wurde in den beiden folgenden Jahrzehnten eine eher angebotsseitige „Steuerung" der Wirtschaft präferiert. Während die Angebotspolitik auf eine mittelfristige Verbesserung der wirtschaftlichen Rahmenbedingungen setzt, zielt die (antizyklische) Konjunkturpolitik auf eine kurzfristig orientierte Steuerung der Gesamtnachfrage ab.

Antizyklische, d.h. dem Konjunkturzyklus entgegensteuernde staatliche Stabilisierungspolitik versucht, privaten Nachfrageschwankungen durch staatliche Nachfrage**impulse** entgegenzusteuern. Man spricht daher auch von staatlicher Nachfragepolitik. Eine solche Konjunkturpolitik kann sowohl über die Ausgabe- als auch über die Einnahmeseite des staatlichen Budgets betrieben werden. Das Stabilitäts- und Wachstumsgesetz (StabG) liefert hierfür einen umfangreichen Instrumentenkasten.

Wie eine solche **nachfrageseitige Stabilisierungspolitik** aussehen kann, wird 131 anhand der einzelnen Komponenten der Gesamtnachfrage (bzw. des realen Bruttoinlandsprodukts) deutlich:

Grundsätzlich können die in einer Volkswirtschaft produzierten Güter für drei Zwecke verwendet bzw. nachgefragt werden. Sie können
1. von Inländern **konsumiert** werden,
2. von Inländern **investiert,** d.h. produktiv verwendet werden und sie können
3. ins Ausland **exportiert** werden.

Werden Güter exportiert, stehen sie für die binnenwirtschaftliche Verwendung nicht mehr zur Verfügung. Auf der anderen Seite stehen den Inländern nicht nur die in der eigenen Volkswirtschaft produzierten Güter zur Verfügung, sondern auch die Güter, die aus dem Ausland **importiert** werden. Formal lässt sich dieser Sachverhalt wie folgt darstellen:

15 Ausführlich hierzu: Leibinger, H.-B. (1985), S.142 ff.

$$\underbrace{\underset{\substack{\Downarrow\\ \text{inländische}\\ \text{Produktion}}}{Y} + \underset{\substack{\Downarrow\\ \text{Teil der ausländischen}\\ \text{Produktion}}}{Imp}}_{\substack{\textit{Herkunft}\text{ der zur Verfügung}\\ \text{stehenden Güter}}} = \underbrace{C + I + Ex}_{\substack{\textit{Verwendung}\text{ dieser Güter}\\ \text{(= volkswirtschaftliche Endnachfrage)}}}$$

132 Die hier verwendeten üblichen Symbole sind häufig dem englischen Sprachgebrauch entnommen:

Y = Inlandsprodukt (Y steht für „yield“ = Ertrag, Ergebnis)
Imp = Import
C = Konsum („consumption“)
I = Investition
Ex = Export

133 Da nun i.d.R. das **im Inland erzielte Produktionsergebnis** (Y) Gegenstand der Analyse ist, ist die Gleichung umzuformulieren, sind die Importe also auf die rechte Seite der Gleichung zu bringen:

$$Y = C + I + \underbrace{Ex - Imp}_{\text{Außenbeitrag}}$$

Der Saldo aus Exporten und Importen heißt auch **Außenbeitrag**. Berücksichtigt man, dass nicht nur die privaten Haushalte konsumieren, sondern auch der Staat, so kann der Konsum (C) in den privaten Verbrauch (C_{priv}) und den staatlichen Verbrauch (C_{St}) aufgeteilt werden.

Das Bruttoinlandsprodukt lässt sich dann über die Verwendungsseite wie folgt ermitteln:

	Privater Verbrauch (C_{priv})
+	Staatsverbrauch (C_{St})
+	Bruttoinvestitionen, privat + staatlich (I)
	⇨ Anlage-Investitionen = Ausrüstungen + Bauten)
	⇨ Vorrats-Investitionen (Lagerinvestitionen)
+	Export – Import (Ex – Imp)
=	Bruttoinlandsprodukt (Y)

Aus analytischen Zwecken, insbesondere wenn es um konjunkturpolitische Analysen geht, kann es sinnvoll sein, den privaten und den staatlichen Bereich scharf abzugrenzen. Man muss dann nicht nur beim Konsum, sondern auch bei den Investitionen zwischen privater und staatlicher Verwendung trennen:

$$Y = C_{priv} + \underbrace{C_{St} + I_{St}}_{^{C+I}A_{St} = \textit{Staatsnachfrage}} + I_{priv} + Ex - Imp$$

Fasst man den Staatsverbrauch (C_{St}) und die staatlichen Investitionen (I_{St}) zu der Größe „**Ausgaben des Staates für Konsum und Investitionen**“ ($^{C+I}A_{St}$), also zur gesamten Staatsnachfrage, zusammen, erhält man die folgende Gleichung:

$$Y = C_{priv} + I_{priv} + {}^{C+I}A_{St} + (Ex - Imp)$$

⇩

BIP = Gesamtnachfrage mit seinen 4 Komponenten

Steht Y für das Bruttoinlandsprodukt, so ergibt diese Gleichung die volkswirtschaftliche **Gesamtnachfrage** mit ihren vier Komponenten. Die Gleichung wird auch als **1. Keynes'sche Gleichung** bezeichnet.

Die Verwendungsrechnung des Bruttoinlandsprodukts zeigt wichtige Ansatzpunkte für die Finanzpolitik auf. Die Verwendungs- oder Nachfragegleichung macht deutlich:

(1) **Der Staat ist selbst Nachfrager** ($^{C+I}A_{St}$), d.h. er kann die Gesamtnachfrage (das BIP) **unmittelbar** durch Erhöhung oder Senkung seiner Konsum- und/oder Investitionskäufe beeinflussen. Dadurch verändert sich auch die tatsächliche Auslastungs- und Beschäftigungssituation in den Unternehmen;

(2) Der Staat kann die Gesamtnachfrage auch **mittelbar** (indirekt) beeinflussen, indem er

- durch **Variationen von Transferausgaben** (Sozialleistungen, Subventionen wie z.B. Investitionszulagen) oder
- durch **Variation der Steuersätze**

die Kaufkraft der privaten Haushalte bzw. die Liquidität der privaten Unternehmen beeinflusst, so dass diese in die Lage versetzt werden, ihre Konsum-(C_{priv}) bzw. Investitionsnachfrage (I_{priv}) in gewünschter Richtung zu ändern. Die Abbildung 10 verdeutlicht diesen Zusammenhang.

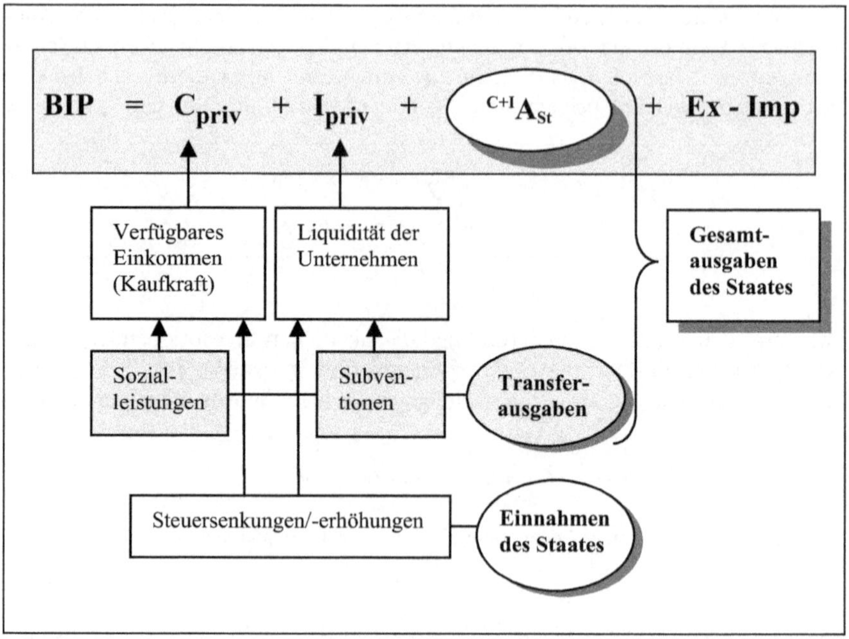

Abbildung 10: Ansatzpunkte der staatlichen Konjunkturpolitik

2.3 Wirkungsweise des konjunkturpolitischen Instrumentariums

134 Die Wirkungen der indirekten Maßnahmen (Transfers, Steuern) sind unsicherer als die von Variationen der Staatsnachfrage, da die Nachfrageeffekte von der Einkommensverwendung der privaten Wirtschaftssubjekte abhängen.

135 Für den Fall einer Steuersenkung zur Stimulierung der Konjunktur bedeutet dies: Werden die privaten Haushalte ihr höheres Einkommen nicht zum Teil sparen, zum Teil auch für den Kauf von Importgütern verwenden? In beiden Fällen erfahren die heimischen Unternehmen keine Absatzsteigerung, Nachfrage „versickert". Eine gewisse Kompensation des Nachfrageausfalls (nach Konsumgütern) könnte nur dann eintreten, wenn das durch die gestiegene Spartätigkeit erhöhte Angebot an Kapital zu Zinssenkungen am Kapitalmarkt führt und damit die Nachfrage nach Investitionsgütern (I_{priv}) anregt. Aber: kommt es in der Rezession, in der die Lage am Kapitalmarkt aufgrund allgemein nachlassender Kreditwünsche ohnehin entspannt ist, wirklich zu nennenswerten Zinssenkungen und ist die Investitionsnachfrage in einer solchen Situation wirklich so zinsreagibel?

Wie reagieren die privaten Unternehmen auf eine Steuersenkung? Werden sie die **136**
erhöhte Liquidität wirklich für mehr Investitions-Nachfrage (I_{priv}) nutzen oder werden sie angesichts einer schwachen Auslastung bestehender Kapazitäten eher Anlagen ins Geldvermögen tätigen? Nehmen sie Rationalisierungs-Investitionen vor, tritt zunächst die gewünschte Nachfrage- und Beschäftigungswirkung im Investitionsgüter produzierenden Gewerbe ein, die über den Einkommenszuwachs und seiner Verausgabung noch multiplikativ verstärkt werden könnte; nach Installation der Rationalisierungs-Investitionen im Betrieb wird es dann zu Freisetzungen und Einkommensausfällen kommen. Welcher Nettoeffekt stellt sich aus kurzfristig-konjunktureller Sicht ein?

Variationen der Staatsausgaben für die Käufe von Konsum- und/oder Investiti- **137**
onsgütern (Realausgaben/Staatsnachfrage) sind in ihren kurzfristigen Nachfragewirkungen sicher, sie kommen in voller Höhe bei den Unternehmen an. Durch die verbesserte Absatz-, Auslastungs- und Beschäftigungssituation im Falle einer expansiven Fiskalpolitik können sich auch die Absatz- und Beschäftigungserwartungen der privaten Wirtschaftssubjekte stabilisieren. Zumindest ist es wahrscheinlich, dass überzogene, objektiv durch die wirtschaftliche Entwicklung nicht gerechtfertigte Ängste („Erwartungsfehler") durch die tatsächliche Verbesserung der Lage korrigiert werden.

Staatliche Nachfrage**impulse**, gepaart mit einer Stabilisierung der Absatz-, Einkommens- und Beschäftigungserwartungen, sind die Crux der Fiskalpolitik. Es war noch niemals Ziel staatlicher Nachfragepolitik, den gesamten privaten Nachfrageausfall zu kompensieren.

Von Bedeutung ist, dass zusätzliche Staatsausgaben (Nachfrageimpulse) nicht **138**
nur in ihrer tatsächlichen Höhe für zusätzliche Nachfrage sorgen. Die durch staatliche Aufträge veranlassten Einkommenssteigerungen bei privaten Haushalten führen bei diesen zu höheren Konsumausgaben, was zusätzliche Aufträge und Einkommen an anderer Stelle verursacht. Produktion und Volkseinkommen wachsen weiter. Dieser sich fortsetzende Multiplikatoreffekt kann im fortgeschrittenen Aufschwung noch verstärkt werden, wenn die Unternehmungen durch die erhöhte Konsumgüter-Nachfrage veranlasst werden, Erweiterungsinvestitionen vorzunehmen. Dieser Akzeleratoreffekt (Beschleunigungseffekt über die induzierte Investitionsnachfrage) bringt eine weitere Zunahme von Produktion und Volkseinkommen mit sich.

Die Höhe der Multiplikator- und ggf. Akzelerator-Wirkungen ist freilich ungewiss; sie hängt entscheidend davon ab, inwieweit es gelingt, die Absatz-, Einkommens- und Beschäftigungserwartungen von Produzenten und Konsumenten zu stabilisieren und zu verbessern.

139 Wurde in der Bundesrepublik Mitte der 1960er bis Mitte der 1970er Jahre noch stark auf die Wirksamkeit der Konjunkturpolitik über die öffentlichen Haushalte (Fiskalpolitik) vertraut, so ist in den Jahren danach die kurzfristig ausgerichtete Fiskalpolitik zunehmend in Misskredit geraten, vor allem weil sie zu einem starken Anstieg der **Staatsverschuldung geführt** hat.

Es ist unbestritten, dass Ausgabensenkung und Steuererhöhung per se kontraktiv (bremsend), Ausgabenerhöhung und Steuersenkung per se expansiv wirken. Freilich muss bei allen Maßnahmen auch deren **Finanzierung** mit in die Wirkungsanalyse einbezogen werden.

140 Als Finanzierungsquellen expansiver Maßnahmen kommen grundsätzlich in Betracht:

- Steuererhöhungen oder
- Kredite.

141 **Steuererhöhungen** sind in Rezessionsphasen wenig sinnvoll, da sie den privaten Haushalten und den Unternehmen Kaufkraft bzw. Liquidität entziehen und damit die expansiven Maßnahmen wieder (weitgehend) kompensieren.

142 Eine (zusätzliche) öffentliche **Kreditaufnahme** (deficit spending) ist daher in Rezessionsphasen die einzig sinnvolle Finanzierungsart, da mit ihr kein direkter Entzugseffekt (kein Kaufkraftentzug) bei den Privaten verbunden ist.

Allerdings ist auch eine **Kreditfinanzierung** konjunkturpolitischer Maßnahmen nicht in jedem Falle ohne negative Rückwirkung auf die private Nachfrage möglich. Indirekte **Entzugs- bzw. Verdrängungseffekte** (Crowding-out-Effekte) sind denkbar, wenn

- die erhöhte staatliche Nettokreditaufnahme auf ein begrenztes Geldangebot stößt, so dass es zu Zinssteigerungen und damit zur Verdrängung privater Investitionen kommt (zinsbedingtes Crowding-out);
- die privaten Marktteilnehmer mit der erhöhten öffentlichen Nettokreditaufnahme Erwartungen verbinden, die hemmend auf die Konsum- und Investitionsneigung wirken. Denkbar wäre, dass die privaten Haushalte und Unternehmen wegen der steigenden Staatsverschuldung baldige Steuererhöhungen oder Kürzungen von Sozialtransfers oder Subventionen befürchten und deshalb als Reaktion auf die erhöhte staatliche Kreditaufnahme bereits heute Vorsorge zu Lasten ihrer aktuellen Konsum- und Investitionsnachfrage treffen (erwartungsbedingtes oder psychologisches Crowding-out).

Ob ein zinsbedingtes Crowding-Out infolge steigender öffentlicher Kreditaufnahme eintritt, hängt wesentlich von der Geldpolitik der Notenbank ab. Versorgt die Zentralbank den Markt mit ausreichend Liquidität, werden Zinssteigerungen ausbleiben.

2.4 Nationale Schuldenbremse und europäischer Fiskalpakt

In Deutschland ist es in den 1990er Jahren im Zuge der Finanzierung der Deutschen Einheit zu einem sprunghaften Anstieg der öffentlichen Verschuldung gekommen. Danach setzte eine Konsolidierungsphase ein mit (nahezu) ausgeglichenen Staatshaushalten in den Jahren 2007 und 2008. Die weltweite Finanz- und Wirtschaftskrise der Jahre 2008/2009 führte auch in Deutschland zu einem drastischen Wachstumseinbruch (Rückgang des realen BIP um 5,7 % im Jahr 2009), dem die Bundesregierung mit hochdimensionierten Konjunkturprogrammen (Abwrackprämie, Konjunkturprogramme I und II, ...) entgegensteuerte. Konjunkturbedingte Steuermindereinnahmen und Mehrausgaben sowie eine stark expansiv ausgerichtete Fiskalpolitik ließen die Neuverschuldung des Staates in bis dahin ungekannte Größenordnungen ansteigen. Allein im Jahre 2009 belief sich das öffentliche Finanzierungsdefizit auf ca. 90 Mrd. €, 2010 waren es noch einmal knapp 80 Mrd. €. Um das Vertrauen der Märkte nicht zu verlieren und um keine psychologisch bedingte Crowding-Out-Effekte auszulösen, wurde gleichzeitig mit den Konjunkturprogrammen eine sogenannte Schuldenbremse beschlossen. Nach den zum 1.1.2011 in Kraft getretenen neuen **Schuldenregeln** der Art. 109 Abs. 3 und Art. 115 Abs. 2 GG dürfen die Länder ab 2020 grundsätzlich keine neuen Kredite mehr aufnehmen, beim Bund liegt die jährliche Neuverschuldungsgrenze (strukturelles Defizit) bei 0,35 % des BIP. Um eine aktive Konjunkturpolitik nicht zu behindern, lässt das Grundgesetz im Falle von Konjunktureinbrüchen Ausnahmen von der Verschuldungsgrenze zu, verlangt aber, dass über den Konjunkturverlauf hinweg ein Ausgleich erfolgt. 143

Abweichungen von der Schuldenregel sind nicht nur bei klassischen Konjunkturstörungen zulässig, sondern auch im Falle von Naturkatastrophen oder außergewöhnlichen Notsituationen (Art. 115 (2) GG) Die erhebliche Überschreitung der Kreditgrenze durch die Nachtragshaushalte 2020 (Überschreitung: 118,7 Mrd. €) und den Bundeshaushalt 2021 (164,2 Mrd. €) wurden von der Bundesregierung mit einer solchen außergewöhnlichen Notsituation (Coronapandemie) begründet. Für beide Haushalte waren gem. Art. 115 (2) GG Tilgungspläne vorzulegen.

Auch in anderen **europäischen Ländern** hat die Finanz- und Wirtschaftskrise der Jahre 2008/09 und die damit verbundene Rettung „systemrelevanter" Banken zu einer ausufernden Staatsverschuldung geführt, die das gesamte Währungssystem, also den Bestand des Euro als gemeinsames Zahlungsmittel gefährdete. Eine gemeinsame Währung, in der es naturgemäß keine Auf- und Abwertungen der nationalen Währungen mehr gibt, kann nur funktionieren, wenn die beteiligten Mitgliedstaaten eine weitgehend abgestimmte Finanz- und Wirtschaftspolitik betreiben. Im Maastricht-Vertrag von 1992 wurden daher sogenannten Konvergenzkriterien für den Beitritt eines Landes zur Währungsunion (Euro-Raum) festgelegt: 144

1. Stabiles Preisniveau,
2. Stabile langfristige Zinssätze,
3. Stabile Wechselkurse,
4. Obergrenze für das jährliche staatliche Defizit,
5. Obergrenze für den öffentlichen Schuldenstand.

Die beiden zuletzt genannten fiskalpolitischen Kriterien wurden dann wie folgt konkretisiert:

- **Defizitquote:** das gesamtstaatliche Finanzierungsdefizit eines Mitgliedstaates darf 3 % des BIP nicht überschreiten;
- **Schuldenstandsquote:** der Schuldenstand eines Mitgliedstaates darf 60 % des BIP nicht überschreiten.

145 Damit die Haushaltsdisziplin auch **nach Beitritt** in die Währungsunion gewährleistet bleibt, haben die Staats- und Regierungschefs der EU 1997 den europäischen **Stabilitäts- und Wachstumspakt** (SWP) beschlossen, durch den alle Mitgliedsstaaten dazu verpflichtet werden, mittelfristig einen **strukturell ausgeglichenen oder überschüssigen Staatshaushalt** zu erreichen. Als Obergrenze für das jährliche Haushaltsdefizit und den Schuldenstand wurden die **Maastrichtkriterien** (Defizitquote maximal 3 % des BIP, Schuldenstandsquote maximal 60 % des BIP) festgeschrieben. Höhere Defizite werden nur zeitlich begrenzt und in begründeten Ausnahmefällen, z.B. im Falle schwerer Rezessionen oder Naturkatastrophen, zugelassen. Zudem wurden Sanktionsmaßnahmen für „Defizitsünder“ installiert, die jedoch durch eine entsprechende Mehrheit des Rates beschlossen werden muss.

146 Die weltweite Finanz- und Wirtschaftskrise 2008/09 hatte in allen Staaten die jährlichen Defizite und damit auch die **öffentlichen Schuldenstände** erheblich nach oben gedrückt. Im EU-Raum insgesamt hat sich die Schuldenstandsquote in den Jahren 2008 bis 2012 um mehr als 10 %-Punkte auf 90,6 % des BIP erhöht, in Deutschland ergab sich in diesem kurzen Zeitraum ein Anstieg von 66,0 % auf 81,9 % des BIP. Damit die Mitgliedstaaten der Eurozone ihre Schuldenstandsquote wieder dauerhaft zurückführen, wurde 2011 der Stabilitäts- und Wachstumspakt verschärft und um einen **Schuldenabbaupfad (1/20-Regelung)** ergänzt. Danach kann das Defizitverfahren nicht nur ausgelöst werden, wenn das jährliche Defizit 3 % des BIP übersteigt, sondern auch dann, wenn

1. die Schuldenstandsquote eines Mitgliedstaates 60 % des BIP übersteigt *und*

2. a) die Referenzüberschreitung (Wert der aktuellen Schuldenstandsquote minus 60 % des BIP) in den drei vorangegangenen Jahren nicht um durchschnittlich mindestens 1/20 pro Jahr reduziert wurde oder

2\. b) keine Reduktion in dieser Höhe für das letzte Jahr mit verfügbaren Angaben und die beiden Folgejahre von der Europäischen Kommission prognostiziert wird.[16]

Mit der Verschärfung des Stabilitäts- und Wachstumspaktes wurde auch an einem europäischen Fiskalpakt gearbeitet, mit dem die jährlichen Defizite auf europäischer Ebene nach dem Muster der deutschen Schuldenbremse des GG mittelfristig und dauerhaft begrenzt werden sollte. In dem am 2.3.2012 von allen EU-Staaten mit Ausnahme Großbritanniens und der Tschechischen Republik unterzeichneten **„Fiskalvertrag“** (Vertrag über Stabilität, Koordinierung und Steuerung in der Wirtschafts- und Währungsunion) verpflichten sich die Vertragsstaaten zur Umsetzung innerstaatlicher und dauerhaft verbindlicher Fiskalregeln, möglichst auf Verfassungsebene. Der Fiskalvertrag, der zum 1.1.2013 in Kraft gesetzt wurde, bezieht sich auf das strukturelle, also um Konjunktureinflüsse bereinigte Defizit, das in der Regel 0,5 % des BIP nicht überschreiten darf. Lediglich für Mitgliedstaaten, deren Schuldenstandsquote 60 % des BIP erheblich unterschreitet, wird die Obergrenze des gesamtstaatlichen Defizits auf 1 % des BIP festgesetzt. **147**

Da auch auf europäischer Ebene die Fiskalregel auf das strukturelle Defizit abstellt, wird staatliche Konjunkturpolitik nicht behindert. Im Falle eines Konjunktureinbruchs darf neben das strukturelle auch ein konjunkturelles Defizit treten, was das Gesamtdefizit entsprechend erhöht. Allerdings wären solche konjunkturelle Defizite durch konjunkturbedingte Überschüsse in Phasen guter Konjunktur wieder zu tilgen, was dem Geist einer (symmetrisch angelegten) antizyklischen Konjunkturpolitik durchaus entspricht. **148**

2.5 Gesamtwirtschaftliche Bedeutung der öffentlichen Haushalte (Kurzfassung)

Die in Art. 109 Abs. 1 GG vorgeschriebene Haushaltsautonomie von Bund und Ländern wird durch Abs. 2 insofern eingeschränkt, als Bund und Länder verpflichtet werden, mit ihrer Haushaltsgestaltung den Erfordernissen des gesamtwirtschaftlichen Gleichgewichts Rechnung zu tragen. Ein solcher Auftrag erfordert eine Koordination der Haushalte von Bund und Ländern; auch die Gemeindehaushalte sind nach § 16 StabG einzubeziehen; **149**

Unter dem **gesamtwirtschaftlichen Gleichgewicht** versteht man einen Zustand, bei dem die **vier Ziele des § 1 StabG** – hoher Beschäftigungsstand, Preisniveaustabilität, außenwirtschaftliches Gleichgewicht, stetiges und angemessenes Wirtschaftswachstum – gleichzeitig erreicht sind. **150**

16 Vgl. BMF (08.12.2020), Fiskalregeln.

151 Zur Erhaltung oder Wiederherstellung des gesamtwirtschaftlichen Gleichgewichts ist stabilisierende (also nicht prozyklisch wirkende) Haushaltspolitik unerlässlich. Die Eignung antizyklischer Haushaltspolitik ist umstritten:

- Bei **stabilisierender** Haushaltspolitik sind konjunkturbedingte Steuerausfälle und Mehrausgaben ohne Kompensation hinzunehmen: der Haushalt hat also bewusst Defizite in Kauf zu nehmen.
- Bei **antizyklischer** Haushaltspolitik steigen diese Defizite in Abschwungs- oder Rezessionsphasen weiter an, da über gezielte Mehrausgaben und/oder Steuersenkungen dem Konjunkturverlauf aktiv gegengesteuert wird.
- Konjunkturbedingte Mehreinnahmen in Phasen der Hochkonjunktur dürfen nicht für zusätzliche Ausgaben genutzt werden; sie sollten zum Schuldenabbau oder für Rücklagen genutzt werden.

152 Jährlicher Haushaltsausgleich (im materiellen Sinn) ist bei wirtschaftspolitischem Einsatz des Haushalts nicht möglich. Haushaltsausgleich kann nur als überzyklisches Ziel verfolgt werden.

153 Auch eine mittelfristig orientierte Angebotspolitik kommt ohne stabilisierende Haushaltspolitik nicht aus. Prozyklische Haushaltspolitik ist immer schädlich.

154 Die **Finanz- und Wirtschaftskrise** 2008/09 hat weltweit zu einem kräftigen Anstieg der jährlichen Defizite und des öffentlichen Schuldenstandes geführt. Um die Staatsfinanzen mittelfristig wieder in den Griff zu bekommen, wurden

- in Deutschland die sogenannte **Schuldenbremse** in das GG aufgenommen. Danach dürfen grundsätzlich die Länder ab 2020 gar keine neuen Kredite aufnehmen, beim Bund wurde die Obergrenze des strukturellen Defizits ab 2016 auf 0,35 % des BIP festgelegt;
- auf EU-Ebene zum 1.1.2013 der **Fiskalvertrag** in Kraft gesetzt, der die Vertragsländer verpflichtet, Regelungen zur Begrenzung des öffentlichen Defizits in nationales Recht umzusetzen. Das strukturelle Defizit darf danach 0,5 % des BIP grundsätzlich nicht überschreiten. Zudem wurde der Stabilitäts- und Wachstumspakt verschärft. Sanktionen dürfen auch gegen diejenigen Staaten eingeleitet werden, die ihre Schuldenstandsquote nicht sukzessive auf 60 % des BIP zurückführen (1/20-Regel).

Neben die strukturellen Defizite können sowohl auf nationaler Ebene als auch auf EU-Ebene konjunkturelle Defizite treten, so dass staatliche Konjunkturpolitik möglich bleibt. Eine konjunkturell bedingte Kreditaufnahme ist bei guter Konjunktur wieder zu tilgen. Konjunkturpolitik erfolgt symmetrisch.

3. Haushaltsrecht und Haushaltssystematik

Der öffentliche Haushalt ist ein politisches und spätestens seit der Finanzreform von 1969 eindeutig auch zu einem ökonomischen Steuerungsinstrument geworden. Gleichwohl vollzieht sich die öffentliche Haushaltswirtschaft in einem strengen rechtlichen Rahmen. Sowohl bei der Aufstellung des Haushaltsplans als auch später, während seiner Ausführung, sind Gesetze, Rechtsverordnungen, Verwaltungsvorschriften und Erlasse zu beachten. **155**

Jeder, der „mit Haushalt zu tun hat“, muss sich durch den Rechtsdschungel hindurch schlagen. Zuweilen wissen selbst erfahrene Praktiker nicht immer sofort, wo sie für ein konkretes Problem eine Lösung hernehmen, die einer späteren Überprüfung Stand hält. Das Haushaltsrecht ist nicht gerade anwenderfreundlich!

Wir wollen im Folgenden die wichtigsten Rechtsvorschriften nennen, deren Inhalt grob kennzeichnen und bereits hier ein paar Hinweise für die praktische Handhabung geben. Exemplarisch soll dabei das Haushaltsrecht des Bundes herangezogen werden; für die Landeshaushalte – soweit sie kameral geführt werden – gelten die Rechtsvorschriften entsprechend.

3.1 Rechtsgrundlagen

Die Einzelheiten des Bundeshaushaltsrechts ergeben sich aus einer Fülle von Gesetzen, Rechtsverordnungen, Verwaltungsvorschriften und Erlassen. **156**

3.1.1 Gesetze

Grundgesetz (GG), insbesondere der X. Abschnitt „Das Finanzwesen“: **157**
- Art. 104a bis 109: Finanzverfassung: regelt die Kompetenzverteilung zwischen Bund und Ländern auf dem Gebiet der Finanzwirtschaft,
- Art. 110 bis 115: Haushaltsverfassung des Bundes, d.h., es werden Bestimmungen speziell für die Haushaltswirtschaft des Bundes getroffen;

Gesetz zur Förderung der Stabilität und des Wachstums der Wirtschaft (Stabilitäts- und Wachstumsgesetz – StabG) vom 8.6.1967 (BGBl. I S. 582), zuletzt geändert durch Artikel 267 der Verordnung vom 31.08.2015 (BGBl. I S. 1472): **158**
- Definition der wirtschaftspolitischen Ziele („magisches Viereck“),
- Instrumente zur Erreichung der wirtschaftspolitischen Ziele;

159 **Gesetz über die Grundsätze des Haushaltsrechts des Bundes und der Länder** (Haushaltsgrundsätzegesetz – HGrG) vom 19.8.1969 (BGBl. I S. 1273), zuletzt geändert durch Art. 10 des Gesetzes vom 14.8.2017 (BGBl. I S. 3122):
- für Bund und Länder gemeinsam geltende Grundsätze für die Aufstellung und Ausführung des Haushaltsplans sowie das Kassen- und Rechnungswesen,
- aus diesem Rahmengesetz leiten der Bund die Bundeshaushaltsordnung (BHO) und die Länder ihre jeweiligen Landeshaushaltsordnungen (LHO) ab,
- mit dem Gesetz zur Modernisierung des Haushaltsgrundsätzegesetzes (Haushaltsgrundsätzemodernisierungsgesetz – HGrGMoG) vom 31.7.2009 (BGBl. I S. 2580) wurde die Möglichkeit zur **Koexistenz unterschiedlicher Systeme des Rechnungswesens und der Haushaltsdarstellung** geschaffen (neben der bislang zwingend vorgeschriebenen Kameralistik nunmehr auch Doppik, erweiterte Kameralistik, produktorientierte Haushalte, Produkthaushalte). Die Novellierung sollte ein Mindestmaß an Einheitlichkeit gewähren;

160 **Bundeshaushaltsordnung (BHO)** vom 19.8.1969 (BGBl. I S. 1284), zuletzt geändert durch Art. 212 der Verordnung vom 19.06.2020 (BGBl. I S. 1328):
- grundlegende Vorschriften über die Aufstellung und Ausführung des Bundeshaushaltsplans sowie die Kassen- und Buchführung, die Rechnungslegung und Rechnungsprüfung bei der bundesunmittelbaren Verwaltung, den bundesunmittelbaren juristischen Personen des öffentlichen Rechts und den Sondervermögen;
- **Beachte:** Die Bestimmungen der BHO sind zusammen mit den dazu ergangenen **Verwaltungsvorschriften** (VV-BHO) zu lesen.

161 Das jährliche **Haushaltsgesetz (HG)** des Bundes:
- Feststellung des Haushaltsplans und generelle Ausgabeermächtigung,
- Kreditermächtigung,
- Ermächtigungen an den Bundesminister der Finanzen zur Übernahme von Bürgschaften, Garantien oder sonstigen Gewährleistungen,
- zeitlich begrenzte Änderungen des Haushaltsrechts;
- Regelungen zur Flexibilisierung der Bewirtschaftung,
- Regelungen zur Personalbewirtschaftung etc.;

162 **Gesetz über den Bundesrechnungshof** (Bundesrechnungshofgesetz – BRHG) vom 11.7.1985 (BGBl. I S. 1445), zuletzt geändert durch Art. 15 Abs. 82 des Gesetzes vom 5.2.2009 (BGBl. I S. 160):
- grundlegende Regelungen über Stellung, Organisation und Arbeitsweise des Bundesrechnungshofs;

163 **Gesetz zur Errichtung eines Stabilitätsrates und zur Vermeidung von Haushaltsnotlagen** (Stabilitätsratsgesetz – StabiRatG) vom 10.8.2009 (BGBl. I S. 2702), zuletzt geändert durch Art. 4 des Gesetzes vom 14.08.2017 (BGBl. I S. 3122):

- Einrichtung eines Gremiums von Bund und Ländern, das seit dem Jahr 2010 regelmäßig die Finanzlage von Bund und Ländern prüft und im Falle von drohenden Haushaltsnotlagen Sanierungsmaßnahmen vorschlägt und vereinbart.
- Hintergrund ist die Schuldenregel des Grundgesetzes (Art. 109 Abs. 3, Art. 115 Abs. 3 GG).

3.1.2 Rechtsverordnungen und Verwaltungsvorschriften

Allgemeine Verwaltungsvorschriften zur Bundeshaushaltsordnung (VV-BHO) vom 14.3.2001 (GMBl. 2001 S. 307), zuletzt geändert durch RdSchr. d. BMF vom 25.03.2020 – IIA3-H1012-6/19/1000: 003, DOK 2019/0782102: 164

- Interne Ausführungsbestimmungen zu den einzelnen Paragraphen der BHO, um eine einheitliche Handhabung des Haushaltsrechts in allen Bundesbehörden zu gewährleisten;

Verwaltungsvorschriften zur Haushaltssystematik des Bundes (VV-HB), bestehend aus 165

- **Gruppierungsplan**: dient der Titel-Einteilung nach ökonomischen Aspekten,
- **Funktionenplan**: Gliederung des Haushaltsplans nach Aufgaben,
- **Haushaltstechnische Richtlinien des Bundes (HRB)**: Vorschriften zur einheitlichen Gestaltung des Haushaltsplans, z.B. Festtitel, Darstellung und Formulierung der Haushaltsvermerke, Planstellen usw.;

> Die VV-HB sind hauptsächlich für die an der Haushaltsaufstellung beteiligten Stellen von Bedeutung.

Kassen- und Zahlstellenbestimmungen für die Bundesverwaltung (KBestB); Neufassung aufgrund der Neustrukturierung der Kassenorganisation vom 3.9.2019 (GMBl. S. 282), Stand 1.10.2019: 166

- Vorschriften über die Einrichtung der Kassen, die Zahlung und Buchführung durch die Kassen sowie über Kassenprüfungen;

die jährlichen Verwaltungsvorschriften über die Haushalts- und Wirtschaftsführung: 167

- konkrete Vorschriften zur praktischen Haushaltsführung durch das BMF;
- ggf. die Verwaltungsvorschriften über die vorläufige Haushaltsführung: das BMF regelt auf der Grundlage des Art. 111 GG, wie konkret zu verfahren ist, sollte der Haushaltsplan nicht vor Beginn eines Haushaltsjahres festgestellt sein (Vorschriften für die „haushaltslose" Zeit);

Sonstige Verwaltungsvorschriften/(Rund-) Erlasse des BMF sowie des jeweiligen Ministeriums, z.B. zur Haushaltsaufstellung, zur Flexibilisierung des Haushaltsvollzugs etc. 168

3.2 Entwicklung des Haushaltsrechts

169 Noch bis in das Jahr 2009 hinein schrieb das Haushaltsgrundsätzegesetz (HGrG) für Bund und Länder die kamerale Gestaltung des Haushalts- und Rechnungswesens zwingend vor. Erst mit der Novellierung dieses Gesetzes durch das Haushaltsgrundsätzemodernisierungsgesetz (HGrGMoG) vom 31.7.2009 wurde die Möglichkeit eröffnet, statt einer kameralen Haushaltsführung die Doppik einzuführen oder auf eine wie immer erweiterte Kameralistik umzustellen oder produktorientierte Haushalte bzw. Produkthaushalte zu erstellen.

170 Während sich im kommunalen Bereich eine Umstellung des Haushaltswesens von der traditionellen (einfachen) Kameralistik hin zur **kaufmännischen Buchführung (Doppik)** schon seit längerem vollzieht und auch schon weit fortgeschritten ist, erweist sich der Reformstand von Bundesland zu Bundesland noch als sehr unterschiedlich. So haben sich etwa die Länder Bremen, Hamburg, Hessen und Nordrhein-Westfalen ebenfalls für die Doppik in ihren Landesverwaltungen entschieden, während die anderen Länder eine erweiterte Kameralistik eingeführt haben.[17] Von einer **„erweiterten Kameralistik“** kann gesprochen werden, wenn zwar das öffentliche Haushalts- und Rechnungswesen im Kern kameralistisch bleibt (d.h. Planung und Rechnungslegung erfolgen anhand von Einnahmen und Ausgaben), jedoch um betriebswirtschaftliche Elemente, wie z.B. die Kosten- und Leistungsrechnung (KLR) oder eine Vermögensrechnung, ergänzt wird.

171 Auch der **Bund** stellt sukzessive auf eine erweiterte, oder wie es dort heißt: eine **„Moderne Kameralistik“** um. Zur Ermittlung des Reformbedarfs des Bundes und zur Erarbeitung entsprechender Konzepte, hatte das Bundesministerium der Finanzen im Oktober 2006 eine Projektgruppe „Modernisierung des Haushalts- und Rechnungswesens“ (Projektgruppe MHR) eingerichtet, die im Juli 2008 ein Grobkonzept und im Juni 2009 ein detailliertes Feinkonzept vorgelegt hatte. Das Feinkonzept enthielt als Kernelemente den Aufbau eines Produkthaushalts, die flächendeckende Etablierung der KLR und die Erstellung einer umfassenden Vermögensrechnung. Das Projekt MHR (Modernisierung des Haushalts- und Rechnungswesens) wurde dann aber im Jahr 2010 neu ausgerichtet. Nicht weiter verfolgt wurde insbesondere der Aufbau eines Produkthaushalts, womit ein zentrales Modernisierungsvorhaben eingestellt wurde. Einige Elemente des Feinkonzepts wurden gleichwohl umgesetzt. Wir werden darauf noch eingehen. Unverändert beibehalten wurde bei der erfolgten Umstellung aber die gewohnte Haushaltsstruktur (mit Einzelplan, Kapitel, Titel), wie sie im Folgenden näher beschrieben wird. Der gleiche Aufbau gilt auch für die weiterhin kameralistisch

---

17 Über den jeweils aktuellen Stand der Haushaltsreform in den einzelnen Bundesländern sowie auch des Bundes informiert regelmäßig das Internetportal HaushaltsSteuerung.de: http://www.haushaltssteuerung.de/haushaltsreform-Bund.html.

orientierten Landeshaushalte. Bei denjenigen Ländern, die auf einen doppisch basierten Haushalt umgestellt haben, sieht § 10 HGrG Variationen vor.

3.3 Gliederung des Bundeshaushalts (Haushaltssystematik)

3.3.1 Überblick

Der Bundeshaushalt besteht aus dem Haushaltsgesetz (HG) und dem Haushaltsplan (Hpl). Der Haushaltsplan setzt sich zusammen aus einem Gesamtplan mit vier Übersichten und den derzeit 23 Einzelplänen. Die Einzelpläne wiederum sind unterteilt in Kapitel und Titel (Abbildung 11). 172

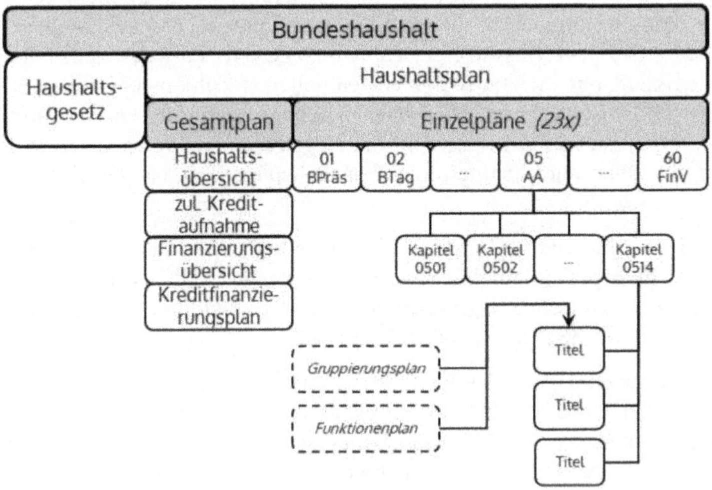

Abbildung 11: Haushaltssystematik im Überblick

Grob lässt sich sagen: **Einzelpläne** sind im Wesentlichen die Pläne der einzelnen Ministerien und der Verfassungsorgane. Ministerien haben einen Geschäftsbereich, haben Behörden. Die Pläne dieser Behörden nennt man Kapitel, sie sind Teil des Einzelplans. Neben den Behörden gibt es auch noch Kapitel, die nach sachlichen Kriterien gebildet werden. **Titel** sind die konkrete Bezeichnung der Einnahmen und Ausgaben des jeweiligen Kapitels. Sie werden durch den sogenannten **Gruppierungsplan** nach ökonomischen Arten eingeteilt. Zusätzlich erlaubt der **Funktionenplan** eine Einteilung der Einnahmen und Ausgaben nach der Art der öffentlichen Aufgaben (Funktionen). 173

3.3.2 Das Haushaltsgesetz

3.3.2.1 Bedeutung des Haushaltsgesetzes

174 „Der Haushaltsplan wird für ein oder mehrere Rechnungsjahre, nach Jahren getrennt, vor Beginn des ersten Rechnungsjahres durch das Haushaltsgesetz festgestellt." (Art. 110 Abs. 2 GG).

175 Durch diesen Satz im Grundgesetz wird die **Budgethoheit des Parlamentes** verfassungsmäßig festgeschrieben, denn (Haushalts-) Gesetzgeber ist natürlich das Parlament. Die Budgethoheit gilt allgemein als das „vornehmste Recht des Parlamentes". *Lorenz von Stein* hat es als „Hauptausdruck und Träger der verfassungsmäßigen Freiheit überhaupt" bezeichnet.[18]

176 Der Zweck des Haushaltsgesetzes ist also die Feststellung des jährlichen Haushaltsplans, der damit im organschaftlichen Verhältnis Legislative-Exekutive verbindlich wird. Das Bundesverfassungsgericht hat festgestellt, dass das Haushaltsgesetz nicht lediglich ein im Haushaltsplan enthaltenes Zahlenwerk feststellt, sondern zugleich **Bewilligung der im Haushaltsplan veranschlagten Ausgabemittel** enthält, somit die Ermächtigung an die Regierung darstellt, diese Mittel für die in den einzelnen Ausgabetiteln des Haushaltsplans festgelegten Zwecke auszugeben.[19]

177 Das Bundesverfassungsgericht hat überdies festgestellt, dass das Haushaltsgesetz und auch der Haushaltsplan letztlich Recht im Sinne des Art. 93 Abs. 1 Nr. 2 GG ist und deshalb im **Normenkontrollverfahren** auf seine Vereinbarkeit mit dem Grundgesetz geprüft werden kann (BVerfGE 20, 90).

178 Nach herrschender Meinung ist das Haushaltsgesetz in seiner Rechtsnatur kein materielles Gesetz im Sinne des Rechtssatzcharakters mit Außenwirkung, da es keine Rechtsbeziehung zwischen den Bürgern untereinander oder im Verhältnis zum Staat begründet oder verändert und keinen Eingriff in Freiheit oder Eigentum im Sinne des historisch-konventionellen Rechtssatzbegriffes darstellt. Das Haushaltsgesetz ist aber in jedem Fall ein formelles Gesetz, ein Gesetz also, das im formellen Gesetzgebungsverfahren zustande kommt und die Regierung und die Verwaltung an dieses Gesetz und seine Anlage – den Haushaltsplan – bindet.

3.3.2.2 Inhalt des Haushaltsgesetzes

179 Das Haushaltsgesetz enthält eine Reihe von Bestimmungen; viele dieser Bestimmungen wiederholen sich von Jahr zu Jahr und unterscheiden sich mitunter nur

18 *Stein, L.v. (1975)*, S. 206.
19 BVerfGE 20, 93.

durch die jeweiligen Geldansätze (vgl. hierzu das **HG 2021 im Anhang** zu diesem Buch!).

Das Haushaltsgesetz enthält **allgemein** 180

- die Feststellung des Haushaltsplans (regelmäßig § 1 HG). Damit wird der Haushaltsplan für verbindlich erklärt und eine generelle Ausgabeermächtigung an die Regierung erteilt,
- sachlich und zeitlich begrenzte **besondere** Vollmachten gegenüber der Regierung und
- zeitgesetzliche **zusätzliche, besondere** Rechtsvorschriften über die jährliche Haushalts- und Wirtschaftsführung einer Gebietskörperschaft (= Besonderes Haushaltsrecht).

Das Haushaltsgesetz beinhaltet **obligatorisch** 181

- die Feststellung des auf eine zu nennende Summe in Einnahmen und Ausgaben ausgeglichenen Haushaltsplans,[20]
- die Ermächtigung für das BMF/LMF zur Aufnahme von Deckungskrediten und Kassenkrediten[21] (regelmäßig § 2 HG),
- die Ermächtigung für das BMF/LMF zur Übernahme von Bürgschaften, Garantien oder sonstigen Gewährleistungen[22] (regelmäßig § 3 HG).
- Zu den Begriffen:
  - Bürgschaft: Hier steht der Bürge (Bund) für die Verbindlichkeiten des Schuldners ein;
  - Garantien: hier übernimmt der Bund die Risiken eines Schadens. Im Unterschied zur Bürgschaft, übernimmt der Bund also nicht die Haftung für fremde Schuld, sondern tritt für Ersatz eines entstehenden Schadens ein, sichert also einen Erfolg;
  - „Sonstige“ Gewährleistungen: hier handelt es sich um Verträge, die ähnlichen wirtschaftlichen Zwecken wie Bürgschaften und Garantien dienen,
- den Tag des Inkrafttretens des Haushaltsgesetzes (Art. 82 Abs. 2 GG).

Darüber hinaus kann das Haushaltsgesetz – **fakultativ** – beinhalten 182

- zeitgesetzliche besondere Ermächtigungen zum Vollzug des Haushaltsplans,
- kurzfristige, nur für die Gültigkeitsdauer dieses Haushaltsgesetzes bestimmte Sonderregelungen von haushaltswirksamen Vorschriften **bestehender anderer** nicht zustimmungsbedürftiger **Gesetze** (z.B. BHO), soweit dadurch nicht sogleich zustimmungsbedürftige Rechtsvorschriften berührt werden,[23]

---

20 Vgl. Art. 110 Abs. 2 GG/LV.

21 Vgl. Art. 115 GG/LV i.V.m. § 18 Abs. 2 BHO/LHO.

22 Die Kredit- und Gewährleistungsermächtigungen dürfen nicht durch den Haushaltsplan, sondern nur durch das Haushaltsgesetz erteilt werden, weil sie nach Art. 115 GG/LV einer gesetzlichen Ermächtigung bedürfen und der Haushaltsplan selbst nicht Gesetz, sondern nur die notwendige Anlage des Haushaltsgesetzes ist; darüber hinaus entfaltet der Haushaltsplan in seiner Einnahmenseite keine Rechtswirkung; vgl. auch § 18 Abs. 2 BHO/LHO.

23 Vgl. *Staender, K.* (2004), S. 224.

- allgemeingültige Haushaltsvermerke,
- Bestimmungen, die über die allgemeine Gültigkeitsdauer des Haushaltsgesetzes (31.12.) hinaus bis zum Tage der Verkündung des Haushaltsgesetzes des folgenden Haushaltsjahres weiter gelten.

183 Im Übrigen dürfen nach Art. 110 Abs. 4 GG in das Haushaltsgesetz nur Vorschriften aufgenommen werden, die sich auf die Einnahmen und Ausgaben des Bundes (sachliches Bepackungsverbot) und auf den Zeitraum beziehen, für den das Haushaltsgesetz beschlossen wird (zeitliches Bepackungsverbot). Darauf soll bei den Besonderheiten des Haushaltsgesetzes gleich noch näher eingegangen werden.

3.3.2.3 Besonderheiten des Haushaltsgesetzes

184 Das Haushaltsgesetz des Bundes ist ein durchaus „normales", in dem üblichen Gesetzgebungsverfahren für Einspruchsgesetze zustande gekommenes Gesetz. In einigen Punkten weist es aber Besonderheiten gegenüber anderen Gesetzen auf:

(1) Da das Haushaltsgesetz die Aufgabe hat, den für ein Kalenderjahr[24] geltenden Haushaltsplan festzustellen, d.h., ihm verbindlichen Charakter zu geben, tritt es immer **zum 1.1. des Jahres in Kraft** (ggf. rückwirkend).

(2) Die Geltungsdauer des Haushaltsjahres ist von vorn herein begrenzt (**„Zeitgesetz"**). Das Haushaltsgesetz gilt immer nur ein Jahr, höchstens – beim Doppelhaushalt – zwei Jahre.[25]

(3) Das Haushaltsgesetz hat keine Außenwirkung gegenüber dem Bürger (keine Allgemeinverbindlichkeit), d.h.:
   - keinem Bürger kann durch das Haushaltsgesetz eine Verpflichtung auferlegt werden;
   - kein Bürger kann Ansprüche an den Staat aus dem Haushaltsgesetz ableiten;
   - das Haushaltsgesetz entfaltet nur Binnenwirkung im Verhältnis Legislative – Exekutive, d.h., für die Regierung und ihre Verwaltung ist das Haushaltsgesetz verbindlich (formelles Gesetz, kein materielles Gesetz).

(4) In das Haushaltsgesetz dürfen nicht beliebige Inhalte aufgenommen werden. Es gilt das sogenannte sachliche und zeitliche Bepackungsverbot, das in Art. 110 Abs. 4 GG formuliert ist: „In das Haushaltsgesetz dürfen nur Vorschriften aufgenommen werden, die sich auf die Einnahmen und die Ausgaben des Bundes und auf den Zeitraum beziehen, für den das Haushaltsgesetz beschlossen wird." Durch diese Regelung wird das Haushaltsgesetz zum Finanz- und Zeitgesetz. Das sachliche Bepackungsverbot ist dahingehend zu interpretieren, dass durch das Haushaltsgesetz nicht die

24 Nach § 4 BHO ist das Haushaltsjahr das Kalenderjahr.
25 Näheres hierzu beim Kapitel Haushaltsgrundsätze (Grundsatz der Jährlichkeit).

geltende Rechtsordnung geändert werden darf. Rechtsordnungen, die sich auf den Vollzug des Haushaltsplans beziehen (z.B. eine Erweiterung der Vorschriften der BHO), widersprechen dem sachlichen Bepackungsverbot allerdings nicht. Mit dem sachlichen Inhaltsverbot soll verhindert werden, dass das Aufstellungs- und Feststellungsverfahren mit haushaltsunabhängigen Diskussionen belastet wird.[26]

3.3.3 Der Haushaltsplan: Gesamtplan und Einzelpläne

Die für die Gliederung des Bundeshaushaltsplans maßgeblichen Vorschriften **185**
sind die **Verwaltungsvorschriften zur Haushaltssystematik des Bundes** (VV-HB). Die VV-HB beinhalten

- den Gruppierungsplan[27],
- den Funktionenplan[28] und
- die Haushaltstechnischen Richtlinien des Bundes (HRB)[29].

Die HRB regeln in Ergänzung der Bestimmungen der Bundeshaushaltsordnung und der Verwaltungsvorschriften zur Bundeshaushaltsordnung die formale Darstellung des Haushaltsplans nach einheitlichen Grundsätzen.

Was die Haushaltspläne selbst betrifft, so bestimmen zunächst zwei Motive ihre **186**
Gliederung. Zum einen wenden sich entsprechend ihrer politischen Funktion die Haushaltspläne an die Öffentlichkeit. Die Öffentlichkeit soll einen Überblick über die Höhe und Struktur der staatlichen Einnahmen und Ausgaben erhalten. Zum anderen ist der Adressat des Haushaltsplans die Exekutive, der in allen Einzelheiten nach Höhe und Zweck die Ausgaben verbindlich vorgegeben werden. Aus diesen Bedürfnissen heraus sind die öffentlichen Haushalte zunächst horizontal gegliedert in einen Übersichtsteil und in einen detaillierten Ermächtigungsteil.

Für die Gliederung des Bundeshaushaltsplans schreibt § 13 Abs. 1 BHO die Gliederung in einen Gesamtplan und die Einzelpläne vor.

---

26 *Borrmann, F.-G., Schwanenberg, M.* (1992), S. 110 ff.; *Piduch, E.*, Kommentar zu Art. 110 GG, Rn. 82-89.
27 Gruppierungsplan (Stand: 18.11.2020).
28 Funktionenplan (Stand: 19.11.2020).
29 Haushaltstechnische Richtlinien des Bundes –HRB 2021 (Stand 03.06.2020).

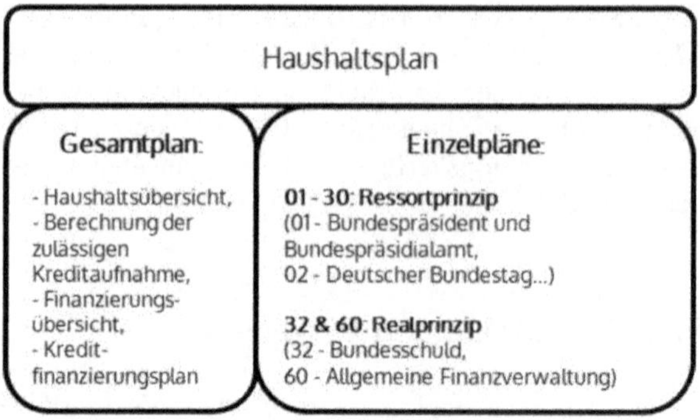

Abbildung 12: Gesamtplan und Einzelpläne

3.3.4 Der Gesamtplan

187 Der Gesamtplan wird als Anlage des Haushaltsgesetzes im Bundesgesetzblatt veröffentlicht. Er gibt Übersichten über die ca. 3000 Seiten umfassenden Einzelpläne, dient also einer besseren Transparenz des Haushalts. Nach § 13 Abs. 4 BHO enthält der Gesamtplan zurzeit vier Übersichten über den Bundeshaushaltsplan:

- die Haushaltsübersicht (Teil I des Gesamtplans),
- die Berechnung der zulässigen Kreditaufnahme (Teil II),
- die Finanzierungsübersicht (Teil III) und
- den Kreditfinanzierungsplan (Teil IV).

Beachte:

Die genannten Übersichten werden im Folgenden verkürzt dargestellt. Die **vollständige Darstellung** findet sich in der **Anlage** zu diesem Buch (HG 2021 mit Gesamtplan)!

3.3.4.1 Haushaltsübersicht

3.3.4.1.1 Einnahmen und Ausgaben

188 In der Haushaltsübersicht werden die Einnahmen und Ausgaben, die Verpflichtungsermächtigungen, sowie die flexibilisierten Ausgaben nach § 5 HG für jeden Einzelplan aufgezeigt. Einnahmen und Ausgaben werden dabei in Gruppen zusammengefasst (z.B. Personalausgaben, sächliche Verwaltungsausgaben, Investitionsausgaben).

Die nachfolgende Tabelle zeigt die Übersicht über die **Einnahmen und Ausgaben** nach Einzelplänen.

Übersicht 2: Teil I: Haushaltsübersicht 2021: Einnahmen und Ausgaben (verkürzte Darstellung)

Epl.	Bezeichnung	Einnahmen				Ausgaben				
		Summe Einnahmen Mio €	Steuern Mio €	Verwaltungseinnahmen Mio €	übrige Einnahmen Mio €	Summe Ausgaben Mio €	Personalausgaben Mio €	…	Schuldendienst Mio €	Ausgaben für Investitionen Mio €
01	Bundespräsident und Bundespräsidialamt	**0,2**	–	0,0	0,2	**44,7**	25,2	…	–	1,9
…	…								–	
05	Auswärtiges Amt	**200,8**	–	200,6	0,2	**6.301,7**	1.031,2	…	–	256,7
06	Bundesministerium des Innern, für Bau und Heimat	**1.195,6**	–	912,0	283,7	**18.457,7**	5.038,5	…	–	4.957,2
…	…								–	
14	Bundesministerium der Verteidigung	**260,8**	–	169,6	91,2	**46.930,0**	19.295,3	…	–	570,5
…	…								–	
30	Bundesministerium für Bildung und Forschung	**40,3**	–	30,2	10,0	**20.799,4**	131,5	…	–	2.421,6
32	Bundesschuld	180.921,3	–	656,3	180,265,0	**10.793,6**	–	…	5.781,0	4.920,0
60	Allgem. Finanzverwaltung	302.345,0	293.030,0	7.772,1	1.542,9	**92.907,7**	641,0	…	–	2.767,9
Summe Haushalt 2021		498.620,0	293.030,0	19.640,6	185.949,4	**498.620,0**	35.959,3	…	5.781,0	61.851,7

189 Der Ausgleich zwischen Einnahmen und Ausgaben erfolgt über die Nettokreditaufnahme, die für das Haushaltsjahr 2021 auf knapp 180 Mrd. € festgestellt wurde (§ 2 HG) und im Einzelplan 32 (Bundesschuld) nachgewiesen wird. Der Einzelplan umfasst zudem als gewichtigsten Ausgabeposten die Zinszahlungen für die Bundesschuld (Schuldendienst) sowie die Einnahmen und Ausgaben für Bürgschaften, Garantien und sonstige Gewährleistungen des Bundes gem. § 3 Haushaltsgesetz.

190 Es mag verwundern, dass der Epl 32 trotz der hohen Gesamtverschuldung des Bundes (2020: ca. 1,2 Bio. €) relativ geringe Ausgaben für den Schuldendienst (5,78 Mrd. €) ausweist. Das ist Folge der anhaltenden „Negativverzinsung" der Schuldpapiere, die als Agio-Einnahmen (Anleger zahlen bei der Ausgabe mehr als den Nennwert der Papiere, den sie bei Endfälligkeit zurückerhalten) von den Zinsausgaben (Soll 2021: 9,88 Mrd. €) als „Negativausgaben" abgesetzt werden.[30] Wie entlastend sich die Zinsentwicklung der letzten Jahre auf den Bundeshaushalt ausgewirkt hat, wird deutlich, wenn man zum Vergleich die Zinsausgaben des Jahres 2008 (40,2 Mrd. €) heranzieht und bedenkt, dass der Schuldenstand damals „nur" bei 933 Mrd. € lag, also ca. 274 Mrd. € geringer war als im Jahr 2020.

3.3.4.1.2 Verpflichtungsermächtigungen

191 Mit dem Instrument der Verpflichtungsermächtigung ermächtigt das Parlament die Verwaltung, bereits im laufenden Jahr Verpflichtungen einzugehen, die erst in den Folgejahren zu Zahlungen führen (Näheres vgl. Abschnitt 5.6.2). Mit dem Eingehen der Verpflichtungen werden also bereits künftige Haushalte belastet.

192 Die nachfolgende Tabelle zeigt, dass durch die bewilligten Verpflichtungsermächtigungen des Jahres 2021 künftige Haushaltsjahre in Höhe von insgesamt 84,1 Mrd. € belastet werden können und wie sich diese Belastung auf die einzelnen Jahre verteilt.

30 Vgl. auch Bundesrechnungshof (21.10.2019), Bericht an den Haushaltsausschuss des Deutschen Bundestages, Informationen über die Entwicklung des Einzelplans 32 (Bundesschuld).

Übersicht 3: Teil I: Haushaltsübersicht 2021: Verpflichtungsermächtigungen und deren Fälligkeiten (verkürzte Darstellung)

Epl.	Bezeichnung	Verpflichtungsermächtigung 2021	von dem Gesamtbetrag (Spalte 3) dürfen fällig werden				
			2022	2023	2024	Folgejahre	in künftigen Haushaltsjahren
		1000 €	1000 €	1000 €	1000 €	1000 €	1000 €
1	2	3	4	5	6	7	8
01	Bundespräsident und Bundespräsidialamt	**1.748**	437	437	437	437	–
…	…						
04	Bundeskanzlerin und Bundeskanzleramt	**1.930.677**	471.879	480.483	390.562	573.003	14.750
05	Auswärtiges Amt	**2.279.160**	1.040.287	603.695	397.979	237.199	–
…	…						
14	Bundesministerium der Verteidigung	**24.855.834**	5.172.377	4.425.499	3.712.384	11.545.574	–
….	…						
30	Bundesministerium für Bildung und Forschung	**7.096.035**	1.951.449	1.680.426	1.547.111	1.596.049	321.000
60	Allgemeine Finanzverwaltung	**8.824.230**	1.937.686	992.013	405.621	488.910	5.000.000
	Summe	**118.590.728**	**29.368.772**	**22.824.519**	**17.274.475**	**33.155.625**	**15.967.337**

Verpflichtungsermächtigungen, deren Fälligkeit „in künftigen Haushaltsjahren" liegt (Abbildung 3, Spalte 8) sind solche, bei denen die Angabe einer bestimmten Jahresfälligkeit nicht möglich ist. Sie sind grundsätzlich nicht als etatreif anzusehen.[31] **193**

3.3.4.1.3 Flexibilisierte Ausgaben nach § 5 HG

Seitdem für die Verwaltungskapitel im Bundeshaushalt eine Flexibilisierung der **194**
Bewirtschaftung durch weitgehende Deckungs- und Übertragungsmöglichkeiten (vgl. Abschnitt 5. Haushaltsgrundsätze) geschaffen wurde, gibt es im Gesamt-

31 BMF (05.01.2021), Rundschreiben zur Aufstellung des Bundeshaushaltsplans 2022, Ziff. 5.

plan eine weitere Übersicht, in der die flexibilisierten Kapitel des Bundeshaushaltsplans aufgeführt und quantifiziert sind. § 5 Abs. 1 HG 2021 verweist auf diese Übersicht.

Übersicht 4: Teil I: Haushaltsübersicht: Flexibilisierte Ausgaben nach § 5 HG 2021 (verkürzte Darstellung)

Epl.	Bezeichnung	Kapitel	Summe 2021 1.000 €
01	Bundespräsident und Bundespräsidialamt	01, 11, 12, 13	33.019
…	…	…	…
05	Auswärtiges Amt	04, 11, 12, 13, 14	1.424.081
06	Bundesministerium des Innern, für Bau und Heimat	11, 12, 14, 15, 16, 17, 18, 19, 20, 21, 22, 23, 24, 25, 28, 29, 33, 34, 35	7.444.173
…	…	…	…
14	Bundesministerium der Verteidigung	03, 07, 11, 12, 13	7.026.541
…	…	…	…
30	Bundesministerium für Bildung und Forschung	02, 11, 12	182.622
	Summe		26.927.252

195 Die Übersicht verdeutlicht, dass vom **gesamten Ausgabevolumen** in Höhe von 498,62 Mrd. **€ nur 5,4 %** (26,93 Mrd. €) der Flexibilisierung unterliegen. Das sind aber dennoch fast die Hälfte (47,25%) der insgesamt 5.255 Ausgabetitel des Bundeshaushaltsplans 2021.

3.3.4.2 Berechnung der zulässigen Kreditaufnahme gemäß „Schuldenbremse“

196 Die verfassungsmäßig verankerte Schuldenregel verpflichtet die Länder, ihre Haushalte ab dem Jahr 2020 grundsätzlich ohne Einnahmen aus Krediten auszugleichen (Art. 143d Abs. 1 S. 4 GG). Für den Bund gilt seit dem Jahr 2016 ein solcher „materieller“ Haushaltsausgleich als erreicht, wenn die Einnahmen aus Krediten 0,35 % des nominalen Bruttoinlandsprodukts nicht überschreiten (Art. 109 Abs. 3 S. 4 und 115 Abs. 1 S. 2 GG). Man spricht in diesem Zusammenhang auch von einer zulässigen **„strukturelle Neuverschuldung“**, also von

einem Kreditrahmen, der sich auch dann ergibt, wenn sich die Volkswirtschaft in einer „ausgeglichenen" („normalen") Konjunkturlage befindet. Diese Strukturkomponente als Produkt der prozentualen Vorgabe von 0,35% und des BIP des Vorjahres, stellt den Ausgangswert für die maximal zulässige Kreditaufnahme für den Bundeshaushalt dar. Sie beläuft sich für das Jahr 2021 auf etwa 12,7 Mrd. € (vgl. Übersicht 5).

Zusätzlich sind bei einer von der „Normallage" abweichenden **konjunkturellen Entwicklung** die Auswirkungen auf den Haushalt im Auf- und Abschwung **symmetrisch** bei der Haushaltsaufstellung **zu berücksichtigen** und entsprechend höhere oder niedrigere Ermächtigungen für die Nettokreditaufnahme zu veranschlagen (**Konjunkturkomponente**). Abweichungen der tatsächlichen Kreditaufnahme von der zulässigen Kreditobergrenze werden auf einem **Kontrollkonto** erfasst; Belastungen, die den Schwellenwert von 1,5 % des nominalen Bruttoinlandsprodukts überschreiten, sind konjunkturgerecht zurückzuführen (Art. 115 Abs. 2 GG). Die hierzu erlassene einfachgesetzliche Regelung des § 8 Abs. 3 Art. 115-Gesetz[32] sieht eine Rückführungspflicht nur in Jahren des Aufschwungs vor, damit die konjunkturelle Entwicklung nicht geschwächt wird.

Bei der Berechnung der Schuldengrenze sind auch die (neu geschaffenen) **Sondervermögen** des Bundes zu berücksichtigen, die seit dem Jahr 2011 der Schuldenregel zu unterwerfen sind. Lediglich die am 31.12.2010 bestehenden Kreditermächtigungen für bereits eingerichtete Sondervermögen bleiben unberührt. Damit sind Anreize zur Umgehung der Verschuldungsobergrenzen mittels der Einrichtung von Sondervermögen entfallen.

Ein weiterer Korrekturfaktor stellen die **„finanziellen Transaktionen"** dar (§ 3 Art. 115-Gesetz). Finanzielle Transaktionen sind nicht-vermögenswirksame Einnahmen und Ausgaben. Hierbei handelt es sich

- um die *Einnahmen* aus der Veräußerung von Beteiligungen, aus der Kreditaufnahme beim öffentlichen Bereich sowie aus Darlehensrückflüssen und
- um die *Ausgaben* für den Erwerb von Beteiligungen, für Tilgungen an den öffentlichen Bereich und für die Vergabe von Darlehen.[33]

Damit wird in der Schuldenregel die Veränderung der Vermögensposition des Bundes (Begründung von Forderungen und Verbindlichkeiten) berücksichtigt. So führt etwa eine Darlehensvergabe (Ausgabe) nicht zum Anstieg des Defizits, da ihr ein entsprechender Forderungserwerb gegenübersteht. Bei Privatisierungserlösen (Einnahmen) erfolgt ein Tausch zwischen Beteiligungsvermögen und Kassenzugang. Privatisierungseinnahmen können also nicht zur Einhaltung der Kreditgrenze genutzt werden; sie verringern zwar eine etwaige Nettokreditauf-

32 Gesetz zur Ausführung von Art. 115 des Grundgesetzes (Artikel 115-Gesetz – G 115) vom 10.8.2009 (BGBl. I S. 2702,2704), zuletzt geändert durch Art. 4 des Gesetzes vom 15.7.2013 (BGBl. I S. 2398).

33 BMF (2015), Das System der Öffentlichen Haushalte, S. 25.

nahme, schränken aber gleichzeitig den zulässigen (strukturellen) Neuverschuldungsspielraum ein.[34] Maßgeblich für den Verschuldungsspielraum ist letztlich die Veränderung der Vermögensposition des Bundes.

Übersicht 5: Teil II: Berechnung der zulässigen Nettokreditaufnahme für 2021 (vereinfacht)

Komponenten zur Berechnung der zulässigen Kreditaufnahme	**Betrag für 2021 in Mrd. €**
Maximal zulässige strukturelle Nettokreditaufnahme (0,35% des Vorjahres-BIP)	12,07
Saldo der finanziellen Transaktionen	-8,45
Konjunkturkomponente (konjunkturbedingte Steuermindereinnahmen/-mehreinnahmen und Mehrausgaben/Minderausgaben)	-12,84
ggf. Rückführungspflicht aus Kontrollkonto	–
= maximal zulässige Nettokreditaufnahme	**33,36**
Tatsächliche Nettokreditaufnahme des Bundes und der Sondervermögen	
Nettokreditaufnahme des Bundes	179,82
+ Finanzierungsdefizite der („neuen") Sondervermögen	17,77
= Für die Schuldenregel relevante tatsächliche Kreditaufnahme	**197,59**
Überschreitung der zulässigen Kreditaufnahme	164,23

Abweichungen von der Schuldenobergrenze sind nicht nur bei klassischen Konjunkturstörungen zulässig, sondern auch im Falle von Naturkatastrophen oder außergewöhnlichen Notsituationen, die sich der Kontrolle des Staates entziehen und die staatliche Finanzlage erheblich beeinträchtigen (Art. 115 (2) GG). Die drastische Überschreitung der zulässigen Kreditgrenze um 164,2 Mrd. € im Haushaltsjahr 2021 (Übersicht 5) wie auch schon die Überschreitung im Vorjahr (118,7 Mrd. €) durch die beiden Nachtragshaushalte, wurde von der Bundesregierung mit einer solchen außergewöhnlichen Notsituation (Coronapandemie) begründet. Die Überschreitung der zulässigen Kreditaufnahme erfordert einen Beschluss des Bundestages und ist mit einem Tilgungsplan binnen eines angemessenen Zeitraums zu verbinden (Art. 115 (2) S. 6 und 7 GG. Der von der Bundesregierung vorgelegte Tilgungsplan für den Haushalt 2021 sieht eine Rückführung der Schulden ab dem Haushaltsjahr 2026 vor und soll über 17 Jahre laufen.

34 Vgl. hierzu auch ebenda, S. 24 ff.

Er ergänzt den Tilgungsplan für die Überschreitung der zulässigen Nettokreditaufnahme im Jahr 2020, der im Jahr 2023 mit der Tilgung (5,9 Mrd. p.a.) beginnt und über 20 Jahre gestreckt ist. Beide Tilgungspläne enden also im Jahr 2042.[35]

3.3.4.3 Finanzierungsübersicht

Die Finanzierungsübersicht zeigt den **Finanzierungssaldo auf**, der sich aus einer Gegenüberstellung der laufenden Einnahmen und Ausgaben ergibt. Der seit den siebziger Jahren negativen Finanzierungssalden entsprachen stets der Summe aus der **Nettokreditaufnahme** und den Münzeinnahmen des Bundes. Rücklagen wurden bis zum Jahr 2013 nicht gebildet. Inzwischen verfügt der Bund über Rücklagen in Höhe von 48,2 Mrd. €. Sie stammen aus den Haushaltsüberschüssen der Jahre 2015 bis 2019 und waren für die Finanzierung von Aufgaben im Zusammenhang mit der Aufnahme und Unterbringung von Asylbewerbern und Flüchtlingen bestimmt. Da die Flüchtlingshilfe stets aus den laufenden Haushalten geleistet werden konnten, können diese Rücklagen auch zur Schuldenreduktion verwendet werden. Sie wurden aber in den Jahren 2020 und 2021 noch nicht aufgelöst und sollen erst in den Jahren 2022 bis 2024 zur Reduzierung der Nettokreditaufnahme eingesetzt werden (vgl. Abschnitt 4. Finanzplanung). 197

Übersicht 6: Teil III: Finanzierungsübersicht 2021 (verkürzte Darstellung)

		2021	**2020**
		– Mrd. € –	
1.	**Berechnung des Finanzierungssaldos**		
1.1	Einnahmen (ohne Kreditaufnahme, Entnahmen aus Rücklagen und Münzeinnahmen)	318,56	290,43
1.2	Ausgaben (ohne Ausgaben zur Schuldentilgung und Zuführung an Rücklagen)	498,62	508,53
Finanzierungssaldo (– =Defizit, + =Überschuss)		**-180,06**	**-218,10**
2.	**Deckung des Finanzierungsdefizits**		
2.1	Münzeinnahmen	0,24	0,33
2.2	Nettokreditaufnahme	179,82	217,77
2.3	Entnahme aus Rücklagen		
2.4	Summe (2.1 bis 2.3)	180,06	218,10

35 Vgl. BMF (Oktober 2020), Finanzbericht 2021, S. 17.

3.3.4.4 Kreditfinanzierungsplan

198 Im **Kreditfinanzierungsplan** werden die im Jahr voraussichtlich aufzunehmenden Kredite und die voraussichtlich zu leistenden Tilgungsleistungen differenziert nach Fristigkeit (kurz-, mittel- und langfristige Schulden-Papiere) detailliert dargestellt.

Übersicht 7: Teil IV: Kreditfinanzierungsplan 2021 (verkürzte Darstellung)

	2021	2020
	– Mrd. € –	
1. Einnahmen aus Krediten (Bruttokreditaufnahme)	**484,11**	**418,3**
davon: über 4 Jahre	167,4	183,3
1–4 Jahre	35,2	172,1
unter 1 Jahr	281,5	63,0
2. Ausgaben zur Schuldentilgung (einschl. Marktpflege)	**311,6**	**223,0**
davon: über 4 Jahre	84,7	101,0
1–4 Jahre	43,9	46,2
unter 1 Jahr	183,0	75,8
3. Saldo (Bruttokreditaufnahme – Tilgungsausgaben)	**(172,5)**	**(195,2)**
4. Nettokreditaufnahme (nach Korrekturen um Marktpflege, NKA-relevante und nicht NKA-relevante Posten sowie Zuführung zur bzw. Entnahme aus Rücklagen.).	179,8	217,8

Anmerkung: Die vollständige Darstellung ist wesentlich komplizierter.

199 Alle vier Teile des Gesamtplans – Haushaltsübersicht, Berechnung der zulässigen Kreditaufnahme, Finanzierungsübersicht und Kreditfinanzierungsplan – verfolgen das Ziel, eine **Übersicht über den Haushaltsplan** zu geben. Mit dem Kreditfinanzierungsplan wird außerdem das Ziel verfolgt, die öffentlichen Haushalte miteinander vergleichbar zu machen. In den Haushalten der Länder wird nämlich die Kreditaufnahme brutto, im Bundeshaushalt jedoch netto veranschlagt. Diese unterschiedliche Art der Veranschlagung zwischen Bund und Ländern lässt § 12 HGrG ausdrücklich zu.

3.3.5 Die Einzelpläne

3.3.5.1 Ministerialpläne und Realpläne

Die Einzelpläne stellen die eigentliche Arbeitsgrundlage für die Verwaltung dar. **200**
Hier sind die Haushaltsmittel detailliert aufgeführt. Insgesamt besteht der Bundeshaushaltsplan derzeit aus 23 Einzelplänen. Von diesen sind 21 – also der überwiegende Teil – nach dem Ministerialprinzip und zwei nach dem Realprinzip gegliedert.

Die nach dem **Ministerial- oder Ressortprinzip** gegliederten Einzelpläne (Epl. **201**
01–30) beinhalten die auf den Geschäftsbereich eines Ministeriums entfallenden Haushaltsmittel (Gliederung nach organisatorischen Zuständigkeiten). Streng genommen ist die Bezeichnung Ministerialprinzip nicht ganz korrekt, denn die Einzelpläne 01 bis 04 (Bundespräsident, Bundestag, Bundesrat, Bundeskanzlerin) sowie die Einzelpläne 19 und 20 (Bundesverfassungsgericht und Bundesrechnungshof) sind keine Ministerien. Man ist hier aber in der Abgrenzung großzügig.

Die **Realpläne** (Epl. 32 und 60) enthalten solche Haushaltsmittel, die nicht einem **202**
Ministerium zuzuordnen sind. Es erfolgt eine ressortübergreifende Gliederung nach Sachgebieten. So sind im Epl. 32 die Kredite veranschlagt, im Epl. 60 spielen die Steuereinnahmen eine wichtige Rolle. Steuern und Kredite dienen zur Finanzierung aller Einzelpläne. Betreut werden diese beiden Einzelpläne vom Bundesministerium der Finanzen.

Übersicht 8: Die Einzelpläne des Bundeshaushalts 2021

01	Bundespräsident und Bundespräsidialamt
02	Deutscher Bundestag
03	Bundesrat
04	Bundeskanzlerin und Bundeskanzleramt
05	Auswärtiges Amt
06	Bundesministerium des Innern, für Bau und Heimat
07	Bundesministerium der Justiz und für Verbraucherschutz
08	Bundesministerium der Finanzen
09	Bundesministerium für Wirtschaft und Energie
10	Bundesministerium für Ernährung und Landwirtschaft
11	Bundesministerium für Arbeit und Soziales

12	Bundesministerium für Verkehr und digitale Infrastruktur
14	Bundesministerium der Verteidigung
15	Bundesministerium für Gesundheit
16	Bundesministerium für Umwelt, Naturschutz und nukleare Sicherheit
17	Bundesministerium für Familie, Senioren, Frauen und Jugend
19	Bundesverfassungsgericht
20	Bundesrechnungshof
21	Der Bundesbeauftragte für den Datenschutz und die Informationsfreiheit
23	Bundesministerium für wirtschaftliche Zusammenarbeit und Entwicklung
30	Bundesministerium für Bildung und Forschung
32	Bundesschuld
60	Allgemeine Finanzverwaltung

3.3.5.2 Kapitel

203 Die Einzelpläne gliedern sich in der nächsten Stufe in **Kapitel**. Während der Einzelplan die Haushaltsmittel des Geschäftsbereichs eines Ministeriums beinhaltet, enthält ein Kapitel im Allgemeinen die auf eine Behörde innerhalb des Geschäftsbereichs entfallenden Haushaltsmittel. Kapitel können auch nach sachlich-fachlichen Gesichtspunkten gebildet werden (z.B. Kapitel „Sonstige Bewilligungen“ oder Kapitel für spezifische Fachaufgaben oder Programme).

204 Die Kapitel untergliedern einen Einzelplan

- nach **Verwaltungszweigen** (Behörden) und
- nach **großen Sachgebietskomplexen** (Fachaufgaben, Programme).

205 Ein Kapitel wird mit vierstelligen Ziffern dargestellt. Die ersten beiden Ziffern des Kapitels bezeichnen den Einzelplan. Welche Kapitel zu einem Ministerium gehören, ist dem Deckblatt eines jeden Einzelplans zu entnehmen (vgl. Abbildung 13).

Bundeshaushaltsplan 2021

Einzelplan 08

Bundesministerium der Finanzen

Inhalt

Kapitel	Bezeichnung	Seite
	Vorwort zum Einzelplan	2
	Überblick zum Einzelplan	4
	Haushaltsvermerk / Hinweise zum Einzelplan	5
0801	Wiedergutmachungen des Bundes	6
	Ausgaben-Tgr. 01 Lastenausgleich	7
	Ausgaben-Tgr. 02 Leistungen im Zusammenhang mit Kriegsfolgen	8
	Ausgaben-Tgr. 03 Entschädigung für Opfer der nationalsozialistischen Verfolgung	9
0802	Lasten im Zusammenhang mit dem Aufenthalt bzw. Abzug von ausländischen Streitkräften	11
0803	Finanzierung der Nachfolgeeinrichtungen der Treuhandanstalt	16
	Ausgaben-Tgr. 02 Ausgaben für die EWN Entsorgungswerk für Nuklearanlagen GmbH	18
	Ausgaben-Tgr. 03 Ausgaben für die Lausitzer und Mitteldeutsche Bergbau-Verwaltungsgesellschaft mbH (LMBV)	19
	Ausgaben-Tgr. 04 Ausgaben für die Bundesanstalt für vereinigungsbedingte Sonderaufgaben (BvS)	19
	Anlage 1 Wirtschaftspläne	21
0810	Sonstige Bewilligungen	23
	Einnahmen-Tgr. 01 Rückflüsse aus Darlehen im Rahmen der Wohnungsfürsorge des Bundes	24
	Ausgaben-Tgr. 04 IT-Betriebskonsolidierung Bund	27
0811	Zentral veranschlagte Verwaltungseinnahmen und -ausgaben	29
	Einnahmen-Tgr. 57 Versorgung der Beamtinnen und Beamten sowie der Richterinnen und Richter	30
	Ausgaben-Tgr. 57 Versorgung der Beamtinnen und Beamten sowie der Richterinnen und Richter	32
0812	Bundesministerium	36
0813	Zollverwaltung	43
0815	Bundeszentralamt für Steuern	56
0816	Informationstechnikzentrum Bund	63
	Aufwandsentschädigungen, Besondere Personalausgaben	69
	Übersichten	
	Übersicht 1 Verpflichtungsermächtigungen (VE)	70
	Personalhaushalt	75

Abbildung 13: Deckblatt eines Einzelplans

Bei Kapiteln für Behörden werden i.d.R. in einer Vorbemerkung die Rechtsgrundlagen für die Errichtung sowie Aufgaben der Behörde in den Grundzügen dargestellt. Es folgt – genau wie bei den Einzelplänen – ein finanzieller Überblick. **206**

207

– Kapitel ..01 bis ..09:	Fach- und Programmausgaben (Fachkapitel)
– Kapitel ..10:	Sonstige Bewilligungen (Dieses Fachkapitel dient als „Auffangposition“. Es werden hier die Fach- und Programmausgaben zusammengefasst, die vom Volumen und/oder ihrer Bedeutung her kein eigenes Kapitel rechtfertigen)
– Kapitel ..11:	Zentral veranschlagte Verwaltungseinnahmen und -ausgaben des Einzelplans
– Kapitel ..12:	Bundesministerium
– Kapitel ..13 ff:	Behörden des Geschäftsbereichs

208 Es gibt also letztlich eine Drei-Teilung:

1. Bis zu 10 (nach Bedarf) vorangestellte **Fachkapitel**
2. Ein **Zentralkapitel** „Zentral veranschlagte Verwaltungseinnahmen und -ausgaben“ (Kapitel ..11)
3. Die **Behörden**, beginnend mit der „Obersten Bundesbehörde“, dem Ministerium (Kapitel ..12 ff.)

209 Mit den bis zu zehn vorangestellten Fachkapiteln soll eine stärkere fachliche Ausrichtung der Einzelpläne bewirkt werden. In dem neu geschaffenen Zentralveranschlagungs-Kapitel werden gemäß den Bestimmungen der HRB[36] bestimmte Verwaltungsausgaben für den Geschäftsbereich der Ministerien zentral gebündelt. Einen Schwerpunkt bildet hierbei der Bereich Versorgung, aber auch weitere ausgewählte Titelbereiche wie z.B. Öffentlichkeitsarbeit, Sachverständige und Spenden werden hier veranschlagt.

210 Wie die neue Haushaltsstruktur heute aussieht und wie unterschiedlich sich die Fachkapitel der jeweiligen Einzelpläne darstellen, kann der Übersicht 9 entnommen werden.

36 Nrn. 3.4 und 4.2. HRB 2021 (03.06.2020).

Übersicht 9: Fachkapitel, Zentralkapitel und Behörden in drei ausgewählten Einzelplänen 2021

Einzelplan 08 (BMF)		**Einzelplan 09 (BMWi)**		**Einzelplan 10 (BMEL)**	
0801	Wiedergutmachungen des Bundes	0901	Innovation, Technologie und Neue Mobilität	1001	Landwirtschaftliche Sozialpolitik
0802	Lasten im Zusammenhang mit dem Aufenthalt bzw. Abzug von ausländischen Streitkräften	0902	Mittelstand: Gründen, Wachsen, Investieren	1002	Gesundheitlicher Verbraucherschutz und Ernährung
0803	Finanzierung der Nachfolgeeinrichtungen der Treuhandanstalt	0903	Energie und Nachhaltigkeit	1003	Gemeinschaftsaufgabe „Verbesserung der Agrarstruktur und des Küstenschutzes"
		0904	Chancen der Globalisierung	1004	Marktordnung, Maßnahmen der Notfallvorsorge
				1005	Nachhaltigkeit, Forschung und Innovation
				1006	Internationale Maßnahmen
0810	Sonstige Bewilligungen	0910	Sonstige Bewilligungen	1010	Sonstige Bewilligungen
0811	Zentral veranschlagte Verwaltungseinnahmen und -ausgaben (insbes. Versorgung der Beamtinnen und Beamten)	0911	Zentral veranschlagte Verwaltungseinnahmen und -ausgaben (insbes. Versorgung der Beamtinnen und Beamten)	1011	Zentral veranschlagte Verwaltungseinnahmen und -ausgaben (insbes. Versorgung der Beamtinnen und Beamten)
0812	Bundesministerium	0912	Bundesministerien	1012	Bundesministerium
0813	Zollverwaltung	0913	Physikalisch-Technische Bundesanstalt	1013	Julius Kühn-Institut, …
0814	Bundeszentralamt für Steuern	0914	Bundesamt für Materialforschung und –prüfung	1014	Friedrich Loeffler-Institut, Bundesforschungsinstitut für Tiergesundheit
…	…	…	…	…	…

211 Dass die „Fach- und Programmhaushalte“ der Kapitel ..01 bis ..10 von „Produkthaushalten“ noch weit entfernt sind, zeigt sich allein darin, dass die Personalausgaben in den jeweiligen Behörden belassen wurden, also nicht in den Fachkapiteln geführt werden.

212 Im Vorwort der Einzelpläne und in den Vorbemerkungen der Fachkapitel werden jeweils die wesentlichen Politikbereiche bzw. finanzwirksamen Schwerpunkte und Ziele, die mit den veranschlagten Mitteln erreicht werden sollen, dargestellt.

3.3.5.3 Titel

213 Innerhalb eines Kapitels werden die Einnahmen und Ausgaben in Titeln dargestellt. Ein Titel ist damit im Haushaltsplan die **kleinste Unterteilung der Einnahmen und Ausgaben**.

214 Ein Titel stellt sich im Bundeshaushaltsplan mit einer fünfstelligen Titelnummer, einer Zweckbestimmung und einem Ansatz dar. Die Titelnummer wird noch um eine Funktionskennziffer ergänzt. Neben dem Ansatz des laufenden Jahres werden der Vorjahres-Ansatz und das Ist-Ergebnis des Vorvorjahres ausgewiesen, um eine Entwicklung deutlich zu machen. Die Funktionskennziffer verdeutlicht, für welche staatliche Aufgabe (z.B. Bildung oder soziale Sicherung) eine Ausgabe vorgesehen ist. Der Ansatz in der 3. Spalte der Kopfleiste beinhaltet bei Ausgabetiteln die Höchstgrenze, bis zu der die Exekutive vom Parlament für den jeweiligen Zweck ermächtigt worden ist, Ausgaben zu leisten.

215 Einem Titel können **Haushaltsvermerke** und **Erläuterungen** beigefügt werden.

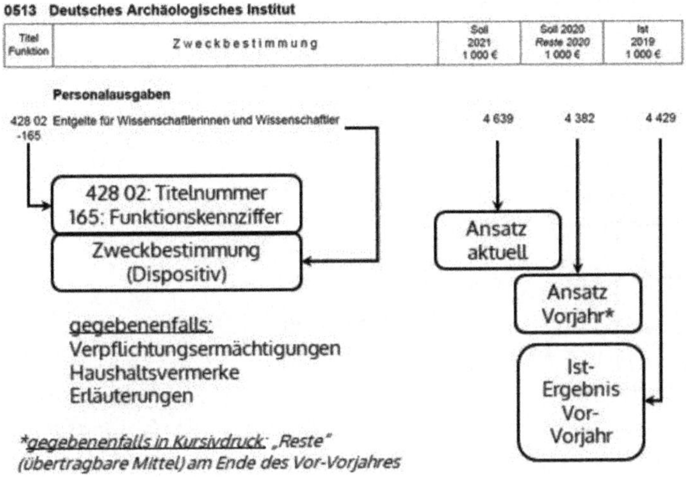

Abbildung 14: Bestandteile eines Titels

Im Haushaltsplan (2021) werden neben dem Soll-Ansatz des Vorjahres (Soll 2020) auch die in dieses Jahr übertragenen Ausgabereste des Vorvorjahres (2019) ausgewiesen, was die Transparenz des Haushaltswesens verbessern soll. Wir werden darauf zurückkommen, nachdem wir bei der Diskussion der Haushaltsgrundsätze das Instrument der Bildung von Ausgaberesten kennengelernt haben. **216**

Merke: Der Titel umfasst Titelnummer und Funktion, Zweckbestimmung, Ansatz für Einnahmen oder Ausgaben sowie gegebenenfalls Verpflichtungsermächtigungen, Haushaltsvermerke und Erläuterungen. Die Einteilung der Titel ist durch den Gruppierungsplan vorgegeben.

3.3.5.3.1 Der Gruppierungsplan

Der **Gruppierungsplan** (genau: Verwaltungsvorschriften über die Gruppierung der Einnahmen und Ausgaben des Haushaltsplans nach Arten) ist für Bund und Länder (mit kameralem Rechnungswesen) verbindlich festgelegt (§§ 10 Abs. 2, 49a HGrG). Er systematisiert die Einnahmen und Ausgaben nach **ökonomischen Arten**. Die Einteilung der Einnahmen und Ausgaben nach dem Gruppierungsplan entspricht der Aufteilung im Staatskonto in der volkswirtschaftlichen Gesamtrechnung. Im Vordergrund steht dabei eine Einteilung, aus der sich die unmittelbare Nachfrage der öffentlichen Hand am Markt (Verbrauch und Sachinvestitionen) und die Beeinflussung der privaten Nachfrage durch Übertragungen und Darlehensgewährungen der öffentlichen Haushalte leicht unterscheiden lassen. Die Gliederung nach ökonomischen Arten tritt neben die institutionelle Gliederung (in Einzelpläne und Kapitel). **217**

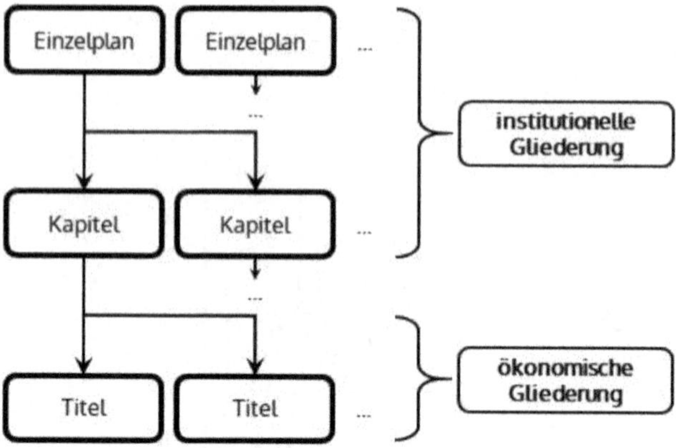

Abbildung 15: Institutionelle und ökonomische Gliederung des Haushaltsplans

218 Die 5-stellige Titelnummer, die entscheidende Ordnungskennziffer der Titel, wird aus dem Gruppierungsplan abgeleitet. Dabei gibt der Gruppierungsplan eine Einteilung in Hauptgruppen, Obergruppen und Gruppen verbindlich vor.

219 Die **Hauptgruppe** stellt die erste Ziffer des Titels dar. Sie benennt die Einnahme- bzw. Ausgabeart noch als groben Block (z.B. Personalausgaben).

Innerhalb der (insgesamt zehn) Hauptgruppen werden entsprechend dem Dezimalsystem durch Anhängen einer zusätzlichen Stelle **Obergruppen** mit gleichem ökonomischen Gehalt geschaffen. Die Hauptgruppe wird durch die Obergruppe weiter unterteilt bzw. präzisiert (z.B. Bezüge und Nebenleistungen).

Durch Anhängen einer weiteren Stelle entstehen die **Gruppen**, die letztlich eine weitere Präzisierung der Obergruppen bedeuten (z.B. Bezüge und Nebenleistungen der Beamtinnen, Beamten, Richterinnen und Richter). Damit sind die ersten drei Stellen des Titels für Bund und Länder verbindlich vorgegeben (vgl. den Auszug aus dem Gruppierungsplan in der nachfolgenden Übersicht).

Eine **weitere Aufteilung** im Haushaltsplan (Ziffern 4 und 5 der Titelnummer) ist in das Ermessen von Bund und des einzelnen Landes gestellt.

Übersicht 10: Gruppierungsplan – Ein Auszug

Hauptgruppen:	
0	Einnahmen aus Steuern und steuerähnlichen Abgaben sowie EU-Eigenmittel
1	Verwaltungseinnahmen, Einnahmen aus Schuldendienst und dgl.
2	Einnahmen aus Zuweisungen und Zuschüssen mit Ausnahme für Investitionen
3	Einnahmen aus Schuldenaufnahmen, aus Zuweisungen und Zuschüssen für Investitionen, besondere Finanzierungseinnahmen
4	Personalausgaben
5	Sächliche Verwaltungsausgaben, militärische Beschaffungen usw., Ausgaben für den Schuldendienst
6	Ausgaben für Zuweisungen und Zuschüsse mit Ausnahme für Investitionen
7	Baumaßnahmen
8	Sonstige Ausgaben für Investitionen und Investitionsförderungsmaßnahmen
9	Besondere Finanzierungsausgaben
Obergruppen:	
	z.B.
01	Gemeinschaftsteuern und Gewerbesteuerumlage
02	EU-Eigenmittel (nur Bund)
03/04	Bundessteuern
05/06	Landessteuern
11	Verwaltungseinnahmen
12	Einnahmen aus wirtschaftlicher Tätigkeit und aus Vermögen (ohne Zinsen)
27	Zuschüsse von der EU
32	Schuldenaufnahmen am Kreditmarkt
41	Aufwendungen für Abgeordnete und ehrenamtlich Tätige
42	Bezüge, Entgelte und Nebenleistungen
43	Versorgungsbezüge und dgl.
51-54	Sächliche Verwaltungsausgaben

55	Militärisch Beschaffungen, Materialerhaltung, Wehrforschung, … sowie militärische Anlagen (nur Bund)
57	Zinsausgaben an Kreditmarkt.
68	Sonstige Zuschüsse für laufende Zwecke an sonstige Bereiche
81	Erwerb von beweglichen Sachen
82	Erwerb von unbeweglichen Sachen
97	Globale Mehr- und Minderausgaben
Gruppen:	
	z.B.
011	Lohnsteuer
012	Veranlagte Einkommensteuer
015	Umsatzsteuer
032	Tabaksteuer
044	Solidaritätszuschlag
111	Gebühren, sonstige Entgelte
119	Sonstige Verwaltungseinnahmen
325	Schuldenaufnahme auf dem sonstigen Kreditmarkt im Inland
411	Aufwendungen für Abgeordnete
422	Bezüge und Nebenleistungen der Beamtinnen, Beamten, Richterinnen und Richter
428	Entgelte der Arbeitnehmerinnen und Arbeitnehmer (Beschäftigte)
511	Geschäftsbedarf und Kommunikation sowie Geräte, Ausstattungs- und Ausrüstungsgegenstände, sonstige Gebrauchsgegenstände
514	Verbrauchsmittel, Haltung von Fahrzeugen und dgl.
517	Bewirtschaftung der Grundstücke, Gebäude und Räume
519	Unterhaltung der Grundstücke und baulichen Anlagen
523 bis 546	Sonstige sächliche Verwaltungsausgaben
683	Zuschüsse für laufende Zwecke an private Unternehmen (soweit nicht Gruppe 662)
811	Erwerb von Fahrzeugen
812	Erwerb von Geräten und sonstigen beweglichen Sachen

Ein Beispiel aus dem Haushaltsplan verdeutlicht den Aufbau eines Titels: 220

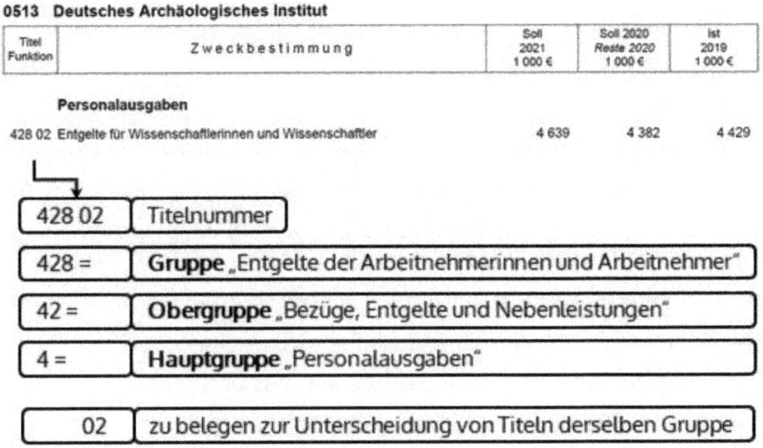

Abbildung 16: Aufbau einer Titelnummer

3.3.5.3.2 Festtitel

Der Gruppierungsplan schreibt die ersten drei Stellen eines Titels (die Gruppe) für Bund und Länder verbindlich vor. Der Bund hat in seinen Haushaltstechnischen Richtlinien (HRB, Nr. 4.2.) für eine Reihe von Titeln eine weitere Festlegung in der 4. und 5. Stelle vorgenommen. Man spricht hier auch von **Festtiteln,** also von Titeln, die mit ihrer 5-stelligen Titel-Nummer und der dazu gehörenden Zweckbestimmung einheitlich für alle Einzelpläne bindend festgelegt sind (= Titel mit fester Textvorgabe; **Standardtexte**). So wird etwa der „Beamtentitel“ der Gruppe 422 beim Bund wie folgt näher untergliedert: 221

422	= *Gruppe:* „Bezüge und Nebenleistungen der Beamtinnen, Beamten, Richterinnen und Richter“	222
422.1	Bezüge und Nebenleistungen der **planmäßigen** Beamtinnen und Beamten (ggf. Richterinnen und Richter, Professorinnen und Professoren, Staatsanwältinnen und Staatsanwälte)	
422.3	Bezüge der Anwärterinnen und Anwärter sowie Nebenleistungen der Beamtinnen und Beamten **auf Widerruf** im Vorbereitungsdienst	

223 Weitere Beispiele für **Festtitel** auf der Einnahmen- und Ausgabenseite sind:

111.1	Gebühren, sonstige Entgelte
119.1	Einnahmen aus Veröffentlichungen
119.9	Vermischte Einnahmen
124.1	Einnahmen aus Vermietung, Verpachtung und Nutzung
381.1	Leistungen von Bundesbehörden zur Durchführung von Aufträgen
Z 381.7	Leistungen von Bundesbehörden zur Durchführung von ressortübergreifenden Aufgaben
514.1	Verbrauchsmittel, Haltung von Fahrzeugen und dgl.
428.1	Entgelte für Arbeitnehmerinnen und Arbeitnehmer
428.2	Entgelte für Wissenschaftlerinnen und Wissenschaftler
519.1	Unterhaltung der Grundstücke und baulichen Anlagen
Z 526.1	Gerichts- und ähnliche Kosten
Z 526.2	Sachverständige, Ausgaben für Mitglieder von Fachbeiräten und ähnlichen Ausschüssen
527. 1	Dienstreisen
Z 527.3	Reisen in Angelegenheiten der Personalvertretungen und der Gleichstellungsbeauftragten sowie in Vertretung der Interessen schwerbehinderter Menschen
Z 529.1	Außergewöhnlicher Aufwand aus dienstlicher Veranlassung in besonderen Fällen
539.9	Vermischte Verwaltungsausgaben
711.1	Kleine Neu-, Um- und Erweiterungsbauten
712.1	Baumaßnahmen von mehr als 6.000.000 € im Einzelfall
811.1	Erwerb von Fahrzeugen

224 Während der Gruppierungsplan es Bund und Länder freistellt, wie sie die Titel der Gruppen 523 bis 546 („sonstige Verwaltungsausgaben“) belegen wollen, schreiben die HRB für die gesamte Bundesverwaltung verbindlich vor, dass etwa der Titel 527.1 für „Dienstreisen“ zu verwenden ist oder der Titel 529.1 mit „Außergewöhnlicher Aufwand aus dienstlicher Veranlassung in besonderen Fällen“ zu belegen ist.

Ein der Titelnummer vorangestelltes „Z“ bedeutet, dass der Titel im **Z**entralkapitel (..11) eines Einzelplans aufzunehmen ist.

Der Punkt in der vierten Stelle ist ein Platzhalter. In der Regel steht für den Punkt die Ziffer 0. Lediglich bei Titelgruppen wird in der vorletzten Stelle stets eine von Null verschiedene Ziffer gebraucht.

3.3.5.3.3 Titelgruppen

Titel mit **übergeordneter Zweckidentität** können nach Nr. 4.9 HRB zu einer **225**
Titelgruppe zusammengefasst werden. Eine Titelgruppe wird in der 4. Ziffer des Titels kenntlich gemacht. Es sind Ziffern von 1 bis 9 zu verwenden, um sie von den übrigen Titeln, für die eine 0 vorgesehen ist, zu unterscheiden. Werden über die in der vorletzten Stelle (4. Ziffer) der Titelnummer verfügbaren Ziffern hinaus weitere Titelgruppen benötigt, so sind diese in der vorletzten und letzten Stelle von den übrigen Titeln zu unterscheiden (Nr. 4.9.1 HRB).

Titelgruppen sind bei Einnahmen und Ausgaben möglich, sie sollen aber die **Ausnahme** bleiben. Titelgruppen sind stets im Anschluss an die nicht zu Titelgruppen gehörenden Titel sowohl bei Einnahmen als auch bei Ausgaben unter der Überschrift „Titelgruppe(n)“ aufzuführen. Titelgruppen erhalten eine übergeordnete Zweckbestimmung, die als Überschrift voranzustellen ist. Die auf die einzelne Titelgruppe entfallenden Gesamtbeträge sind neben der Überschrift in Klammern anzugeben (Nr. 4.9.1 HRB).

0625 Bundespolizei

Titel Funktion	Zweckbestimmung	Soll 2021 1000 €
…	…	…
…	…	…
812 04	Erwerb von Waffen und Gerät	122 881
	Titelgruppe 01	
Tgr. 01	Sanitätswesen und Heilfürsorge	(54 115)
443 13	Kosten der Heilfürsorge	54 115
511 11	Geschäftsbedarf und Kommunikation, Geräte, Ausstattungs- und Ausrüstungsgegenstände, sonstige Gebrauchsgegenstände, Software, Wartung	250
514 11	Verbrauchsmittel, Haltung von Fahrzeugen und dgl.	8 300
812 13	Erwerb von Sanitätsgerät	500
	Titelgruppe 02	
TGr. 02	Fluggast- und Reisekontrollen gem. § 5 LuftSiG	(836 127)
511 22	Unterhaltung von Luftsicherungskontrollgerät	36 700
671 21	Erstattungen an Dritte für die Durchführung der Fluggast- und Reisegepäckkontrolle	739 227
812 23	Erwerb von Kontrollgerät für Luftsicherheit	60 200

Abbildung 17: Titelgruppen

226 Bis zur vollständigen Umsetzung der Neustrukturierung der Einzelpläne im Haushaltsjahr 2016 existierte im Bundeshaushalt eine (Fest-) **Titelgruppe** 55 (**Ausgaben für die Informationstechnik**), die immer dann zu bilden war, wenn bei der Veranschlagung von Ausgaben für Informationstechnik (IT) mehr als ein Titel in Betracht kam. Diese Titelgruppe wurde aufgelöst. Stattdessen gibt es zwei neue Festtitel „IT-Aufträge und Dienstleistungen" (Titel 532.1) und „IT-Investitionen" (Titel 812.2). Ansonsten werden die IT-Ausgaben in die vorhandenen Verwaltungstitel (z.B. 511.1, 518.1, 525.1) integriert.

Ein Auszug aus Einzelplan 09 Bundesministerium für Wirtschaft und Energie soll die aktuell praktizierte Veranschlagung von IT-Ausgaben veranschaulichen (Abbildung 18):

0912 Bundesministerium

Titel Funktion	Zweckbestimmung	Soll 2021 1000 €
511 01	Geschäftsbedarf und Kommunikation sowie Geräte, Ausstattungs- und Ausrüstungsgegenstände, sonstige Gebrauchsgegenstände, **Software,** Wartung	6 059
532 01	Aufträge und Dienstleistungen **im Bereich Informationstechnik**	9 000
812 01	Erwerb von Geräten, Ausstattungs- und Ausrüstungsgegenständen für Verwaltungszwecke **(ohne IT)**	6 746
812 02	Erwerb von Anlagen, Geräten, Ausstattungs- und Ausrüstungsgegenständen sowie Software **im Bereich Informationstechnik**	9 650

Abbildung 18: Veranschlagung von IT-Ausgaben gem. Neustrukturierung des Haushaltsplans

3.3.5.3.4 Funktionenplan

Der für Bund und Länder ebenfalls einheitliche Funktionenplan gliedert die Einnahmen und Ausgaben des Haushaltsplans über alle Einzelpläne hinweg nach Aufgabenbereichen (Funktionen). **227**

Die **Hauptfunktionen nach** dem Funktionenplan sind: **228**

0 = Allgemeine Dienste
1 = Bildungswesen, Wissenschaft, Forschung, kulturelle Angelegenheiten
2 = Soziale Sicherung, Familie und Jugend, Arbeitsmarkpolitik
3 = Gesundheit, Umwelt, Sport und Erholung
4 = Wohnungswesen, Städtebau, Raumordnung und kommunale Gemeinschaftsdienste
5 = Ernährung, Landwirtschaft und Forsten
6 = Energie- und Wasserwirtschaft, Gewerbe, Dienstleistungen
7 = Verkehrs- und Nachrichtenwesen
8 = Finanzwirtschaft

Analog zum Gruppierungsplan wird auch bei den Hauptfunktionen durch **Anhängen einer zweiten und dritten Stelle** eine weitere Untergliederung in Oberfunktionen (die ersten zwei Ziffern) bzw. Funktionen (drei Ziffern) vorgenommen. **229**

So baut sich etwa die Funktionenkennziffer **011**, die in einem Ministerium (Kapitel ..12) den meisten Titeln angehängt ist, wie folgt auf:

0 = Allgemeine Dienste (Hauptfunktion)

01 = Politische Führung und zentrale Verwaltung (Oberfunktion)

011 = Politische Führung (Funktion)

Die Funktionenkennziffer **133,** die der überwiegenden Zahl der Titel des Kapitels 0634 (Hochschule der Bundes für öffentliche Verwaltung) angehängt ist, bedeutet:

1 = Bildungswesen, Wissenschaft, Forschung, kulturelle Angelegenheiten

13 = Hochschulen

133 = Öffentliche Hochschulen und Berufsakademien

Abbildung 19 verdeutlicht den Zusammenhang.

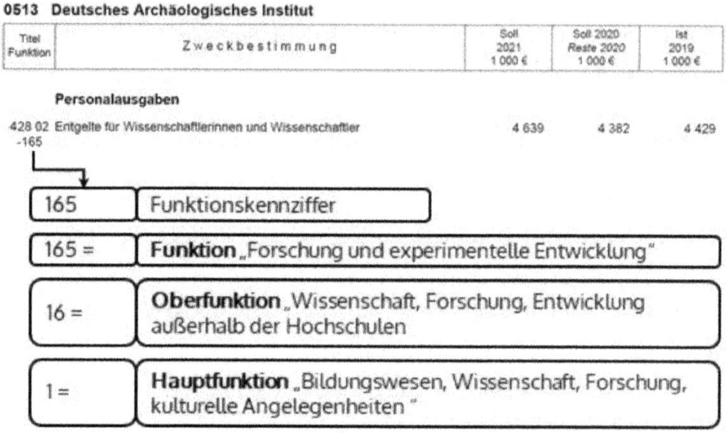

Abbildung 19: Aufbau einer Funktionskennziffer

230 Die Titelnummer 519 01 in Zusammenhang mit der Funktionskennziffer 133 ist damit eindeutig der Unterhaltung von Grundstücken und baulichen Anlagen einer Öffentlichen Hochschule zuzurechnen. Damit wird die Systematisierung nach ökonomischen Arten um eine Einteilung nach Aufgaben ergänzt. Der Haushaltsplan wird damit transparenter.

231 Will man etwa wissen, was der Bund (oder das Land) insgesamt für Bildung und Forschung ausgibt, so reicht es nicht aus, in einen einzigen Einzelplan (z.B. Bun-

desministerium für Bildung und Forschung) hineinzuschauen, da für solche Zwecke in mehreren Einzelplänen Mittel veranschlagt sind. Man erhält das Ergebnis aber schnell, wenn man – natürlich elektronisch – über alle Einzelpläne hinweg die Ausgabenansätze all jener Titel zusammenfasst, denen die Hauptfunktion 1 (oder genauer: die Oberfunktionen 11 bis 16) zugeordnet wurde.

Die dreistellige Funktionenkennziffer wird von zentraler Stelle in den Entwurf des Haushaltsplans zusätzlich zur Titelnummer eingetragen und im Haushaltsplan mit gedruckt. Die Funktionskennziffer ist von der Titelnummer vollkommen unabhängig; sie hat nur informatorischen Charakter. Die Funktionenkennziffer bleibt sowohl bei der Mittelbewirtschaftung, der Anweisung als auch bei der Kassen- und Buchführung unberücksichtigt. **232**

3.3.5.3.5 Haushaltsstellen

Unter einer Haushaltstelle ist die **Titelnummer des Haushaltsplans** zu verstehen, an der Einnahmen und Ausgaben veranschlagt sind. Sie besteht entsprechend der Gliederung des Haushaltsplans aus den numerischen Stellen des Einzelplans, Kapitels und Titels (neun numerische Stellen); z.B. **233**

Einzelplan *06*: Bundesministerium des Innern

Kapitel	06*34*: Hochschule des Bundes für öffentliche Verwaltung
Titel-Nr.	*519 01*: Unterhaltung der Grundstücke und baulichen Anlagen
	Haushaltsstelle: 0634/519 01

Diese Schreibweise entspricht der Darstellungsform im gesetzlich festgestellten Haushaltsplan und in den einschlägigen Bundestagsdrucksachen.

3.3.5.3.6 Besonderheiten der Haushaltsstellen im kommunalen Haushalt

Während Bund und Länder sämtliche Einnahmen und Ausgaben in einem einheitlichen Haushaltsplan zusammenfassen, sind die **Haushaltspläne der Gemeinden** in einen Verwaltungshaushalt und einen Vermögenshaushalt aufgegliedert. Der Verwaltungshaushalt beinhaltet die laufenden Einnahmen und Ausgaben, im Vermögenshaushalt werden die Investitionen und ihre Finanzierung dargestellt. Die Unterscheidung zwischen Vermögens- und Verwaltungshaushalt ist insbesondere mit Blick auf die Kreditfinanzierung von Bedeutung, da Kredite nur im Vermögenshaushalt und nur für Investitionen aufgenommen werden dürfen. **234**

Die Gliederung der **kameralen** Kommunalhaushalte erfolgt zunächst nach Aufgabenbereichen. Sowohl der Verwaltungshaushalt als auch der Vermögenshaushalt werden jeweils in zehn Einzelpläne gegliedert. Diese Einzelpläne sind weiter in Abschnitte und Unterabschnitte unterteilt. **235**

236 Die *zehn Einzelpläne* eines Kommunalhaushalts sind:
- Einzelplan 0: Allgemeine Verwaltung
- Einzelplan 1: Öffentliche Sicherheit und Ordnung
- Einzelplan 2: Schulwesen
- Einzelplan 3: Kulturpflege
- Einzelplan 4: Sozialwesen
- Einzelplan 5: Gesundheit, Sport und Erholung
- Einzelplan 6: Bau- und Wohnungswesen
- Einzelplan 7: Öffentliche Einrichtungen, Wirtschaftsförderung
- Einzelplan 8: Wirtschaftliche Unternehmen
- Einzelplan 9: Finanzwesen

237 Für jeden Einzelplan, Abschnitt und Unterabschnitt ist ein Teilabschluss zu bilden. Innerhalb der Einzelpläne, Abschnitte und Unterabschnitte sind die Einnahmen und Ausgaben gemäß dem Gruppierungsplan in Hauptgruppen, Gruppen und Untergruppen zu ordnen. Gliederung und Gruppierung richten sich nach dem vom jeweiligen Landesinnenministerium erlassenen Gliederungs- und Gruppierungsplan. Die Haushaltsstelle wird aus der Gliederungs- und Gruppierungsziffer gebildet.

238 Im **doppischen** Kommunalhaushalt wird eine Untergliederung in Produktbereiche und unterhalb der Produktbereiche in Produktgruppen und Produkten vorgenommen. Um die Verantwortlichkeiten klar zu regeln, sollen Produktgruppen bzw. müssen Produkte so gebildet werden, dass sie einzelnen Ämtern eindeutig zuzuordnen sind.

Inzwischen ist in den meisten Kommunen der Übergang zur Doppik vollzogen. Zehn der 13 Flächenländer lassen für ihre Kommunen ausschließlich die doppische Haushaltsführung zu. Schleswig-Holstein räumt seinen Gemeinden ein Wahlrecht zwischen Doppik und erweiterter Kameralistik ein. In Bayern und Thüringen hingegen wurde die bisherige Kameralistik beibehalten, jedoch erlauben diese Länder ihren Kommunen auf freiwilliger Basis die Doppik einzuführen.[37]

3.4 Übersichten zum Haushaltsplan

239 Während der Gesamtplan mit seinen vier Teilen – der Haushaltsübersicht, der Berechnung der zulässigen Kreditaufnahme, der Finanzierungsübersicht und dem Kreditfinanzierungsplan – materieller Bestandteil des Haushaltsplans ist und somit im Einzelnen Gesetzesqualität besitzt, handelt es sich bei den Übersichten

37 Vgl. hierzu BMF (2015), Das System der Öffentlichen Haushalte, S. 109 f); Burth, A. (2017).

zum Haushaltsplan nach § 14 Abs. 1 BHO um **erläuternde statistische Anlagen des Haushaltsplans ohne Gesetzesqualität**.[38]

Das BMF erstellt die nachstehend aufgeführten Übersichten und fügt diese – im Rahmen der Aufstellung des Haushaltsgesetzes und des Haushaltsplans – dem Entwurf des Haushaltsplans als Anlagen bei:

1.) die **„Gruppierungsübersicht“**, die eine Darstellung aller veranschlagten Einnahmen und Ausgaben der Einzelpläne – ohne Rücksicht auf die institutionelle Gliederung – ist und diese nach Einnahme- und Ausgabe**gruppen**, wie sie der Gruppierungsplan bestimmt, darstellt, **240**

2.) die **„Funktionenübersicht“**, die eine Darstellung aller veranschlagten Einnahmen und Ausgaben der Einzelpläne – ohne Rücksicht auf den institutionellen Verwaltungsaufbau – ist und die Einnahmen und Ausgaben nach bestimmten **Aufgaben**, d.h. nach Funktionen, wie sie der Funktionenplan bestimmt, darstellt, **241**

3.) den **„Haushaltsquerschnitt“**, der eine Zusammenfassung der Gruppierungsübersicht und der Funktionenübersicht ist und in Form einer Matrix erkennen lässt, welche volkswirtschaftlichen Einnahme- und Ausgabearten nach der Gruppierungsübersicht – waagerecht – auf die einzelnen Aufgabenbereiche nach der Funktionenübersicht – senkrecht – entfallen, **242**

4.) die **„Übersicht über die den Haushalt durchlaufenden Posten“**, also jener Beträge, die der Bund für einen Dritten vereinnahmt und wieder verausgabt, ohne an der Mittelbewirtschaftung beteiligt zu sein, **243**

5.) die **„Personalübersicht“** als Übersicht über die Planstellen der Beamtinnen/Beamten und die Stellen der Beschäftigten wie sie im Haushaltsplan insgesamt vorgesehen sind. **244**

Neben diesen in § 14 Abs. 1 BHO vorgeschriebenen Anlagen enthält der Bundeshaushaltsplan 2021 noch **sechs weitere Übersichten**, z.B. Übersichten über die 20 größten Steuervergünstigungen und über 20 größten Finanzhilfen des Bundes in der Abgrenzung des 27. Subventionsberichts. **245**

Durch diese, den Gesamthaushalt einbeziehenden Übersichten, die dem Entwurf des Haushaltsplans als Anlage beigefügt sind, soll – insbesondere für die haushaltspolitischen Entscheidungen der Bundesregierung und der gesetzgebenden Körperschaften – die **Transparenz des Haushaltsentwurfs**, auch in gesamtwirtschaftlicher Sicht, hergestellt werden. **246**

Ferner dienen diese Übersichten der Vergleichbarkeit der Staatshaushalte und erleichtern die Verfolgung einer gemeinsamen mittelfristigen Finanzplanung.

38 Vgl. *Arnold, V., Geske, O.-E.* (Hg.) (1988), S. 138.

3.5 Der Inhalt des Haushaltsplans

3.5.1 Überblick

247 Der Inhalt der Einzelpläne des Bundeshaushaltsplans besteht im Wesentlichen aus den Einnahme- und Ausgabetiteln. Dabei handelt es sich um Bewilligungen des Parlaments, innerhalb derer sich die Verwaltung bewegen muss. Zu diesen Bewilligungen kommen noch zwei weitere hinzu: die Verpflichtungsermächtigungen und die Planstellen bzw. Stellen. Diese Ermächtigungen fasst man zum Begriff „Haushaltsmittel" zusammen.

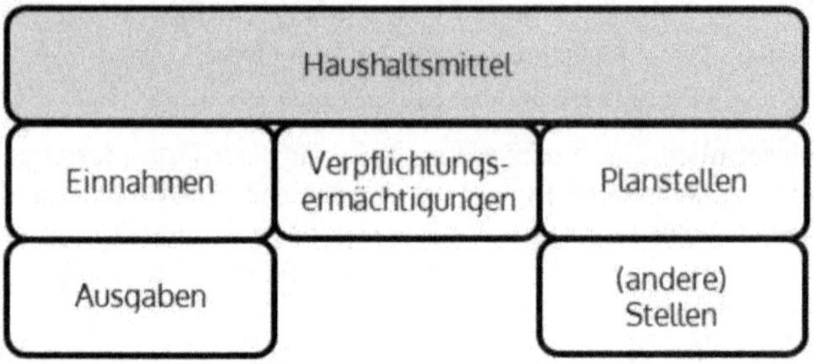

Abbildung 20: Haushaltsmittel

3.5.2 Verpflichtungsermächtigungen

248 Verpflichtungsermächtigungen sind nach der Definition im § 6 BHO Ermächtigungen zum Eingehen von Verpflichtungen, die zu Zahlungen in einem der Folgejahre führen. Sie stellen mithin im Gegensatz zu den lediglich für ein Haushaltsjahr geltenden Ausgabeermächtigungen ein **zukunftsgerichtetes Haushaltsmittel** dar. Ohne Vorliegen einer Verpflichtungsermächtigung darf die Exekutive grundsätzlich keine überjährigen Verpflichtungen eingehen, d.h. z.B. Verträge abschließen, die Zahlungsverpflichtungen für die Folgejahre begründen (§ 38 Abs. 1 Satz 1 BHO). Die Verpflichtungsermächtigung selbst stellt jedoch noch nicht die Ermächtigung dar, in dem betreffenden Folgejahr auch die Ausgaben, zu denen sich die Verwaltung verpflichtet hat, zu leisten. Diese Ermächtigung resultiert allein aus der Ausgabeermächtigung des Folgejahres.

Haushaltsplan laufendes Haushaltsjahr (2021) Verpflichtungsermächtigung: 4 000 000 €	⇨	Haushaltsplan Folgejahr (2022) Ausgabeermächtigung: 4 000 000 €
⇩ Ermächtigung, eine Verpflichtung einzugehen, die zu einer Zahlung im Folgejahr führt		⇩ Ermächtigung, die aus der Verpflichtung resultierende Zahlung zu leisten

Titel Funktion	Zweckbestimmung	Soll 2021 1000 €
712 01	Neubau eines Dienstgebäudes in Neustadt Verpflichtungsermächtigung 12 000 T€ davon fällig 2022 bis zu… **4 000** T€ 2023 bis zu... 5 000 T€ 2024 bis zu... 3 000 T€	2 000

Titel Funktion	Zweckbestimmung	Soll 2022 1000 €
712 01	Neubau eines Dienstgebäudes in Neustadt	**4 000**

Abbildung 21: Verpflichtungsermächtigungen

Die **rechtlichen Regelungen** zu den Verpflichtungsermächtigungen sind über **249**
verschiedene Abschnitte der BHO verteilt. Die Regelungen betreffen die einzelnen Phasen des Haushaltskreislaufs. Was die Aufstellung des Haushaltsplans betrifft, regelt § 16 BHO, wie Verpflichtungsermächtigungen zu veranschlagen sind (bei den jeweiligen Ausgaben gesondert, Angabe von Jahresbeträgen). Gemäß VV Nr. 2 zu § 16 BHO sind für bereits in früheren Jahren eingegangene Verpflichtungen Ermächtigungen nicht nochmals zu veranschlagen. In unserem Beispiel (Abbildung 21) sind daher die im Haushaltsplan 2021 veranschlagten Verpflichtungsermächtigungen für die Jahre 2023 und 2024 im Haushaltsplan 2022 nicht mehr aufgenommen worden. Um aber für mehr Transparenz im Haushaltsplan zu sorgen, schreiben die HRB (Nr. 12.1 i.V.m. Nr. 7.5) vor, dass derartigen Maßnahmen nach einem vorgegebenen Muster zu erläutern sind (Abbildung 22).

0512 Bundesministerium

Titel Funktion	Zweckbestimmung	Soll 2021 1 000 €	Soll 2020 Reste 2020 1 000 €	Ist 2019 1 000 €
739 21	Baumaßnahmen	19 795	23 500	43 217
	Verpflichtungsermächtigung............. 26 500 T€ davon fällig: im Haushaltsjahr 2022 bis zu.......... 7 000 T€ im Haushaltsjahr 2023 bis zu.......... 9 500 T€ im Haushaltsjahr 2024 bis zu......... 10 500 T€			

Erläuterungen:

Mehrjährige Maßnahmen (davon neue Maßnahmen in Fettdruck)	Gesamtausgaben des Bundes 1 000 €	Verausgabt bis 2019 1 000 €	Bewilligt 2020 1 000 €	Nach 2020 übertragene Ausgabereste 1 000 €	Veranschlagt 2021 1 000 €	Vorbehalten für 2022 ff 1 000 €
1. Belgrad Neubau Kanzlei.................................	19 500	7 495	5 350	233	1 500	492
2. Bukarest Herrichtung Goethe-Institut zur Residenz..	10 129	9 792	-	111	-	226
6. La Paz Neubau Kanzlei................................	4 405	839	100	1 472	-	2 994
7. Mink Neuherrichtung Residenz..................	3 533	3 453	151	-	-	-
.. ...	...	...	...	...	...	...
88. Brüssel NATO..........................	3 533	3 453	80	-	-	-
Zusammen..................................	488 875	245 612	20 727	9 383	19 795	193 358

Abbildung 22: Veranschlagung von Baumaßnahmen

250 Viele heute eingegangene Verpflichtungen ziehen **Ausgaben in folgenden Jahren** nach sich, so etwa eine Gehaltserhöhung für die Beschäftigten, der Abschluss eines Mietvertrages usw. Nach § 38 Abs. 1 S. 1 BHO müsste für alle diese Maßnahmen die parlamentarische Ermächtigung mittels Veranschlagung und Genehmigung von Verpflichtungsermächtigungen eingeholt werden. Nach § 38 Abs. 4 BHO sind jedoch für solche „laufenden Geschäfte“ Verpflichtungsermächtigungen weder zu veranschlagen, noch für den Haushaltsvollzug zu fordern. Was konkret unter laufenden Geschäften zu verstehen ist, regelt die VV-BHO (VV Nr. 5 zu § 38 BHO). Danach sind als **„Verpflichtungen für laufende Geschäfte“** anzusehen:

- Verpflichtungen, die Ausgaben der Hauptgruppe 4 (Personalausgaben) betreffen, sowie
- Verpflichtungen, die sich auf Ausgaben der Hauptgruppe 5 (ohne Obergruppe 55 – Militärausgaben), d.h. auf sächliche Verwaltungsausgaben beziehen. Ausgenommen sind lediglich

- die Miet- und Pachtverträge (Gruppe 518), wenn die Jahresmiete oder Jahrespacht im Einzelfall mehr als 120.000 € beträgt, sowie
- Verträge oder sonstige Abmachungen mit Gutachterinnen bzw. Gutachtern, Sachverständigen oder im Rahmen der Ressortforschung (u.a. Gruppen 526), wenn sie im Einzelfall zu Belastungen künftiger Haushaltsjahre von mehr als 250.000 € führen.

Werden diese Wertgrenzen überschritten, sind Verpflichtungsermächtigungen auszubringen.

Gemäß § 71 Abs. 1 BHO ist über eingegangene Verpflichtungsermächtigungen nach den Richtlinien des Bundesministeriums der Finanzen Buch zu führen.[39] Die in den Einzelplänen veranschlagten Verpflichtungsermächtigungen sind in einer Übersicht (i.d.R. Übersicht 1 am Ende eines Einzelplans) darzustellen (HRB, Nr. 2.5). Im Übrigen findet sich im Gesamtplan Teil I Buchstabe C („Verpflichtungsermächtigungen und deren Fälligkeiten“) eine Übersicht darüber, wie – über alle Einzelpläne hinweg – künftige Haushalte durch Verpflichtungsermächtigungen des laufenden Haushaltsjahrs belastet werden. 251

3.5.3 Planstellen und Stellen

Planstellen sind nach Besoldungsgruppen und Amtsbezeichnungen (nach der Bundesbesoldungsordnung) im Haushaltsplan auszubringen. Sie dürfen nur für Aufgaben eingerichtet werden, zu deren Wahrnehmung die Begründung eines **Beamtenverhältnisses** zulässig ist und die in der Regel Daueraufgaben sind (§ 17 Abs. 5 BHO). Die Planstelle ist eine für einen bestimmten Dienstposten ausgebrachte Stelle im Haushaltsplan, durch die festgelegt wird, mit welcher Dotierung (nach Besoldungsgruppen) sie für diesen Dienstposten haushaltsmäßig zur Verfügung steht. Die Verleihung eines Amtes (durch Aushändigung der Ernennungsurkunde) darf nur zusammen mit der Einweisung in eine freie Planstelle erfolgen (§ 49 Abs. 1 BHO). 252

39 Näheres dazu in den VV-BHO zu § 34.

Planstellen-/Stellenübersicht

Besoldungs-/ Entgeltgruppen	2021	2020	Ist-Besetzung am 1. Juni 2020	...
Titel 422 01 **Beamtinnen und Beamte**				
B 6	1,0	1,0	1,0	
A 15	9,0	9,0	7,0	
A 14	14,0	16,0	15,5	
A 13 h	16,0	17,0	13,0	
A 13 g	10,0	11,0	10,0	
A 12	13,0	13,0	11,5	
A 11	11,0	11,0	7,0	
A 10	12,0	13,0	12,0	
A 9 g	5,5	5,5	4,5	
Titel 428 – Erläuterungen **Tarifliche Arbeitnehmerinnen und Arbeitnehmer**				
E 14	2,0	2,0	2,0	
E 13	3,0	3,0	2,5	
E 11	5,0	6,0	6,0	
...	...	...	...	

Abbildung 23: Auszug aus dem Stellenplan

253 Die ausgebrachten Planstellen bilden den Stellenplan für planmäßige Beamtinnen und Beamte; er ist verbindlich (VV Nr. 4.1 zu § 17 BHO).

254 Der Begriff Stelle bezeichnet alle im Haushaltsplan vorgesehenen Stellen, die nicht Planstellen für Beamte sind. Sie sind nach § 17 Abs. 6 BHO in den Erläuterungen auszuweisen und sind damit grundsätzlich nicht verbindlich (§ 17 Abs. 1 S. 2 BHO). Die Stellen für Angestellte (Titel 425.1) waren somit vom Grundsatz her stets unverbindlich. Seit 1972 bestimmten jedoch die jährlichen Haushaltsgesetze, dass die in den Erläuterungen zu Titel 425.1 nach Vergütungsgruppen ausgewiesenen Stellen für Angestellte verbindlich waren (zuletzt § 13 Abs. 1 HG 2006). Diese Verbindlichkeitserklärung durch Haushaltsgesetz wird seit 2007 auch für den neu geschaffenen Titel 428.1 („Arbeitnehmerinnen und Arbeitnehmer“) fortgesetzt (§ 14 Abs. 1 HG 2021).

255 **Beachte**: Im Bundeshaushaltsplan sind die Planstellen und Stellen der einzelnen Kapitel stets am Ende des Einzelplans unter dem Stichwort „Personalhaushalt“ zu finden. Dort finden sich auch in einer Übersicht die den Planstellen zugeordneten Amtsbezeichnungen.

3.5.4 Haushaltsvermerke und Erläuterungen zu den Titeln

Außer den Haushaltsmitteln enthalten die Einzelpläne Haushaltsvermerke und Erläuterungen zu den Titeln. Diese befinden sich in der Zweckbestimmungsspalte des Haushaltsplans unmittelbar unter der Zweckbestimmung des Titels, auf den sie sich beziehen. 256

Haushaltsvermerke stellen **verbindliche Anweisungen** zur Ausführung des Haushaltsplans dar. Sie sind auf das unbedingt notwendige Maß zu beschränken. Die Haushaltstechnischen Richtlinien des Bundes (HRB, Nr. 5.8) sehen folgende Reihenfolge vor: 257

- Flexibilisierung von Ausgaben,
- Sperren bei Ausgaben,
- Sperren bei Verpflichtungsermächtigungen,
- Wegfall von Ausgaben,
- Übertragbarkeit von Ausgaben,
- Deckungsfähigkeit von Ausgaben,
- Deckungsfähigkeit von Verpflichtungsermächtigungen,
- Ausnahmen vom Grundsatz der Gesamtdeckung,
- sonstige Vermerke,
- Selbstbewirtschaftung.

Sperrvermerke können nach § 22 BHO ausgebracht werden, wenn die Leistung einer Ausgabe vom Eintritt einer bestimmten Bedingung abhängig gemacht werden soll. Unterschieden werden zwei Arten von Sperren, die **„einfache"** und die **„qualifizierte"** Sperre. Einfache Sperren kann der BMF aufheben, bei einem qualifizierten Sperrvermerk bedarf die Freigabe der Mittel eines Beschlusses des Haushaltsausschusses des Deutschen Bundestages (vgl. Abschnitt 6.4.9.4). 258

Während der Sperrvermerk die Leistung von Ausgaben vom Eintritt eines bestimmten Ereignisses abhängig macht, bewirkt der **Wegfallvermerk** (§ 21 BHO) das Gegenteil, nämlich den Wegfall einer Bewilligung mit dem Eintritt eines bestimmten Ereignisses. Dieser Vermerk, im Haushaltsplan mit „kw" (künftig wegfallend) abgekürzt, hat – ebenso wie der **Umwandlungsvermerk** („ku"-Vermerk) – eine besondere Bedeutung bei den Planstellen und Stellen und soll daher auch erst im Abschnitt „Bewirtschaftung der Planstellen und Stellen" näher behandelt werden (vgl. Abschnitt 6.4.8). 259

Die anderen hier genannten Haushaltsvermerke beziehen sich, wie die oben erwähnten Übertragungs- und Deckungsvermerke, auf die Haushaltsgrundsätze, bei denen sie gesondert diskutiert werden (vgl. Abschnitt 5). 260

Die **Form** der Haushaltsvermerke ist in den Haushaltstechnischen Richtlinien des Bundes (HRB, Nr. 5) verbindlich vorgeschrieben. 261

0902
Mittelstand: Gründen, Wachsen, Investieren

Titel Funktion	Zweckbestimmung	Soll 2021 1 000 €	Soll 2020 Reste 2020 1 000 €	Ist 2019 1 000 €
662 02 -634	Zinszuschüsse im Rahmen von ERP-Förderprogrammen Haushaltsvermerk: Die Ausgaben sind übertragbar.	48 167	56 167	50 835

Erläuterungen:

Bezeichnung	1000 €
1. Zinszuschüsse ERP-Innovationsprogramm	34 420
2. Zinszuschüsse Steigerung Energieeffizienz	60
3. Zinszuschüsse ERP-Startfonds	400
4. Strategische Wagniskapitalfinanzierung	13 287
Zusammen................:............	48 167

Abbildung 24: Haushaltsvermerke und Erläuterungen

262 **Erläuterungen** zu den Titeln sind nur in dem unbedingt notwendigen Umfang aufzunehmen. Nach § 17 Abs. 1 Satz 2 BHO sind Erläuterungen unverbindlich, können aber für verbindlich erklärt werden. So werden z.B. die Stellen für Arbeitnehmerinnen und Arbeitnehmer, die als Erläuterungen bei Titel 428.1 im Bundeshaushaltsplan ausgewiesen sind, jedes Jahr im Haushaltsgesetz (z.B. § 14 HG 2021) für verbindlich erklärt. Die Haushaltstechnischen Richtlinien des Bundes enthalten Standarderläuterungen zu einigen Titeln.

3.6 Funktionen des Haushaltsplans

263 Nachdem die Struktur und der Inhalt des Haushaltsplans in den vorangegangenen Abschnitten aufgezeigt wurde, soll nun abschließend der grundsätzlichen Frage nachgegangen werden: Warum brauchen wir eigentlich einen Haushaltsplan? Das ist die Frage nach den Funktionen bzw. der Aufgabestellung oder der Bedeutung des Haushaltsplans.

264 Folgende **Funktionen** werden einem Haushaltsplan zugeschrieben:
1. Rechtsfunktion,
2. Politische Funktion,
3. Bedarfsdeckungsfunktion (finanzwirtschaftliche Funktion),

4. Gesamtwirtschaftliche Funktion,
5. Sozialpolitische (oder Umverteilungs-) Funktion,
6. Kontrollfunktion.

3.6.1 Die Rechtsfunktion

Mit der Verabschiedung des Haushaltsgesetzes wird der Haushaltsplan **verbindliche Grundlage** für die Haushaltswirtschaft der Exekutive. 265

Der Haushaltsplan bedeutet für die betreffende Regierung und die Verwaltungsorgane parlamentarische **Vollmacht und Verpflichtung**, die veranschlagten Einnahmen bei ihrem Eingang anzunehmen, nach seinen Ansätzen und den sogenannten „Haushaltsvermerken" zu wirtschaften und Ausgaben – sofern erforderlich – im Rahmen der bewilligten Ansätze leisten zu dürfen sowie die bewilligten Verpflichtungsermächtigungen einzugehen. Das Bundesverfassungsgericht hat befunden, dass das Haushaltsgesetz nicht lediglich ein im Haushaltsplan enthaltenes Zahlenwerk feststellt, sondern zugleich auch die **Bewilligung** der im Haushaltsplan veranschlagten Ausgabemittel enthalte, d.h., die **Ermächtigung an die Regierung** darstellt, diese Mittel gemäß der im Haushaltsplan und den übrigen Rechtsgrundsätzen vorgeschriebenen Ordnung auszugeben.[40]

3.6.2 Die politische Funktion

Bei der Aufstellung des Haushaltsplans durch die Exekutive werden politische Entscheidungen getroffen. Es wird entschieden, für welche Zwecke (z.B. Umweltschutz, Verteidigung, Wissenschaft und Forschung usw.) und in welchem Ausmaße die Regierung Haushaltsmittel für erforderlich hält. *Neumark* bezeichnet den Haushaltsplan deshalb als den „ziffernmäßig exakten Ausdruck des politischen Handlungsprogramms der Regierung."[41] 266

Da der Haushaltsplan durch Gesetz verabschiedet wird, der Gesetzgeber also im Gesetzgebungsprozess Änderungen am Regierungsentwurf vornehmen kann (Budgethoheit des Parlaments), ist es letztlich auch der politische Wille des Parlaments, der im Haushaltsplan zum Ausdruck kommt. 267

40 BVerfGE 20, 92 vom 19.7.1966 (NJW 1966, S. 1499 ff.).
41 *Neumark, F.* (1929), S. 558.

3.6.3 Bedarfsdeckungsfunktion (auch: finanzwirtschaftliche Funktion)

268 Traditionell besteht die Aufgabe des Haushaltsplans darin, die Finanzierung der staatlichen Aufgaben sicherzustellen. Im Gegensatz zur kaufmännischen Kalkulation wird also kein Gewinn angestrebt, sondern lediglich ein **Ausgleich** von Einnahmen und Ausgaben.

269 Der Haushaltsplan dient der Feststellung und der Deckung des Finanzbedarfs, der zur Erfüllung der Aufgaben des Bundes im Bewilligungszeitraum voraussichtlich notwendig ist (§ 2 Satz 2 BHO).

270 Der Haushaltsplan ist also das Instrument, mit dessen Hilfe der Ausgabebedarf erfasst und mit den verfügbaren Einnahmen (Deckungsmittel) in Einklang gebracht wird.[42]

Dieser erforderliche Finanzbedarf ist immer dann zu unterstellen, wenn die Leistung von Ausgaben aus politischen, wirtschaftlichen oder sozialen Gründen zwingend notwendig erscheint. Als Deckungsmittel dienen nicht nur die Steuern, Gebühren, Beiträge usw., sondern gegebenenfalls auch die Einnahmen aus Krediten, die letztlich das Instrument zum Ausgleich des Haushaltsplans sein können.

3.6.4 Gesamtwirtschaftliche Funktion

271 Die gesamtwirtschaftliche Inpflichtnahme und ihre Konsequenzen für die Haushaltswirtschaft sind oben (Abschnitt B) schon ausführlich dargelegt worden.

Mit der wirtschaftspolitischen Instrumentalisierung des Haushaltsplans in den späten 60er Jahren des letzten Jahrhunderts hat der Staat eine neue Aufgabe übernommen, die ggf. ein anderes Verhalten erfordert als ein allein an der Bedarfsdeckung orientiertes Handeln. In Phasen einer Hochkonjunktur müssten u. U. weniger Mittel bereitgestellt werden, als dies von der Bedarfsdeckungsfunktion her angezeigt wäre. In Rezessionsphasen kann es erforderlich sein, den an sich zwingend notwendigen Bedarf zu überschreiten. Damit wird deutlich, dass die traditionelle Bedarfsdeckungsfunktion mit der gesamtwirtschaftlichen Steuerungsfunktion in einem gewissen Spannungsverhältnis steht.[43]

---

42 Vgl. auch *Borrmann, G-F., Schwanenberg*, M. (1992), S. 75.
43 Vgl. ebenda, S. 77.

3.6.5 Die sozialpolitische Funktion

In der modernen Industriegesellschaft haben sich die Aufgaben der Öffentlichen Finanzwirtschaft grundlegend gewandelt. Der Staat kann sich heute nicht mehr darauf beschränken, nur seine klassischen Aufgaben zu erfüllen (Bedarfsdeckungsfunktion). Vielmehr hat er in der heutigen modernen Industriewirtschaft die öffentlichen Haushalte auch als Instrument zu nutzen, um die sich aus dem Marktprozess ergebende, als ungerecht empfundene **Einkommens- und Vermögensverteilung gezielt zu korrigieren** und zwar sowohl in personaler als auch in regionaler Hinsicht. 272

Die Verpflichtung zur sozialgestaltenden Ausrichtung der Öffentlichen Finanzwirtschaft ergibt sich aus dem **Sozialstaatsprinzip.**[44] Insbesondere soll die staatliche Umverteilungspolitik so gestaltet werden, dass soziale Gegensätze durch die Schaffung einer gerechten Verteilung wirtschaftlicher und sozialer Lebensinhalte ausgeglichen werden. Damit übernimmt die moderne Finanzpolitik über die Öffentliche Finanzwirtschaft und deren Haushalte auch bedeutende **gesellschaftspolitische Funktionen**, wobei sie sowohl die Steuerpolitik als auch die Ausgabenseite des Haushalts einsetzt. 273

Die sozialstaatliche Umverteilungspolitik wird insbesondere in Form von **Transferzahlungen** (Unterstützungszahlungen an private Haushalte, z.B. Rentenzahlungen, Kindergeld, Sparprämien usw.) vorgenommen. Auf der Einnahmenseite verfolgt die Steuerpolitik das Ziel, die Bürger mit höheren Einkünften entsprechend ihrer Leistungsfähigkeit stärker zu belasten als die unteren Einkommensschichten. Die **progressive Lohn- und Einkommensteuer** sind hier die wichtigsten Instrumente. Eine progressiv gestaltete Vermögen- und Erbschaftsteuer können ergänzend herangezogen werden. 274

3.6.6 Die Kontrollfunktion

Der Haushaltsplan dient auch als ein Instrument, durch das die öffentliche Haushaltwirtschaft überschaubarer, nachvollziehbarer und im Zusammenhang mit der Jahresrechnung (Ist-Zahlen des abgelaufenen Haushaltsjahres) für das Parlament kontrollierbar wird. 275

Der Haushaltsplan wird durch seine gesetzliche Feststellung für die Bundes-/Landesregierung und somit für alle mittelbewirtschaftenden Verwaltungsdienststellen **verbindlich.**

Die Finanzkontrolle über die ordnungsgemäße Ausführung des Haushaltsplans ist nur auf der Grundlage der gesetzlichen Bindungen an den Inhalt des Haushaltsplans möglich. 276

44 Art. 20 u. 28 GG/LV.

Der Bundesminister der Finanzen hat dem Bundestag und dem Bundesrat über alle Einnahmen und Ausgaben sowie über das Vermögen und die Schulden im Laufe des nächsten Haushaltsjahres zur Entlastung der Bundesregierung Rechnung zu legen.

Die Finanzkontrolle besteht aus der „verwaltungsmäßigen Kontrolle“ und aus der „parlamentarischen Kontrolle“:

277 Verwaltungsmäßige Kontrolle:

- Der **Bundesrechnungshof** (BRH), dessen Mitglieder richterliche Unabhängigkeit besitzen, prüft die Rechnung sowie die Wirtschaftlichkeit und Ordnungsmäßigkeit der Haushalts- und Wirtschaftsführung[45] (= rechtliche Kontrolle).
- Während im Haushaltsplan die geplanten, also voraussichtlichen Einnahmen und Ausgaben des Bundes veranschlagt sind und hier ein berechneter verfahrensmäßiger Ausgleich zwischen den veranschlagten Einnahmen und Ausgaben zwangsläufig herbeigeführt wurde, werden die **tatsächlich eingenommenen Einnahmen und geleisteten Ausgaben** als „Ist-Ergebnis“ der Haushalts- und Wirtschaftsführung in einer **„Haushaltsrechnung“** zusammengefasst. In der Haushaltsrechnung wird darüber hinaus aufgezeigt, ob dieser Haushaltsausgleich erreicht oder vielmehr ein Überschuss bzw. ein Fehlbetrag erzielt wurde.

278 Parlamentarische Kontrolle:

- Das Parlament übt – zunächst durch den Rechnungsprüfungsausschuss, einen Unterausschuss des Haushaltsausschusses – die politische Kontrolle über die Durchführung des von ihm festgestellten Haushaltsplans aus (= politische Kontrolle).
- Das parlamentarische **Budget-Kontrollrecht** (das Volk kontrolliert die Regierung) ist das bedeutendste politische Kontrollrecht des Parlaments gegenüber der Regierung; es ist ein durch die Verfassung geschütztes fundamentales Wesensmerkmal jeder parlamentarischen Demokratie.
- Nach vorangegangener Prüfung der Rechnung durch den Bundes-/Landesrechnungshof entscheidet letztlich das Parlament über die Entlastung der Bundes-/Landesregierung hinsichtlich der Haushalts- und Wirtschaftsführung des geprüften Haushaltsjahres durch einfachen Beschluss.

3.6.7 Weitere Funktionen

279 Die eben ausgeführten, schon „klassisch“ zu nennenden Budgetfunktionen können nicht alle Aufgaben abdecken, für die der Haushalt instrumentalisiert werden kann. Die als wichtig erachteten Funktionen ergeben sich aus den jeweils ver-

45 Art. 114 GG/LV und § 114 BHO/LHO.

folgten Politikschwerpunkten. So kann gegenwärtig mit einigem Recht auch eine umweltpolitische Funktion des Haushaltsplans postuliert werden. Ohne den Einsatz von Haushaltsmitteln kann die „Energiewende" wohl schwerlich bewältigt werden. Die Aufnahme des Staatsziels „Umweltschutz" in die Verfassung (Art. 20a GG) hat sicherlich das Bewusstsein dafür geschärft, den Haushaltsplan auch verstärkt in den Dienst dieses Ziels zu stellen.

3.7 Haushaltsrecht und Haushaltssystematik (Kurzfassung)

Der Haushalt des Bundes und der Länder setzt sich zusammen aus **Haushaltsgesetz und Haushaltsplan**. Der Haushaltsplan besteht aus einem Gesamtplan und den Einzelplänen. **280**

Da der Haushaltsplan nach Art. 110 Abs. 2 GG durch das Haushaltsgesetz festgestellt wird, liegt die **Budgethoheit** beim Parlament.

Das Haushaltsgesetz ist ein formelles (kein materielles) Gesetz, da es keine Außenwirkung gegenüber dem Bürger hat.

Der **Gesamtplan** enthält Übersichten über den Haushaltsplan: Haushaltsübersicht, Finanzierungsübersicht und Kreditfinanzierungsplan sind nach § 10 Abs. 4 HGrG für Bund und Länder (soweit sie ihre Haushalte kameralistisch führen) vorgeschrieben; der Gesamtplan des Bundes enthält zusätzlich eine Übersicht zur Berechnung der zulässigen Kreditaufnahme (§ 13 Abs. 4 BHO); **281**

Bei den **Einzelplänen** unterscheidet man zwischen **Ministerialplänen** und **Realplänen**. Sie werden unterteilt in Kapitel. **282**

Kapitel sind überwiegend Behörden. Daneben werden aber auch sachliche Kapitel gebildet, in denen Fachaufgaben gebündelt werden.

Die mit dem Haushaltsplan 2016 abgeschlossene Neustrukturierung der Einzelpläne sieht folgenden Standard vor: bis zu zehn vorangestellte Fachkapitel, ein Zentralkapitel (..11), Behörden, beginnend mit dem Ministerium (Kapitel ..12); den Kapiteln vorangestellt wird ein Vorwort zum Einzelplan sowie ein finanzieller Überblick zum Einzelplan.

In den Haushaltsplänen des Bundes und der Länder werden innerhalb der Kapitel die einzelnen Haushaltsansätze unmittelbar nach ökonomischen Arten dargestellt. Die 5-stellige **Titelnummer** wird aus dem Gruppierungsplan abgeleitet.

Der **Gruppierungsplan für Bund und Länder** schreibt eine übereinstimmende Gruppierung nur in den ersten drei Stellen des Titels vor (sog. Gruppe). **283**

Eine weitere Aufteilung im Haushaltsplan (Ziffern 4 und 5 der Titelnummer) ist in das Ermessen des Bundes und des einzelnen Landes gestellt.

284 Für den Bereich des Bundes werden in den Haushaltstechnischen Richtlinien des Bundes (HRB) **Festtitel** eingerichtet. Bestimmte Titel sind für alle Bundeseinrichtungen in Titelnummer und Bezeichnung einheitlich festgelegt; bei den nicht festgelegten Titeln haben die Behörden einen Spielraum im Rahmen der durch den Gruppierungsplan festgelegten Gruppe.

Der Funktionenplan teilt die Einnahmen und Ausgaben zusätzlich nach öffentlichen Aufgaben ein. Die **Funktionskennziffern** sind ebenfalls für Bund und Länder bindend.

285 Unter **„Haushaltsmittel"** versteht man Einnahmen, Ausgaben, Verpflichtungsermächtigungen, Planstellen und Stellen.

Verpflichtungsermächtigungen ermächtigen die Verwaltung im laufenden Jahr Verpflichtungen einzugehen, die erst in den Folgejahren zu Ausgaben führen; sie stellen ein zukunftsorientiertes Haushaltsmittel dar. Ohne Vorliegen einer Verpflichtungsermächtigung darf die Verwaltung grundsätzlich keine überjährigen Verpflichtungen eingehen, es sei denn, es handelt sich um laufende Geschäfte.

286 **Planstellen** sind die Stellen für planmäßige Beamtinnen und Beamte. Sie sind nach Besoldungsgruppen und Amtsbezeichnungen im Haushaltsplan auszubringen. Der Stellenplan ist verbindlich.

Der Begriff **Stelle** bezeichnet alle im Haushaltsplan vorgesehenen Stellen, die nicht Planstellen für Beamtinnen und Beamte sind.

287 Im Haushaltsplan finden sich neben den Haushaltsmitteln auch noch **Vermerke** und Erläuterungen. Vermerke stellen verbindliche Regelungen zum Titel dar, **Erläuterungen** sind unverbindlich, können aber für verbindlich erklärt werden.

288 Mit dem Haushaltsplan werden vielfältige Aufgaben verfolgt. Die wichtigsten Funktionen des Haushaltsplans sind: die Rechtsfunktion, die politische Funktion, die Bedarfsdeckungsfunktion, die gesamtwirtschaftliche Funktion, die sozialpolitische Funktion und die Kontrollfunktion.

4. Finanzplanung von Bund und Ländern

4.1 Die mittelfristige Finanzplanung

4.1.1 Inhalt und Aufbau des Finanzplans

Die jeweils auf ein Jahr angelegten Haushaltsplanungen der Gebietskörperschaften sind eingebettet in fünfjährige und damit mittelfristige Finanzplanungen. In den Finanzplänen sind Umfang und Zusammensetzung der voraussichtlichen Ausgaben und die Deckungsmöglichkeiten in ihren Wechselbeziehungen zu der mutmaßlichen Entwicklung des gesamtwirtschaftlichen Leistungsvermögens darzustellen, gegebenenfalls durch Alternativrechnungen (§ 9 Abs. 1 und § 14 StabG). Entsprechend der Haushaltsautonomie der Länder und der Finanzhoheit der Gemeinden im Rahmen ihres Selbstverwaltungsrechts stellt jede Gebietskörperschaft einen eigenen Finanzplan auf.[46] **289**

Der Finanzplan ist ein **gleitender Fünfjahresplan**. Das erste Planungsjahr ist mit dem (zur Zeit der Aufstellung) laufenden Haushaltsplan identisch, das zweite Planungsjahr wird durch den Haushaltsentwurf für das kommende Jahr abgedeckt. Danach folgen noch drei „echte" (wirklich neue) Planungsjahre. **290**

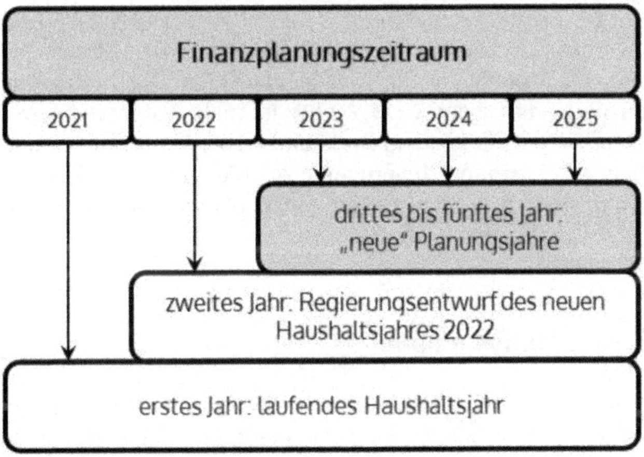

Abbildung 25: Finanzplan

46 Die gesetzlichen Grundlagen der Finanzplanung sind: §§ 9 bis 14 StabG und die §§ 50 bis 52 HGrG.

291 Die **ersten beiden Jahre** werden auf der Basis einer gesamtwirtschaftlichen Prognose unter Einbeziehung der sich abzeichnenden Entwicklung konjunktureller Komponenten erstellt. Dagegen werden konjunkturelle Schwankungen für die **letzten drei Jahre** bewusst nicht berücksichtigt, da diese „konjunkturfreie“ Zielprojektion stabilisierend auf die Privatwirtschaft wirken und zugleich zu einer Verstetigung der Finanzpolitik beitragen soll.[47] Künftige Preissteigerungen und ihre Auswirkungen auf die Einnahmen und Ausgaben des Staates werden in der Finanzplanung nicht berücksichtigt, was angesichts der traditionell geringen Preissteigerungsraten in der Bundesrepublik Deutschland vertretbar erscheint.[48] Bei den ausschließlich auf den Bund bezogenen Personalausgaben werden die von der Regierung erwarteten künftigen Lohnanpassungen allerdings insofern berücksichtigt, dass diese zwar nicht bei den einzelnen Ausgabetiteln, wohl aber in einem Globaltitel veranschlagt werden. Diese Veranschlagung erlaubt es, die einkalkulierten Steigerungsraten bei den Löhnen nicht offen legen zu müssen.

292 Der Finanzplan folgt der **Systematik des Haushaltsplans**, d.h., die Verwaltung stellt für alle rd. 6.400 Titel (1.158 Einnahmetitel und 5.255 Ausgabetitel im Haushaltsplan 2021) die mittelfristigen Planungsdaten auf. Veröffentlicht wird der Finanzplan allerdings nur in einer aggregierten Form, wobei die Ausgaben in etwa 40 Blöcken dargestellt werden, die im Wesentlichen nach funktionalen Aspekten zusammengefasst sind.[49]

293 Der Finanzplan des **Bundes** ist vom Bundesministerium der Finanzen aufzustellen und zu begründen. Er wird von der Bundesregierung beschlossen und Bundestag und Bundesrat in der Regel zusammen mit dem Entwurf des Haushaltsgesetzes und -plans für das folgende Jahr vorgelegt (§ 9 Abs. 2 StabG). Für das Parlament hat der Finanzplan allerdings nur informatorischen Charakter, eine Verabschiedung des Finanzplans durch den Gesetzgeber ist nicht vorgesehen. Der Finanzplan ist jährlich der Entwicklung anzupassen und fortzuführen. Im Finanzplan sind die vorgesehenen Investitionsschwerpunkte zu erläutern und zu begründen (§ 9 Abs. 3 StabG sowie zum Verfahren der Finanzplanung genauer: § 50 HGrG).

4.1.2 Abgrenzung zum Haushaltsplan

294 Die wesentlichen Unterschiede zum jährlichen Haushaltsplan wurden in den vorangegangenen Ausführungen schon implizit dargelegt, sie sollen hier noch einmal zusammengestellt werden (Abbildung 26):

47 Vgl. BMF (2015), Das System der Öffentlichen Haushalte, S. 18.
48 Vgl. ebenda, S. 18 f.
49 Vgl. ebenda, S. 42 f.

	Finanzplan	Haushaltsplan
Dauer der Planung	fünf Jahre	ein Jahr
Verbindlichkeit (Legislative -> Exekutive)	keine Verbindlichkeit	rechtsverbindlich
Festellung durch...	Beschluss der Bundesregierung	Haushaltsgesetz (Parlament)
Art der Planung	gleitend (Fortschreibung)	starr (grds. keine Fortschreibung)

Abbildung 26: Finanzplan und Haushaltsplan – eine Gegenüberstellung

Auch wenn der Finanzplan formell nicht verbindlich ist, so hat er doch für die Verwaltung durchaus einen **bindenden Charakter**. Seit vielen Jahren nämlich verpflichtet das Bundesministerium der Finanzen in seinem jährlichen Haushaltsaufstellungsschreiben alle einzelplanbewirtschaftenden Stellen, beim Aufstellen der Voranschläge keinen Bedarf anzumelden, der nicht schon durch den Finanzplan des Vorjahres abgedeckt sei. Mehrausgaben an einer Stelle seien durch dauerhafte Einsparungen an anderer Stelle wieder zu erbringen. In dem neuen – noch zu beschreibenden – **Top-Down-Verfahren** zur Aufstellung des Bundeshaushaltsplans wird ebenfalls auf den Finanzplan zurückgegriffen. 295

4.1.3 Aufgaben des Finanzplans

Die Verankerung des Finanzplans in den gesetzlichen Vorschriften der Finanzreform der 1960er Jahre macht bereits deutlich, dass der Finanzplan ein Instrument zur Globalsteuerung der Wirtschaft sein sollte. Die Planung soll für Investitionsvorhaben des dritten Planungsjahres so vorbereitet sein, dass mit ihrer Durchführung kurzfristig begonnen werden kann (§ 50 Abs. 6 HGrG), um bei einer die Ziele des § 1 StabG gefährdenden Abschwächung rechtzeitig gegensteuern zu können. Die Abhängigkeit der Haushaltswirtschaft von der gesamtwirtschaftlichen Entwicklung wird auch in § 50 Abs. 7 HGrG herausgestellt, in dem die Regierung verpflichtet wird, geeignete Maßnahmen zu treffen, die nach der Finanzplanung erforderlich sind, um eine geordnete Haushaltsentwicklung unter Berücksichtigung des voraussichtlichen gesamtwirtschaftlichen Leistungsvermögens in den einzelnen Planungsjahren zu sichern. 296

297 Um die **Belastungen künftiger Haushaltsjahre** im Zusammenspiel mit der voraussichtlichen Wirtschaftsentwicklung zu zeigen, ist es unerlässlich, die Projekte des laufenden Jahres in eine mittelfristige Perspektive einzubinden. Was sich an Folgekosten aus den aktuellen Haushaltszahlen ergibt, muss rechtzeitig berücksichtigt werden können.

298 Nach den Funktionen, die ein Finanzplan für die Exekutive zu erfüllen hat, stellt *Piduch*[50] drei Ziele der Finanzplanung heraus, die man heute wohl als die **„klassischen Aufgaben"** bezeichnen kann:

1. Festlegung der **programmatischen Ziele der Regierung** in einer Gesamtschau (politische Funktion),
2. **Schätzung** des zur Verwirklichung dieser Ziele **notwendigen Finanzbedarfs** und des Ausgleichs zwischen Einnahmen und Ausgaben für jedes Planungsjahr (finanzwirtschaftliche Funktion) und
3. **Abstimmung** der voraussichtlichen **Ausgaben** und der zu ihrer Deckung notwendigen **Einnahmen** mit den gesamtwirtschaftlichen Zielvorstellungen und Rahmenbedingungen (gesamtwirtschaftliche Funktion).

299 Auch wenn der Finanzplan diese drei Aufgaben nach wie vor zu erfüllen hat, so hat sich das Schwergewicht der **Aufgabenstellung heute** ein wenig verlagert. Die einschneidende weltweite Finanz- und Wirtschaftskrise 2008/09 hatte auch in Deutschland riesige Defizite in die öffentlichen Haushalte gerissen und die Bundesregierung gezwungen, dem drohenden Kollaps des Finanzsystems und der tiefen wirtschaftlichen Rezession massiv gegenzusteuern. Die Folge war ein in diesem Ausmaß noch nie gekannter Anstieg der Neuverschuldung und ein rasant anwachsender Schuldenstand. Um zu dokumentieren, dass die Regierung die „Schuldenkrise" mittelfristig wieder in den Griff bekommen wird, wurde gleichzeitig mit der Ausweitung der Verschuldung eine „Schuldenbremse" in das Grundgesetz aufgenommen, durch die die Regierung verpflichtet wird, in künftigen Haushaltsjahren grundsätzlich (fast) ohne neue Schulden auszukommen.

300 Nach der neuen **Schuldenregel** (Art. 109 Abs. 2 und Art. 115 GG) musste der Bund ab dem Jahr 2011 sein strukturelles Defizit schrittweise auf das ab 2016 noch zulässige Niveau von **0,35 % des BIP** zurückführen. Die Länder dürfen vom Jahre 2020 an grundsätzlich gar keine neuen Kredite mehr aufnehmen, müssen ihre Haushalte also grundsätzlich ohne neue Schulden ausgleichen. Die **Einhaltung der Schuldenregel** kann **mit Hilfe des Finanzplans überwacht** werden, wobei die Überwachung dem Stabilitätsrat obliegt, einem Gremium, auf das gleich noch gesondert eingegangen werden soll.

301 Tatsächlich ist der Bund (und auch die Mehrzahl der Länder) mit der Haushaltskonsolidierung nach dem Jahr 2010 wesentlich rascher vorangekommen als ursprünglich geplant. Das lag wesentlich an der stabilen Konjunkturentwicklung bis Ende des Jahrzehnts. Im Ergebnis hat der Bundeshaushalt in den Jahren 2014

50 *Piduch* (2020), Fpl. 4, S.10.

bis 2019 sogar mit Finanzierungsüberschüssen abgeschlossen, so dass Rücklagen in Höhe von 48,2 Mrd. € gebildet werden konnten.

Die Phase anhaltender Haushaltsüberschüsse im Bundeshaushalt (zuletzt 2019 in **302**
Höhe von 13,5 Mrd. €) endete schlagartig mit dem Einsetzen der Coronapandemie im Frühjahr 2020. Wurde im ursprünglichen Haushaltsplan 2020 noch eine „Schwarze Null" bei der Nettokreditaufnahme angesetzt, so wurden durch die beiden Nachtragshaushalte 2020 die Nettokreditaufnahme auf 217,77 Mrd. € geändert. Die Neuverschuldung im Haushaltsplan 2021 wurde auf 179,82 Mrd. € veranschlagt. Der aktuelle Finanzplan des Bundes für die Jahre 2020 bis 2024 (Abbildung 27) zeigt, mit welchen finanziellen Belastungen die Bundesregierung für die kommenden Jahre rechnet und wie die hohe Neuverschuldung zurückgeführt werden soll.

Übersicht 11: Finanzplan des Bundes 2020 bis 2024 (Gesamtübersicht)

Der Finanzplan des Bundes 2020 bis 2024 Gesamtübersicht					
	Soll 2020	**RegEntw. 2021**	**Finanzplan**		
			2022	**2023**	**2024**
	in Mrd. €				
Ausgaben	**508,5**	**413,4**	**387,0**	**387,1**	**393,3**
Veränderung ggü. Vorjahr	+42,6%	-18,7%	-6,4%	0%	+1,6%
Einnahmen (ohne Einnahmen aus Krediten, Münzeinnahmen und Rücklagenentnahme)	**290,4**	**317,0**	**348,2**	**366,8**	**380,9**
Finanzierungssaldo (- = Defizit, + = Überschuss)	-218,1	-96,5	-38,8	-20,3	-12,4
Münzeinnahmen	0,3	0,3	0,3	0,3	0,3
Entnahme aus Rücklagen Zuführung an Rücklagen	–	–	28,0	13,3	6,9
Nettokreditaufnahme	**217,8**	**96,2**	**10,5**	**6,7**	**5,2**
Nachrichtlich: Investitionen	71,3	55,2	48,0	48,0	48,0

Anmerkungen zum Finanzplan 2020 bis 2024: 303

1. Die in den Jahren 2015 bis 2019 aufgrund von Haushaltsüberschüssen gebildeten Rücklagen in Höhe von 48,2 Mrd. € waren ursprünglich für die Finanzierung von Aufgaben im Zusammenhang mit der Aufnahme und Unterbringung von Asylbewerbern und Flüchtlingen bestimmt. Sie dürfen aber auch zur Vermeidung neuer Kredite entnommen werden, was für die Jahre 2022 bis 2024 vorgesehen ist (§ 6 (9) HG; Kap. 6002, Tit. 359 01 Entnahmen aus Rücklagen).
2. Der vom Parlament tatsächlich durch Haushaltsgesetz bewilligte Haushaltsplan 2021 weicht vom Regierungsentwurf 2021 erheblich ab, so etwa: Ausgabevolumen: 498,62 Mrd. € (statt 413,4 Mrd. € im Finanzplan) und Nettokreditaufnahme: 179,82 Mrd. € (statt 96,2 Mrd. €). Der Finanzplan wird vom Parlament nicht beraten, er wird auch nicht mehr angepasst.

4.2 Der Tragfähigkeitsbericht als langfristiges Planungsinstrument

Seit 2005 erstellt das Bundesministerium der Finanzen einmal je Legislaturperiode einen „Bericht über die Tragfähigkeit der öffentlichen Finanzen", um neben den aktuellen und mittelfristigen Herausforderungen, die im Finanzplanungszeitraum abgebildet werden, auch langfristige haushaltspolitische Risiken aufzuzeigen, die sich hauptsächlich durch den demografischen Wandel in der Bundesrepublik ergeben.[51] 304

Wesentlicher Bestandteil des Tragfähigkeitsberichts sind die von externen Wissenschaftlern durchgeführten Modellrechnungen, in denen die Entwicklung der der Staatsfinanzen bis 2060 unter der Annahme der Fortgeltung der rechtlichen Ausgangslage aufgezeigt wird. Projiziert werden also insbesondere die steigenden Staatsausgaben für Alterssicherung (einschließlich Beamtenpensionen), Gesundheit und Pflege bei gleichzeitig sinkender Einwohnerzahl und Beitragszahler.[52] 305

Die aus der Projektion ermittelte „Tragfähigkeitslücke" gibt den Konsolidierungsbedarf an, der erforderlich ist, um die öffentlichen Haushalte und gesetzlichen Sozialsysteme längerfristig finanzierbar zu halten. In das Tragfähigkeitskonzept geht somit nicht nur die „sichtbare" (externe) Verschuldung – gegenwärtig ca. 2,3 Bio. € – sondern auch die „unsichtbare" (interne) Verschuldung ein, die sich aus den staatlichen Leistungsversprechen für die Zukunft ergeben. 306

51 Vgl. BMF (2015), Das System der Öffentlichen Haushalte, S. 41.
52 Ausführlich: BMF (2020), Fünfter Tragfähigkeitsbericht.

307 Die Ergebnisse des Berichts stellen damit auch ein wichtiges Frühwarnsystem in dem Sinne dar, dass sie den unmittelbaren Handlungsbedarf aufzeigen, damit sich die projizierten Schuldenstände gar nicht erst einstellen werden.[53]

4.3 Der Stabilitätsrat

308 Eine verlässliche Finanzplanung kann nur vor dem Hintergrund zuverlässiger Konjunkturschätzungen erfolgen. Außerdem muss sichergestellt sein, dass trotz der Eigenständigkeit der Länder und Gemeinden ein abgestimmtes Vorgehen des Staates in der Finanzpolitik ermöglicht wird.

Bis 2009 übernahm der **Finanzplanungsrat** die Aufgabe, die Haushalte der Gebietskörperschaften zu koordinieren. Ihm gehörten an:

- die Bundesminister der Finanzen und für Wirtschaft und Arbeit/Technologie,
- die für die Finanzen zuständigen Minister(innen) oder Senator(inn)en der Länder und
- vier Vertreter(innen) der Gemeinden und Gemeindeverbände, die vom Bundesrat auf Vorschlag der kommunalen Spitzenverbände bestimmt wurden.

Die Bundesbank war berechtigt, an den Beratungen des Finanzplanungsrates teilzunehmen, dessen Vorsitz der Bundesminister der Finanzen inne hatte.

309 Das Gremium Finanzplanungsrat wird seit dem 1.1.2010 durch den **Stabilitätsrat**[54] ersetzt. Der Stabilitätsrat ist ein gemeinsames Gremium von Bund und Ländern. Ihm gehören der Bundesfinanzminister, die Finanzminister(innen) der Länder und die Bundeswirtschaftsministerin an.

Gemäß Art. 109a GG und § 3 Stabilitätsratsgesetz ist die zentrale Aufgabe des Stabilitätsrates die laufende Überwachung der Haushalte des Bundes und der Länder, um eventuell drohende Haushaltsnotlagen frühzeitig zu erkennen und durch Sanierungsverfahren rechtzeitig gegensteuern zu können. Zu diesem Zweck legen der Bund und die Länder einen jährlichen Stabilitätsbericht vor, in dem bestimmte Kennziffern zur aktuellen Haushaltslage und zur Finanzplanung dargestellt werden sowie über die Einhaltung der verfassungsmäßigen Grenzen der Kreditaufnahme Auskunft erteilt wird.

Darüber hinaus wacht der Stabilitätsrat darüber, dass Bund, Länder, Gemeinden und Sozialversicherung insgesamt die Vorgaben des europäischen Fiskalpakts und des europäischen Stabilitäts- und Wachstumspakts einhalten und spricht ggf. Empfehlungen über geeignete Konsolidierungsmaßnahmen aus.[55]

---

53 Vgl. Schutt, R., Stoßberg, S. (2015), S. 327-356.
54 Vgl. hierzu auch die Präsentation des Stabilitätsrates im Internet: www.stabilitaetsrat.de
55 Vgl. BMF (2015), Das System der öffentlichen Haushalte, S. 26.

4.4 Der Arbeitskreis Steuerschätzungen

Der „Arbeitskreis Steuerschätzungen“ ist ein Beirat beim Bundesministerium der Finanzen. Er besteht seit 1955. Ihm gehören an: 310

- das Bundesministerium der Finanzen (Vorsitz),
- das Bundesministerium für Wirtschaft und Energie,
- das Statistische Bundesamt,
- die Deutsche Bundesbank,
- die fünf großen Wirtschaftsforschungsinstitute (DIW Berlin, ifo München, Ifw Kiel, IWH Halle, RWI Essen)
- der Sachverständigenrat zur Begutachtung der gesamtwirtschaftlichen Entwicklung,
- die Länderfinanzministerien und
- die Bundesvereinigung kommunaler Spitzenverbände.

Der Arbeitskreis schätzt das **Aufkommen jeder einzelnen Steuer** auf der 311
Grundlage der gesamtwirtschaftlichen Eckdaten der Bundesregierung, die unter der Federführung des Bundesministeriums für Wirtschaft und Energie zwischen den Ressorts abgestimmt werden. Dabei schätzt der Arbeitskreis die Steuereinnahmen auf der Grundlage des geltenden Steuerrechts. Die finanziellen Auswirkungen geplanter Steuerrechtsänderungen sind in der Haushalts- und Finanzplanung ergänzend zu berücksichtigen.

Die Sitzungsfolge des Arbeitskreises orientiert sich in erster Linie an den Zeitplänen der Haushalts- und Finanzplanung des Bundes. Es gibt **zwei Sitzungen** im Jahr:

- Bei der **Frühjahrsschätzung** (regelmäßig im Mai) gibt das Gremium eine mittelfristige Prognose für die Entwicklung der Steuereinnahmen für das laufende sowie die vier folgenden Jahre ab. Ihre Ergebnisse sind Grundlage für den Haushaltsentwurf des Folgejahres sowie für die jährliche Fortschreibung der mittelfristigen Finanzplanung.
- Die zweite Sitzung findet zeitnah zur Verabschiedung des Bundeshaushalts im November statt. Bei dieser **Herbstschätzung** wird die Frühjahrsprognose auf eventuell eingetretene Änderungen hin überprüft und gegebenenfalls aktualisiert. Die Schätzung ist Grundlage für die Ansätze des Haushaltsplans.

Seit Bestehen des Arbeitskreises „Steuerschätzungen“ hat der **Bund** das Schätz- 312
ergebnis für die Steuereinnahmen des Bundes stets in den Haushaltsplan und seit 1968 auch in die mittelfristige Finanzplanung übernommen. Die **Länder** müssen bei ihrer Haushaltsplanung nicht selten Modifikationen an den Schätzergebnissen des Arbeitskreises vornehmen, da der Haushaltstermin manchmal deutlich vom Termin der Steuerschätzung abweicht oder Sonderentwicklungen bei einzelnen Ländern vorliegen. Eine Aufteilung des geschätzten kommunalen Steueraufkommens auf die einzelnen Gemeinden ist bei der Vielzahl der Kommunen nicht

möglich. Der Arbeitskreis liefert aber den Kämmerern wichtige Informationen über das Aufkommen der Gemeinschaftsteuern. Bezüglich der Entwicklung der örtlichen Steuern, insbesondere der Gewerbesteuer, verfügen die einzelnen **Gemeinden** aufgrund ihrer Nähe zu den Steuerpflichtigen ohnehin über gute Informationen.[56]

313 Die **Ergebnisse** der Steuerschätzung sind Teil der finanzwirtschaftlichen Projektionen des Bundes, die dem Stabilitätsrat regelmäßig vorgelegt werden.

56 Vgl. die Ausführungen des BMF zu den Steuerschätzungen unter: https://www.bundesfinanzministerium.de/Content/DE/Standardartikel/Themen/Steuern/Steuerschaetzungen_und_Steuereinnahmen/Steuerschaetzung/arbeitskreis-steuerschaetzungen.html, Stand: 19.1.2021.

5. Die Haushaltsgrundsätze

Haushaltsgrundsätze (Budgetprinzipien) sind für die Aufstellung und Ausführung des Haushaltsplans verbindlich aufgestellte und **in Gesetzen festgeschriebene Regeln**. Im Entscheidungsprozess haben diese Prinzipien die Funktion von Zielen. An ihnen wird das Entscheidungsverhalten gemessen. *Kurt Heinig* bezeichnet sie als „begrifflich formulierte Erkenntnisse von Weltgeltung".[57] In der Tat findet man die Budgetprinzipien in allen Staaten, in denen ein demokratisch legitimiertes Parlament das Recht hat, verbindlich über die Einnahmen und Ausgaben des Staates zu entscheiden, in ähnlicher Form. 314

Budgetgrundsätze sind die logische Folgerung aus der „Aufgabe des Parlaments …, an der Gestaltung des Haushaltsplans mitzuwirken und dadurch, abgesehen von finanziellen Gesichtspunkten, zugleich die Verwaltung in einem bestimmten Sinne politisch zu beeinflussen."[58] Alle klassischen Haushaltsgrundsätze dienen letztlich dem Ziel, das **ausbalancierte Verhältnis zwischen Legislative und Exekutive** im Bereich der staatlichen Finanzwirtschaft rechtlich abzusichern. Insbesondere die Rechts- und Kontrollfunktion des Haushaltsplans, aber auch dessen politische Funktion und die Bedarfsdeckungsfunktion werden durch die Budgetprinzipien festgeschrieben. Die Haushaltsgrundsätze wurden ursprünglich von der Finanzwissenschaft entwickelt und später in der Rechtsordnung (Grundgesetz und Haushaltsrecht) verankert. 315

Die Festschreibung der Budgethoheit des Parlaments führt zu sehr starren Regelungen, die – ausnahmslos angewendet – ein flexibles Reagieren der Verwaltung auf Veränderungen gegenüber der vom Parlament beschlossenen Planung unmöglich erscheinen lassen. Deshalb hat sich zu vielen Haushaltsgrundsätzen ein **System von Ausnahmen** entwickelt. Eigentlich sind es erst die ebenfalls durch Gesetz festgelegten Ausnahmen, die den Haushaltsgrundsätzen ihre Komplexität verleihen. 316

Im Folgenden wird das Haushaltsrecht des Bundes und der Länder (mit kameraler Haushaltsführung) durch die auf dem Grundgesetz, den Länderverfassungen, dem HGrG und der BHO/LHO basierenden elf Haushaltsgrundsätzen näher dargestellt. Die Grundsätze sind: 317

57 *Heinig, K.* (1949), S. 15.
58 *Neumark, F.* (1929), S. 124.

(1) Wirtschaftlichkeit und Sparsamkeit
(2) Vorherigkeit
(3) Gesamtdeckung
(4) Einzelveranschlagung und sachliche Bindung
(5) Jährlichkeit und zeitliche Bindung
(6) Fälligkeit
(7) Einheit und Vollständigkeit
(8) Bruttoprinzip
(9) Haushaltsausgleich
(10) Wahrheit und Klarheit
(11) Öffentlichkeit.

5.1 Wirtschaftlichkeit und Sparsamkeit

318 Der Grundsatz der Wirtschaftlichkeit und Sparsamkeit ist beherrschend für die gesamte Haushaltswirtschaft. Steigende Ansprüche an den Staat bei knappen finanziellen Ressourcen verleihen diesem Grundsatz hohe Priorität.

319 **Sparsamkeit** heißt, die Ausgaben des Staates auf das unbedingt notwendige Maß zu beschränken, während **Wirtschaftlichkeit** verlangt, dass bei staatlichen Aktivitäten die günstigste Relation zwischen den angestrebten Ziel und den einzusetzenden Mitteln erreicht wird. Dabei verlangt das Minimalprinzip, dass ein definiertes Ziel (Ergebnis) mit möglichst geringem Mitteleinsatz anzustreben ist und das Maximalprinzip, dass bei gegebenen Mitteln ein möglichst optimaler Erfolg erzielt werden soll.[59]

59 VV Nr. 1 zu § 7 BHO/LHO.

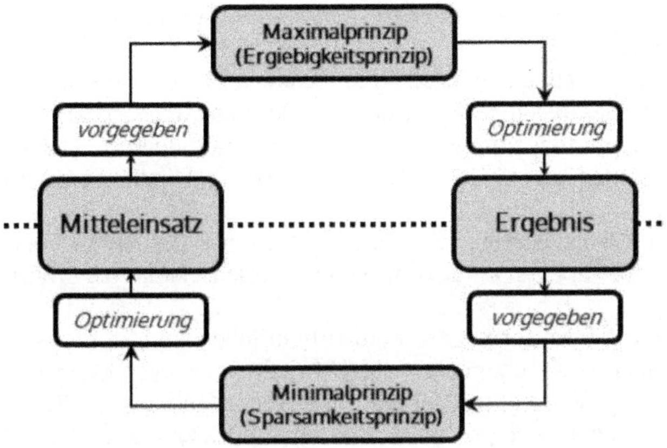

Abbildung 27: Die zwei Ausprägungen des Wirtschaftlichkeitsprinzips

Seit der Finanzreform 1969 genießt das Wirtschaftlichkeitsprinzip **Verfassungsrang**. Es ist als Prüfungsmaßstab für den Bundesrechnungshof in Art. 114 Abs. 2 GG erwähnt und verpflichtet damit die Bundesverwaltung zu seiner Beachtung. 320

Die Tatsache, dass das **Sparsamkeitsprinzip** nicht in der Vorschrift des Art. 114 Abs. 2 GG erwähnt wird, deutet darauf hin, dass dieser Komponente des Grundsatzes keine eigenständige Bedeutung zukommt. Sparsamkeit ist vielmehr als Unterfall der Wirtschaftlichkeit (Minimalprinzip) zu betrachten.[60] Wenn der Begriff in verschiedenen gesetzlichen Vorschriften seinen Ausdruck findet (§§ 7, 34 Abs. 2 und 90 Nr. 3 BHO), dürfte das in der Befürchtung des Gesetzgebers begründet sein, die Verwaltung neige ohne diese Appelle zu einem zu sorglosen Umgang mit öffentlichen Mitteln. 321

Es gibt **zahlreiche Anwendungsfälle** der Wirtschaftlichkeit in der BHO. So verlangt § 6 BHO in Übereinstimmung mit dem Wirtschaftlichkeitsprinzip, dass bei Aufstellung und Ausführung des Haushaltsplans nur die jeweils für die Aufgabenerfüllung des Bundes notwendigen Ausgaben veranschlagt bzw. geleistet werden. Die Regulierung der öffentlichen Auftragsvergabe nach § 55 BHO in Verbindung mit den Verdingungsordnungen dient durch möglichst breiten Wettbewerb und transparente Verfahren nicht zuletzt der Verwirklichung der Wirtschaftlichkeit. 322

§ 7 Abs. 1 Satz 2 BHO verpflichtet zur Prüfung, inwieweit staatliche Aufgaben oder öffentlichen Zwecken dienende wirtschaftliche Tätigkeiten durch Ausgliederung, Entstaatlichung oder Privatisierung erfüllt werden können. 323

60 Ebenda.

324 Diese Kumulierung der Begriffe trägt nicht zur Klarheit bei. Denkbar sind folgende Arten der Privatisierung:

- bei der **Organisationsprivatisierung** bleibt die öffentliche Hand zu 100 % oder mit qualifizierter Mehrheit beteiligt (z.B. Deutsche Flugsicherung GmbH);
- bei der **Vermögensprivatisierung** werden Bundesbeteiligungen an privatrechtlichen Unternehmen ganz oder teilweise in private Hände überführt (z.B. VEBA, VIAG);
- bei der **materiellen Privatisierung** zieht sich der Staat aus der Aufgabenerfüllung zurück und überlässt es privaten Anbietern, diese Leistung zu erbringen;
- bei der **funktionalen Privatisierung** bleibt die öffentliche Hand für die Aufgabenerfüllung zuständig, sie bedient sich hierfür jedoch privater Unternehmen. So ermöglicht das Fernstraßenbauprivatfinanzierungsgesetz von 1994[61], dass bei Bundesfernstraßen auch private Unternehmen Brücken, Tunnels und Gebirgspässe bauen, betreiben und für die Nutzung eine Maut erheben dürfen. Zu dieser Art der Privatisierung gehören auch die Fälle, in denen eine Verwaltung bisher selbst erzeugte Leistungen bei privaten Firmen beschafft (Beispiel: Abschaffung der Hausdruckerei, Vergabe der Druckaufträge an private Firmen).

325 Das BMF hat durch Rundschreiben[62] das Verfahren für das in § 7 Abs. 2 BHO genannte **Interessenbekundungsverfahren** beschrieben. Danach ist eine Aufforderung zur Teilnahme an einem Interessenbekundungsverfahren öffentlich unter Hinweis auf die Stelle, bei der die (i.d.R. funktional orientierte) Beschreibung der Aufgabe erhältlich ist, bekannt zu machen. Die Interessenten haben dann eine Frist von mindestens einem Monat für ihre Interessenbekundungen.

326 Angemessene **Wirtschaftlichkeitsuntersuchungen**, wie sie § 7 Abs. 2 BHO fordert, können vor allem sein

- die Kostenvergleichsrechnung,
- die Kapitalwertmethode und
- die Nutzwertanalyse.

327 In der **Kostenvergleichsrechnung** werden die Kosten der alternativen Lösungsvorschläge miteinander verglichen und die kostengünstigste Alternative bestimmt. Kostenvergleichsrechnungen sind geeignet für Maßnahmen mit geringer finanzieller Bedeutung ohne langfristige Auswirkungen.

328 Die **Kapitalwertmethode** eignet sich bei größeren Maßnahmen, bei sehr unterschiedlichen Zahlungsströmen im Betrachtungszeitraum oder bei der Frage nach der optimalen Finanzierung einer Maßnahme (z.B. Kauf/Leasing). Gegenüber

---

61 Fernstraßenbauprivatfinanzierungsgesetz vom 30.8.1994, BGBl. I S. 2243 zuletzt geändert durch Art. 142 des Gesetzes vom 20.11.2019, BGBl I S. 1626.

62 BMF (24.09.2012), Rundschreiben zur Durchführung des Interessenbekundungsverfahrens.

der Kostenvergleichsrechnung berücksichtigt sie zusätzlich die unterschiedlichen Zeitpunkte der Ein- und Auszahlungen der Alternativen. Alle künftigen Einzahlungen und Auszahlungen werden auf den gleichen Zeitpunkt (i.d.R. das aktuelle Jahr) hin abgezinst und damit als Kapitalwert (Summe der Barwerte) vergleichbar gemacht.

Die **Nutzwertanalyse** kann hilfsweise Anwendung finden, wenn neben den direkt ermittelbaren Kosten weitere, nicht monetär erfassbare Kosten- und Nutzenaspekte heranzuziehen sind. 329

Neben diesen einzelwirtschaftlichen Methoden sind auch noch **gesamtwirtschaftliche** Verfahren zur Ermittlung der Wirtschaftlichkeit von Maßnahmen zu erwähnen. In Betracht kommt hier die **Kosten-Nutzen-Analyse**, bei der nicht nur auf das einzelne Investitionsobjekt geschaut wird, sondern alle positiven und negativen Wirkungen einer Maßnahme, unabhängig davon, wo und bei wem sie anfallen. So gehen etwa beim Bau einer Autobahn nicht nur die direkten Investitionskosten für den Bund in die Berechnung ein, sondern auch Kosten wie Lärmbelästigung oder Veränderung des Landschaftsbildes sowie Nutzen wie Verkürzung der Transportzeiten oder Verringerung der Verkehrsunfälle. 330

Die Methoden der Wirtschaftlichkeitsuntersuchungen sind sehr eingehend und anwenderfreundlich mit Beispielen in einer **Arbeitsanleitung des BMF**[63] beschrieben. Diese Arbeitsanleitung ist den Verwaltungsvorschriften zu § 7 BHO als Anhang beigefügt. 331

Da die auf die Rechts- und Kontrollfunktion hin geschaffenen haushaltsrechtlichen Instrumentarien nicht auf die Steigerung der Wirtschaftlichkeit hin ausgerichtet sind, ja bezüglich des Effizienzziels sogar kontraproduktiv sein können (z.B. zeitliche und sachliche Bindung), schreibt § 7 Abs. 3 BHO die **Einführung einer Kosten- und Leistungsrechnung** (KLR) für alle geeigneten Bereiche der Bundesverwaltung vor. „Das bisherige Verwaltungshandeln läuft weitgehend ohne Informationen darüber ab, welche Ergebnisse oder Leistungen mit den zur Verfügung gestellten Ressourcen erzeugt werden. Die Kosten der einzelnen Leistungen sind nicht bekannt. Gesteuert wird traditionell über die zur Verfügung stehenden Finanzmittel. Diese Verfahrenssteuerung soll durch ein ziel- und ergebnisorientiertes Steuerungsmodell ersetzt werden. Das Verwaltungshandeln soll auf das Erreichen eindeutiger, messbarer Ziele ausgerichtet werden."[64] 332

Zielsetzung der Kosten- und Leistungsrechnung ist es u.a., durch Informationen über den Ressourcenverbrauch zur Erstellung der Verwaltungsprodukte eine behördeninterne Effizienzsteuerung zu ermöglichen. Die KLR wird deshalb auch als internes Rechnungswesen bezeichnet. 333

63 BMF (05.05.2019), Rundschreiben.
64 BMI (1999), KLR-Referenzmodell für den Geschäftsbereich des BMI vom 19.2.1999, Vorwort.

5.2 Vorherigkeit

5.2.1 Der Grundsatz

334 Nach Art. 110 Abs. 2 GG/LV ist der Haushaltsplan **vor** Beginn des Jahres, für das er bestimmt ist, durch das Haushaltsgesetz festzustellen. Das Postulat der Vorherigkeit hat also Verfassungsrang.

335 Es gehört zwingend zum Begriff „Plan", dass ein solches Werk **vor Beginn der eigentlichen Planungsperiode** verbindlich feststeht. Die Budgethoheit des Parlaments erfordert, dass dieses rechtzeitig der Exekutive die verbindlichen finanzwirtschaftlichen Daten durch Beschluss des Haushaltsplans vorgeben kann. Ein nicht vor Beginn des Haushaltsjahres verabschiedeter Haushaltsplan verliert auch zumindest einen Teil seiner politischen Funktion, da innerhalb dieser Funktion dem Haushaltsplan der Charakter eines in Zahlen gegossenen Regierungsprogramms zukommt. Ein erst später verabschiedeter Haushaltsplan kann jedoch für die zurückliegende Zeit allenfalls ein Bericht über längst erreichte politische Ziele sein. Auch für die gesamtwirtschaftliche Funktion des Budgets ist von Bedeutung, dass sich die Wirtschaftssubjekte rechtzeitig auf die Finanzpolitik des Staates einstellen können.

Gesetz
über die Feststellung des Bundeshaushaltsplans für das Haushaltsjahr 2021
(Haushaltsgesetz 2021)
Vom 21. Dezember 2020 (BGBl. I S. 3208)

336 Das Verfassungsgebot der **Vorherigkeit** richtet sich an alle am Haushaltsverfahren beteiligten Verfassungsorgane, im Falle des Bundeshaushalts also an Bundesregierung, Bundestag und Bundesrat. Die Regierung wird aufgefordert, den Haushaltsplan frühzeitig aufzustellen und die Haushaltsvorlage den gesetzgebenden Körperschaften rechtzeitig zuzuleiten. Der Gesetzgeber wird in die Pflicht genommen, den Regierungsentwurf unverzüglich zu beraten und gesetzlich zu beschließen.

337 Um die rechtzeitige Haushaltsfeststellung zu sichern, wurden folgende Regelungen getroffen:

5.2.1.1 Vorlagefrist

338 § 30 BHO schreibt der Bundesregierung vor, den Haushaltsentwurf in der Regel bis spätestens zur ersten Sitzung des Bundestages nach dem 1. September (Ende der Sommerpause des Bundestages) den gesetzgebenden Körperschaften zuzuleiten. Diese Vorlagefrist zwingt die Regierung, das Aufstellungsverfahren frühzei-

tig einzuleiten und verwaltungsintern enge Termine für die am Aufstellungsprozess beteiligten Instanzen zu setzen.[65]

5.2.1.2 Beschleunigtes Gesetzgebungsverfahren

Während nach Art. 76 Abs. 2 GG eine Gesetzesvorlage der Bundesregierung zunächst dem Bundesrat zur Stellungnahme vorgelegt und erst nach der Stellungnahme beim Bundestag eingebracht wird, sieht Art. 110 Abs. 3 GG für das Haushaltsgesetzgebungsverfahren die **gleichzeitige Zuleitung** des Regierungsentwurfs an Bundesrat und Bundestag vor. Damit befasst sich der Bundestag bereits mit dem Haushaltsentwurf, während parallel hierzu der Bundesrat seine Stellungnahme berät. **339**

Die Rechtsgrundlagen des Haushaltsgrundsatzes der Vorherigkeit sind Art. 110 Abs. 2 GG und § 1 BHO. **340**

5.2.2 Die Ausnahme: Vorläufige Haushaltsführung („Nothaushaltsrecht“)

Die Bundeshaushaltspläne waren bis 1980 ausnahmslos nicht vor Beginn des Haushaltsjahres verabschiedet worden. Erst seit 1983 ist die Vorherigkeit des Bundeshaushaltsplans der Regelfall. Die Gründe, die in der Vergangenheit zu Verspätungen bei der Verabschiedung des Haushaltsplans geführt haben, sind vielfältig. Sie liegen in dem komplizierten Verfahren der Aufstellung und Feststellung des Haushaltsplans begründet (siehe Haushaltskreislauf). Regelmäßig zu Verzögerungen kommt es bei den auf die Bundestagswahljahre folgenden Haushalten, da nach der Wahl im September/Oktober der neue Bundestag frühestens im Oktober/November zu seiner konstituierenden Sitzung zusammentreten kann. Eine Verabschiedung des Haushaltsentwurfs bis zum Jahresende ist damit ausgeschlossen. **341**

65 Nach gängiger Praxis wird der Regierungsentwurf zum Haushaltsgesetz und Haushaltsplan schon Ende Juni/Anfang Juli den gesetzgebenden Körperschaften zugeleitet.

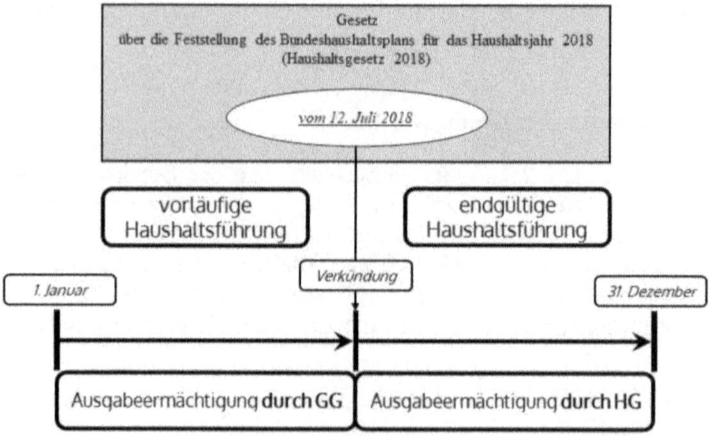

Abbildung 28: Vorläufige und endgültige Haushaltsführung

342 Auch für den Fall, dass ein Haushaltsgesetz nicht rechtzeitig vor Beginn des neues Haushaltsjahres zustande kommt, muss die Exekutive in der Lage sein, alle zur Aufrechterhaltung des Dienstbetriebes **notwendigen Ausgaben** zu leisten und zu diesem Zwecke ggf. **Kredite** aufzunehmen.

343 Das Grundgesetz hat für die Zeit bis zur verspäteten Verabschiedung des Bundeshaushalts Vorsorge getroffen. Da bei einer vorläufigen Haushaltsführung eine Ermächtigung zur Leistung von Ausgaben durch das Parlament nicht vorliegt, gibt Art. 111 Abs. 1 GG unmittelbar der Bundesregierung Ausgabeermächtigungen.

344 Zeitlich gilt die Ermächtigung des Art. 111 Abs. 1 GG vom 01. Januar (Beginn des Haushaltsjahres) bis zum Zeitpunkt der Verkündung des Haushaltsgesetzes, längstens bis zum Ende des Haushaltsjahres, wenn vorher kein Haushaltsgesetz verkündet worden ist. Das Haushaltsgesetz tritt stets rückwirkend zum 1.1.d.J. in Kraft (Vgl. Abschnitt 3.3.2.3 zu Besonderheiten des HG).

345 In der Praxis wird die vorläufige Haushaltsführung beim Bund in der Form durchgeführt, dass der Bundesfinanzminister die Fachressorts mittels Verwaltungsvorschriften (§ 5 BHO) ermächtigt, die Ausgabeansätze des noch nicht verabschiedeten Haushaltsentwurfs bis zu einem bestimmten Prozentsatz zu bewirtschaften. Bei dieser Bewirtschaftung sind jedoch die Grenzen des Art. 111 Abs. 1 GG zu beachten.

346 **Art. 111 Abs. 1 GG (Ausgabeermächtigung):**

Ist bis zum Schluss eines Rechnungsjahres der Haushaltsplan für das folgende Jahr nicht durch Gesetz festgestellt, so ist bis zu seinem Inkrafttreten die Bundesregierung ermächtigt, alle Ausgaben zu leisten, die **nötig sind**,

a) um gesetzlich bestehende Einrichtungen zu erhalten und gesetzlich beschlossene Maßnahmen durchzuführen,
b) um die rechtlich begründeten Verpflichtungen des Bundes zu erfüllen und
c) um Bauten, Beschaffungen und sonstige Leistungen fortzusetzen oder Beihilfen für diese Zwecke weiterzugewähren, sofern durch den Haushaltsplan eines der Vorjahre bereits Beträge bewilligt worden sind.

Art. 111 Abs. 2 GG (Kreditermächtigung):

Soweit nicht auf besonderem Gesetze beruhende Einnahmen aus Steuern, Abgaben und sonstigen Quellen oder die Betriebsmittelrücklage die Ausgaben unter Absatz 1 decken, darf die Bundesregierung die zur Aufrechterhaltung der Wirtschaftsführung erforderlichen Mittel bis zur Höhe eines Viertels der Endsumme des abgelaufenen Haushaltsplans im Wege des Kredits flüssig machen.

Nötig sind nach Auslegung des Bundesrechnungshofes[66] solche Ausgaben, die 347
geeignet sind, den damit verfolgten Zweck zu erreichen sowie sachlich erforderlich und zeitlich unaufschiebbar sind. Ergeben sich konkrete Anhaltspunkte aus den Beratungen des neuen Haushaltsplans im Haushaltsausschuss, so sind diese schon vor der Verkündung des neuen Haushaltsgesetzes zu berücksichtigen.

Zu Art. 111 Abs. 1 Buchst. a GG:

Die Bestimmung des Abs. 1 Buchstabe a umfasst alle ordnungsgemäß errichteten Einrichtungen der Staatsverwaltung. Es darf jedoch nur die Ausstattung mit Personal und Gerät weitergeführt werden, die zur Erhaltung der Einrichtungen erforderlich ist. Bei den Personalausgaben ist zu beachten, dass

- nur die bereits durch einen Haushaltsplan der Vorjahre bewilligten Planstellen/Stellen bewirtschaftet werden dürfen;
- Wiederbesetzungen und Beförderungen auf solchen Planstellen/Stellen zulässig sind;
- neu beantragte Planstellen/Stellen nicht bewirtschaftet werden dürfen;
- ebenso sind Stellenhebungen nicht möglich. Sofern Planstellen/Stellen im Regierungsentwurf des Haushaltsplans für das neue Haushaltsjahr wegfallen oder abgesenkt werden, dürfen diese nicht mehr (in der alten Wertigkeit) besetzt werden.

Bei den Ausgaben zur Durchführung gesetzlich beschlossener Maßnahmen handelt es sich im Wesentlichen um solche Ausgaben, die zwar dem Grunde nach, nicht aber in der Höhe durch Gesetz geregelt sind. Ist auch die Höhe geregelt, fallen diese Ausgaben unter Art. 111 Abs. 1 Buchst. b GG.

Zu Art. 111 Abs. 1 Buchst. b GG:

Bestehen rechtlich begründete Verpflichtungen, so sind die Ausgaben hierzu 348
unbedingt zu leisten. Es ist unerheblich, wodurch die Verpflichtung entstanden

66 Vgl. Bundesrechnungshof (10.10.2017), Beschluss des Großen Senats des Bundesrechnungshofes zur vorläufigen Haushaltsführung.

ist. Dies kann z.B. ein Gesetz, ein Vertrag oder auch ein Verwaltungsakt sein. Bei *Zuwendungen* gilt, dass die Weitergewährung institutioneller Förderung zulässig ist, soweit sie nur die notwendige Ausstattung mit Personal und Gerät betrifft. Die Weitergewährung von Projektförderung ist nur zulässig, wenn die Verpflichtung hierzu bereits in einem der Vorjahre eingegangen wurde.

Zu Art. 111 Abs. 1 Buchst. c GG:

349 Art. 111 Abs. 1 Buchst. c GG lässt Ausgaben zur Fortsetzung von Bauten, Beschaffungen und sonstigen Leistungen sowie die Gewährung von Beihilfen für diese Zwecke zu. Sofern also Beträge in Vorjahren für diese Maßnahmen bewilligt worden sind, ist deren Fortsetzung auch im Rahmen der vorläufigen Haushaltsführung zulässig. Nicht von der vorläufigen Haushaltsführung umfasst sind dementsprechend „neue" Maßnahmen. Zu den „sonstigen Leistungen" zählen vor allem Zuwendungen, §§ 23, 44 BHO.

350 Allen diesen Maßnahmen ist gemeinsam, dass **nur im Sinne des Parlaments** gehandelt werden darf. Bei gesetzlich beschlossenen Zahlungen sowie bei vertraglich begründeten Zahlungsverpflichtungen des Bundes ist das Parlament faktisch ebenfalls gebunden. Von einem Einklang mit den Interessen des Parlaments kann man auch ausgehen, wenn dieses einer Maßnahme durch Bewilligung im Haushaltsplan bereits zugestimmt hat und diese Maßnahme auch bereits begonnen wurde.

351 **Art. 111 Abs. 1 GG** erlaubt lediglich die Fortführung bereits begonnener Maßnahmen und verbietet, dass etwas Neues begonnen wird, …

… denn in diesem Fall würde der noch fehlende Wille des Parlaments durch eine Entscheidung der Bundesregierung ersetzt.

Zusätzlich zum Vorliegen eines Tatbestandes des Art. 111 Abs. 1 GG (sachliche Begrenzung) sind die vom BMF vorgegebenen (betragsmäßigen) Begrenzungen einzuhalten. Die Höhe richtet sich nach der zu erwartenden Dauer dieser Phase.

Um eine gleichmäßige Verfahrensweise aller vom Haushalt erfassten Einrichtungen zu gewährleisten, verleiht – wie bereits erwähnt – **§ 5 BHO** dem BMF die Befugnis, nähere Regelungen zur vorläufigen Haushaltsführung nach Art. 111 GG durch **Verwaltungsvorschriften** zu treffen. Dies geschieht durch Rundschreiben des Finanzministeriums an die Ressorts.

Im Fall der vorläufigen Haushaltsführung 2018 hat das BMF mit Rundschreiben vom 07. Dezember 2017 bestimmt, dass Ausgabemittel bei Titeln der Hauptgruppen 5 (ohne Titel der Gruppe 519 – Unterhaltung der Grundstücke und baulichen Anlagen) und 6 (ohne Titel 634.3 – Zuführung zum Versorgungsfonds) bis zur Höhe von 45 Prozent der Ansätze im 1. Regierungsentwurf zum Haushaltsplan 2018 vom 11. August 2017 verfügbar sind. Die Ausgaben der Hauptgruppen 4 (Personal) einschließlich Titel 634.3 und der Hauptgruppen 7 und 8 (Investitionen) sowie der Gruppe 519 werden bis zur Höhe der Ansätze im 1. bzw. 1. RegE bereitgestellt.

Zu **Art. 111 Abs. 2 GG**: Während die laufenden Einnahmen aus Steuern und sonstigen Quellen auch während der vorläufigen Haushaltsführung unvermindert eingehen, da sie aufgrund spezieller, auf Dauer angelegter Gesetze (z.B. Steuergesetze) erhoben werden, ist dies bei der Kreditermächtigung nicht der Fall. Bei den Krediten hat ausnahmsweise das Haushaltsgesetz auf der Einnahmeseite eine konstituierende Wirkung. Deshalb muss Art. 111 Abs. 2 GG auch insoweit das Haushaltsgesetz ersetzen, als dort eine Kreditermächtigung in Höhe von 25 % des Volumens des Vorjahreshaushalts enthalten ist. Dies erscheint hoch, soll aber verhindern, dass während der vorläufigen Haushaltsführung – insbesondere in Phasen konjunktureller Schwäche – Finanzierungsengpässe auftreten, die eine Weiterführung des Dienstbetriebes gefährden könnten. Da die Ausgabeermächtigungen nach Art. 111 Abs. 1 GG eingeschränkt sind, wird die Kreditermächtigung des Art. 111 Abs. 2 GG wohl nie voll ausgeschöpft werden. 352

5.2.3 Zusammenfassung

353

Grundsatz:	**Vorherigkeit** (Art. 110 Abs. 2 GG)
	Der Haushaltsplan ist vor Beginn des Haushaltsjahres durch Haushaltsgesetz festzustellen.
Ausnahme:	**Vorläufige Haushaltsführung** (Art. 111 GG)
	1. **Ausgabeermächtigung** (Art. 111 Abs. 1 GG) a. gesetzlich bestehende Einrichtungen erhalten, gesetzlich beschlossene Maßnahmen durchführen b. rechtliche Verpflichtungen erfüllen c. Bauten und Beschaffungen fortsetzen, sofern im Haushaltsplan eines Vorjahres schon Mittel bewilligt wurden. 2. **Kreditermächtigung** (Art. 111 Abs. 2 GG) Die Nettokreditaufnahme darf maximal ein Viertel der Endsumme des vorangegangenen Haushaltsplans betragen.

Um die **Vorherigkeit** zu sichern, wurden folgende Regelungen getroffen: 354
- Beschleunigtes Gesetzgebungsverfahren: Gleichzeitige Zuleitung des Haushaltsentwurfs der Bundesregierung an Bundesrat und Bundestag (Art. 110 Abs. 3 GG);
- Vorlagefrist für den Regierungsentwurf ist spätestens die erste Sitzung des Bundestages nach dem 1. September des Vorjahres (§ 30 BHO).

Grundgedanke der **vorläufigen Haushaltsführung** ist die Sicherung der Handlungsfähigkeit der Verwaltung.

Faustregel während der vorläufigen Haushaltsführung: nur Fortsetzungsmaßnahmen, keine neuen Maßnahmen.

5.3 Gesamtdeckung

5.3.1 Der Grundsatz

355 Der Grundsatz der Gesamtdeckung schreibt vor, dass alle Einnahmen zur Deckung aller Ausgaben dienen. Er verbietet eine Zweckbindung bestimmter Einnahmen für bestimmte Ausgaben und wird deshalb auch **„Zweckbindungsverbot"** oder **„Non-Affektationsprinzip"** genannt.

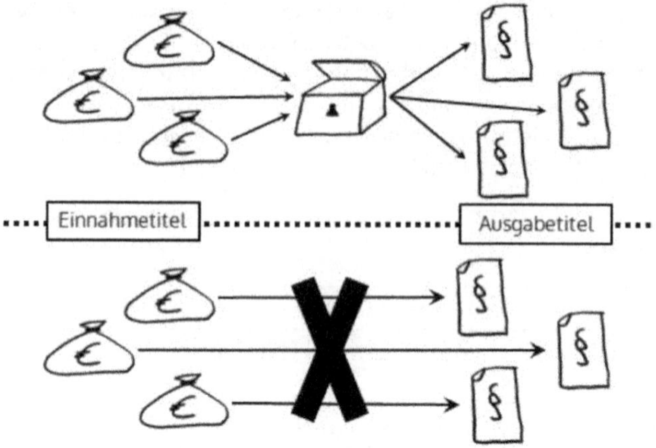

Abbildung 29: Gesamtdeckung als Zweckbindungsverbot

356 Mit dem Grundsatz der Gesamtdeckung soll die **Entscheidungsfreiheit** des Parlaments bzw. der Regierung über die Gewichtung der Ausgaben im Sinne der politischen Funktion des Haushaltsplans gesichert werden. Die Gewichtung der Ausgaben soll nicht durch die Entwicklung bestimmter Einnahmen, sondern durch politisch zuständige Gremien erfolgen.

Die **Rechtsgrundlage** ist § 8 Satz 1 BHO.

5.3.2 Die Ausnahme: Zweckbindung von Einnahmen

5.3.2.1 Arten der Zweckbindung

357 In bestimmten Fällen kann eine Zweckbindung sinnvoll sein. So werden etwa bestimmte Leistungen an den Staat nur für einen besonderen Zweck gewährt (z.B. Zuschüsse der EU für bestimmte Projekte oder Spenden für konkrete Zwe-

cke). § 8 Satz 2 BHO sieht deshalb die Möglichkeit von Zweckbindungen ausdrücklich vor.

Ausnahmen von einem Grundsatz können dabei – wie auch bei allen weiteren Haushaltsgrundsätzen – entweder durch ein **Dauergesetz** (geborene Ausnahme) oder aber durch den jährlichen Haushalt (gekorene Ausnahme) vorgenommen werden. Das Dauergesetz ist **zumeist die BHO**, in der entsprechende Ausnahmeregelungen getroffen werden. Es sind aber auch – wie im Falle der Zweckbindung – Regelungen in anderen Gesetzen möglich. Erfolgt die Ausnahmeregelung über das jährliche Budget, so kann dies entweder durch einen **Haushaltsvermerk** im Haushaltsplan erfolgen oder aber – falls die Regelung für alle Kapitel oder zumindest für eine klar abgegrenzte größere Behördenzahl erfolgen soll – über das **Haushaltsgesetz**. **358**

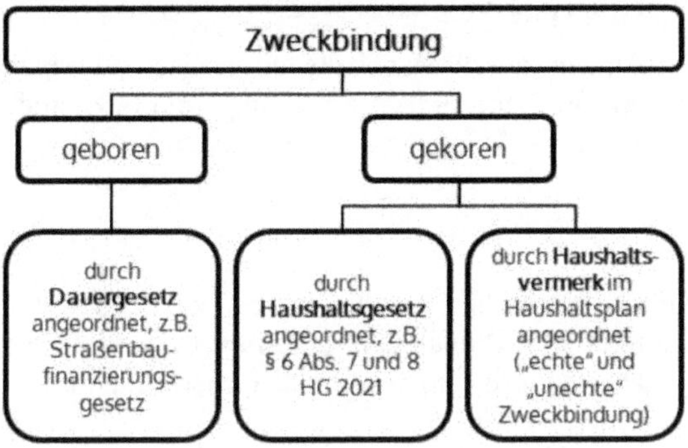

Abbildung 30: Arten der Zweckbindung

5.3.2.2 Zweckbindung durch dauergesetzliche Regelung

Die Zweckbindung aufgrund eines Gesetzes ist die einschneidendste Abweichung vom Haushaltsgrundsatz der Gesamtdeckung, da hierdurch dauergesetzliche Sonderregelungen geschaffen werden, die den Gestaltungsspielraum des Gesetzgebers bei der Budgetfeststellung einengen. **359**

Das Gesetz, das eine geborene Ausnahme begründet, ist hier **nicht** die **BHO** selbst. Vielmehr verweist § 8 BHO auf die Möglichkeit, durch Spezialgesetze eine Regelung zu treffen, auf die bei den jeweiligen Titeln im Haushaltsplan hingewiesen werden muss (§ 17 Abs. 3 BHO). **360**

Eine **dauergesetzliche Zweckbestimmung** gibt es z.B. nach Art. 1 des Straßenbaufinanzierungsgesetzes zwischen einem Teil der Einnahmen aus der Mineralölsteuer und Ausgaben für das Straßenwesen. Allerdings ist diese Zweckbindung regelmäßig durch das jährliche Haushaltsgesetz (z.B. § 6 Abs. 8 HG 2021) – und damit durch eine gekorene Ausnahmeregelung – so erweitert worden, dass der **361** gebundene Teil der Mineralölsteuer auch für sonstige verkehrspolitische Zwecke im Bereich des Bundesministeriums für Verkehr und digitale Infrastruktur zu verwenden ist. Damit findet eine gewisse „Aufweichung“ des Straßenbaufinanzierungsgesetzes durch das jährliche Haushaltsgesetz statt.[67]

362 Ansonsten sind gerade im Steuerbereich keine Zweckbindungen vorgenommen worden, obwohl einige Steuern unter Hinweis auf bestimmte Ausgabezwänge eingeführt wurden (so etwa der Solidaritätszuschlag oder die „Ökosteuer“).

5.3.2.3 Zweckbindung durch Haushaltsvermerk

363 Der **Zweckbindungsvermerk** ist immer beim Einnahmetitel und beim korrespondierenden Ausgabetitel auszubringen (§ 17 Abs. 3 BHO).

Bei den zweckgebundenen Einnahmen durch Haushaltsvermerk ist zwischen einer „echten“ Zweckbindung und der (lediglich) Verstärkung von Ausgaben durch Einnahmen (auch „unechte“ Zweckbindung) zu unterscheiden.

5.3.2.3.1 Echte Zweckbindung

364 Eine **echte Zweckbindung** liegt vor, wenn die Einnahmen für einen bestimmten Zweck verwendet werden **müssen**. Die Einnahmen unterliegen damit einer rechtsverbindlichen Verwendungsauflage, die im Haushaltsvermerk auch anzugeben ist (Beispiel: Spenden, Aufträge von Dritten).

- Formulierung des echten Zweckbindungsvermerks beim **Einnahmetitel** (Nr. 5.5.2 HRB):
- „Mehreinnahmen (zu Nr. … der Erläuterungen) sind [Angabe Grund der Zweckbindung] **zweckgebunden**. Sie dienen **nur** zur Leistung der Mehrausgaben bei folgendem/n Titel/n…“
- Formulierung des Vermerks bei den korrespondierenden **Ausgabetiteln**: „Mehrausgaben dürfen bis zur Höhe der **zweckgebundenen** Mehreinnahmen bei folgendem/n Titel/n geleistet werden:…“

Um echte Zweckbindungen unmissverständlich deutlich zu machen, sind den korrespondierenden Vermerken die Worte „nur“ (Einnahmen) bzw. „zweckgebunden“ (Einnahmen und Ausgaben) beizufügen.

365 **Beachte**: Nur Ausgaben aus **echt zweckgebundenen Einnahmen** sind in das nächste Haushaltsjahr **übertragbar** gem. § 19 Abs. 1 Satz 1 BHO i.V.m. Nr. 5.5.2 HRB (vgl. hierzu die Ausführungen zu den Ausnahmen vom Haushaltsgrundsatz der Jährlichkeit und zeitlichen Bindung).

67 Der Vollständigkeit halber sei hier noch § 4 AlkopopStG genannt, der praktisch aber keine Relevanz hat.

Beispiel für eine *echte* Zweckbindung:

0625 Bundespolizei

Titel Funktion	Zweckbestimmung	Soll 2021 1 000 €
	Einnahmen	
272 02 -042	Einnahmen aus Zuschüssen des Außengrenzenfonds der Europäischen Union	-
	Haushaltsvermerk	
	Mehreinnahmen sind wegen bindender Vorgaben der EU *zweckgebunden*. Sie dienen *nur* der Leistung der Mehrausgaben bei folgendem Titel: 684 01.	
	Ausgaben	
684 01 -042	Zuschüsse aus dem Außengrenzfonds der Europäischen Union	-
	Haushaltsvermerk	
	Mehrausgaben dürfen bis zur Höhe der *zweckgebundenen* Mehreinnahmen bei folgendem Titel geleistet werden: 272 02.	

Abbildung 31: Echter Zweckbindungsvermerk

5.3.2.3.2 Unechte Zweckbindung

Sofern überplanmäßige Einnahmen zur Leistung von Mehrausgaben verwendet werden ohne dass eine rechtsverbindliche Verwendungsauflage vorliegt, handelt es sich auch um keine echt zweckgebundenen Einnahmen. Die Einnahmen dürfen dann aufgrund des „**Verstärkungsvermerks**" (unechte Zweckbindung) im laufenden Haushaltsjahr genutzt werden, um den Ausgabenansatz zu erhöhen. Dabei dürfen die Mehreinnahmen nur in der Höhe auf den Ausgabetitel umgebucht werden, wie dort auch tatsächlich Mehrausgaben anfallen. **366**

Ziel einer solchen Zweckbindung ist es, eine sparsame und an Wirtschaftlichkeit orientierte Mittelbewirtschaftung zu fördern und Anreize zur Erzielung von Mehreinnahmen zu schaffen. Nicht selten allerdings klagen Verwaltungen darüber, dass die Mehreinnahmen häufig erst gegen Jahresende eingehen und ihnen damit die Möglichkeit der Verausgabung genommen wird.

- Formulierung des Verstärkungsvermerks beim **Einnahmetitel** (Nr. 5.5.1 HRB):
  „Mehreinnahmen dienen zur Leistung der Mehrausgaben bei folgendem/n Titel/n…“
- Formulierung des Verstärkungsvermerks bei den korrespondierenden **Ausgabetiteln**:
  „Mehrausgaben dürfen bis zur Höhe der Mehreinnahmen bei folgendem/n Titel/n geleistet werden:… “

Beispiel für eine unechte Zweckbindung (Verstärkungsvermerk):

Bundesamt für Familie und zivilgesellschaftliche Aufgaben 1713

Titel Funktion	Zweckbestimmung	Soll 2021 1 000 €
	Einnahmen	
119 99 -015	Vermischte Einnahmen *Haushaltsvermerk:* Mehreinnahmen zu Nr. 1 der Erläuterungen dienen zur Leistung der Mehrausgaben bei folgendem Titel: 511 01.	650

Erläuterungen:

Bezeichnung	1 000 €
1. Einnahmen aus Annoncenwerbung im Magazin für den Bundesfreiwilligendienst…………	-
2. Einnahmen aus der Administration des Fonds sexuellen Missbrauchs	-
3. Sonstiges…………	650
	-
Zusammen…………	650

Titel Funktion	Zweckbestimmung	Soll 2021 1 000 €
	Ausgaben	
511 01 -015	Geschäftsbedarf und Kommunikation sowie Geräte, Ausstattungs- und Ausrüstungsgegenstände, sonstige Gebrauchsgegenstände, Software, Wartung. *Haushaltsvermerk:* Mehrausgaben dürfen bis zur Höhe der Mehreinnahmen bei folgendem Titel geleistet werden: 119 99.	2 546

Abbildung 32: Unechter Zweckbindungsvermerk (Verstärkungsvermerk)

367 **Beachte**: Mehrausgaben aus **unecht zweckgebundenen Einnahmen** dürfen nur innerhalb des gleichen Haushaltsjahres, in dem die Mehreinnahmen eingegangen sind, getätigt werden. Sie sind **nicht** ins nächste Haushaltsjahr **übertragbar**.

368 Grundsätzlich können **nur tatsächlich eingegangene Einnahmen** im Rahmen der (echten wie auch unechten) Zweckbindung für Mehrausgaben genutzt werden.

Sollen bereits vor Eingang der Einnahmen Ausgaben geleistet werden, ist dies nur möglich, wenn folgende Ergänzung des Haushaltsvermerks beim Ausgabetitel vorhanden ist:

„Dies gilt auch für zu erwartende Einnahmen aus bestehenden Ansprüchen. Falls Ausgaben aufgrund erwartender Einnahmen geleistet wurden und diese Einnahmen im laufenden Haushaltsjahr nicht eingehen, dürfen diese Einnahmen, soweit sie in den folgenden Haushaltsjahren eingehen, nicht mehr zur Leistung von Ausgaben verwendet werden." (Nr. 5.5.1 und 5.5.2 HRB).

5.3.2.4 Zweckbindung durch Haushaltsgesetz

Will man in einem Haushaltsjahr eine bestimmte Zweckbindung für alle Kapitel **369** (oder für eine klar abgegrenzte größere Zahl an Kapiteln) zulassen, bietet es sich an, die Regelung vor die Klammer zu ziehen und sie im Haushaltsgesetz vorzunehmen, statt in jedem Kapitel bei den entsprechenden Einnahmen und Ausgaben dieselben Vermerke anzubringen.

Das Haushaltsgesetz sieht regelmäßig zwei Regelungen zur Zweckbindung vor: **370** Zum einen können innerhalb eines Kapitels Mehreinnahmen aus der Veräußerung von Dienstkraftfahrzeugen zur Verstärkung der Ausgaben für die Ersatzbeschaffung von Dienstkraftfahrzeugen herangezogen werden, wobei das Nähere das Bundesministerium der Finanzen bestimmt (§ 6 Abs. 7 HG 2021). Zum anderen dürfen – wie bereits angesprochen – Einnahmen aus der Mineralölsteuer, die nach dem Straßenbaufinanzierungsgesetz für das Straßenwesen bestimmt sind, auch für sonstige verkehrspolitische Zwecke im Bereich des Bundesministeriums für Verkehr und digitale Infrastruktur verwendet werden (§ 6 Abs. 8 HG 2021).

5.3.3 Zusammenfassung

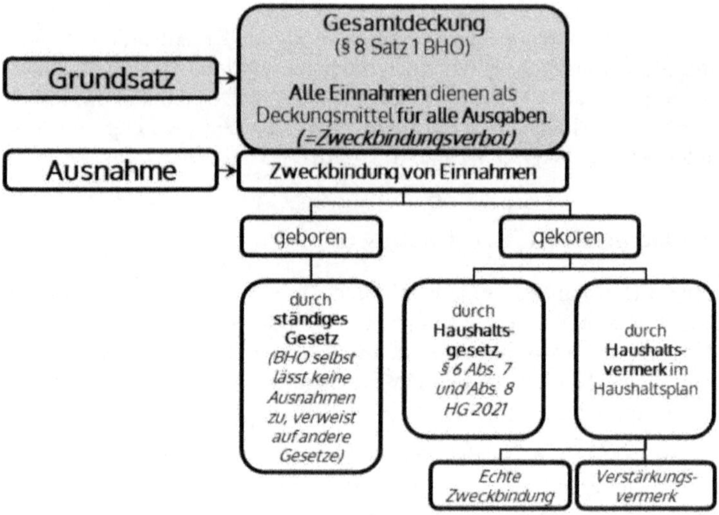

371 *Abbildung 33: Gesamtdeckung und Ausnahmen*

Prüfschema für die Nutzung zweckgebundener Einnahmen:

1 Liegen korrespondierende Zweckbindungsvermerke beim Einnahmetitel und Ausgabetitel vor?

2 Sind Mehreinnahmen entstanden? (Prüfung des Einnahmetitels)

3 Besteht ein Bedarf an Mehrausgaben? (Prüfung des Ausgabentitels) (Mehrausgaben = Überschreitung des Sollansatzes der Ausgabeermächtigung)

4 Bei unechter Zweckbindung: Umbuchung der Mehreinnahmen in der Höhe, wie Mehrausgaben im laufenden Haushaltsjahr tatsächlich geleistet werden können.
Bei echter Zweckbindung: Umbuchung der Einnahmen auf den Ausgabetitel und ggf. Übertragung der nicht abgeflossenen Ausgaben ins nächste Haushaltsjahr.

5.4 Einzelveranschlagung und sachliche Bindung

5.4.1 Der Grundsatz

Nach dem Grundsatz der **Einzelveranschlagung** sind in der Aufstellungsphase des Haushaltsplans die Einnahmen nach dem Entstehungsgrund und die Ausgaben nach Zwecken getrennt zu veranschlagen. Grundsätzlich ist eine Globalveranschlagung verboten. Die Einzelveranschlagung ermöglicht dem Parlament eine detaillierte Steuerung des Handelns der Exekutive im Sinne der Rechts- und Kontrollfunktion. 372

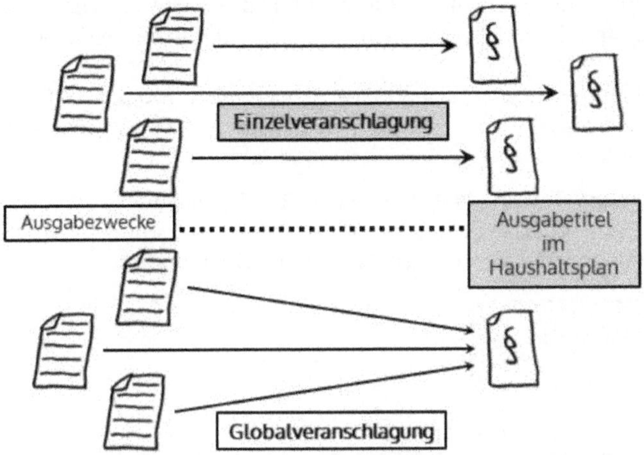

Abbildung 34: Einzelveranschlagung und Globalveranschlagung

Sachliche Bindung heißt, dass die Exekutive an die Zweckbestimmung der Titel strikt gebunden ist. Die Verwendung der Mittel eines Ausgabetitels für die Ausgaben bei einem anderen Ausgabetitel ist damit grundsätzlich ausgeschlossen. Die sachliche Bindung dient der Kontrolle der Haushaltswirtschaft. 373

Rechtsgrundlagen sind § 17 Abs. 1 BHO für die Aufstellung des Haushaltsplans und § 45 Abs. 1 BHO für die Ausführung des Haushaltsplans. 374

5.4.2 Die Ausnahmen

5.4.2.1 Die Deckungsfähigkeit als Ausnahme von der sachlichen Bindung

375 Deckungsfähigkeit lässt eine Verschiebung der Ausgaben und – seit der Haushaltsreform von 1998 – auch eine Verschiebung unter den Verpflichtungsermächtigungen zu. Die Verwaltungsvorschrift zur BHO definiert Deckungsfähigkeit wie folgt:

„Deckungsfähigkeit ist
- die durch § 20 Abs. 1, durch Haushaltsgesetz oder Haushaltsvermerk gemäß § 20 Abs. 2 begründete Möglichkeit, bei einem Titel höhere Ausgaben als veranschlagt auf Grund von Einsparungen bei einem oder mehreren anderen Ausgabetiteln zu leisten,
- die durch Haushaltsvermerk nach § 20 Abs. 2 begründete Möglichkeit, die Verpflichtungsermächtigungen bei einem Titel zu Lasten einer oder mehrerer anderer Verpflichtungsermächtigungen zu erweitern.“[68]

376 **Gegenseitige Deckungsfähigkeit** liegt vor, wenn die Ausgabetitel bzw. Verpflichtungsermächtigungen wechselseitig zur Verstärkung der jeweiligen Ansätze bzw. Verpflichtungsermächtigungen herangezogen werden dürfen.

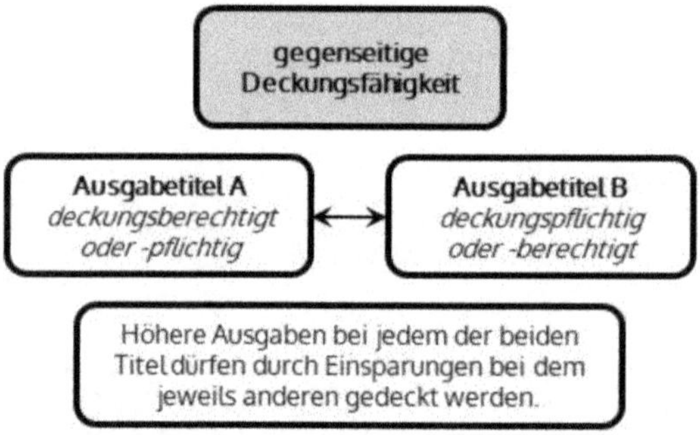

Abbildung 35: Gegenseitige Deckungsfähigkeit

377 **Einseitige Deckungsfähigkeit** liegt vor, wenn der eine Ansatz (deckungsberechtigter Ansatz) bzw. die eine Verpflichtungsermächtigung (deckungsberechtigte Ermächtigung) nur verstärkt und der andere Ansatz (deckungspflichtiger Ansatz) bzw. die andere Verpflichtungsermächtigung (deckungspflichtige Ermächtigung) nur für die Verstärkung des ersten (deckungsberechtigten) Ansatzes bzw. der ersten (deckungsberechtigten) Verpflichtungsermächtigung herangezogen werden darf.[69]

68 VV Nr. 1 zu § 20 BHO.
69 Ebenda.

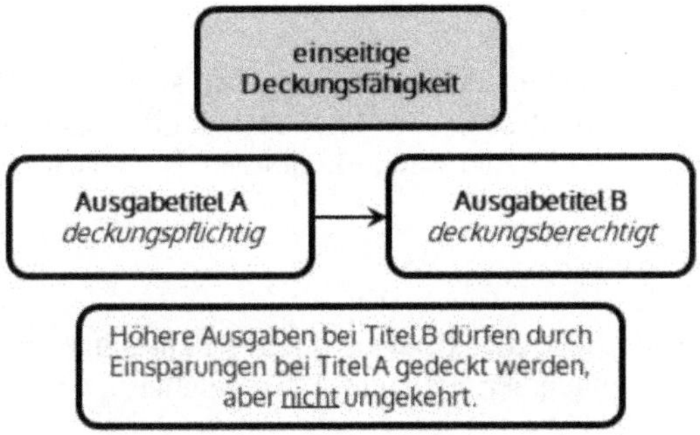

Abbildung 36: Einseitige Deckungsfähigkeit

5.4.2.2 Arten der Deckungsfähigkeit

Wiederum gilt: Sollen Ausnahmen dauerhaft zugelassen werden, wählt man eine dauergesetzliche Regelung (geborene Deckungsfähigkeit). Sollen Ausnahmen nur in einem Haushaltsjahr gelten, schreibt man die Regelungen ins Haushaltsgesetz oder bringt entsprechende Vermerke im Haushaltsplan aus (gekorene, erklärte Deckungsfähigkeit). **378**

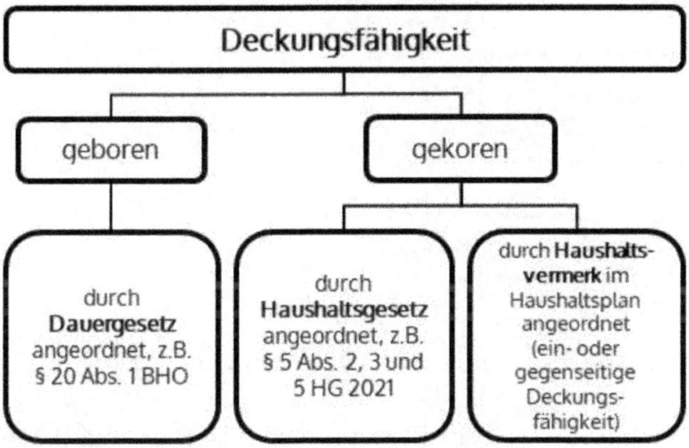

Abbildung 37: Arten der Deckungsfähigkeit

5.4.2.2.1 Deckungsfähigkeit kraft BHO

379 Die **dauergesetzlichen** (geborenen) Deckungsfähigkeiten ergeben sich aus § 20 Abs. 1 BHO. Es handelt sich dabei ausschließlich um Titel aus dem Personalbereich (Titel der Hauptgruppe 4) mit dem Ziel einer flexibleren Personalwirtschaft.

Danach sind deckungsfähig:

- gegenseitig:
  Vergütung der Angestellten und Löhne der Arbeiter (seit 2007 zusammengefasst zum Titel „Bezüge der Arbeitnehmerinnen und Arbeitnehmer"),
- einseitig:
  - Bezüge der Beamten zugunsten der Vergütungen der Angestellten und zugunsten der Löhne der Arbeiter (seit 2007 zu interpretieren: Beamtenbezüge zugunsten Bezüge der Arbeitnehmer(innen),
  - Ausgaben für Unterstützungen zugunsten der Ausgaben für Beihilfe (Titel 443 01 zugunsten Titel 441 01).

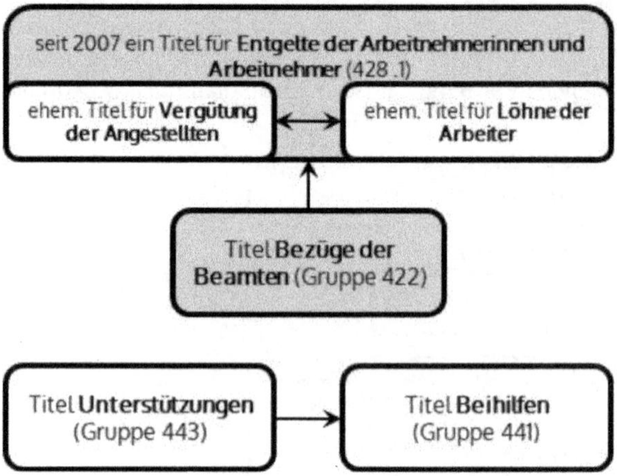

Abbildung 38: Einseitige und gegenseitige Deckungsfähigkeit nach BHO

380 Abgesehen von diesen (wenigen) personalwirtschaftlichen Deckungsmöglichkeiten – unter denen nach § 6 Abs. 11 HG 2021 der Festtitel 428.2 „Entgelte für Wissenschaftlerinnen und Wissenschaftler" auch noch ausgenommen wurde – sind stets Regelungen in den jährlichen Haushaltsgesetzen oder Haushaltsplänen erforderlich, um Abweichungen vom starren System der sachlichen Bindung herbeizuführen.

5.4.2.2.2 Deckungsfähigkeit kraft Haushaltsgesetz

Seit dem Jahr 1998 sind die Deckungsmöglichkeiten im Rahmen der **Flexibilisierung** nach § 5 der jährlichen Haushaltsgesetze erheblich ausgeweitet worden. Größere Änderungen der Bestimmungen des § 5 HG wurden erst mit der Neustrukturierung des Bundeshaushalts[70] ab dem Haushaltsjahr 2013 vorgenommen. Die sukzessive Neuausrichtung ist mit dem Haushaltsplan 2016 vollumfänglich umgesetzt, so dass seitdem für alle nach § 5 Abs. 1 HG flexibilisierten Kapitel die gleichen Regelungen gelten. **381**

In § 5 Abs. 1 HG wird geregelt, dass die Flexibilisierungsregelungen der Absätze 2 bis 5 nur auf die in Teil I Buchstabe D des Gesamtplans aufgelisteten Kapitel des Bundeshaushalts anzuwenden sind. Das sind nahezu alle Verwaltungskapitel (Kapitel ..12 ff) und das Zentralkapitel (..11). Die Fachkapitel sind bis auf wenige Ausnahmen (0410, 0504, 0710, 1403,1407 und 3002) von der Flexibilisierung ausgeschlossen. **382**

Die Flexibilisierungsregelungen des § 5 HG 2021 sind in Übersicht 12 zusammengestellt.

Übersicht 12: Deckungsfähigkeiten nach § 5 HG 2021

Für die in Teil I Buchstabe D des Gesamtplans aufgeführten Kapitel des Bundeshaushaltsplans gilt:	
Nach § 5 **Abs. 2** HG 2021 sind **innerhalb der einzelnen Kapitel** jeweils gegenseitig deckungsfähig:	
1.)	Ausgaben der Hauptgruppe 4 (ohne Gruppe 411 und ohne Titel 428.2) sowie Ausgaben der Titel 634.3)
2.)	Aus der Hauptgruppe 5 die Ausgaben der folgenden Titel: 511.1, 514.1, 517.1, 518.1, 519.1, 523.1, 525.1, 526.1, 526.2, 527.1, 527.3, 532.1, 532.2, 532.3, 539.9, 543.1, 544.1 und 545.1
3.)	Aus der Hauptgruppe 6 die Ausgaben der folgenden Titel: 632.9, 636.9, 671.9, 681.8, 681.9, 684.9, 686.9 und 687.9
4.)	Ausgaben der Gruppen 711 bis 739
5.)	Ausgaben der Hauptgruppe 8
Nach § 5 **Abs. 3** HG 2021 ist die Deckung zwischen den Ausgabenbereichen des Absatzes 2 in demselben Kapitel zulässig, aber nur bis zur Höhe von 20% der im Soll veranschlagten Summe des aufnehmenden Ausgabenbereichs. *Der Ausgabenbereich Nr. 1 ist dabei nur deckungsberechtigt, seine Einsparungen dürfen nicht zur Deckung der anderen Ausgabenbereiche herangezogen werden.*	

70 Vgl. hierzu die Ausführungen im Abschnitt 3.3.5.2.

Nach § 5 **Abs. 5** HG 2021 dürfen Mehrausgaben bei den flexibilisierten Titeln der Zentralkapitel (.11 und 0431, 0451) **aus den flexibilisierten Ausgaben der anderen Kapitel desselben Einzelplans** gedeckt werden. Dafür gilt: Die deckungspflichtigen Titel müssen demselben Ausgabenbereich nach Abs. 2 angehören wie der deckungsberechtigte Titel und beim deckungsberechtigten Titel muss über Soll *und eventuelle Ausgabereste* voll verfügt sein.

383 Die Neuregelung des § 5 HG seit 2013 zeigt, dass zumindest auf der Ebene der Einzelpläne ein weiterer **Schritt in Richtung Budgetierung** unternommen wurde. Bei einer Erweiterung der Deckungsfähigkeit innerhalb der einzelnen Kapitel gestattet nunmehr der neu aufgenommene Abs. 5 eine Deckungsfähigkeit **über die Kapitel hinweg** zugunsten des jeweiligen Zentralveranschlagungskapitels (..11) vorzunehmen. Damit kann das jeweilige Ministerium innerhalb seines Geschäftsbereichs bei der Ausführung des Haushaltsplans weitere, nicht unerhebliche Verlagerungen von Haushaltsmitteln vornehmen. Das Parlament begnügt sich mehr und mehr mit der Festlegung des Budgets für den Einzelplan.

384 Die Abbildung 39 soll die durch **§ 5 Abs. 2 und 3 HG** geschaffenen Deckungsmöglichkeiten auf Kapitelebene noch einmal graphisch verdeutlichen.

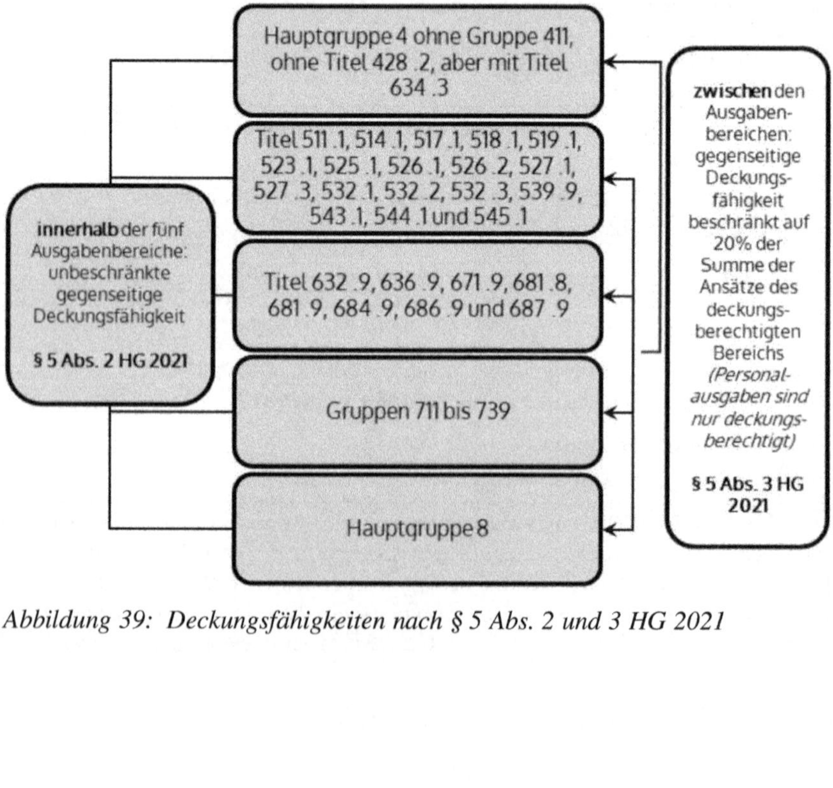

Abbildung 39: Deckungsfähigkeiten nach § 5 Abs. 2 und 3 HG 2021

Die gemäß § 5 Abs. 2 und 3 HG zugelassenen Deckungsfähigkeiten innerhalb der einzelnen Kapitel können **gleichrangig** in Anspruch genommen werden; für eine Verstärkung nach § 5 Abs. 3 HG ist die vorherige Ausschöpfung der Deckungsmöglichkeiten nach § 5 Abs. 2 HG nicht Voraussetzung.[71] 385

- Redaktionell wird im Haushaltsplan bei den flexibilisierten Kapiteln unter dem Wort „Ausgaben" ein Haushaltsvermerk ausgebracht, der auf die Gültigkeit der Flexibilisierungsregelungen verweist. Ggf. werden an dieser Stelle durch Ergänzungen zum Vermerk weitere Titel einbezogen oder ausgeschlossen (Einzelfallregelungen gem. § 5 Abs. 1 HG). Werden Titel einbezogen, sind sie nach Maßgabe ihrer Hauptgruppenzugehörigkeit den Nummern 1 bis 5 zuzuordnen. Sie erhöhen dann zugleich für den jeweiligen Ausgabenbereich die Basis für die 20 %-ige hauptgruppenübergreifend Deckungsfähigkeit nach Abs. 3. 386
- In den einzelnen Kapiteln werden zunächst die nicht-flexibilisierten Ausgaben, danach die flexibilisierten Ausgaben ausgebracht. Der flexibilisierte Teil beginnt mit einer „Zusammenstellung der flexibilisierten Ausgaben nach § 5 HG". Dort werden auch die Summen der flexibilisierten Hauptgruppen ausgewiesen, die Basis für die Berechnung der 20 %-Regelung des § 5 Abs. 3 HG sind (s. Abbildung 40).

71 Vgl. Nr. 3 des BMF-Rundschreibens vom 23.11.2015 zur Bedarfsprüfung, Bildung und Inanspruchnahme von Ausgaberesten im flexibilisierten Bereich. Die Gleichrangigkeit der Deckungsfähigkeit wird im Übrigen auch in der Gesetzesbegründung zum Entwurf des HG 2021 betont. (Vgl. Entwurf eines Haushaltsgesetzes über die Feststellung des Bundeshaushaltsplans für das Haushaltsjahr 2021 (Haushaltsgesetz 2021), Begründung zu § 5 Abs. 3, BT-Drs. 19/22600 vom 25.09.2020).

0625 Bundespolizei

Titel Funktion	Zweckbestimmung	Soll 2021 1 000 €
	AUSGABEN	
	Haushaltsvermerk Es gelten die Flexibilisierungsregelungen gem. § 5 Abs. 2 bis 5 HG. In die Flexibilisierung einbezogen sind auch Tit. 517 02, 527 04, 671 03 und 671 04. Ausgenommen ist Tgr. 02	
518 02	Mieten und Pachten im Zusammenhang mit dem Einheitlichen Liegenschaftsmanagement	217 364
532 04	Verwendung, Einsätze und Maßnahmen der Bundespolizei außerhalb des Bundesgebiets	42 707
632 01	Erstattungen von Verwaltungsausgaben an Länder	2 466
…	…	…
812 23	Erwerb von Kontrollgerät	60 200
	Flexibilisierte Ausgaben	
	Zusammenstellung der flexibilisierten Ausgaben nach § 5 HG	
	Aus Hauptgruppe 4	2 445 341
	Aus Hauptgruppe 5	388 608
	Aus Hauptgruppe 6	92 127
	Aus Hauptgruppe 7	82 972
	Aus Hauptgruppe 8	624 190
	Zusammen	3 633 238
F 422 01	Bezüge und Nebenleistungen der planmäßigen Beamtinnen und Beamten	1 869 379
F 422 02	Bezüge und Nebenleistungen der beamteten Hilfskräfte	-
F 422 03	Bezüge der Anwärterinnen und Anwärter sowie Nebenleistungen der Beamtinnen und Beamten auf Widerruf im Vorbereitungsdienst	150 872
F 517 02	Kosten für die Bewachung von Dienstgebäuden	12 934
…	…	…

Abbildung 40: Darstellung der flexibilisierten Ausgaben im Haushaltsplan

387 In dem Auszug aus dem **Kapitel 0625**-Bundespolizei (Abbildung 40) ist der Titel 812 23 bei den nicht-flexibilisierten Titeln aufgeführt, obwohl nach § 5 Abs. 2 Nr. 5 HG 2021 alle Titel der Hauptgruppe 8 flexibilisiert sind. Das liegt daran, dass dieser Titel der Titelgruppe 02 angehört (erkennbar an der Ziffer 2 statt der 0 in der 4. Stelle des Titels) und diese Titelgruppe im Kapitel 0625 durch Haushaltsvermerk (unter dem Wort „Ausgaben“) explizit aus der Flexibilisierung ausgenommen wurde (Einzelfallregelung gem. § 5 Abs. 1 HG). Im Gegenzug ist aufgrund dieses Vermerks der Titel 517 02 hier ein flexibilisierter Titel, obwohl er in § 5 Abs. 2 Nr. 2 HG nicht genannt ist.

Während nun alle Titel innerhalb eines Ausgabebereichs, also innerhalb der jeweiligen flexibilisierten Hauptgruppe (einschließlich der durch Haushaltsvermerk einbezogenen Titel) nach § 5 Abs. 2 HG zu 100% gegenseitig deckungsfähig sind, dürfen zusätzlich nach § 5 Abs. 3 HG 2021 noch folgende Verlagerungen von Haushaltsmittel in unserem Beispiel vorgenommen werden:

- in die Hauptgruppe 4: insgesamt bis zu 489,0688 Mio. € (= 20 % von 2.445,341 Mio. €) aus den flexibilisierten Hauptgruppen 5, 6, 7 und 8, sofern es dort entsprechende Einsparungen gibt (einseitige Deckungsfähigkeit zugunsten des Bereichs Nr. 1);
- in die Hauptgruppe 5: bis zu 77,7216 Mio. € (20 % von 388,608 Mio. €) aus den Hauptgruppen 6, 7 und 8 (gegenseitige Deckungsfähigkeit unter den Ausgabebereichen Nr. 2 bis 5);
- in die Hauptgruppe 6: bis zu 18,4274 Mio. € (20% von 92,127 Mio. €) aus den Hauptgruppen 5, 7 und 8;
- in die Hauptgruppe 7: bis zu 16,594 Mio. € (20% von 82,972 Mio. € aus den Hauptgruppen 5, 6 und 8 und
- in die Hauptgruppe 8: bis zu 124,838 Mio. € (20 % von 624,19 Mio. €) aus den Hauptgruppen 5, 6 und 7.

Erlaubt sei der Hinweis, dass sich die 20%-Grenze des § 5 Abs. 3 HG auf das 388
gesamte Haushaltsjahr bezieht und nicht etwa pro Vorgang Anwendung findet.

Neben den weitreichenden Flexibilisierungsregelungen nach § 5 Abs. 2 bis 5 HG 389
sehen die jährlichen Haushaltsgesetze (in § 6) noch **weitere Möglichkeiten der Deckungsfähigkeit** vor:

- Eine spezielle Regelung ist für **Titel 518.2** (Mieten und Pachten im Zusammenhang mit dem Einheitlichen Liegenschaftsmanagement) in § 6 (4) HG getroffen: Mehrausgaben bei Titel 518.2 (nicht-flexibilisierter Titel) sind bis zur Höhe von Einsparungen bei allen flexibilisierten Titeln eines (flexibilisierten) Kapitels möglich. (*einseitige* Deckungsfähigkeit).
- Für die Kapitel, auf die die Regelungen des § 5 Abs. 2 bis 5 des Haushaltsgesetzes nicht anwendbar sind (**nicht flexibilisierte Kapitel**), können die obersten Bundesbehörden nach § 6 Abs. 3 Nr. 1 HG 2021 die Deckungsfähigkeit der Ausgaben bei Titeln der Gruppen 511 bis 525, 527 und 539 innerhalb eines Kapitels anordnen, soweit
  - die Mittel nicht übertragbar sind,
  - die Mehrausgaben des Einzeltitels nicht mehr als 20 % betragen und
  - die Maßnahme wirtschaftlich zweckmäßig erscheint.

Zudem können Mehrausgaben bei Titel 526.1 (Sachverständige, Gerichts- und 390
ähnliche Kosten) gegen Einsparungen bei anderen Ausgaben der Obergruppen 51

bis 54 desselben Einzelplans gedeckt werden (§ 6 Abs. 3 Nr. 3 HG 2021 – *einseitige* Deckungsfähigkeit)

391 **Beachte aber:** Da die in § 6 Abs. 3 HG genannten Titel nur in Verwaltungskapiteln vorkommen, diese aber in aller Regel nach § 5 Abs. 2 HG flexibilisiert sind, hat die **Regelung des § 6 Abs. 3 HG in der Praxis kaum noch Bedeutung.** Bei den Kapiteln, die nicht-flexibilisiert sind, handelt es sich um die Umsetzung politischer Programme der einzelnen Ressorts.

5.4.2.2.3 Deckungsfähigkeit kraft Haushaltsvermerk im Haushaltsplan

392 § 20 Abs. 2 BHO lässt die Erklärung der einseitigen und gegenseitigen Deckungsfähigkeit durch Haushaltsvermerk zu, wenn

- ein verwaltungsmäßiger oder sachlicher Zusammenhang besteht oder
- eine wirtschaftliche und sparsame Verwendung gefördert wird.

Ein verwaltungsmäßiger oder sachlicher Zusammenhang kann nach den VV Nr. 3 zu § 20 BHO „angenommen werden, wenn die Ausgaben oder Verpflichtungsermächtigungen der Erfüllung ähnlicher oder verwandter Zwecke dienen."

393 Wie Deckungsvermerke aussehen, verdeutlicht Abbildung 41. Solche Vermerke sind zumindest in den Verwaltungskapiteln des Bundeshaushaltsplans relativ selten geworden, da die seit 1998 praktizierte Flexibilisierung nach § 5 HG eine großzügige Verlagerung der Ausgaben zulässt und ergänzende Regelungen durch Haushaltsvermerke weitgehend überflüssig macht. In den Fachkapiteln der jeweiligen Einzelpläne sind solche Vermerke jedoch häufig zu finden.

Beispiel für die einseitige Deckungsfähigkeit kraft Vermerks:

Deutscher Wetterdienst 1220

Titel Funktion	Zweckbestimmung	Soll 2021 1 000 €
685 02 -046	Zuschüsse für Forschungsprogramme *Haushaltsvermerk*: Mehrausgaben dürfen bis zur Höhe der Einsparungen bei folgendem Titel geleistet werden: 544 01.	1 568
F 544 01 -046	Forschung, Untersuchung und Ähnliches *Haushaltsvermerk:* Einsparungen dienen zur Deckung von Mehrausgaben bei folgendem Titel: 685 02.	221

Beispiel für die gegenseitige Deckungsfähigkeit kraft Vermerks:

Innovation, Technologie und Neue Mobilität 0901

Titel Funktion	Zweckbestimmung	Soll 2021 1 000 €
685 31 -164	Deutsches Zentrum für Luft- und Raumfahrt e.V. - Betrieb *Haushaltsvermerk:* Die Ausgaben sind mit folgendem Titel *gegenseitig* deckungsfähig: 894 31.	546 661
894 31 -164	Deutsches Zentrum für Luft- und Raumfahrt e.V. - Investitionen *Haushaltsvermerk:* Die Ausgaben sind mit folgendem Titel *gegenseitig* deckungsfähig: 685 31.	83 765

Abbildung 41: Beispiele für einseitige und gegenseitige Deckungsfähigkeit durch Haushaltsvermerke

Der gemäß § 20 Abs. 2 BHO verlangte sachliche Zusammenhang zwischen den jeweils deckungsfähigen Titeln in den Beispielen der Abbildung 41 dürfte evident sein. **394**

5.4.2.3 Inanspruchnahme der Deckungsfähigkeit im Haushaltsvollzug

395 Bisher wurde nur die **Grundvoraussetzung** für eine Deckungsfähigkeit zwischen den Ausgabenansätzen erörtert: die jeweiligen Titel müssen deckungsberechtigt bzw. deckungspflichtig sein (geboren oder gekoren). Ehe aber eine Umbuchung des deckungspflichtigen Ausgabenansatzes auf den deckungsberechtigten Ausgabenansatz im HKR-Verfahren erfolgen darf, müssen nach § 46 BHO sowie – genauer noch – nach VV Nr. 1 zu § 46 BHO **weitere Voraussetzungen** gegeben sein:

a. Die Mittel bei dem deckungsberechtigten (-nehmenden) Titel müssen zuerst voll verbraucht sein.

Das heißt, erst wenn im betreffenden Titel alle Mittel verausgabt sind oder aber der Ansatz aufgrund bestehender Verpflichtungen rechtlich gebunden (festgelegt) worden ist, darf auf den anderen (deckungsgebenden) Titel zurückgegriffen werden. Genaueres regelt Nr. 1.5 des Haushaltsführungsrundschreiben BMF 2021 vom 18.12.2020.

b. Beim deckungspflichtigen (-gebenden) Ansatz müssen die verbleibenden Mittel voraussichtlich ausreichen, um alle dort erforderlichen Ausgaben zu leisten. Einsparungen müssen möglich sein.

- Das heißt, Priorität haben die Ausgaben des deckungspflichtigen (-gebenden) Ansatzes, was sich auch schon aus dem Grundsatz der sachlichen Bindung nach § 45 Abs. 1 BHO ergibt. Wird nach erfolgter Verlagerung der Mittel ein weiterer Bedarf beim deckungspflichtigen Titel festgestellt, muss die Inanspruchnahme der Deckungsfähigkeit durch eine Korrekturbuchung rückgängig gemacht werden.

c. Beim deckungsberechtigten Ansatz darf es keine Verfügungsbeschränkungen geben. Das können z.B. Haushaltssperren oder Wegfallvermerke sein.

- Das heißt, hier muss zuerst die Sperre durch das BMF (einfache Sperre) oder den Haushaltsausschuss des Bundestages (qualifizierte Sperre) aufgehoben werden, bevor die Deckungsfähigkeit in Anspruch genommen werden kann. Sperre gilt vor Deckungsfähigkeit!

396 Anmerkung zur Deckungsfähigkeit in der Ausführungsphase:

- im HKR-Verfahren wird eine „Solländerung" vom deckungspflichtigen (-gebenden) zum deckungsberechtigten (-nehmenden) Titel vorgenommen;
- es erfolgen also zwei Buchungen, zuerst die Solländerung, dann die Ausgaben-Buchung beim deckungsberechtigten Titel;
- mit der Solländerung wird sichergestellt, dass Minderausgaben beim deckungspflichtigen Titel nicht zugleich als Ausgabereste ins neue Jahr übernommen werden können.

5.4.2.4 Die globalen Minderausgaben als Ausnahme vom Grundsatz der Einzelveranschlagung

Die **globale Minderausgabe** ist ein im Haushaltsrecht nicht geregeltes Instrument. Sie wird in der Phase der Haushaltsaufstellung als pauschale Minderausgabe bei einem Titel der Gruppe 972 als besondere Finanzierungsausgabe mit einem Minuszeichen vor dem Haushaltsansatz veranschlagt (vgl. Abbildung 42). **397**

Mit dem Instrument der globalen Minderausgabe verzichtet das Parlament bewusst auf eine gezielte Ausgabenkürzung und überlässt es dem BMF bzw. den Ressorts, an welcher Stelle genau die Ausgabenkürzung erwirtschaftet wird. Das BMF legt dann auch in seinen jährlichen Rundschreiben zur Haushaltsführung für den gesamten Bundeshaushalt fest, dass neben gesperrten Titeln und den Titeln 518.2 (Mieten/Pachten im Zusammenhang mit dem Einheitlichen Liegenschaftsmanagement) auch Titel der Hauptgruppen 7 und 8 (Investitionsausgaben) als Einsparstellen grundsätzlich ausscheiden.[72] **398**

0611 Zentral veranschlagte Verwaltungseinnahmen und -ausgaben

Titel Funktion	Zweckbestimmung	Soll 2021 1 000 €	Soll 2020 Reste 2020 1 000 €	Ist 2019 1 000 €
	Besondere Finanzierungsausgaben			
972 09 -880	Globale Minderausgabe	-105 899	-53 138	-

Abbildung 42: Globale Minderausgabe

72 Vgl. z.B. BMF (18.12.2020), Rundschreiben zur Haushaltsführung 2021, Nr. 1.4.

5.4.3 Zusammenfassung

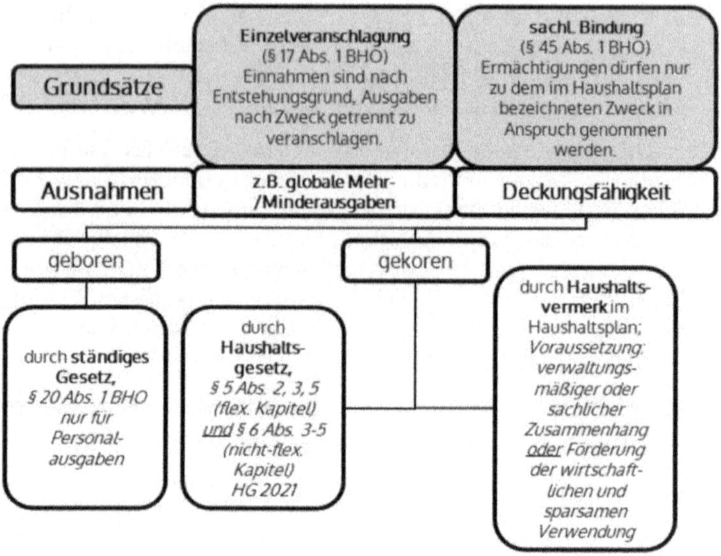

399 *Abbildung 43: Einzelveranschlagung, sachliche Bindung und Ausnahmen*

Beachte:
1. **Geborene** Deckungsfähigkeit gibt es **nur bei** einigen **Personalausgaben** des Bundes (Deckungsfähigkeit gem. § 20 Abs. 1 BHO);
2. Durch Haushaltsgesetz werden **Flexibilisierungsinstrumente** geschaffen, die innerhalb der Verwaltungskapitel alle 4er Titel (ohne Titel der Gruppe 411 und Titel 428.2), viele 5er Titel, eine Reihe von 6er und 7er Titeln und alle 8er Titel in die gegenseitige Deckungsfähigkeit einbeziehen (§ 5 Abs. 2 HG). Damit sind knapp **die Hälfte aller Titel** von der Flexibilisierung betroffen.
3. Auch über die einzelnen Hauptgruppen hinweg besteht Deckungsfähigkeit: es dürfen zusätzliche Mehrausgaben bis zur Höhe von jeweils 20% der Summe der in der aufnehmenden Hauptgruppe veranschlagten flexibilisierten Ausgaben aus Einsparungen bei Ausgaben anderer Hauptgruppen des Absatzes 2 Nr. 2 bis 5 geleistet werden (§ 5 Abs. 3 HG 2021).
   Die Summe der flexibilisierten Ausgaben je Hauptgruppe ist im jeweiligen Kapitel zu Beginn des flexibilisierten Ausgabenteils ausgewiesen („Zusammenstellung der flexibilisierten Ausgaben nach § 5 HG").
4. In die Flexibilisierungsregelungen des § 5 HG können im Einzelfall durch Haushaltsvermerk weitere Titel einbezogen oder auch ausgeschlossen werden (§ 5 Abs. 1 HG 2021).
5. Weitere Möglichkeiten der Deckungsfähigkeit nach dem Bundeshaushaltsgesetz 2021:

- Nach § 6 Abs. 4 HG dürfen Mehrausgaben beim Titel 518.2 (nicht flexibilisierter Titel) bis zur Höhe von Einsparungen bei allen anderen flexibilisierten Titel eines Kapitels geleistet werden.
- Für die Kapitel, auf die die Regelungen nach § 5 HG 2021 nicht anwendbar sind, erlaubt § 6 Abs. 3 Nr. 1 bis 3 HG eine begrenzte Deckungsfähigkeit im Bereich der Hauptgruppe 5, doch sind diese Regelungen für die Praxis kaum von Bedeutung.

5.5 Jährlichkeit und zeitliche Bindung

5.5.1 Der Grundsatz

Der Haushaltsplan wird für ein oder mehrere Rechnungsjahre, **nach Jahren getrennt**, vor Beginn des ersten Rechnungsjahres durch das Haushaltsgesetz festgestellt (Art. 110 Abs. 2 GG). 400

Damit bestimmt das Grundgesetz, dass – bei grundsätzlich bestehender Möglichkeit zur Verabschiedung mehrjähriger Haushalte – ein Haushaltsplan nur für ein Jahr gilt. Dieses Jahr ist nach § 4 Satz 1 BHO identisch mit dem Kalenderjahr. Die durch Grundgesetz gegebene Möglichkeit, Haushaltspläne für mehrere Jahre aufzustellen, präzisiert § 1 BHO für den Bundeshaushalt auf **zwei** Jahre. Die Länder haben über ihre jeweilige LHO die gleiche Regelung getroffen. 401

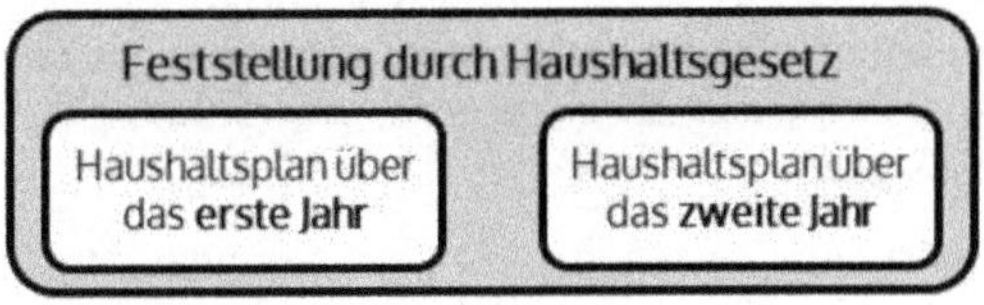

Abbildung 44: Doppelhaushalt

Die Möglichkeit, durch ein Haushaltsgesetz zwei Haushaltspläne festzustellen, ist geschaffen worden, um das Verfahren zu vereinfachen. Das aufwendige Aufstellungsverfahren und das Gesetzgebungsverfahren laufen damit nur einmal für zwei Haushalte ab. Außerdem ist für den zweiten Haushalt die Einhaltung des Grundsatzes der Vorherigkeit gesichert. Problematisch ist beim Doppelhaushalt, dass die Haushaltsansätze für das zweite Jahr wegen des langen Prognosezeitraums zwangsläufig ungenau sind. Die Vorteile der Arbeitsentlastung der Verwaltung und des Parlaments können durch die Notwendigkeit eines Nachtragshaushalts unter Umständen wieder zunichte gemacht werden. 402

Im Bereich der **Bundesländer** wird von der Möglichkeit des Doppelhaushalts häufig Gebrauch gemacht. Wegen der Ausgabenstruktur des Bundes und seines besonderen konjunkturpolitischen Gewichts ist dort in vollem Umfang ein Doppelhaushalt nie praktiziert worden.

403 Die **zeitliche Bindung** ist eine konsequente Folge der Jährlichkeit. Ausgaben dürfen nach § 45 Abs. 1 BHO nur bis zum Ende des Haushaltsjahrs geleistet werden. Bis dahin nicht verbrauchte Ausgabeermächtigungen dürfen grundsätzlich nicht in das nächste Jahr übernommen werden.

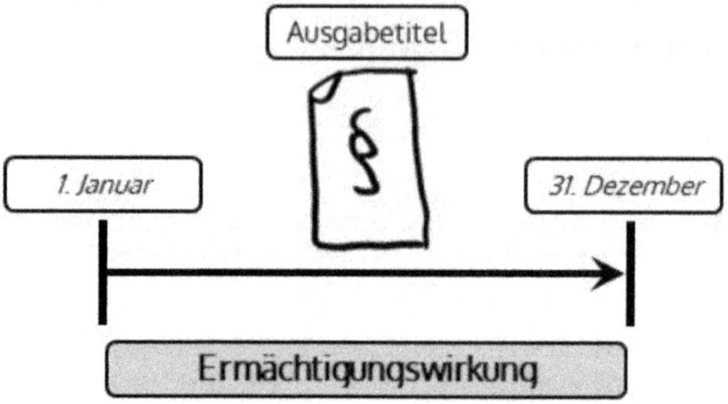

Abbildung 45: Jährliche Geltungsdauer der Haushaltsermächtigungen

404 Der Grundsatz der Jährlichkeit und zeitlichen Bindung (= zeitliche Spezialität) soll für die Haushaltsplanung übersichtliche Zeiträume schaffen, um den Finanzbedarf möglichst exakt ermitteln zu können. Zudem erleichtern die relativ kurzen Abrechnungszeiträume die Kontrolle der Haushaltswirtschaft, unterstützen also die Rechts- und Kontrollfunktion des Haushaltsplans.

405 Ein Nachteil der zeitlichen Bindung ist darin zu sehen, dass Verwaltungen immer wieder dazu neigen, gegen Ende eines Haushaltsjahres nicht verbrauchte Ausgabeermächtigungen ohne zwingende Notwendigkeit unter Vernachlässigung des Grundsatzes der Sparsamkeit auszuschöpfen („Dezemberfieber"). Dahinter steht oft die Befürchtung, ein wirtschaftliches Verhalten würde zu einer Kürzung der Mittelzuweisung in der Zukunft führen, da die zuweisende Behörde vom Ist-Ergebnis ausginge.

406 Der statistisch zu belegende Ausgabenanstieg im vierten Quartal kann aber auch ganz natürliche Ursachen haben. Viele Abrechnungen – gerade auch im Baubereich – werden erst im vierten Quartal vorgenommen. Auch die personalbezogenen Sonderzahlungen in Gestalt des Weihnachtsgeldes für die Tarifbeschäftigten fallen naturgemäß in diese Zeit. Außerdem warten viele Mittelbewirtschafter wegen der Unwägbarkeiten im Ablauf eines Jahres mit größeren, gleichwohl erforderlichen Anschaffungen bis zum Jahresende.

Von der jährlichen Vollzugsperiode gibt es keine Ausnahme. Wie bereits dargestellt, gilt auch innerhalb eines Doppelhaushalts jeder Haushaltsplan nur ein Jahr. Die im Folgenden beschriebenen Ausnahmen beziehen sich also ausschließlich auf die zeitliche Bindung. 407

5.5.2 Die Ausnahme: Übertragbarkeit

5.5.2.1 Arten der Übertragbarkeit

Übertragbarkeit ist die Möglichkeit, Ausgaben, die am Ende des Haushaltsjahres noch nicht geleistet worden sind, für die jeweilige Zweckbestimmung über das Haushaltsjahr hinaus als Ausgabereste verfügbar zu halten.[73] 408

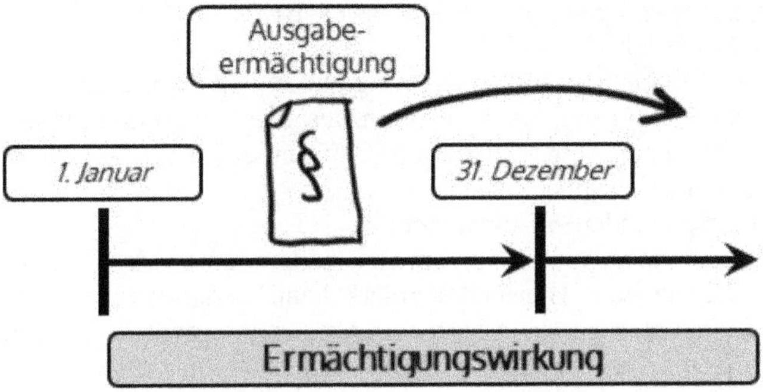

Abbildung 46: Übertragung der Ausgabeermächtigung

Mit dieser Möglichkeit wird auch eine sparsame Bewirtschaftung der Mittel gefördert, da der vermeintliche „Zwang“, die nicht verbrauchten Mittel noch vor Jahresende auszugeben, entfällt. 409

Welche Ausgaben übertragbar sind, ergibt sich aus § 19 Abs. 1 BHO. Nach dieser Vorschrift sowie nach dem Haushaltsgesetz kann man wiederum drei Ausgabengruppen unterscheiden:

73 VV Nr. 1 zu § 19 BHO.

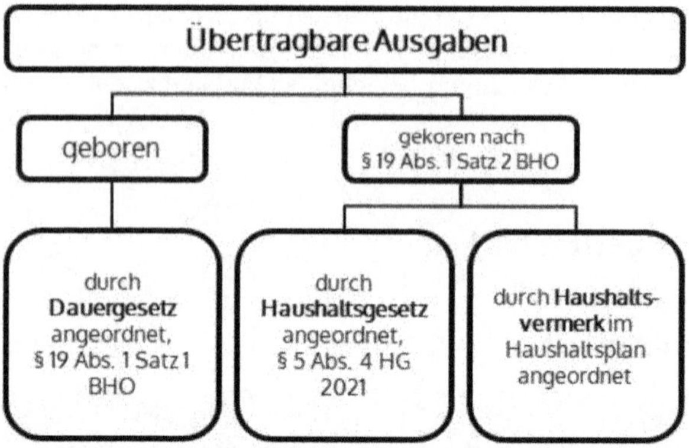

Abbildung 47: Arten der Übertragbarkeit

410 **Kraft BHO übertragbar** sind gem. § 19 Abs. 1 Satz 1 BHO:

- Ausgaben für Investitionen:
  Diese sind im Haushaltsplan an ihrer Zugehörigkeit zu den Hauptgruppen 7 und 8 (Baumaßnahmen und sonstige Investitionsausgaben) erkennbar. In der Praxis heißt das: alle Titel, deren Titelnummer mit einer 7 oder 8 beginnt, beinhalten übertragbare Ausgaben.
- Ausgaben aus zweckgebundenen Einnahmen:
  Hier handelt es sich um eine Ausnahme vom Haushaltsgrundsatz der Gesamtdeckung. Durch Gesetz oder Haushaltsvermerk kann vorgesehen werden, dass bestimmte Einnahmen nur für bestimmte Ausgaben verwendet werden dürfen.

411 Bei Ausgaben aus zweckgebundenen Einnahmen ist zu beachten, dass nur Ausgaben aus einer *echten* Zweckbindung übertragbar sind. (Mehr-) Ausgaben aus unechter Zweckbindung (Verstärkungsvermerke) dürfen nur bis zum Ende des jeweiligen Haushaltsjahres geleistet werden (vgl. hierzu Abschnitt 5.3.2).

Für die Fälle der geborenen Übertragbarkeit nach § 19 Abs. 1 Satz 1 BHO ist ein Übertragbarkeitsvermerk im Haushaltsplan nicht auszubringen (VV Nr. 2 zu § 19 BHO).

412 Zusätzlich zur BHO erklärt § 5 Absatz 4 der **jährlichen Haushaltsgesetze** die in Absatz 2 als deckungsfähig genannten Titel auch für übertragbar. Die Regelung gilt auch für Titel, die durch Haushaltsvermerk in die Flexibilisierung einbezogen werden, Die Flexibilisierung nach § 5 HG begründet also nicht nur eine erweiterte Deckungsfähigkeit, sondern auch eine erweiterte Übertragbarkeit.

413 Nach § 5 Abs. 4 HG 2021 sind danach übertragbar:

- die Titel der Hauptgruppe 4 (Personalausgaben, ohne Titel der Gruppe 411 und Titel 428.2) sowie Titel 634.3 (Zuweisungen an den Versorgungsfonds),

- die in Abs. 2 genannten Titel der Hauptgruppe 5 (sächliche Verwaltungsausgaben),
- die in Abs. 2 genannten Titel der Hauptgruppe 6 (Zuweisungen und Zuschüsse) sowie
- die Titel der Gruppen 711 bis 739 sowie
- die Titel der Hauptgruppe 8.

In der Gesetzesbegründung zu § 5 Abs. 4 wird stets darauf hingewiesen, dass sich die Übertragbarkeit der flexibilisierten Ausgaben der Hauptgruppen 7 und 8 auch aus § 19 Abs. 1 der BHO (Übertragbarkeit der Ausgaben für **Investitionen**) ergebe.[74] Der Gesetzgeber beabsichtigt also mit dem Haushaltsgesetz (Spezialgesetz) keine Einschränkung der Regelungen der BHO (allgemeines Gesetz) bezüglich der Übertragbarkeit der Investitionen der Hauptgruppe 7 (Baumaßnahmen). Die scheinbar unnötige Einbeziehung der flexibilisierten Ausgaben der Hauptgruppen 7 und 8 in die Übertragbarkeit nach § 5 Abs. 4 HG bringt aber Vorteile hinsichtlich der Einsparauflagen nach § 45 Abs. 3 BHO, wie wir gleich noch ausführen werden. 414

Die Erklärung der Übertragbarkeit für weitere Ausgaben durch **Haushaltsvermerk im Haushaltsplan** ist möglich, wenn dies ihre wirtschaftliche und sparsame Verwendung fördert (§ 19 Abs. 1 S. 2 BHO). 415

An einem Beispiel (Abbildung 48) sollen alle Varianten der Übertragbarkeit verdeutlicht werden:

74 Vgl. z.B. Entwurf HG 2021, Begründung zu § 5 Absatz 4, BT-Drs. 19/22600 vom 25.9.2020.

Titel Funktion	Zweckbestimmung	Soll 2021 1 000 €
	Einnahmen	
282 09	Einnahmen aus Sponsoring, Spenden und ähnlichen freiwilligen Geldleistungen Haushaltsvermerk: Mehreinnahmen sind wegen rechtsverbindlicher Verwendungsauflage Dritter zweckgebunden. Sie dienen nur zur Leistung der Ausgaben bei folgendem Titel: 547 09.	-
	Ausgaben Haushaltsvermerk: *Es gelten die Flexibilisierungsregelungen gem. § 5 Abs. 1 bis 5 HG. In die Flexibilisierung einbezogen ist auch Tit. 687 01.*	
F 511 01	Geschäftsbedarf und Kommunikation ...	320
532 06	Maßnahmen zur Durchführung des Gesetzes zum Schutz gegen Fluglärm *Haushaltsvermerk:* Die Ausgaben sind übertragbar.	562
547 09	Ausgaben für Vorhaben, die aus Vorhaben aus Spenden, Sponsoring und ähnlichen freiwilligen Geldleistungen finanziert werden. *Haushaltsvermerk:* Mehrausgaben dürfen bis zur Höhe der zweckgebundenen Mehreinnahmen bei folgendem Titel geleistet werden: 282 09.	-
F 687 01	Mitgliedsbeitrag im Ausland	210
741 01	Sonstige Baumaßnahmen im Inland	8 800

Abbildung 48: Geborene und gekorene Übertragbarkeit – ein Beispiel

416 Im Beispiel liegt bei allen fünf Ausgabetiteln Übertragbarkeit vor:

- Bei Titel 511 01 besteht Übertragbarkeit, da der Titel nach § 5 Abs. 4 i.V.m. Abs. 2 **HG** flexibilisiert ist;
- bei Titel 532 06 besteht Übertragbarkeit kraft des im Haushaltsplan ausgebrachten (Übertragungs-) **Vermerks**;
- bei Titel 547 09 besteht Übertragbarkeit, da es sich um eine Ausgabe aus (echt) zweckgebundenen Einnahmen handelt (§ 19 Abs. 1 **BHO**);
- bei Titel 687 01 besteht Übertragbarkeit, da der Titel durch Haushaltsvermerk in die Flexibilisierung nach § 5 Abs. 2 bis 5 HG **einbezogen** wurde;
- bei Titel 741 01 besteht Übertragbarkeit, da es sich hier um eine geborene Übertragbarkeit nach § 19 Abs. 1 **BHO** handelt (Bau**investitionen**).

417 Nicht übertragbar sind im Übrigen Verpflichtungsermächtigungen. Dies ergibt sich schon aus der Formulierung des § 19 Abs. 1 BHO, wo ausschließlich von Ausgaben gesprochen wird. Klärung verschafft die VV Nr. 3 zu § 19 BHO.

5.5.2.2 Das Verfahren der Ausgabenübertragung

Unabhängig davon, ob die Übertragbarkeit kraft Gesetz oder durch Haushaltsvermerk besteht, ist Übertragbarkeit immer nur die *Möglichkeit*, nicht verbrauchte Ausgabeermächtigungen in das nächste Jahr zu übernehmen. Die Übertragung der Ausgabeermächtigungen erfolgt nicht automatisch. Vielmehr muss in der Höhe, in der nicht verbrauchte Mittel voraussichtlich im Folgejahr benötigt werden, ein Ausgaberest gebildet werden. Die Reste bleiben dann für denselben Zweck über das Haushaltsjahr hinaus zwei Jahre lang verfügbar (§ 45 Abs. 2 BHO). 418

Ausgabereste dürfen nach § 45 Abs. 2 BHO in Verbindung mit VV Nr. 3 zu § 45 BHO nur gebildet werden, wenn 419

1. es sich um eine übertragbare Ausgabe handelt,
2. der Zweck der Ausgaben fortdauert, also das Ziel, das mit der Bewilligung verfolgt wurde, noch nicht erreicht ist,
3. ein wirtschaftliches oder sonstiges sachliches Bedürfnis für die Bildung besteht und
4. bei Ausgaben aus zweckgebundenen Einnahmen entsprechende Einnahmen tatsächlich eingegangen sind.

Die **Bildung der Ausgabereste** erfolgt nach Abschluss des Haushaltsjahres, also zu Beginn des neuen Haushaltsjahres, durch die oder den Beauftragte(n) für den Haushalt (BfdH) der jeweiligen Behörde. Sie oder er stellt fest, in welcher Höhe übertragbare Ausgaben im abgelaufenen Haushaltsjahr nicht geleistet worden sind und entscheidet, ob und in welcher Höhe Ausgabereste gebildet werden sollen.[75] Dabei besteht ein Ermessensspielraum. 420

In der Höhe, in der über nicht verbrauchte Ermächtigungen bei einem übertragbaren Titel kein Ausgaberest gebildet wird, werden die Ermächtigungen nicht in das nächste Jahr vorgetragen. Sie verfallen gemäß dem Grundsatz der zeitlichen Bindung. 421

Das nachfolgende **Beispiel** für die Bildung eines Ausgaberestes (Abbildung 49) soll auch die haushaltsmäßigen Konsequenzen einer Übertragung verdeutlichen. 422

75 Vgl. VV Nr. 3.3.5 zu § 9 BHO.

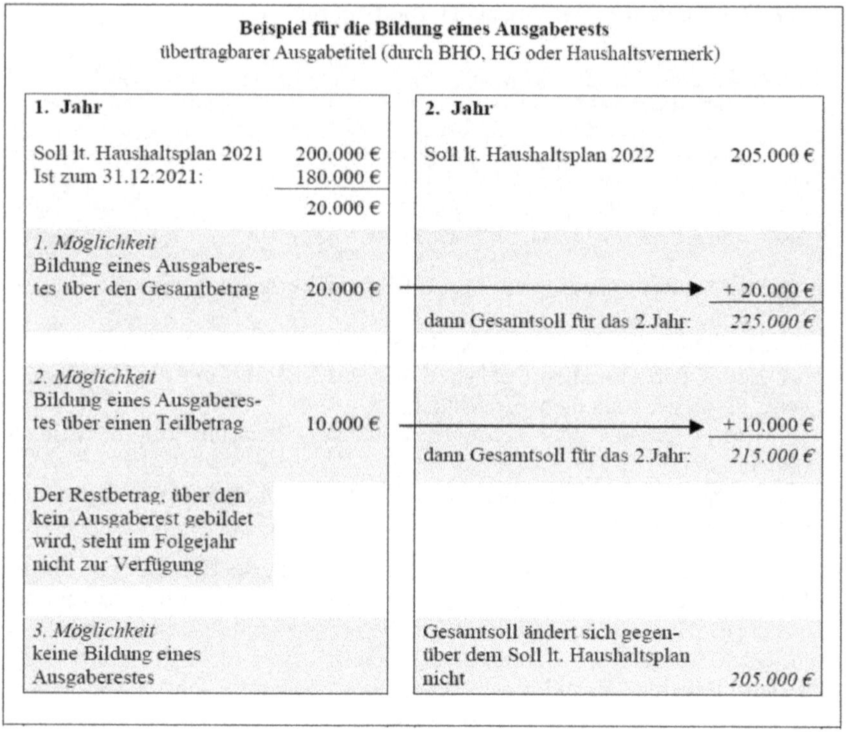

Abbildung 49: Bildung von Ausgaberesten

423 Das Beispiel zeigt, dass sich die Ausgabeermächtigungen laut Haushaltsplan durch die (schon aufgrund der Vorherigkeit nicht im Haushaltsplan des 2. Jahres enthaltenen) Übertragung von Ausgaberesten erhöhen. Es besteht ein „Schattenhaushalt“ aus übertragenen Ausgabeermächtigungen, der wegen der nicht entsprechend mit anwachsenden Finanzierungsmittel zu einer Unausgeglichenheit des Haushaltsplans führen würde.

424 Nur durch gesonderte Veranschlagung von Ausgaben in Höhe der zu erwartenden Ausgabereste oder durch Einsparungen in Höhe der übernommenen Ausgabereste an anderer Stelle im Haushalt kann die Ausgeglichenheit des Plans aufrechterhalten werden. Das ist der Hintergrund der Bestimmung des § 19 Abs. 2 BHO. Auch die Erfordernis der **Einwilligung des Bundesministeriums der Finanzen** für die Inanspruchnahme der Ausgabereste (§ 45 Abs. 3 BHO) ist vor dem Hintergrund des Haushaltsausgleichs zu verstehen.

Wenn auch § 19 Abs. 2 BHO beide Optionen – gesonderte Veranschlagung von Ausgaben für Ausgabereste oder Einsparungen in Höhe der Ausgabereste im neuen Jahr – zulässt, wurde in der Haushaltspraxis doch ganz überwiegend der Weg des Sparens gegangen. Hierbei lässt es § 45 Abs. 3 BHO offen, ob die **Einsparung** in demselben Einzelplan oder im Gesamthaushalt (also auch in anderen Einzelplänen) erfolgt. **425**

Bis zur Einführung der Flexibilisierung im Jahre 1998 hat das Bundesministerium der Finanzen einer Einsparung im **Gesamthaushalt** nicht zugestimmt und damit die erforderlichen Einsparungen auf die jeweiligen **Einzelpläne** übertragen. Die Ressortminister(innen) wiederum haben durch entsprechenden Erlass geregelt, dass diejenigen **Kapitel**, die Ausgaben übertragen wollen, auch selbst für die entsprechenden Einsparungen in ihrem Bereich sorgen. **426**

Seit Einführung der Haushalts-Flexibilisierung gilt nun für die Inanspruchnahme von Ausgaberesten die folgende Regelung:[76] **427**

- **Inanspruchnahme von Ausgaberesten außerhalb des flexibilisierten Bereichs:**
  Bei allen übertragbaren Ausgaben, die nicht in die Flexibilisierung nach § 5 HG einbezogen sind, muss nach wie vor im gleichen Einzelplan/Kapitel eine kassenmäßige Einsparung in Höhe des Ausgaberestes bei einem (oder mehreren) anderen Titel(n) vorgenommen werden. Die Einsparauflage bezieht sich auf das Jahr, in das der Ausgaberest übertragen wird. In den Verwaltungsvorschriften zur Haushaltsführung hat das BMF seine nach § 45 Abs. 3 BHO erforderliche Einwilligung allgemein für die Fälle erteilt, in denen eine konkrete Einsparstelle feststeht.[77]
  Zur Einsparung dürfen allerdings nicht verwendet werden:
  - gesperrte Ausgaben (unabhängig vom Grund der Sperre);
  - Ausgaben, die auf gesetzlicher Verpflichtung beruhen;
  - flexibilisierte Ausgaben;

  Investitionsausgaben, es sei denn bei den in Anspruch zu nehmenden Ausgaberesten handelt es sich ebenfalls um Investitionsausgaben.[78]
- **Inanspruchnahme von Ausgaberesten im flexibilisierten Bereich:**
  Ausgabereste, die im Rahmen der Anwendung der Flexibilisierungsinstrumente nach § 5 Abs. 5 HG gebildet worden sind, können gegen Deckung im Gesamthaushalt in Anspruch genommen werden. Das BMF verzichtet also darauf, dass die einzelplanbewirtschaftenden Stellen bzw. die jeweiligen

76 BMF (18.12.2020), Rundschreiben zur Haushaltsführung 2021, Nrn. 3.5 und 3.6 sowie BMF (23.11.2015), Rundschreiben zur Bedarfsprüfung, Bildung und Inanspruchnahme von Ausgaberesten im flexibilisierten Bereich, Ziff. 2.

77 BMF (18.12.2020), Rundschreiben zur Haushaltsführung 2021, Nr. 3.6.4.

78 Ebenda.

Behörden Einsparungen erbringen. Auch hat das BMF für diese Fälle seine Einwilligung gem. § 45 Abs. 3 BHO generell erteilt.[79]

- Auch bezüglich der Ausgabereste bei den flexibilisierten Titeln ist eine Bedarfsprüfung vorzunehmen, deren Ergebnis dem BMF – Referat II A 6 – schriftlich mitzuteilen ist. Von einem sachlichen Bedürfnis zur Bildung von Ausgaberesten ist nicht auszugehen, wenn
  - Minderausgaben auf einem dauerhaften Wegfall von Aufgaben beruhen,
  - Minderausgaben im Bereich zugestandener Sondertatbestände anfallen, die planmäßig oder außerplanmäßig für die Zukunft entfallen,
  - Minderausgaben bei großen und kleinen Baumaßnahmen oder größeren Beschaffungen im Sinne des § 24 BHO darauf beruhen, dass diese ganz oder teilweise auf Dauer nicht durchgeführt oder auf unbestimmte Zeit verschoben werden.[80]

Vor der Bildung von Ausgaberesten sind außerdem Einsparauflagen und alle während der Haushaltsausführung angeordneten Deckungsfähigkeiten abzusetzen. Die Mittelbewirtschafter übertragen die Ausgabereste der flexibilisierten Haushaltsansätze mittels Solländerungen auf den Titel 993 66 – Einsparungen im Kapitel. Nach Buchungsschluss werden die richtig gekennzeichneten Haushaltsreste in das folgende Haushaltsjahr übertragen.

428 Die **überjährige Verfügbarkeit** nicht in Anspruch genommener Haushaltsmittel bei gleichzeitigem **Verzicht auf Einsparungen im Einzelplan** im Falle der Inanspruchnahme ist das Kernelement der Flexibilisierung der Verwaltungsausgaben. Dadurch soll „unzweckmäßiges Handeln"[81] zum Jahresende) vermieden werden. Für die **Restedeckung im Gesamthaushalt** sorgt das BMF. Da das BMF nicht sicher sein kann, dass Einsparungen im Gesamthaushalt (durch den sog. Bodensatz) immer im erforderlichen Umfang möglich sind, werden seit 1999 global Ausgabemittel für die Restedeckung im flexibilisierten Bereich gem. § 19 Abs. 2 BHO gesondert im Einzelplan 60 veranschlagt.

---

79 BMF (23.11.2015), Rundschreiben zur Bedarfsprüfung, Bildung und Inanspruchnahme von Ausgaberesten im flexibilisierten Bereich, Ziff. 2b.

80 Ebenda, Ziff. 2a.

81 BMF (10.07.2006), Rundschreiben zur Bedarfsprüfung, Bildung und Inanspruchnahme von Ausgaberesten im flexibilisierten Bereich, Ziff. 1.

		Allgemeine Bewilligungen 6002		
Titel Funktion	Zweckbestimmung	Soll 2021 1 000 €	Soll 2020 Reste 2020 1 000 €	Ist 2019 1 000 €
971 02 -880	Ausgabemittel zur Restedeckung	125 000	250 000	-

Abbildung 50: Deckungsreserve bei flexibilisierten Ausgaben

Auch im Haushaltsplan 2019 waren ursprünglich Mittel für die Restedeckung in Höhe von 250 000 T€ veranschlagt. Wie aber der Abbildung 50 zu entnehmen ist, musste das BMF – wie auch in den Jahren davor – auf die bereitgestellten Mittel nicht zurückgreifen. Die Ausgabereste wurden durch Einsparungen bei anderen Ausgabetiteln, verteilt über den gesamten Bundeshaushalt, finanziert.

Haushaltspraxis: Ermessensspielraum der/des BfdH bei der Bildung von Ausgaberesten 429

Mit der breit angelegten überjährigen Inanspruchnahme der nicht in Anspruch genommenen Haushaltsmittel wollte der Gesetzgeber den Behörden auch die Möglichkeit einräumen, Vorsorge für künftige Unwägbarkeiten zu treffen und über ein gleichmäßigeres Ausgabeverhalten eine insgesamt sparsamere Mittelbewirtschaftung zu fördern.

Das BMF sieht als angemessene Vorsorge eine Obergrenze von 10% der Summe der flexibilisierten Ausgaben je Einzelplan für das Folgejahr an. Dennoch bleibt es in der alleinigen Verantwortung der/des BfdH, in welcher Höhe sie/er tatsächlich Ausgabereste bei flexibilisierten Ausgaben bildet. Allerdings nimmt das BMF indirekt Einfluss auf die Höhe der Bildung von Ausgaberesten. Im Rahmen der Haushaltsaufstellung für das nächste Haushaltsjahr verlangt es eine kritische Überprüfung der Ausgabereste und einen Abgleich mit den Neuetatisierungen der Einzelansätze.[82] Außerdem verweist das BMF in seinem Haushaltsführungsrundschreiben 2021[83] auf die Vorgaben des Haushaltsausschusses, die Höhe der Ausgabereste in den kommenden Haushaltsjahren deutlich abzubauen. Dabei gelten folgende Vorgaben:

- Die Bildung von **flexibilisierten Ausgaberesten** ist auf jährlich höchstens **85%** der aus dem Vorjahr übertragbaren Mittel im flexibilisierten Bereich zu begrenzen. Dies gilt **erstmals im Haushaltsjahr 2021** für die Bildung von flexibilisierten Ausgaberesten aus den übertragbaren Mitteln des Jahres 2020.
- Die aus dem Haushaltsjahr 2020 gebildeten **nicht-flexibilisierten Ausgabereste** sind – sofern sie nicht rechtlich gebunden sind – im Umfang von mindestens **10%** zum Ende des Jahres 2021 in Abgang zu stellen. In den Folgejahren ist in gleicher Weise zu verfahren.

82 BMF (05.01.2021), Ziff. 6.2 (Haushaltsaufstellungs-Rdschr. 2022)
83 BMF (18.12.2020), Ziff. 3.2 (Haushaltsführungs-Rdschr. 2021).

Die Kürzungsvorgaben des Haushaltsausschusses des Bundestages sind Folge des erheblichen Anstiegs im Umfangs der übertragenen Ausgabereste vor allem im flexibilisierten Bereich, der nach Auffassung des Ausschusses „nicht mehr auf die gebotene Flexibilisierung im Haushaltsvollzug zurückgeführt werden [kann]“[84] Da die geforderten Kürzungen **einzelplanbezogen** (und nicht etwa titelbezogen) zu erbringen sind, ist es Aufgabe der Ministerien, für ihrem jeweiligen Geschäftsbereich entsprechende Regelungen zur Aufteilung der Kürzungslasten zu treffen.

5.5.2.3 Die Veranschlagung von Ausgaberesten im Haushaltsplan

430 Mit dem Haushaltsplan 2013 hat sich Darstellungsform in den Einzelplänen geändert. Wurden davor die Ausgabereste in den jährlichen Haushaltsplänen nicht ausgewiesen, so werden nunmehr die aus dem Vorvorjahr (im Beispiel der Abbildung 52 also: 2019) stammenden und ins Vorjahr übertragenen Ausgabereste als zweite Zahl unter dem Soll des Vorjahres (2020) angegeben und zwar

- die **flexibilisierten** Ausgabereste eines Kapitels **summarisch** und
- die Ausgabereste **außerhalb** des flexibilisierten Bereichs **titelbezogen**.

Die geänderte Darstellung soll am Beispiel des Kapitels 0634 (Hochschule des Bundes) verdeutlicht werden:

84 Haushaltsausschuss des Deutschen Bundestages (26.11.2020), Maßgabebeschluss zum Abbau von Ausgaberesten.

0634 Hochschule des Bundes für öffentliche Verwaltung

Titel Funktion	Zweckbestimmung	Soll 2021 1 000 €	Soll 2020 **Reste 2020** 1 000 €	Ist 2019 1 000 €
	AUSGABEN			
	Haushaltsvermerk: Es gelten die Flexibilisierungsregelungen gem. § 5 Abs. 2 bis 5 HG. *Ausgenommen ist Tgr. 01.*			
	Titelgruppe 01			
Tgr. 01	Durchführung von Aufträgen anderer Bundesbehörden und Dritter	(1)	(1) **(3 169)**	
	Haushaltsvermerk: Mehrausgaben dürfen bis zur Höhe der zweckgebundenen Mehreinnahmen bei folgenden Titeln geleistet werden: 261 01 und 381 01.			
422 11	Bezüge und Nebenleistungen der planmäßigen Beamtinnen und Beamten	1	1 **3 169**	850
459 19	Vermischte Personalausgaben	-	-	41
547 11	Nicht aufteilbare sächliche Verwaltungsausgaben	-	-	95
	Flexibilisierte Ausgaben			
	Zusammenstellung der flexibilisierten Ausgaben nach § 5 HG			
	Aus Hauptgruppe 4	28 968	25 793 **7 488**	18 748
	Aus Hauptgruppe 5..	8 893	8 830 **1 993**	5 915
	Aus Hauptgruppe 7..	-	-	-
	Aus Hauptgruppe 8	2 257	2 207 **1 315**	1 376
	Zusammen	40 118	36 830 **10 796**	26 039
F 422 01	Bezüge und Nebenleistungen der planmäßigen Beamtinnen und Beamten	12 604	12 480	7 339
F 422 03	Bezüge der Anwärterinnen und Anwärter…	10 986	7 986	6 812
. . .	. . .	. . .	. . .	. . .

Titelbe-zogen

Summa-risch

Abbildung 51: Darstellung von Ausgaberesten im Haushaltsplan

Das Beispiel der HS Bund (Abbildung 51) macht deutlich: **431**

- Titel 422 11 ist nicht nach § 5 HG flexibilisiert, da er der Titelgruppe 01 angehört und diese Titelgruppe durch Haushaltsvermerk aus den Flexibilisierungsregelungen des § 5 Abs. 2 bis 5 HG ausgenommen wurde (s. Vermerk unter dem Wort „Ausgaben“);

- Die bei Titel 422 11 veranschlagten Ausgaben sind aber nach § 19 Abs. 1 BHO (geboren) übertragbar, da es sich um Ausgaben aus (echt) zweckgebundenen Einnahmen handelt (s. Zweckbindungsvermerk zur Titelgruppe);
- Da Reste des Jahres 2019 nach 2020 übertragen wurden, werden die **Reste direkt beim Titel** 422 01 (titelbezogen) als zweite Zahl unter dem Soll-Ansatz 2020 angegeben;
- Im flexibilisierten Bereich hingegen werden die Ausgabereste nur hauptgruppenbezogen als Summe (summarisch) in der vorangestellten Übersicht dargestellt: bei Hauptgruppe 4 wurden also insgesamt 7.488 Tsd. € nach 2020 übertragen, bei Hauptgruppe 5 waren es zusammen 1.993 Tsd. € usw.

Hintergrund dieser Neuregelung ist, dass bei den Haushaltsverhandlungen für das kommende Jahr (im Beispiel also für 2021) auch die Ausgabereste für das vorangegangene Jahr mit betrachtet werden sollen, um einer **Überveranschlagung besser entgegentreten zu können**.

Da es trotz dieser „Vorkehrung" in den vergangenen Jahren zu einem von Haushaltsausschuss kritisierten erheblichen Anstieg des Volumens der Ausgabereste (vor allem im flexibilisierten Bereich) gekommen ist, regelt das BMF, dass die Ressorts künftig dem Haushaltsausschuss ergänzend zur Darstellung der Ausgabereste im Druckstück des Regierungsentwurfs ggf. **geeignete Übersichten zu den wesentlichen Ausgaberesten** (z.B. aktueller Restebestand/-abfluss, geplante Verwendung der Ressorts etc.) als Beratungsunterlage zur Verfügung zu stellen haben. Gleichzeitig ist die Rückführung des Volumens der Übertragungen (15% bei den flexibilisierten und 10% bei den nicht-flexibilisierten Ausgaberesten) nachzuweisen.[85]

5.5.3 Die Selbstbewirtschaftungsmittel

432 Eine Sonderstellung nehmen die Ausgaben für Selbstbewirtschaftungsmittel ein. Selbstbewirtschaftungsmittel sind Mittel, die einer Institution zur eigenständigen Bewirtschaftung zugeteilt werden können, wenn dadurch der wirtschaftliche Umgang mit den zugewiesenen Haushaltsmitteln gefördert wird (§ 15 Abs. 2 BHO). Traditionelle Anwendungsbereiche sind die innere und äußere Sicherheit, etwa im Bereich Geräte, Bekleidung (Kleiderkasse der Bundeswehr) und Verpflegung. In den letzten Jahrzehnten hat das Instrument aber insbesondere bei der Förderung von Forschung (Kap. 3004) und Kultur (Kap. 0452) an Bedeutung gewonnen.

Mit der Zuweisung der Ausgabemittel zur Selbstbewirtschaftung wird den ermächtigten Stellen eine größere Flexibilität bei der Bewirtschaftung der Ausga-

85 BMF (05.01.2021), Rundschreiben zur Aufstellung des Bundeshaushaltsplans 2022, Ziff. 18.

ben eingeräumt, weil für diese Mittel zwei wesentliche Bewirtschaftungsgrundsätze nicht zur Anwendung kommen, nämlich die Grundsätze der zeitlichen Bindung und des Bruttonachweises. Selbstbewirtschaftungsmittel **stehen ohne jede zeitliche Begrenzung zur Verfügung**. Sie verfallen nicht und **müssen auch nicht als Ausgabereste übertragen werden**. Damit erübrigt sich auch die Notwendigkeit der kassenmäßigen Einsparung in künftigen Haushaltsjahren.

Ausgaben zur Selbstbewirtschaftung sind nur zulässig, wenn der Haushaltsplan ausdrücklich dazu ermächtigt (VV Nr. 4 zu § 15 BHO). Der entsprechende Haushaltsvermerk hat den Wortlaut: „Die Mittel können zur Selbstbewirtschaftung zugewiesen werden." (Vgl. Abbildung 52).

0452 Die Beauftragte der Bundesregierung für Kultur und Medien

Titel Funktion	Zweckbestimmung	Soll 2021 1 000 €	Soll 2020 Reste 2020 1 000 €	Ist 2019 1 000 €
685 15 -187	Zuschüsse an kulturelle Einrichtungen in Berlin Haushaltsvermerk: Die Mittel dürfen zur Selbstbewirtschaftung zugewiesen werden.	44 753	42 953	35 996

Abbildung 52: Selbstbewirtschaftungsmittel

5.5.4 Die Geltung der Kreditermächtigung über das Jahr hinaus

Nach § 18 Abs. 3 BHO gilt die Ermächtigung zur Aufnahme von Krediten bis **433**
zum Ende des nächsten Haushaltsjahres und, wenn das Haushaltsgesetz für das zweitnächste Haushaltsjahr nicht rechtzeitig verkündet wird, bis zur Verkündung dieses Haushaltsgesetzes.

Damit gibt es im Bereich der Einnahmen aus der Aufnahme von Krediten eine Gültigkeit der Ermächtigung über das Haushaltsjahr hinaus ähnlich wie bei den übertragbaren Ausgaben.

5.5.5 Der Haushaltsvorgriff

434 Der Haushaltsvorgriff ist das Gegenstück zur Übertragung von Ausgaberesten. Es handelt sich beim Vorgriff um eine **überplanmäßige Ausgabe**, die bei einem übertragbaren Ausgabetitel geleistet wird. Während jedoch bei einer überplanmäßigen Ausgabe das Finanzministerium seine Einwilligung nur unter der Bedingung eines haushaltsmäßigen Ausgleichs bei anderen Titeln im betreffenden Haushaltsjahr erteilt, erfolgt beim Haushaltsvorgriff der **haushaltsmäßige** Ausgleich im nächsten Jahr (§ 37 Abs. 6 BHO). Das heißt, das Haushaltssoll des folgenden Jahres bei dem betreffenden Titel sinkt um den als Vorgriff in Anspruch genommenen Betrag.

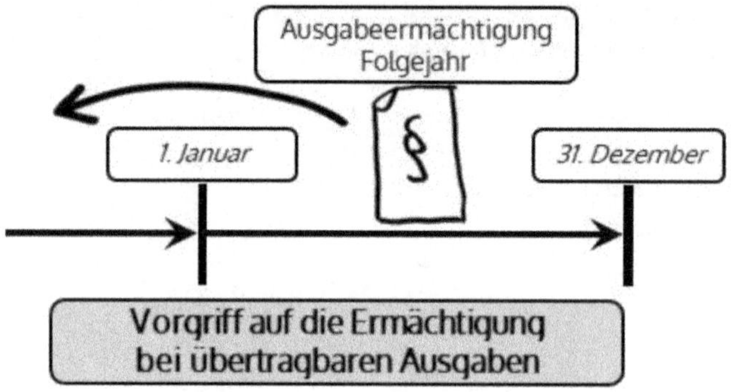

Abbildung 53: Haushaltsvorgriff

435 Der Vorgriff setzt voraus, dass im nächsten Jahr eine Ausgabe mit gleicher Zweckbestimmung und in ausreichender Höhe vorgesehen ist.[86] **Kassenmäßig** – d.h. durch Einsparungen bei den Ist-Ausgaben – muss ein Ausgleich im laufenden Jahr auch beim Haushaltsvorgriff erfolgen.

436 Der Haushaltsvorgriff erfordert also letztlich eine doppelte Einsparung:

- kassenmäßige Einsparung durch Minderausgaben bei anderen Titeln im laufenden Haushaltsjahr sowie
- haushaltsmäßige Einsparung im nächsten Haushaltsjahr, indem beim gleichen Titel der Soll-Ansatz des nächsten Jahres in Höhe des Vorgriffs gekürzt wird.

437 Die **Voraussetzungen** des Haushaltvorgriffs sind nach § 37 Abs. 6 BHO dieselben, die auch bei Leistung einer über- oder außerplanmäßigen Ausgabe erfüllt sein müssen. Insoweit wird auf den Abschnitt zu über- und außerplanmäßigen Ausgaben verwiesen.

86 Vgl. auch VV Nr. 6 zu § 37 BHO.

5.5.6 Zusammenfassung

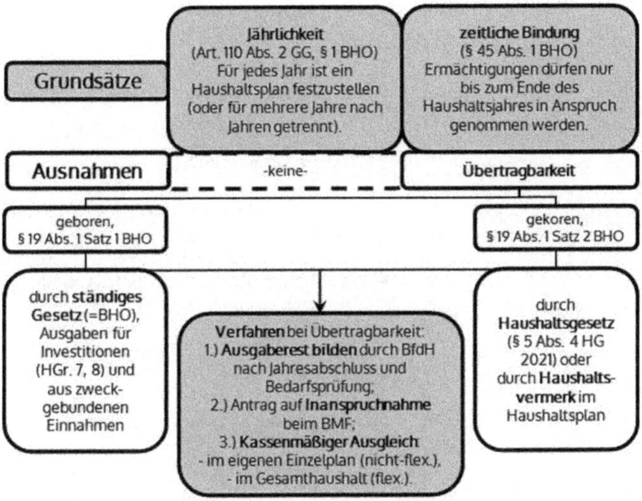

Abbildung 54: Jährlichkeit, zeitliche Bindung und Ausnahmen **438**

- Bei geborenen Ausnahmen vom Grundsatz der zeitlichen Bindung (Übertragbarkeit nach § 19 Abs. 1 BHO) ist kein Vermerk im Haushaltsplan auszubringen (VV Nr. 2 zu § 19 BHO).
- Bei den Verwaltungskapiteln werden durch das jährliche Haushaltsgesetz (§ 5 Abs. 4 HG 2021) alle Titel der Hauptgruppen 4 (ohne Titel der Gruppe 411 und 428.2), die gängigen Titel der Hgr. 5 und einige Titel der Hgr. 6 für übertragbar erklärt. Da die Ausgaben der Hauptgruppen 7 und 8 ohnehin nach § 19 Abs. 1 (geboren) übertragbar sind, besteht faktisch bei den meisten Ausgaben Übertragbarkeit. Die Ausnahme wird also zur Regel!
- Gemäß § 5 Abs. 1 HG dürfen im Einzelfall durch Haushaltsvermerk im Haushaltsplan weitere Titel in die Flexibilisierung nach § 5 Abs. 2 bis 5 HG einbezogen werden.– Übertragbare Ausgaben stehen nicht automatisch im neuen Haushaltsjahr zur Verfügung. Es müssen Ausgabereste gebildet werden durch die/den BfdH. Das BMF muss einwilligen.
- Die Einwilligung des BMF darf nur erteilt werden, wenn in demselben oder einem anderen Einzelplan Einsparungen in Höhe der Ausgabereste erfolgen

- **Regelungen des BMF** (gem. BMF-RS vom 23.11.2015 i.V.m. Nr. 3.5 und 3.6 HFR 2021 vom 18.12.2):

Nicht-flexibilisierter Bereich	Flexibilisierter Bereich
☞ Ausgaberest bilden ☞ Einwilligung BMF einholen ☞ Einsparstelle nennen ☞ sachliche Notwendigkeit des Bedarfs begründen ☞ 10% der Gesamtsumme in Abgang stellen	☞ nur Ausgaberest bilden dabei: max. 85% der Gesamtsumme zulässig ▪ Einwilligung BMF gilt generell als erteilt ▪ Einsparungen durch BMF im Gesamthaushalt ▪ Über sachliche Notwendigkeit entscheidet die/der BfdH des Kapitels selbst

5.6 Das Fälligkeitsprinzip

5.6.1 Der Grundsatz

439 Das **Fälligkeitsprinzip** beschränkt die Veranschlagung der Einnahmen und Ausgaben im Haushaltsplan auf die in dem betreffenden Jahr voraussichtlich kassenwirksamen Beträge. Man spricht auch vom **Kassenwirksamkeitsprinzip**.

Durch diesen Grundsatz wird eine Ausweitung des Budgets vermieden und ein Überblick über den tatsächlich benötigten Geldbedarf im Haushaltsplan gegeben.

440 **Beispiel:**
Im Geschäftsbereich eines Bundesministeriums ist der Neubau eines Dienstgebäudes geplant. Nach den Planungsunterlagen werden die Ausgaben für diese Maßnahme voraussichtlich wie folgt anfallen:

Im Jahr	2022	2023	2024	2025
Mio. €	1	3	5	4

Bei dem betreffenden Titel dürfen im Haushaltsplan 2022 nur 1 Mio. € für das Projekt veranschlagt werden und nicht der Gesamtbetrag in Höhe von 13 Mio. €.

Rechtsgrundlagen für das Fälligkeitsprinzip sind § 11 BHO und VV zu § 11 441
BHO.

5.6.2 Die Verpflichtungsermächtigung als Konsequenz des Grundsatzes der Fälligkeit

Die Ausgaben im Haushaltsplan ermächtigen die Verwaltung, Verpflichtungen 442
einzugehen, die zu Zahlungen im laufenden Jahr, also bis zum 31.12. d.J., führen. Oft – besonders bei sich über einen längeren Zeitraum hinziehenden Investitionsvorhaben – ist es jedoch erforderlich, in einem Jahr eine Zahlungsverpflichtung einzugehen (Abschluss eines Vertrages, Bestellung usw.), die erst zu einem **Zahlungsvorgang in einem oder mehreren der Folgejahre führt**. Durch eine Verpflichtung, die den Bundeshaushalt in den Folgejahren belastet, wird die Handlungsfähigkeit in der Zukunft eingeschränkt. Die Verwaltung darf auch Verpflichtungen, die erst zu Zahlungen in künftigen Jahren führen, nur bei Vorliegen einer konkreten Ermächtigung im Haushaltsplan eingehen.

Auf die Verpflichtungsermächtigung wird in verschiedenen Abschnitten der BHO eingegangen (§ 6 – Allgemeine Vorschriften zum Haushaltsplan, § 16 – Aufstellung des Haushaltsplans, § 38 – Ausführung des Haushaltsplans).

Die Verpflichtungsermächtigung ermächtigt noch nicht zur Leistung der Zahlung 443
in dem Folgejahr, sondern lediglich zum **Eingehen der Verpflichtung**. Zur Zahlung ermächtigt erst der jeweilige Haushaltsplan durch die Ausgabeermächtigung im Soll des betreffenden Jahres.

Im Beispiel oben müsste die Veranschlagung wie folgt aussehen:

Titel Funktion	Zweckbestimmung	Soll 2022 1000 €	Soll 2021 1000 €	Ist 2020 1000 €
712 01 -013	Neubau des Dienstgebäudes in Neustadt	1000	–	–
	Verpflichtungsermächtigung 12 000 T€ davon fällig: 2023 bis zu .... 3 000 T€ 2024 bis zu .... 5 000 T€ 2025 bis zu .... 4 000 T€			

Abbildung 55: Fälligkeit und Verpflichtungsermächtigungen

444 Zur Erinnerung: Im folgenden Haushaltsplan 2023 werden dann im Soll 2023 Ausgabeermächtigungen in Höhe von 3.000 T€ veranschlagt (die eingegangene Verpflichtung wird fällig) und keine Verpflichtungsermächtigungen mehr aufgenommen, sofern alle Verträge in vorgesehener Höhe bereits im Haushaltsjahr 2022 geschlossen wurden.

5.7 Einheit und Vollständigkeit

5.7.1 Der Grundsatz

445 Der Grundsatz der **Einheit** verlangt, dass die verschiedenen finanzwirtschaftlichen Planungen eines Verbandes in **einen einzigen** Haushaltsplan einzustellen sind. Ergänzt wird dieser Grundsatz durch das Postulat der **Vollständigkeit**, wonach in einem Haushaltsplan **alle** Einnahmen und Ausgaben lückenlos enthalten sein müssen.

446 Der Haushaltsplan soll eine vollständige Zusammenstellung aller Einnahmen und Ausgaben sein. Eine Zersplitterung der Haushaltswirtschaft durch die Veranschlagung öffentlicher Einnahmen und Ausgaben in mehreren Haushaltsplänen würde zu mangelnder **Transparenz** staatlichen Handelns führen. Auch kann eine Haushaltswirtschaft wohl nur dann verwaltungswirtschaftlich und organisatorisch zweckmäßig gestaltet werden, wenn nicht bestimmte Teile derselben ein „halbamtliches“ oder überhaupt kein „amtliches“ Dasein führen.

447 Ein unvollständiges Budget wiederum „verschleiert … die wahre Finanzlage und macht dem Parlament die Sicherung einer rationalen Finanzgebarung sowie die gewollte Lenkung und Kontrolle der Verwaltung unmöglich.“[87] Nur ein vollständiger Haushaltsplan kann widerspiegeln, was mit ihm politisch gewollt ist und tatsächlich getan wird, d.h., nur der vollständige Haushalt kann die politische Budgetfunktion sichern. Außerdem ist eine ökonomische Analyse der Wirkungen budgetärer Maßnahmen nur möglich und aussagerelevant, wenn alle diesbezüglichen Aktivitäten erfasst werden.

448 Die Bedeutung des Grundsatzes der Einheit und Vollständigkeit kommt schon darin zum Ausdruck, dass er eines der im Grundgesetz und in den Landesverfassungen formulierten Budgetprinzipien ist. Aber auch die Gemeindeordnungen enthalten entsprechende Vorschriften. Für den Haushaltsplan des Bundes ist der Grundsatz in Art. 110 Abs. 1 GG normiert.

87 *Fritz Neumark* (1929), S 126.

5.7.2 Die Ausnahme: Bundesbetriebe und Sondervermögen

Das Grundgesetz wie auch einige Landesverfassungen lassen Ausnahmen vom Grundsatz der Einheit und Vollständigkeit zu. **449**

Für den Haushaltsplan des Bundes sieht Art. 110 Abs. 1 2. Halbs. GG eine Ausnahme bei **Bundesbetrieben und Sondervermögen** vor. Bei diesen brauchen nur die Zuführungen und Ablieferungen in den Bundeshaushaltsplan eingestellt werden. **450**

Ergänzt wird diese Verfassungsregelung durch § 26 BHO, der für Bundesbetriebe einen eigenen Wirtschaftsplan vorsieht, wenn ein Wirtschaften nach Einnahmen und Ausgaben nicht zweckmäßig erscheint. Dies ist in der Regel dann der Fall, wenn es sich um einen Betrieb handelt, der sich den Erfordernissen des freien Wettbewerbs anzupassen hat.[88] Daneben befasst sich § 26 BHO (i.V.m. den VV dazu) mit den Sondervermögen und den Zuwendungsempfängern. **451**

Zu den **Zuführungen** zählen die Zuweisungen zur Deckung von Betriebsverlusten und die rückzahlbaren oder nicht rückzahlbaren Zuweisungen zur Kapitalausstattung; zu den **Ablieferungen** zählen die Gewinnablieferungen und die Kapitalrückzahlungen.[89]

Abbildung 56: Einheit, Vollständigkeit und Sonderhaushalte

88 VV Nr. 1.2 zu § 26 BHO.
89 VV Nr. 1.4 zu § 26 BHO.

5.8 Das Bruttoprinzip

5.8.1 Der Grundsatz

452 Nach dem **Bruttoprinzip** sind die Einnahmen und Ausgaben **in voller Höhe und getrennt** voneinander **zu veranschlagen und zu buchen**; sie dürfen nicht miteinander aufgerechnet werden. Es gilt das Saldierungsverbot (§§ 15, 35 BHO).

453 Konkret beinhaltet das Bruttoprinzip, dass

- weder Einnahmen von Ausgaben vorweg abgezogen werden (Einnahmeminderung),
- noch Einnahmen auf Ausgaben vorweg angerechnet werden (Ausgabeminderung),
- noch gleich hohe Einnahmen mit gleich hohen Ausgaben in der Weise verrechnet werden, dass eine Veranschlagung und Buchung unterbleibt (vollständige Verrechnung).

454 Die Ziele dieses Haushaltsgrundsatzes sind identisch mit denen des Vollständigkeitsprinzips (Art. 110 Abs. 1 GG), denn ein Nettobudget zeigt nie ein vollständiges Bild der Haushaltswirtschaft. Eine vollständige Verrechnung gleich hoher Einnahmen und Ausgaben würde Finanzvorgänge völlig unsichtbar machen. Solange in einem vordergründig vollständigen Budget sich Nettoveranschlagungen befinden und solange netto gebucht werden darf, kann man nicht von einem wirklich vollständigen Haushalt sprechen. Teile der Einnahmen und Ausgaben werden der Volksvertretung vorenthalten und verfälschen das Bild des Haushaltsplans bei der Verabschiedung und bei der Kontrolle. Bruttoprinzip und Vollständigkeitspostulat sind demnach untrennbar miteinander verbunden. *Patzig* bezeichnet das Bruttoprinzip als „Bruder des Vollständigkeitsprinzips".[90]

455 **Beispiel:**

Kauf eines Kopiergerätes für 8000 € und Inzahlungnahme des alten Gerätes durch die Lieferfirma für 1000 €.

Haushaltsplan	
• Einnahmetitel:	1 000 €
• Ausgabetitel:	8 000 €

Nicht zulässig wäre nach dem Bruttoprinzip die Veranschlagung eines Saldos von 7000 € in dem Ausgabetitel.

90 *Patzig*, W. (1984), Rn. 88.

Was für die Veranschlagung im Haushaltsplan gilt, ist auch bei der Ausführung des Haushaltsplans zu beachten. Einnahme und Ausgabe müssen getrennt gebucht werden (**Bruttonachweis**), eine Verrechnung ist unzulässig. 456

Rechtsgrundlage für die Brutto**veranschlagung** ist § 15 Abs. 1 Satz 1 BHO, für den Bruttonachweis ist § 35 Abs. 1 BHO relevant. 457

5.8.2 Die Ausnahme: Nettoveranschlagung und Nettonachweis

Ausnahmen vom Bruttoprinzip sind durch Gesetz unmittelbar (= geborene Ausnahme) oder aber durch Haushaltsgesetz bzw. durch Haushaltsvermerk im Haushaltsplan (= gekorene Ausnahmen) zugelassen. 458

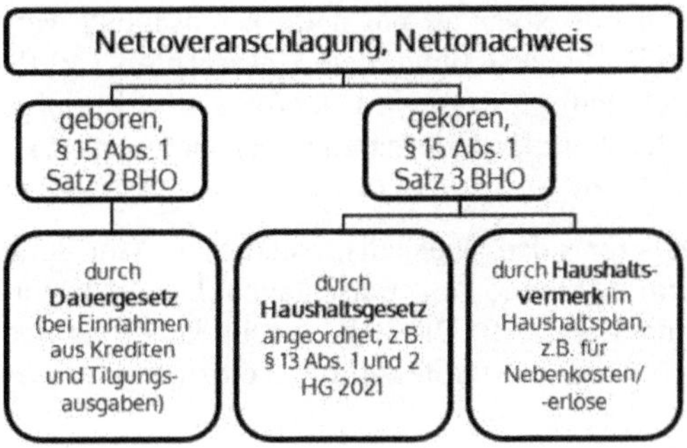

Abbildung 57: Ausnahmen vom Bruttoprinzip

5.8.2.1 Nettoveranschlagung und Nettonachweis nach der BHO

Nach § 15 Abs. 1 Satz 2 BHO gilt das Bruttoprinzip nicht für die Veranschlagung der Einnahmen aus **Krediten** vom Kreditmarkt und der damit zusammenhängenden Tilgungsausgaben. Im Einzelplan 32 (Bundesschuld) wird nur die **Netto**kreditaufnahme veranschlagt, die auch dem in § 2 des jeweiligen Haushaltsgesetzes genannten Betrag entspricht. 459

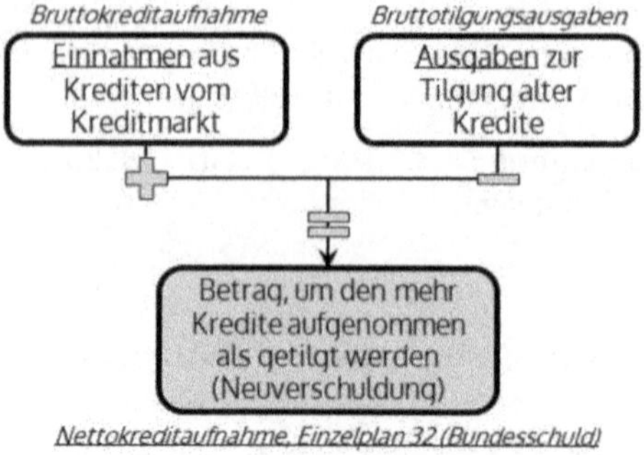

Abbildung 58: Ermittlung der Nettokreditaufnahme

460 Während beim Bund die Kredite im Einzelplan 32 nur netto veranschlagt werden, ist der Gesamtzusammenhang (Bruttodarstellung) dem **Gesamtplan** Teil IV (Kreditfinanzierungsplan) zu entnehmen. Dort werden allerdings noch einige Korrekturen bei der Berechnung der Nettokreditaufnahme vorgenommen (vgl. Abschnitt 3.3.4.4).

461 Angemerkt sei, dass § 12 Abs. 1 HGrG es den Haushaltsgesetzgebern von Bund und Ländern freistellt, Kredite brutto oder netto zu veranschlagen. Die Nettostellung der Kredite ist somit eine Kann-Vorschrift. Die BHO macht daraus für den Bund allerdings eine Muss-Vorschrift. Die Kredite sind die einzige *geborene* Ausnahme vom Bruttoprinzip.

462 Mit der Nettoveranschlagung der Krediteinnahmen soll ein unnötiges **Aufblähen des Haushaltsvolumens vermieden** werden. Würde man die Kredite brutto veranschlagen, würde auf der einen Seite das Ausgabevolumen um die Tilgungsausgaben und auf der anderen Seite die Einnahmen um die Kredite zur Bedienung der Tilgungsausgaben erhöht. Bei Nettoveranschlagung der Kredite zeigt der Haushaltsplan klar und übersichtlich nur die Neuverschuldung, also letztlich den Betrag, um den die Ausgaben des laufenden Jahres die „ordentlichen" Einnahmen übersteigen. Die Neuverschuldung ist auch für die Analyse gesamtwirtschaftlicher Effekte der Staatstätigkeit von größerer Bedeutung als die Bruttokreditaufnahme. Dies gilt nicht nur für die Beurteilung staatlicher Nachfragewirkungen, sondern auch für den monetären Bereich. Nur in Höhe der Nettokreditaufnahme erfolgt eine effektive Beanspruchung des Kapitalmarktes. Werden Kredite aufgenommen, um fällig werdende Kredite zu tilgen, werden dem Kapitalmarkt Mittel entzogen, die ihm gleichzeitig wieder zugeführt werden. Für die Belastung der öffentlichen Haushalte mit Zinsausgaben ist das Umschuldungsvolumen natürlich bedeutsam, da sich bei jeder Revolvierung der Schulden der zu zahlende Zinssatz ändert.

Die **Bundesländer** veranschlagen ihre Kredite und ihre Tilgungsausgaben allerdings im Gegensatz zum Bund brutto. Das Haushaltsgrundsätzegesetz gibt hierzu in § 12 Abs. 1 den gesetzlichen Spielraum. 463

5.8.2.2 Nettoveranschlagung und Nettonachweis nach dem Haushaltsgesetz

Die Bundes-Haushaltsgesetze seit 1998 enthalten globale Haushaltsvermerke für Ausnahmen vom Bruttoprinzip. Zurzeit ergeben sich Ausnahmen nach § 6 Abs. 1, 2 und 6 HG 2021 (s. Abbildung 59). Für die Verwaltungen von besonderer Bedeutung sind dabei die **Erstattungen Dritter**. Man versteht darunter die Geldleistungen als Ersatz für entstandene Auslagen. Könnte man sie nicht wieder dem zuvor belasteten Ausgabetitel „gutschreiben", wären sie nach dem Bruttoprinzip als Einnahme zu verbuchen und dann nach dem Prinzip der Gesamtdeckung (§ 8 BHO) abzuführen. Die Behörde wäre also in Vorleistung getreten, von den anschließenden Erstattungen aber hätte sie nichts. 464

§ 6 Abs. 2 HG lässt zu, dass Erstattungen und Beiträge Dritter den flexibilisierten Titeln gem. § 5 Abs. 2 Nr. 1 (Hgr. 4) oder Nr. 2 (Hgr. 5) HG zufließen. Bei den flexibilisierten Ausgaben der Hauptgruppen 6, 7 und 8 sowie bei allen Ausgaben im nicht-flexibilisierten Bereich wären demnach Haushaltsvermerke auszubringen, wenn Erstattungen den Ausgaben zufließen sollen. 465

Neben den Regelungen des § 6 Abs. 1, 2 und 6 HG lassen die jährlichen Haushaltsgesetze regelmäßig nach § 13 Abs. 1 und 2 HG die folgenden **Ausgabebuchungen bei Einnahmetiteln** bzw. **Einnahmebuchungen bei Ausgabetiteln** zu („Fehlerberichtigungen"): 466

- Die Rückzahlung zu viel erhobener Einnahmen kann aus dem jeweiligen Einnahmetitel geleistet werden und ist dann bei dem betreffenden Einnahmetitel abzusetzen.
- Bei Unrichtigkeit einer Zahlung, bei Doppelzahlungen oder Überzahlungen darf die Rückzahlung von der Ausgabe abgesetzt werden
  - soweit die Flexibilisierung nach § 5 HG gilt, stets,
  - im Übrigen nur, wenn die Bücher noch nicht abgeschlossen sind.

  (Sind die Bücher abgeschlossen, sind Rückzahlungen von nicht in § 5 HG genannten Ausgaben als Einnahmen („Vermischte Einnahmen") zu verbuchen.)
- Die Rückzahlung zu viel geleisteter Personalausgaben ist stets beim jeweiligen Ausgabetitel abzusetzen, also auch dann, wenn die Personalausgaben nicht der Flexibilisierung nach § 5 Abs. 2 Nr. 1 HG unterliegen sollten.

Wenn es also um **Fehlerkorrekturen** nach Abschluss des Haushaltsjahres geht, unterscheidet § 13 Abs. 2 HG zwischen den nach § 5 HG flexibilisierten und den nicht-flexibilisierten Titeln. Nur bei flexibilisierten Titeln dürfen Fehlerkorrekturen auch über das Haushaltsjahr hinaus beim Ausgabetitel vorgenommen werden. Eine solche Differenzierung gibt es bei den **Erstattungen und Beiträgen**

Dritter nicht. Nach gängiger Haushaltspraxis werden diese stets, also auch nach Abschluss der Bücher, den betroffenen Ausgabetiteln zugebucht, unabhängig davon, ob die Einnahmen gem. § 6 Abs. 2 HG den flexibilisierten Ausgaben der Hauptgruppen 4 und 5 zufließen oder ob für die übrigen flexibilisierten wie nicht-flexibilisierten Ausgaben eine entsprechende Ausnahme durch Haushaltsvermerk getroffen wurde. Diese Praxis ist unproblematisch, wenn die entsprechenden Regelungen in zwei aufeinanderfolgenden Haushaltsjahren bestehen oder auch, wenn die betroffenen Ausgaben flexibilisiert sind.[91]

	Einnahme …	fließt	Ausgabetitel	zu
§ 6 Abs. 1 Nr. 1 HG 2021	… aus Personalkostenzuschüssen für die berufliche Eingliederung behinderter und schwerbehinderter Menschen sowie für Arbeitsbeschaffungsmaßnahmen und weitere Maßnahmen zur Eingliederung Arbeitsloser sowie aus Erstattungen nach dem Altersteilzeitgesetz	→	Titel der Hauptgruppe 4	
§ 6 Abs. 1 Nr. 2 HG 2021	… aus Sachkostenzuschüssen für die berufliche Eingliederung behinderter und schwerbehinderter Menschen	→	Titel der Hauptgruppen 5 bis 8	
§ 6 Abs. 1 Nr. 3 HG 2021	… aus Erstattungen und Schadenersatzleistungen Dritter	→	Titel der Obergruppe 44	
§ 6 Abs. 2 HG 2021	… aus Erstattungen und Beiträgen Dritter	→	Titel gem. § 5 (2) Nr.1 od. 2 HG	
§ 6 Abs. 6 HG 2021	… aus Erstattungen der obersten Bundesbehörden für die Inanspruchnahme des Flugdienstes zwischen Köln/Bonn und Berlin	→	537 02 im Kap. 6003	
§ 6 Abs. 6 HG 2021	… aus Erstattungen des nachgeordneten Bereichs sowie von Dritten im Zusammenhang mit dem Flugdienst zwischen Köln/Bonn und Berlin	→	527.1 u. 453.1 bei obersten Bundesbehörden	

Abbildung 59: Ausnahmen vom Bruttoprinzip nach HG 2021

5.8.2.3 Nettoveranschlagung und Nettonachweis kraft Vermerk im Haushaltsplan

467 Ausnahmen vom Bruttoprinzip können im Einzelfall auch durch **Haushaltsvermerk** im Haushaltsplan zugelassen werden. Die Einschränkung auf Nebenkosten und Nebenerlöse in § 15 Abs. 1 Satz 3 BHO ist so zu verstehen, dass ein enger Zusammenhang zwischen der aufzurechnenden Einnahme und Ausgabe bestehen und es sich um geringfügige Beträge (*Neben…*) handeln muss. Eine Verschleierung von Finanzvorgängen wird dadurch vermieden, dass im Fall der durch Haushaltsvermerk zugelassenen Aufrechnung nach § 15 Abs. 1 Satz 4 BHO die Berechnung des veranschlagten Betrages dem Haushaltsplan als Anlage beizufügen oder in die Erläuterungen aufzunehmen ist.

91 Grundsätzlich entfaltet eine jährliche Regelung nur Wirkung während des Haushaltsjahres (§ 4 BHO). Die Zuordnung von Zahlungen zum Haushaltsjahr regelt § 72 BHO, insbesondere Absätze 2 bis 4.

Derartige Vermerke sind stets nötig, wenn es zu verhindern gilt, dass Ausgabebewilligungen für amtliche Zwecke durch entgeltliche Inanspruchnahme Dritter belastet werden. Das wäre etwa der Fall, wenn dienstliche Telefonanlagen, Kopiergeräte und d gl. gegen Entgelt für private Zwecke genutzt werden. Für solche Fälle wäre ein sogenannter **Rückeinnahmevermerk** bei den betroffenen Ausgabetiteln anzubringen. Der Rückeinnahmevermerk hat i.d.R. folgenden Wortlaut: **468**

„Beiträge (Erstattungen) Dritter fließen den Ausgaben zu“. **469**

Beispiel:
Bei der Veranschlagung soll sichergestellt werden,
1. dass bei nicht angetretenen Dienstreisen oder annullierten Flügen die Erstattungen wieder dem Titel 527 01 zufließen, aus dem die Tickets bezahlt wurden;
2. dass die Erstattung der aus Titel 821 21 geleisteten Ausgaben für die Sanierung des kontaminierten Bodens wieder dem Ausgabetitel zufließen kann.

Wie sind die Titel zu veranschlagen? (Abbildung 60)

Titel Funktion	Zweckbestimmung	Soll 2021 1 000 €	...
F 527 01	Dienstreisen	120	
F 821 01	Erwerb von Liegenschaften	14 100	
	Haushaltsvermerk Erstattungen Dritter fließen den Ausgaben zu.		

Abbildung 60: Nettoveranschlagung beim Ausgabetitel

- Beim Titel 527 01 ist kein Haushaltsvermerk auszubringen, denn nach § 6 Abs. 2 HG 2021 fließen Erstattungen Dritter den Ausgaben bei den Titeln zu, die den flexibilisierten Ausgabenbereichen gem. § 5 Abs. 2 S. 1 Nr. 1 oder 2 HG zugeordnet sind. Titel 527 01 gehört zu den flexibilisierten Titel der Hauptgruppe 5, ist also dem Ausgabenbereich Nr. 2 zugeordnet.
- Titel 821 01 ist zwar auch ein flexibilisierter Titel, ist aber dem Ausgabenbereich gem. § 5 Abs. 2 Nr. 5 zugeordnet und fällt damit nicht unter die Regelungen des § 6 Abs. 2 HG 2021. Es wäre also ein entsprechender Haushaltsvermerk auszubringen, damit Erstattungen Dritter den Ausgaben zufließen und nicht auf einem Einnahmetitel verbucht werden.

Wird auf diese Weise saldiert, **entfällt der Einnahmetitel**. Gehen Einnahmen tatsächlich ein, erhöhen sie beim Ausgabetitel die Ermächtigungen entsprechend. **470**

Technisch werden die Einnahmen, die einem Ausgabetitel zufließen, als Minus-Ausgabe vom Ausgabetitel abgesetzt, was dazu führt, dass die verbleibenden Ausgabemittel auf einem Ausgabetitel wieder erhöht werden. Der Bundeskasse ist eine Annahmeanordnung für den Ausgabetitel zu übersenden.

471 Eine Saldierung durch Haushaltsvermerk kann auch auf einem Einnahmetitel zugelassen werden, etwa dann, wenn die mit den Einnahmen im Zusammenhang stehenden Ausgaben gering oder gar unsicher sind, so dass **auf einen eigenen Ausgabetitel verzichtet** werden kann.

0512 Bundesministerium

Titel Funktion	Zweckbestimmung	Soll 2021 1 000 €
	Einnahmen	
132 21	Erlöse aus der Veräußerung von beweglichen Sachen	500
	Haushaltsvermerk Aus den Einnahmen dürfen beim Verkauf von Gegenständen anfallende Nebenkosten geleistet werden.	

Abbildung 61: Nettoveranschlagung beim Einnahmetitel

472 Ausgaben, die aus einem Einnahmetitel geleistet werden, sind als Minus-Einnahme von dem Einnahmetitel abgesetzt. Hierüber ist der Bundeskasse eine Auszahlungsanordnung beim Einnahmetitel zu erteilen.

Eine Ausnahme vom Bruttoprinzip (Bruttonachweis) gibt es auch bei den Selbstbewirtschaftungsmittel. Nach § 15 Abs. 2 BHO können Ausgaben zur Selbstbewirtschaftung veranschlagt werden, wenn hierdurch eine sparsame Bewirtschaftung gefördert wird. Die bei der Bewirtschaftung aufkommenden Einnahmen fließen dann den Selbstbewirtschaftungsmitteln zu. Bei der Rechnungslegung ist nur die Zuweisung der Mittel an die beteiligten Stellen als Ausgabe nachzuweisen.

5.8.3 Zusammenfassung

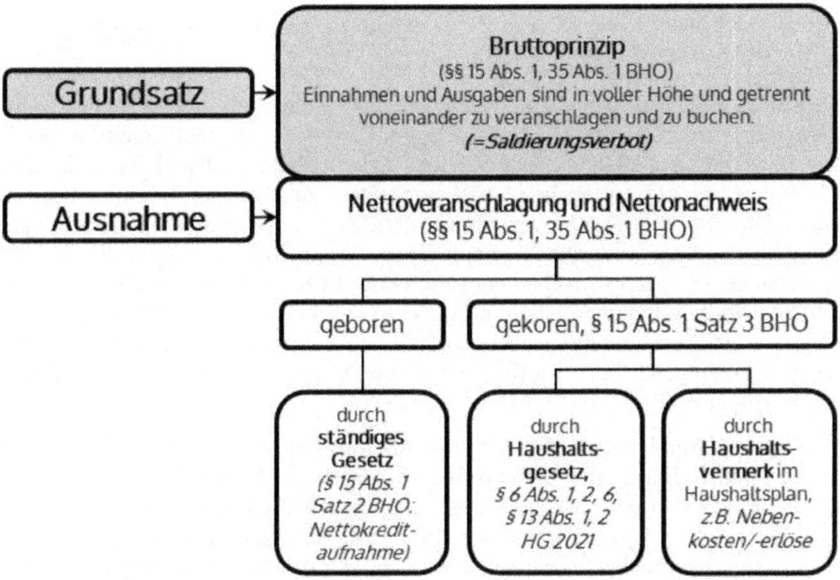

Abbildung 62: Bruttoprinzip, Nettoveranschlagung und Nettonachweis 473

Beachte:

Bruttoprinzip und Vollständigkeit:

- Ohne Bruttoveranschlagung ist ein Haushaltsplan immer auch unvollständig, da bei Saldierung von Einnahmen und Ausgaben nur noch eine Nettoeinnahme bzw. Nettoausgabe erscheint, die einen Rückschluss auf die tatsächlichen Einnahmen und Ausgabenströme nicht mehr zulassen;
- umgekehrt sichert ein Bruttohaushalt nicht zugleich die Vollständigkeit.

Bruttoprinzip und Gesamtdeckung: Der Grundsatz der Gesamtdeckung will die Zweckbindung von Einnahmen für bestimmte Ausgaben verhindern, während das Bruttoprinzip die Verschleierung von Zweckbindungen verhindert:

- bei der **Zweckbindung,** als Ausnahme vom Grundsatz der Gesamtdeckung, wird **ein Einnahmetitel und ein Ausgabetitel ausgebracht.** Die Zweckbindung wird durch einen Vermerk sichtbar gemacht;
- bei der **Nettoveranschlagung**, der Saldierung, **verschwindet** immer **ein Titel**, entweder der Einnahmetitel, da die Einnahmen dem Ausgabetitel zufließen oder der Ausgabetitel, da – wie bei der Nettokreditaufnahme – die Ausgaben von den Einnahmen abgezogen werden.

5.9 Haushaltsausgleich

474 „Der Haushaltsplan des Bundes ist in Einnahme und Ausgabe auszugleichen.“ (Art. 110 Abs. 1 Satz 2 GG)

475 Dieser Ausgleich ist **formal** zu verstehen, d.h., unter Einbeziehung von Kreditaufnahmen und Zuführungen zu Rücklagen. Die Forderung nach einem materiellen Haushaltsausgleich würde bedeuten, dass der Haushaltsplan ohne Kredite auszugleichen, die Ausgaben also durch die „ordentlichen“ Einnahmen zu decken wären. Eine solche ausnahmslos anzuwendende Vorschrift würde eine prozyklische Konjunkturpolitik implizieren, da die Höhe der Ausgaben an die Einnahmeentwicklung anzupassen wäre: in der Rezession müssten die Ausgaben bei sinkenden Einnahmen gekürzt, im Boom dagegen weiter erhöht werden. Ein solcher Zwangs zur prozyklischen Konjunkturpolitik würde einen Verstoß gegen die gesamtwirtschaftliche Inpflichtnahme des Staates nach Art. 109 Abs. 2 GG zur Folge haben.

476 Die neu ins Grundgesetz aufgenommene **„Schuldenbremse“** stellt grundsätzlich auf einen materiellen Haushaltsausgleich ab, lässt aber Raum für staatliche Konjunkturpolitik. Die verfassungsmäßig verankerte Schuldenregel verpflichtet die Länder, ihre Haushalte ab dem Jahr 2020 **grundsätzlich ohne Einnahmen aus Krediten** auszugleichen (Art. 109 Abs. 2 S. 1 GG). Für den Bund gilt seit dem Jahr 2016 ein solcher „materieller“ Ausgleich als erreicht, wenn die Einnahmen aus Krediten 0,35 % des nominalen Bruttoinlandsprodukts nicht überschreiten (Art. 109 Abs. 3 S. 4 und 115 Abs. 1 S. 2 GG).

477 Zusätzlich sind bei einer von der Normallage abweichenden **konjunkturellen Entwicklung** die Auswirkungen auf den Haushalt im Auf- und Abschwung symmetrisch **zu berücksichtigen**. Abweichungen der tatsächlichen Kreditaufnahme von der zulässigen Kreditobergrenze werden auf einem Kontrollkonto erfasst; Belastungen, die den Schwellenwert von 1,5 % des nominalen Bruttoinlandsprodukts überschreiten, sind konjunkturgerecht zurückzuführen (Art. 115 Abs. 2 GG).

478 Die Herbeiführung eines Haushaltsausgleichs ist bei der Aufstellung des Haushalts manchmal nur mit Hilfe sogenannter **„Haushaltssicherungsgesetze“**, „Haushaltsstrukturgesetze“ oder „Haushaltsbegleitgesetze“ möglich, die – gemeinsam mit dem Haushaltsgesetz verabschiedet – entweder Einschnitte in Leistungsgesetze oder Abgabenerhöhungen oder beides beinhalten.

479 Bei der Ausführung des Haushaltsplans gibt es zur Sicherung des Haushaltsausgleichs durch das Bundesministerium der Finanzen das Instrument der **haushaltswirtschaftlichen Sperre**. Nach § 41 BHO kann das Bundesministerium der Finanzen es von seiner Einwilligung abhängig machen, ob Verpflichtungen eingegangen oder Ausgaben geleistet werden.

Reichen die hiermit erzielten Einsparungen nicht aus, hat das Bundesministerium der Finanzen die Möglichkeit, den Entwurf eines **Nachtragshaushalts** auszuarbeiten und ihn der Bundesregierung zur Beschlussfassung vorzulegen. Der Nachtragshaushalt wird danach in einem förmlichen Gesetzgebungsverfahren vom Parlament verabschiedet. 480

5.10 Haushaltswahrheit und Haushaltsklarheit

Aus dem Vollständigkeitsgebot leiten sich auch die Gebote der Haushaltswahrheit und -klarheit ab. Die **Wahrheit (Genauigkeit)** des Haushaltsplans erfordert es, dass Einnahmen und Ausgaben – soweit möglich – genau berechnet bzw. auf der Basis möglichst verlässlicher Grundlagen geschätzt werden. Die so ermittelten Werte müssen im Haushaltsplan übersichtlich und transparent (**Klarheit**) dargestellt werden. 481

„Der Haushaltsplan darf nicht lückenhaft sein und nichts verschleiern. Er muss transparent machen, wo und in welcher Höhe veranschlagte Einnahmen ihren Entstehungsgrund haben, aber auch, in welcher Höhe Ausgaben für welchen Zweck voraussichtlich anfallen. In diesen Grundsätzen bewährt sich das Haushaltsbewilligungsrecht des Parlaments als das wesentliche Instrument der Regierungskontrolle."[92] Haushaltswahrheit stellt die inhaltliche Seite einer genauen Ermittlung der Haushaltsansätze dar, Haushaltsklarheit die formale. 482

Das Gebot der **Haushaltswahrheit** ist den VV Nr. 2.3 zu § 9 BHO und Nr. 1.2 zu § 11 BHO zu entnehmen. Dieses Gebot führt z.B. dazu, dass im Verfahren der Aufstellung des Haushaltsplans die Behörden ihre Voranschläge insbesondere bei Änderungen im Mittelbedarf gegenüber dem Vorjahr ausführlich begründen müssen. 483

Die **Haushaltsklarheit** findet ihren Niederschlag in umfangreichen Vorschriften über die Gestaltung des Haushaltsplans. Der Haushaltsklarheit dient die Haushaltssystematik, wie sie sich aus den §§ 13 und 14 BHO ableiten lässt. Darüber hinaus sollen die Haushaltstechnischen Richtlinien des Bundes (HRB) eine einheitliche, transparente Gestaltung des Haushaltsplans durch alle beteiligten Stellen gewährleisten. 484

92 VerfGH Rh.-Pf., DVBl. 1997, 491 (492), in: DÖV – Die Öffentliche Verwaltung, 50. Jg., 1997, S. 246.

5.11 Öffentlichkeit

5.11.1 Der Grundsatz

485 Nach dem Grundsatz der Öffentlichkeit ist das Budgetleben in allen Phasen des Haushaltskreislaufs in seinen wesentlichen Punkten der Allgemeinheit zugänglich zu machen.

486 Es handelt sich dabei um keine Besonderheit der Haushaltswirtschaft, sondern um einen Ausdruck des **Demokratieverständnisses**. Dies kommt auch darin zum Ausdruck, dass vor allem die Phasen des Haushaltskreislaufs, die Ausdruck des parlamentarischen Budgetrechts sind, von der Öffentlichkeit verfolgt werden. Das gesamte Haushaltsgesetzgebungsverfahren nimmt in der Berichterstattung der Medien einen breiten Raum ein. Die wesentlichen Prüfungsergebnisse des Bundesrechnungshofs werden vom Präsidenten des Bundesrechnungshofs in einer Pressekonferenz vorgestellt und sind der Öffentlichkeit zugänglich (Bundestagsdrucksache). Ein selbstverständlicher Ausdruck der Öffentlichkeit ist die Veröffentlichung des Haushaltsgesetzes und des Haushaltsplans.

487 Der Grundsatz der Öffentlichkeit ist nach Auslegung des Bundesverfassungsgerichts ein Verfassungsgrundsatz, der aus dem allgemeinen Öffentlichkeitsprinzip nach demokratischem Staatsverständnis folgt.[93]

5.11.2 Die Ausnahme: Geheimhaltungsbedürftige Haushaltsmittel

488 Aus Gründen des Staatswohls kann es unvermeidlich sein, die Offenlegung von Detailangaben bestimmter der Geheimhaltung unterliegender Fonds (Bundesnachrichtendienst, Verfassungsschutz, Militärischer Abschirmdienst) zu unterlassen. Bei solchen geheimen Fonds erscheint im Bundeshaushaltsplan lediglich der Zuschuss, der aus dem Bundeshaushalt an den Fonds gezahlt wird.

93 BVerfGE 70,324.

0414 Bundesnachrichtendienst

Titel Funktion	Zweckbestimmung	Soll 2021 1000 €	Soll 2020 Reste 2020 1000 €	Ist 2019 1000 €
	Ausgaben			
	Sächliche Verwaltungsausgaben			
541 01 -019	Zuschuss an den Bundesnachrichtendienst	1 083 818	977 883 38 099	954 811
	Haushaltsvermerk 1. Die Ausgaben, soweit sie im Wirtschaftsplan als übertragbar bezeichnet sind, sind übertragbar. 2. Die Mittel werden nach einem gem. § 10 a Abs. 2 BHO gebilligten Wirtschaftsplan bewirtschaftet, dessen Einzelansätze, Planstellen und Stellen für Arbeitnehmerinnen und Arbeitnehmer verbindlich sind.			

Abbildung 63: Nachrichtendienste im Bundeshaushaltsplan

Der Bundestag kann in Ausnahmefällen nach § 10a BHO die Bewilligung von Ausgaben, die nach **geheim zu haltenden Wirtschaftsplänen** bewirtschaftet werden sollen, im Haushaltsgesetzgebungsverfahren von der Billigung der Wirtschaftspläne durch ein Gremium von Mitgliedern des Haushaltsausschusses (**Vertrauensgremium**) abhängig machen, das vom Bundestag für die Dauer der Wahlperiode gewählt wird. Die Mitglieder des Vertrauensgremiums sind zur Geheimhaltung aller Angelegenheiten verpflichtet, die ihnen bei ihrer Tätigkeit bekannt geworden sind. **489**

Der Bundesrechnungshof prüft in diesen Fällen nach § 19 Satz 1 Nr. 1 Bundesrechnungshofgesetzes durch ein dafür zuständiges Kollegium (ohne Einbeziehung der Senate) und unterrichtet das Vertrauensgremium sowie die zuständige oberste Bundesbehörde und das Bundesministerium der Finanzen über das Ergebnis seiner Prüfung der Jahresrechnung sowie der Haushalts- und Wirtschaftsführung. **490**

5.12 Die Haushaltsgrundsätze (Kurzfassung)

Übersicht 13: Haushaltgrundsätze im Überblick

491

Grundsatz	Erläuterungen	Ausnahmen
Wirtschaftlichkeit und Sparsamkeit § 7 BHO, insbes. VV zu § 7 BHO	Bei allen Maßnahmen ist die günstigste Zweck-Mittel-Relation anzuwenden (Minimal- und Maximalprinzip). Zu prüfen ist: – Ausgliederung, – Entstaatlichung, – Privatisierung; KLR und Wirtschaftlichkeitsuntersuchungen.	Keine
Vorherigkeit Art. 110 Abs. 2 GG	Der Haushaltsplan ist vor Beginn des jeweiligen Haushaltsjahres durch das Haushaltsgesetz festzustellen.	**Vorläufige Haushaltsführung** nach Art. 111 Abs. 1, 2 GG: **Ausgabeermächtigung**: – für die Erfüllung von Gesetzen, – für die Erfüllung von Verträgen, – für Fortsetzungsmaßnahmen. **Kreditermächtigung** bis zu einem Viertel der Haushaltssumme des abgelaufenen Haushaltsplans.
Einzelveranschlagung und sachliche Bindung §§ 17, 45 BHO	Im Haushaltsplan sind die Einnahmen nach dem Entstehungsgrund und die Ausgaben nach Zwecken getrennt zu veranschlagen (Einzelveranschlagung). Die Verwaltung ist im Haushaltvollzug an den vorgegebenen Zweck gebunden (sachliche Bindung).	**Deckungsfähigkeit** **geboren** (= durch Gesetz: § 20 BHO): nur einige Personalausgaben; **gekoren** (HG oder Haushaltsvermerk): – § 20 Abs. 2 BHO, – § 5 Abs. 2,3,5 HG 2021 (Flexibilisierung), – § 6 Abs. 3-5 HG 2021.

Jährlichkeit und zeitliche Bindung Art. 110 Abs. 2 GG, §§ 1, 11, 12, 45 BHO	Der Haushaltsplan wird für ein oder zwei Rechnungsjahre nach Jahren getrennt aufgestellt (Jährlichkeit). Ausgaben und Verpflichtungsermächtigungen dürfen nur bis zum Ende des Haushaltsjahres geleistet bzw. in Anspruch genommen werden (zeitliche Bindung).	**Übertragbarkeit** **geboren** (= durch Gesetz: § 19 BHO): – Investitionen (7er und 8er Titel), – Ausgaben aus (echt) zweckgebundenen Einnahmen; **gekoren** (HG oder Haushaltsvermerk): – § 19 Abs. 1 S. 2 BHO und – § 5 Abs. 4 HG 2021 (Flexibilisierung).
Fälligkeit § 11 Abs. 2 BHO und VV zu § 11 BHO	Es dürfen nur die Einnahmen und Ausgaben in den Haushaltsplan eingestellt werden, die im Haushaltsjahr voraussichtlich kassenwirksam werden.	Keine (Bei mehrjährigen Maßnahmen werden als Konsequenz des Fälligkeitspostulats **Verpflichtungsermächtigungen** ausgebracht.)
Gesamtdeckung § 8 BHO	Alle Einnahmen dienen als Deckungsmittel für alle Ausgaben (Zweckbindungsverbot, Non-Affektationsprinzip).	**Zweckbindung von Einnahmen** **geboren** (= durch ständiges Gesetz, z.B. Straßenbaufinanzierungsgesetz); **gekoren** (HG oder Haushaltsvermerk), z.B. § 6 Abs. 7, 8 HG 2021.
Einheit und Vollständigkeit Art. 110 GG, § 11 BHO	Alle Einnahmen und Ausgaben sind in den (einen einzigen) Haushaltsplan einzustellen.	**Bundesbetriebe und Sondervermögen** haben eine eigene Wirtschaftsführung. Hier sind nur die Zuführungen und Ablieferungen in den Haushaltsplan einzustellen (Art. 110 GG, § 26 BHO).

Übersicht 13: (Fortsetzung)

Grundsatz	Erläuterungen	Ausnahmen
Bruttoprinzip §§ 15 Abs. 1, 35 Abs. 1 BHO	Die Einnahmen und Ausgaben sind in voller Höhe und getrennt voneinander – zu veranschlagen und – und zu buchen.	**Nettoveranschlagung und Nettonachweis** **geboren** (= durch Gesetz: § 15 Abs. 1 BHO) nur Kredite; **gekoren** (HG oder Haushaltsvermerk): – § 6 Abs. 1, 2, 6 HG 2021, – § 13 Abs. 1, 2 HG 2021, – Rückeinnahmevermerke.
Haushaltsausgleich Art. 110 Abs. 1 S. 2 GG	Der Haushaltsplan ist in Einnahmen und Ausgaben auszugleichen (formaler Ausgleich über Kredite)	Keine
Art. 109 Abs. 2 und Art. 115 GG	Materieller Ausgleich nach Schuldenregel für Bund und Länder.	
Haushaltswahrheit und Haushaltsklarheit	Alle Einnahmen und Ausgaben sind mit der größten Genauigkeit zu errechnen und zu schätzen; es dürfen keine Sachverhalte verschleiert werden (Wahrheit). Der Haushaltsplan ist übersichtlich zu gliedern (Klarheit).	Keine
Öffentlichkeit §§ 1 S. 2, 10 Abs. 2, 37 Abs. 4, 97 BHO	Das Budgetleben soll in allen Phasen des Haushaltskreislaufs in seinen wesentlichen Punkten der Allgemeinheit zugänglich sein.	**Geheime Fonds** (BND, MAD, BfV) §§ 10a, 97 Abs. 4 BHO und § 19 BRHG

6. Der Haushaltskreislauf

6.1 Überblick

Der Haushaltsplan als Grundlage für die Haushalts- und Wirtschaftsführung erfährt in seinem „Leben" einen Ablauf, der – in vier Phasen eingeteilt – als **Haushaltskreislauf** bezeichnet wird. Jeder Haushaltskreislauf beginnt mit dem Aufstellungsverfahren zu einem bestimmten Zeitpunkt, unabhängig davon, ob ein früherer Haushaltskreislauf abgeschlossen ist. 492

Der Haushaltskreislauf orientiert sich ähnlich wie der Controlling-Kreislauf am Entscheidungsprozess, wobei die entscheidende Management-Ebene hier das **Parlament** darstellt. Im Rahmen seiner Budgethoheit entscheidet das Parlament über die Verteilung der Mittel und kontrolliert deren zweckentsprechende Verwendung. Im Haushaltskreislauf werden die Planungsphase (Aufstellung des Plans), die Entscheidungsphase (Feststellung des Plans), die Phase der Ausführung des Plans und die Phase der Kontrolle des Plans unterschieden. Diese Phasen geben nicht unbedingt eine zeitliche Abfolge wieder; so wird die Kontrollinstanz Bundesrechnungshof etwa bereits bei der Aufstellung und Feststellung des Haushaltsplans eingebunden und die Rechnungskontrolle setzt – möglichst zeitnah – bereits in der Ausführungshase an. 493

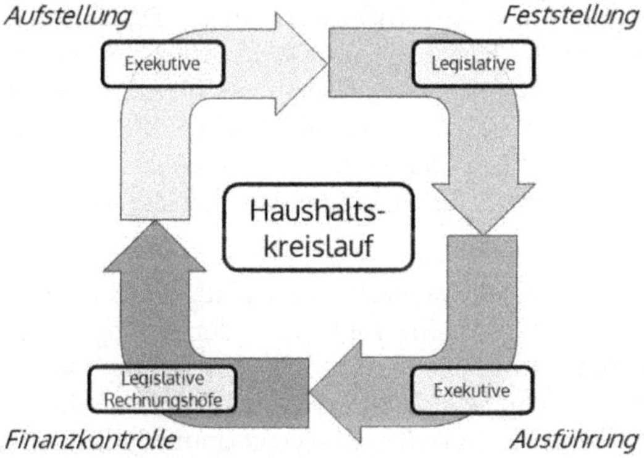

Abbildung 64: Der Haushaltskreislauf

Die **Phasen** des Haushaltskreislaufs sind durch die unterschiedlichen Rollen von Exekutive und Legislative gekennzeichnet. Die **Bundesregierung** stellt den Haushaltsplan nach ihren politischen und strategischen Zielen auf, operativ unterstützt durch die gesamte Bundesverwaltung. Das **Parlament** diskutiert, 494 ändert und beschließt ihn in einem auch in der Öffentlichkeit viel beachteten Gesetzgebungsverfahren. Der vom Bundestag als Anlage zum Haushaltsgesetz beschlossene Haushaltsplan wird dann unter Koordination des Bundesministers der Finanzen dezentral in den einzelnen Ressorts durch die **Bundesbehörden** ausgeführt. Bereits während der Ausführung des Plans setzt der **Bundesrechnungshof** mit der Prüfung der Wirtschaftlichkeit und Ordnungsmäßigkeit ein; ist der Plan ausgeführt, erfolgt die Rechnungsprüfung. Der Bundesrechnungshof unterstützt damit sowohl die Bundesregierung als auch das Parlament.[94] Beendet wird der Haushaltskreislauf durch den Entlastungsbeschluss von **Bundestag und Bundesrat**.

Die folgende Darstellung wird sich an den Phasen des Haushaltskreislaufs orientieren.

6.2 Die Aufstellung des Bundeshaushaltsplans

6.2.1 Der Eckwertebeschluss der Bundesregierung

495 Nach § 27 Abs. 1 BHO sind die Voranschläge von der für den Einzelplan zuständigen Stelle dem Bundesministerium der Finanzen zu dem von ihm zu bestimmenden Zeitpunkt zu übersenden. Den zeitlichen Ablauf des Haushaltsaufstellungsverfahrens legt das BMF zum Beginn des Vorjahres mit einem Rundschreiben fest.[95] Unter Voranschlägen sind die Unterlagen für die Finanzplanung und die Unterlagen für den Entwurf des Haushaltsplans zu verstehen.[96] Das Bundesministerium der Finanzen prüft die Voranschläge und stellt den Entwurf des Haushaltsplans auf. Es kann die Voranschläge nach Benehmen mit den beteiligten Stellen ändern.[97] Aus dem Wortlaut dieser Vorschriften der BHO ergibt sich ein von den für die Einzelpläne zuständigen Stellen bis zum Bundesministerium der Finanzen und der Bundesregierung von unten nach oben verlaufendes Verfahren.

496 Seit der Haushaltsaufstellung 2012 wird dieses Verfahren um für die Bundesregierung verbindliche Eckwerte erweitert, die die Einhaltung der grundgesetzlichen Schuldenbremse sicherstellen und die regierungsinternen Verhandlungen beschleunigen sollen. Mit dieser Maßgabe erfolgt im Anschluss das übliche regierungsinterne Aufstellungsverfahren mit den Haushaltsanmeldungen der Ressorts, das mit dem Beschluss des Bundeskabinetts über den Bundeshaushalt und den Finanzplan seinen Abschluss findet."

---

94 § 1 des Gesetzes über den Bundesrechnungshof (Bundesrechnungshofgesetz – BRHG) vom 11.7.1985 (BGBl. I S. 1445).

95 z.B. BMF (05.01.2021) Rundschreiben zur Haushaltsaufstellung 2022

96 Definition siehe § 9 Abs. 2 BHO.

97 § 27 Abs. 1 BHO.

Das Verfahren beginnt in der Regel gegen Ende des Vorvorjahres mit der **Mittelfristschätzung** für das Planungsjahr und die Finanzplanungsjahre. Grundlagen der Mittelfristschätzung sind 497

1. der geltende Finanzplan,
2. eine aktualisierte Einschätzung der mittelfristigen gesamtwirtschaftlichen Entwicklung auf der Basis des im Januar vorzulegenden Jahreswirtschaftsberichtes der Bundesregierung sowie einer darauf aufbauenden internen Steuerschätzung des Bundesministeriums der Finanzen,
3. die Schuldengrenze sowie
4. weitere – beispielsweise durch einen Koalitionsvertrag oder durch Kabinettbeschlüsse definierte – politische Zielvorgaben.

Danach holt das Bundesministerium der Finanzen die für den **Eckwertebeschluss** 498 der Bundesregierung erforderlichen Informationen bei den Ressorts ein. Bis Ende Januar des Vorjahres erstellt das Bundesministerium der Finanzen den 1. Entwurf eines Eckwertebeschlusses. Dieser enthält die Einnahme- und Ausgabeplafonds der einzelnen Einzelpläne sowie weitere bedeutsame Einzelpositionen (Eckwerte), die dann zur Vorbereitung des entsprechenden Kabinettbeschlusses zur Diskussion und Abstimmung gestellt und im Anschluss (in der Regel im März) in einer Kabinettsitzung der Bundesregierung beschlossen werden.

Danach erfolgt die regierungsinterne Abstimmung der **Haushaltseckwerte** mit 499 dem Ziel, einen Konsens im Kabinett über die politische Schwerpunktsetzung im neuen Haushalt und Finanzplan herbeiführen. Die Beteiligung der übrigen Ressorts wird seit 2014 durch eine Klausursitzung auf Staatssekretärsebene eingeleitet. Dort werden die finanzwirtschaftliche Ausgangslage und die sich daraus ergebenden haushaltswirtschaftlichen Rahmenbedingungen vorgestellt und erörtert. Der Kabinettsbeschluss über die Einzelplanplafonds auf der Basis des geltenden Finanzplans und andere wesentliche Eckwerte erfolgt in der Regel im März des Vorjahres. Der Eckwertebeschluss enthält regelmäßig den Vorbehalt, dass die in ihm enthaltenen von der konjunkturellen Entwicklung abhängigen Ansätze auf der Grundlage der Frühjahrsprojektion der Bundesregierung sowie der Ergebnisse des unabhängigen Arbeitskreises Steuerschätzung angepasst werden.

6.2.2 Die Aufstellung des Haushalts bei den einzelplanbewirtschaftenden Stellen

Parallel zur Vorbereitung des Eckwertebeschlusses im Bundesministerium der 500 Finanzen und zur regierungsinternen Abstimmung der Haushaltseckwerte werden in den einzelnen Ressorts die Voranschläge[98] für die Einzelpläne erstellt. Die

98 Der Begriff „Voranschläge“ ist in § 9 Abs. 2 BHO wie folgt definiert: „Unterlagen für die Finanzplanung und Unterlagen für den Entwurf des Haushaltsplans“.

verbindliche Vorgabe für dieses Verfahren erfolgt durch das in der Regel Ende November/Anfang Dezember vom Bundesministerium der Finanzen an die obersten Bundesbehörden versandte Haushaltsaufstellungsrundschreiben. Es beinhaltet grundsätzliche Hinweise zum vorgesehenen Ablauf des gesamten regierungsinternen Aufstellungsverfahrens, einen ersten Terminplan sowie eine Vielzahl vorwiegend haushaltstechnischer Vorgaben. Im Rahmen der durch den Eckwertebeschluss festgelegten Einzelplanplafonds sowie der dort getroffenen weiteren verbindlichen Festlegungen zu Einzelpositionen können die Ressorts grundsätzlich eigene Prioritäten setzen und die Ansätze ihres jeweiligen Einzelplans entsprechend gestalten.

501 In jeder Bundesbehörde fordert die oder der Beauftragte für den Haushalt die Titelverwalterinnen und Titelverwalter durch Hausverfügung zur Abgabe der **Beiträge zum Voranschlag der Behörde** auf. Die Verwaltungseinnahmen sind von den Titelverwalterinnen und Titelverwaltern unter Berücksichtigung der Ist-Einnahmen des Vorvorjahres und der voraussehbaren Entwicklung zu ermitteln. Bei den Ausgaben sind die Einzelansätze der Haushaltsvoranschläge auf der Basis der Vorjahresansätze nach dem voraussichtlichen kassenmäßigen Bedarf festzustellen. Es gilt der Haushaltsgrundsatz der Haushaltswahrheit, d.h., Ansätze dürfen nicht allgemein geschätzt, sondern müssen in jedem Einzelfall möglichst exakt und mit genauer Begründung nachvollziehbar ermittelt werden. Die Geldansätze sind bei Einnahmen und Ausgaben sowie bei den Jahresbeträgen der Verpflichtungsermächtigungen auf volle 1.000 € zu runden.

502 Die **Beauftragten für den Haushalt** prüfen die Beiträge der Titelverwalter und leiten den Voranschlag der Behörde zu dem gesetzten Termin an die nächsthöhere Behörde. Soweit Kapitel Behörden zum Gegenstand haben, sind in den Vorbemerkungen zu den Kapiteln die Rechtsgrundlagen für die Errichtung sowie Aufbau und Aufgaben der jeweiligen Behörden in den Grundzügen darzustellen. Auf politisch bedeutsame Änderungen gegenüber den Vorjahren ist hinzuweisen.

503 Die in § 27 Abs. 3 BHO genannten Bundesorgane unterliegen nicht dem Eckwertebeschluss. Es handelt sich um den Bundespräsidenten sowie die Präsidenten des Bundestages, Bundesrates, des Bundesverfassungsgerichts und des Bundesrechnungshofes.

Zuständig für die Aufstellung der Voranschläge für die Einzelpläne 32 – Bundesschuld – und 60 – Allgemeine Finanzverwaltung – ist das Bundesministerium der Finanzen.

504 Die von den einzelplanbewirtschaftenden Stellen erstellten Voranschläge für die Einzelpläne werden dem Bundesministerium der Finanzen übersandt und dort auf inhaltliche Plausibilität, Einhaltung der Vorgaben des Eckwertebeschlusses und ggf. auf durch den Eckwertebeschluss zugelassene Ausnahmen geprüft[99].

99 § 28 Absatz 1 BHO.

Ein weiteres Exemplar der Voranschläge übersendet die für den Einzelplan zuständige Stelle dem Bundesrechnungshof, der hierzu Stellung nehmen kann[100].

Wenn sich die Anmeldungen der Ressorts an den Plafond des Eckwertebeschlusses der Bundesregierung und evtl. vorgenommener Anpassungen dieses Beschlusses halten und auch darüber hinaus plausibel sind, wird das Bundesministerium der Finanzen keinen Änderungsbedarf sehen. Das BMF kann jedoch die Voranschläge „nach Benehmen mit den beteiligten Stellen“[101] ändern. Die notwendige Korrektur und Anpassung der Voranschläge zu den Einzelplänen geschieht zunächst innerhalb des Bundesministeriums der Finanzen in den zur Haushaltsabteilung gehörenden Fachreferaten (sog. „**Spiegelreferate**“). Für jeden Einzelplan besteht ein solches Referat, das sich speziell mit den Einzelheiten dieses Einzelplans befasst. Das nach § 28 Abs. 1 Satz 2 BHO erforderliche „**Benehmen**“ mit dem Fachministerium wird im Rahmen von Haushaltsverhandlungen auf verschiedenen Hierarchieebenen – Referatsleiterebene, Abteilungsleiterebene, Chefebene – hergestellt. Dabei wird versucht, verbleibende Streitpunkte auf der jeweils höheren Ebene auszuräumen. Gelingt dies auch auf Chefebene nicht, muss auf Antrag der Fachministerin oder des Fachministers die Bundesregierung entscheiden.[102] Seitdem das **Top-Down-Verfahren** stattfindet, finden diese Haushalts- und Streitpunktverhandlungen noch in folgenden Fällen statt: 505

1. bei den Einzelplänen der nicht dem Eckwerteverfahren unterliegenden Organen nach § 28 Absatz 3 BHO,
2. bei allen Einzelplänen hinsichtlich des nicht vom Eckwerteverfahren umfassten Personalhaushalts,
3. wenn Voranschläge nicht mit den Eckwerten übereinstimmen oder sich zwar im Rahmen der Eckwerte bewegen, aber aus Sicht des Bundesministeriums der Finanzen gleichwohl Erörterungsbedarf besteht.

Abweichungen von den Voranschlägen des Bundespräsidenten und der Präsidenten des Bundestages, des Bundesrates, des Bundesverfassungsgerichts und des Bundesrechnungshofes sind vom Bundesministerium der Finanzen der Bundesregierung mitzuteilen, soweit den Änderungen nicht zugestimmt worden ist[103].

Da das „ins Benehmen Setzen“ nach § 28 Abs. 1 Satz 2 BHO eine schwache Form der Beteiligung ist, hat bis zuletzt das **Finanzministerium** eine stärkere Position. Nach einem kontroversen Ergebnis der Verhandlungen bleibt es bei der Entscheidung des Bundesministeriums der Finanzen. Entsprechend Art. 65 Satz 3 GG hat nach § 28 Abs. 2 BHO der Fachminister die Möglichkeit, bei Angelegenheiten von grundsätzlicher oder erheblicher finanzieller Bedeutung die Entscheidung der Bundesregierung einzuholen. Fällt diese mit einfacher Mehrheit zu treffende Entscheidung der Bundesregierung gegen den Bundesminister 506

100 § 27 Absatz 2 BHO.
101 § 28 Abs. 1 Satz 2 BHO.
102 § 28 Abs. 2 Satz 1 BHO.
103 § 28 Abs. 3 BHO.

der Finanzen aus, hat dieser – als einziger Minister im Bundeskabinett – die Möglichkeit des **Widerspruchs gegen die Kabinettsentscheidung**. Der Widerspruch des BMF führt zu einer erneuten Abstimmung in der Bundesregierung. In dieser Abstimmung kann sich der Fachminister nur durchsetzen, wenn er die Mehrheit der Minister auf seiner Seite hat und sich die Stimme der Bundeskanzlerin oder des Bundeskanzlers bei dieser Mehrheit befindet.[104]

6.2.3 Kabinettsbeschluss über den Entwurf des Haushaltsplans

507 Der Kabinettsbeschluss über den Entwurf des Haushaltsgesetzes und -plans bildet den förmlichen Abschluss der Aufstellungsphase des Haushaltskreislaufs. Zusammen mit dem Haushaltsentwurf für das kommende Jahr verabschiedet das Kabinett auch den **Finanzplan**, dessen Planungszeitraum im laufenden Jahr beginnt. Auch während der Beschlussfassung der Bundesregierung über den Haushaltsentwurf für das kommende Jahr kann es wegen Angelegenheiten von grundsätzlicher oder erheblicher finanzieller Bedeutung auf Antrag eines Ressortministers zu einer Entscheidung über Änderungen durch den Bundesminister der Finanzen kommen. Das Verfahren (nach § 29 Abs. 2 BHO) entspricht dem bei den Haushalts- und Streitpunktverhandlungen nach § 28 Abs. 2 BHO.

508 Die Aufstellung des **Bundeshaushalts** erfolgt – nach verbindlicher Vorgabe von Eckwerten durch die Bundesregierung – durch die Ressorts sowie den Bundespräsidenten und die Präsidenten des Bundestages, Bundesrates, Bundesverfassungsgerichts und Bundesrechnungshofes, sowie durch den Bundesbeauftragten für den Datenschutz und die Informationsfreiheit (BfDI). Das Bundesministerium der Finanzen kann nach Benehmen mit den einzelplanbewirtschaftenden Stellen einen Voranschlag zum Einzelplan ändern. In Streitfällen zwischen einem Ressort und dem Bundesministerium der Finanzen liegt auf Betreiben der Ressortministerin oder des Ressortministers die Entscheidung bei der Bundesregierung. Abweichungen von den Voranschlägen des Bundespräsidenten und der Präsidenten des Bundestages, des Bundesrates, des Bundesverfassungsgerichts und des Bundesrechnungshofes sowie vom Voranschlag des BfDI sind vom Bundesministerium der Finanzen der Bundesregierung mitzuteilen, soweit den Änderungen nicht zugestimmt worden ist. Der vom Bundesministerium der Finanzen aufgestellte Entwurf des Haushaltsgesetzes und des Haushaltsplans wird von der Bundesregierung beschlossen.

104 § 26 GO-BReg.

6.3 Die Feststellung des Haushaltsplans

6.3.1 Die Besonderheiten des Haushaltsgesetzgebungsverfahrens

Das Haushaltsgesetz ist ein **Einspruchsgesetz**. Das heißt, der Bundesrat hat die Möglichkeit, nach Durchführung des Vermittlungsverfahrens gegen ein vom Bundestage beschlossenes Gesetz binnen zwei Wochen Einspruch einzulegen.[105] Anders als beim zustimmungspflichtigen Gesetz kann dieser Einspruch durch Beschluss einer entsprechenden Mehrheit der Mitglieder des Bundestages zurückgewiesen werden.[106] 509

Von dem üblichen Gesetzgebungsverfahren weicht das **Haushaltsgesetzgebungsverfahren** jedoch in drei Punkten ab. 510

- Das Recht, den Entwurf des Haushaltsgesetzes und des Haushaltsplans in das Gesetzgebungsverfahren einzubringen – das **Gesetzesinitiativrecht** –, hat beim Haushaltsgesetzgebungsverfahren nur die Bundesregierung. Beim üblichen Gesetzgebungsverfahren des Bundes können Gesetzesvorlagen auch aus der Mitte des Bundestages und durch den Bundesrat eingebracht werden.[107] Die Besonderheit des Haushaltsgesetzgebungsverfahrens wird hergeleitet aus Art. 110 Abs. 3 („Die Gesetzesvorlage nach Absatz 2 Satz 1 sowie Vorlagen zur Änderung des Haushaltsgesetzes und des Haushaltsplanes **werden** gleichzeitig **mit der Zuleitung an den Bundesrat beim Bundestage eingebracht.**") (Wer außer dem dritten verfassungsmäßig in Frage kommenden Organ sollte dies tun?) und 113 Abs. 1 S. 1 GG („Gesetze, welche die **von der Bundesregierung vorgeschlagenen** Ausgaben des Haushaltsplanes erhöhen oder neue Ausgaben in sich schließen […]"). Der Grund ist darin zu suchen, dass nur die Bundesregierung mit ihrem Verwaltungsapparat einen vollständigen Haushaltsplan sicherstellen kann, der alle Einnahmen und Ausgaben sämtlicher Bundesbehörden beinhaltet. Außerdem ist die Bundesregierung das Organ, dass – unterstützt durch die Parlamentsmehrheit – das im Haushaltsplan zum Ausdruck kommende politische Programm für die Legislaturperiode bestimmt.
- Das Bundesverfassungsgericht hat in seiner Entscheidung vom 14. Januar 1986 – 2 BvE 14/83 und 4/84 –[108] festgestellt: „Der Bundestag kann auch nicht von sich aus eine Erhöhung der Titelsumme über den Weg eines Nachtragshaushalts beschließen, da dieser dem Einbringungsmonopol der Bundesregierung nach Art. 110 Abs. 3 GG unterfällt".

105 Art. 77 Abs. 3 GG.
106 Art. 77 Abs. 4 GG.
107 Art. 76 Abs. 1 GG.
108 BVerfGE 70, 324.

- Die Entwürfe des Haushaltsgesetzes und des Haushaltsplans werden gleichzeitig mit der Zuleitung an den Bundesrat beim Bundestag eingebracht.[109] Ansonsten sind Vorlagen der Bundesregierung zunächst dem Bundesrat zuzuleiten und erst nach dessen Stellungnahme dem Bundestag.[110] Mit der gleichzeitigen Zuleitung und dem anschließenden parallel im Bundestag und im Bundesrat ablaufenden Gesetzgebungsverfahren soll eine Beschleunigung im Interesse des Haushaltsgrundsatzes der Vorherigkeit erreicht werden.
- Nach Art. 82 Abs. 1 GG werden die nach den Vorschriften des GG zustande gekommenen Gesetze im Bundesgesetzblatt verkündet. Diese **Veröffentlichungspflicht** gilt für Gesetze mit allen Anlagen. Im Haushaltsgesetzgebungsverfahren wird jedoch zusammen mit dem Haushaltsgesetz **nur der Gesamtplan**, nicht auch die Einzelpläne verkündet. Die Verkündung der Einzelpläne würde zu einer übermäßigen Belastung des Bundesgesetzblattes (Teil I) führen. Im Übrigen ist der Verkündungspflicht des Grundgesetzes dadurch genügt, dass Haushaltsgesetz und Gesamtplan auf die Einzelpläne verweisen und die Einzelpläne auch ohne Veröffentlichung im BGBl. I der Öffentlichkeit zugänglich sind.[111]

6.3.2 Das Haushaltsgesetzgebungsverfahren

511 Das Haushaltsgesetzgebungsverfahren beginnt mit der Einbringung des **Entwurfs des Haushaltsgesetzes und des Haushaltsplans** beim Bundestag und der gleichzeitigen Zuleitung der Entwürfe an den Bundesrat[112] durch die Bundesregierung, die das alleinige Gesetzesinitiativrecht im Haushaltsverfahren hat. Die Zuleitung an den Bundesrat und die Einbringung beim Bundestag soll in der Regel spätestens in der ersten Sitzungswoche des Bundestages nach dem 1. September erfolgen.[113] Mit dem Haushaltsentwurf werden Bundestag und Bundesrat auch der Finanzplan des Bundes, der Finanzbericht sowie alle zwei Jahre der Subventionsbericht vorgelegt.

512 Während sich bereits – eingeleitet durch die erste Lesung mit der Etatrede des Bundesministers der Finanzen – der Bundestag mit dem Haushaltsentwurf befasst, hat der **Bundesrat** zunächst das Recht zur Stellungnahme. Hierzu hat er eine Frist von sechs Wochen.[109] Die Stellungnahme des Bundesrats wird von der Bundesregierung mit einer Gegenäußerung versehen und an den Bundestag weitergeleitet. Dort muss sie noch vor der zweiten Lesung in die Beratungen des Haushaltsausschusses einfließen.

109 Art. 110 Abs. 3 GG.
110 Art. 76 Abs. 2 GG.
111 Vgl. dazu im Einzelnen BVerfGE 20, 90.
112 Art. 110 Abs. 2 GG.
113 § 30 BHO.

Im Deutschen Bundestag wird der Entwurf des Haushaltsgesetzes und des Haushaltsplans – wie auch bei anderen Gesetzen üblich – in **drei Lesungen** beraten.

Die **erste Lesung** beginnt mit der Etatrede des Bundesfinanzministers, an die sich eine durch die finanzpolitischen Sprecher der Bundestagsfraktionen eingeleitete Debatte anschließt. Hierfür werden im Allgemeinen drei bis vier Tage benötigt. 513

Im Anschluss an die erste Lesung befasst sich der **Haushaltsausschuss des Deutschen Bundestages** in der Regel von Ende September bis Mitte November in einer Vielzahl von Sitzungsterminen mit dem Haushaltsentwurf.[114] Der Haushaltsausschuss ist ein ständiger Ausschuss des Bundestages, dessen Zusammensetzung aus den Fraktionen den Stärkeverhältnissen im Plenum des Bundestages entspricht. Mit 44 Mitgliedern ist er der größte aller ständigen Ausschüsse des Deutschen Bundestags. Der Vorsitz liegt traditionell bei der Opposition. Im Haushaltsausschuss wird jeder Einzelplan durch ein Gremium von jeweils mehreren Ausschussmitgliedern aus allen Fraktionen – den sogenannten Berichterstattern bzw. Mitberichterstattern[115] – in sogenannten Berichterstattergesprächen mit Vertretern der betroffenen obersten Bundesbehörde, des Bundesministeriums der Finanzen und des Bundesrechnungshofs besprochen. Die im Rahmen dieser Gespräche von den Berichterstattern vorgetragenen Änderungswünsche zu einzelnen Titeln (Berichterstattervorschläge) bilden die Grundlage für die Beratungen des Haushaltsausschusses. In die Beratungen des Haushaltsausschusses fließen auch die Stellungnahmen der mitberatenden Fachausschüsse des Deutschen Bundestages sowie die vom Bundesrat beschlossene Stellungnahme ein. Offene Punkte werden im Haushaltsausschuss bis zur so genannten „Bereinigungssitzung" zurückgestellt. Im Rahmen dieser Sitzung werden auch die im Haushaltsplan zu veranschlagenden Steuereinnahmen aufgrund der Schätzergebnisse der Herbstsitzung des Arbeitskreises „Steuerschätzung" und die Ansätze der von der gesamtwirtschaftlichen Entwicklung abhängenden Ausgaben auf der Grundlage der Herbstprojektion der Bundesregierung angepasst. Mit der Bereinigungssitzung werden – im Allgemeinen im November – die Beratung des Haushaltsentwurfs im Haushaltsausschuss abgeschlossen. Nicht selten werden bis zu 50 % aller Titel des Haushaltsentwurfs im Haushaltsausschuss geändert. Die Sitzungen des Haushaltsausschusses sind nicht öffentlich, was der Sachlichkeit bei der Beratung des Haushaltsentwurfs über Fraktionsgrenzen hinweg durchaus dient. 514

Nach der Prüfung durch den Haushaltsausschuss kann die **zweite Lesung** stattfinden. Allerdings muss hierzu bereits die Stellungnahme des Bundesrats vorliegen oder es müssen mindestens sechs Wochen (Frist für die Stellungnahme) nach Art. 110 Abs. 3 GG seit der Einbringung vergangen sein. In der zweiten Lesung stellt jeder Berichterstatter des Haushaltsausschusses den von ihm verantwortlich 515

114 Zu den Mitgliedern und Tagesordnungen des Haushaltsausschusses: https://www.bundestag.de/haushalt, Stand 01/2021.

115 Hierzu ausführlich Gerster (1984).

geänderten Einzelplan dem Plenum des Bundestages vor. Danach wird über jeden Einzelplan debattiert und abgestimmt. Es ist Parlamentstradition, dass dabei eine sogenannte „Generalabrechnung" der Opposition mit der Bundesregierung anhand des Einzelplans 04 (Bundeskanzlerin und Bundeskanzleramt) stattfindet. Insgesamt dauert die zweite Lesung drei bis vier Tage.

516 In der sich unmittelbar anschließenden **dritten Lesung** findet nach einer kurzen Aussprache die Schlussabstimmung über das Haushaltsgesetz und den Haushaltsplan statt. Nach der Schlussabstimmung leitet der Präsident des Bundestages dem Bundesrat den Beschluss des Bundestages zu.

517 Ist der **Bundesrat** mit dem vom Bundestag verabschiedeten Haushaltsentwurf einverstanden, kann der Beschluss des Bundestages an die Bundeskanzlerin und den Bundesminister der Finanzen zur Gegenzeichnung und an den Bundespräsidenten zur Ausfertigung weitergeleitet werden. Hat der Bundesrat jedoch Einwendungen gegen den Haushaltsbeschluss, kann er zunächst die Einberufung des Vermittlungsausschusses verlangen.

518 Der **Vermittlungsausschuss** ist ein aus 16 Abgeordneten des Bundestages und 16 Vertretern des Bundesrates bestehendes Gremium mit der Aufgabe, einen Kompromissvorschlag auszuarbeiten, der in beiden Häusern eine Mehrheit finden kann.[116] Die in den Vermittlungsausschuss entsandten Vertreter des Bundesrates sind an Weisungen nicht gebunden.[117]

Über den Vermittlungsvorschlag des Vermittlungsausschusses muss der Bundestag erneut Beschluss fassen. Jetzt hat der Bundesrat die Möglichkeit, gegen den Beschluss des Bundestages Einspruch zu erheben.

519 Ein Einspruch des **Bundesrates** führt aber nicht unbedingt zum Scheitern des Gesetzes. Der Bundestag kann den Einspruch vielmehr zurückweisen. Wird der Einspruch mit der Mehrheit der Stimmen des Bundesrates beschlossen, so bedarf es zur Zurückweisung durch den Bundestag eines Beschlusses der Mehrheit der gesetzlichen Mitglieder des Bundestages. Ist der Einspruch gar mit der Mehrheit von mindestens zwei Dritteln der Stimmen des Bundesrates beschlossen worden, so bedarf es zur Zurückweisung durch den Bundestag einer **doppelt qualifizierten Mehrheit**, nämlich einer 2/3-Mehrheit (bezogen auf die Anwesenden), mindestens jedoch der Mehrheit der Mitglieder des Bundestages (gesetzliche Mitgliederzahl).[118]

116 Zum Vermittlungsausschuss s. https://www.bundestag.de/vermittlungsausschuss, Stand 01/2021.
117 Art. 77 Abs. 2 Satz 3 GG.
118 Art. 77 Abs. 4 GG.

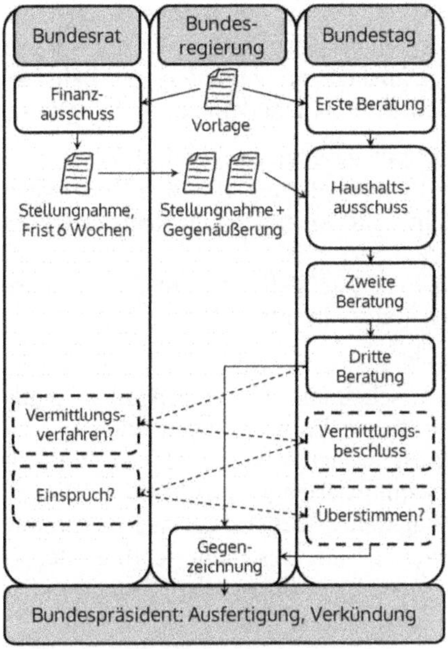

Abbildung 65: Haushaltsgesetzgebungsverfahren

Damit ist das **Gesetz zustande gekommen**. Es muss noch von der Bundeskanzlerin und vom Bundesfinanzminister gegengezeichnet werden, womit der Bundesfinanzminister die fachliche und die Bundeskanzlerin die politische Verantwortung gegenüber dem Bundespräsidenten übernehmen. Dieser fertigt das Gesetz aus, d.h., er überprüft es auf seine Vereinbarkeit mit der Verfassung. Nach der Gegenzeichnung und Ausfertigung wird das Haushaltsgesetz und der Gesamtplan im Bundesgesetzblatt Teil I veröffentlicht. Wegen ihres Umfangs werden die Einzelpläne nicht im Bundesgesetzblatt veröffentlicht, stehen aber der Öffentlichkeit ebenfalls zur Verfügung.[119] **520**

6.3.3 Der Ergänzungshaushalt

Eine Änderung der Entwürfe des Haushaltsgesetzes und des Haushaltsplans während der parlamentarischen Behandlung ist unter Anwendung der gleichen Verfahrensregeln möglich, die auch für die Entwürfe selbst gelten.[120] Eine Ergänzungsvorlage zum Entwurf des Haushaltsgesetzes und des Haushaltsplans kann **521**

119 Fundstelle für alle Bundeshaushaltspläne und -rechnungen seit 2005 im Internet: https://www.bundeshaushalt.de, Stand 01/202.

120 § 32 BHO.

nur eingebracht werden, solange der Bundestag seine Beratungen noch nicht abgeschlossen hat, also spätestens bis zur Beschlussfassung über Haushaltsgesetz und -plan in der dritten Lesung. Da die Ergänzungsvorlage in den Haushaltsentwurf eingearbeitet wird, unterliegt sie grundsätzlich nicht dem Ausgleichsgebot.

522 Zusätzlich zu den Besonderheiten des Haushaltsgesetzgebungsverfahrens gilt:

- Die Ergänzungsvorlage wird von der Bundesregierung über den Präsidenten des Deutschen Bundestages grundsätzlich **direkt** in den Haushaltsausschuss eingebracht,[121]
- der Bundesrat hat nur eine **3-Wochen-Frist** zur Stellungnahme, nicht die 6-Wochen-Frist wie beim ursprünglichen Haushaltsentwurf.[122]

523 Anstelle einer förmlichen Ergänzungsvorlage der Bundesregierung sind sog. **„Nachschiebelisten“** eine gebräuchliche Erscheinung, um eine Aktualisierung der Haushaltsvorlage infolge zwischenzeitlicher Entwicklungen während der Beratungen des Haushaltsausschusses des Bundestages zu veranlassen. Im Einvernehmen mit dem BMF regen die Bundesministerien jeweils für ihren Einzelplan bei den Berichterstattern im Haushaltsausschuss des Bundestages bestimmte Initiativen zur Korrektur der Regierungsvorlage an. Das dient der Beschleunigung und Vereinfachung des Verfahrens, eine Ergänzungsvorlage kann vermieden werden.

6.3.4 Der Nachtragshaushalt

524 Ist der Haushaltsplan bereits durch das Haushaltsgesetz festgestellt, so sind erforderliche Änderungen durch einen Nachtragshaushaltsplan vorzunehmen. Ziel des Nachtragshaushalts ist es, zur **Deckung eines nachträglichen Mehrbedarfs** eine parlamentarische Bewilligung einzuholen. Es handelt sich um ein neues Gesetzgebungsverfahren mit den Besonderheiten des Haushaltsgesetzgebungsverfahrens. Hierdurch wird insbesondere den Haushaltsgrundsätzen der Ausgeglichenheit und der Vollständigkeit Rechnung getragen. Der Nachtragshaushalt ist in Einnahme und Ausgabe auszugleichen. Die Besonderheiten des Haushaltsgesetzgebungsverfahrens gelten auch für den Nachtragshaushalt.[123]

525 Zusätzlich gilt:

- wie bei der Ergänzungsvorlage hat auch beim Nachtragshaushalt der Bundesrat nur eine **3-Wochen-Frist** zur Stellungnahme, nicht die 6-Wochen-Frist wie beim ursprünglichen Haushaltsentwurf,[122]

---

121 § 95 Abs. 1 GO-BT.
122 Art. 110 Abs. 3 GG.
123 § 33 BHO.

- Nachtragshaushaltsvorlagen können ohne erste Beratung in den Haushaltsausschuss eingebracht werden und in **nur einer Beratung** abschließend behandelt werden.[124]

Gem. § 33 BHO ist der Entwurf eines Nachtragshaushalts bis zum Ende des Haushaltsjahres einzubringen. In der Praxis heißt das, dass wegen des Zeitbedarfs von 2 bis 3 Monaten für den Nachtragshaushalt die Einbringung nur bis etwa Ende Oktober erfolgen kann. 526

6.3.5 Zusammenfassung

Das Haushaltsgesetzgebungsverfahren ist ein **Einspruchsgesetzgebungsverfahren**, das sich in drei Punkten von dem „normalen" Gesetzgebungsverfahren unterscheidet: 527
- Die Bundesregierung hat das alleinige Gesetzesinitiativrecht.
- Der Entwurf des Haushaltsgesetzes und Haushaltsplans werden gleichzeitig mit der Zuleitung an den Bundesrat beim Bundestag eingebracht und
- im Bundesgesetzblatt Teil I werden nur das **Haushaltsgesetz** und der **Gesamtplan**, nicht die Einzelpläne, verkündet.

6.4 Die Ausführung des Haushaltsplans

6.4.1 Ermächtigungswirkung des Haushaltsplans

Der **durch Gesetz beschlossene Haushaltsplan** ermächtigt die Verwaltung, Ausgaben zu leisten und Verpflichtungen einzugehen (§ 3 Abs. 1 BHO). Dabei ist die Verwaltung an die im Haushaltsplan bezeichneten Zwecke und an das Haushaltsjahr gebunden (§ 45 Abs. 1 Satz 1 BHO). Die Ausgaben dürfen nur geleistet werden, soweit sie zur sparsamen Verwaltung notwendig (also geeignet und erforderlich) sind (§ 34 Abs. 2 BHO). Die Erhebung der Einnahmen, die Leistung der Ausgaben und das Eingehen von Verpflichtungen sind die zentralen Maßnahmen in der Phase der Haushaltsausführung. 528

Die Ausgaben des Haushaltsplans ermächtigen zur Leistung der Ausgaben („Leisten-Dürfen"). Das ist aber nur möglich, wenn das dafür erforderliche Geld auch vorhanden ist („Leisten-Können"). Die Stellen, die Bundesmittel verwalten (bewirtschaftende Stellen), verfügen grundsätzlich nicht über eigenes Geld. Der gesamte **Geldbestand des Bundes** wird von der Bundeskasse (im Geschäftsbereich des BMF) verwaltet (§ 70 BHO).[125] Damit wird die Einhaltung des Gesamt- 529

124 § 95 Abs. 1 GO-BT.
125 Vgl. auch VV Nr. 3.2 ZBR BHO

deckungsprinzips sichergestellt. Nur in Ausnahmefällen und für die Abwicklung von Bar- oder Kartenzahlungen ist die Einrichtung von Zahlstellen bei Stellen außerhalb des Geschäftsbereichs des BMF vorgesehen.[126]

6.4.2 Verantwortlichkeiten bei der Bewirtschaftung

6.4.2.1 Bewirtschafterbegriff

530 Bewirtschaftung bedeutet einerseits das Verteilen der Ermächtigungen des Haushaltsplans innerhalb der eigenen Dienststelle oder an andere Dienststellen (Disposition) und andererseits das Verwenden dieser Ermächtigungen (Inanspruchnahme).[127] Grundsätzlich liegt die Verantwortung für die gesamte Bewirtschaftung bei den **Beauftragten für den Haushalt** (BfdH, § 9 Abs. 2 BHO).

531 BfdH sind bei allen Dienststellen zu bestellen (also förmlich zu benennen), bei denen Haushaltsmittel verwaltet werden (§ 9 Abs. 1 Satz 1 BHO), wenn nicht die Leitung der Dienststelle diese Aufgabe selbst übernimmt. Wegen der herausragenden Querschnittfunktion für alle Aufgaben der Dienststellen sollen die BfdH der Leitung unmittelbar unterstellt werden. Bei obersten Bundesbehörden sind die Leitungen der Haushaltsreferate kraft Amtes zugleich BfdH.[128] Für ihre Geschäftsbereiche regeln die obersten Bundesbehörden, wo die für den Haushalt zuständigen Beschäftigten BfdH sind oder wo die Dienststellenleitungen diese Funktion selbst wahrnehmen.[129]

532 Es ist schwer vorstellbar, dass eine Person alle Aufgaben der Haushaltsausführung einer Dienststelle alleine wahrnehmen kann. Deswegen dürfen die BfdH die Bewirtschaftung übertragen (§ 9 Abs. 2 Satz 3 BHO).

533 Die **Bewirtschaftung kann an andere Dienststellen übertragen werden**.[130] Der Dienststellenbegriff aus § 9 Abs. 1 BHO ist nicht legal definiert. Zweifellos werden damit zunächst die unmittelbare Bundesverwaltung und die Nichtregierungsorgane des Bundes gemeint sein. Rechtlich ist es aber durchaus vorgesehen und darüber hinaus auch praktisch üblich, dass Einrichtungen der mittelbaren Bundesverwaltung, Dienststellen der Länder oder auch Kommunalverwaltungen Bundesmittel verwalten dürfen (also über die Ermächtigungen des Haushaltsplans verfügen und nicht Zahlungen vom Bund erhalten). Darüber hinaus können auch öffentliche Unternehmen auf Grund von Gesetzen die Dienststelleneigenschaft erhalten (z.B. die Bundesrepublik Deutschland – Finanzagentur GmbH

126 Vgl. VV Nr. 5.1.2 ZBR BHO.
127 Vgl. VV Nr. 1.9.5 zu § 34 BHO.
128 Vgl. VV Nr. 1.1 zu § 9 BHO.
129 Vgl. VV Nr. 1.2 zu § 9 BHO.
130 Vgl. VV Nr. 3.1.1 zu § 9 BHO.

nach § 1 Abs. 2 BSchuWG oder die Autobahn GmbH nach § 5 Abs. 4 InfrGG). Überträgt ein BfdH die Bewirtschaftung an eine andere Dienststelle, ist spätestens dann bei dieser Dienststelle nach § 9 Abs. 1 BHO auch ein BfdH zu bestellen.

Die **Bewirtschaftung kann an andere Beschäftigte derselben Dienststelle übertragen werden.**[131] Dabei können die BfdH bestimmen, ob das nur für Mittelverwendung gilt oder auch für die Mittelverteilung. Zwar ist in den VV zu § 9 BHO die Rede von „Beschäftigten" wie von natürlichen Personen; in der Verwaltungspraxis wäre das aber bei teilweise hoher Personalfluktuation ungünstig, sodass die Bewirtschaftung in der Regel Organisationseinheiten (z.B. Referaten, Sachgebieten) übertragen wird, die in der Folge ebenso als Stellen bezeichnet werden. 534

Stellen, denen Haushaltsmittel zur Verwendung übertragen werden, nennt man „**Titelverwalter**". Stellen, denen Haushaltsmittel zur Verteilung übertragen werden, nennt man „**Mittelverteiler**". Titelverwalter, Mittelverteiler und BfdH nennt man folgerichtig „**Bewirtschafter**". 535

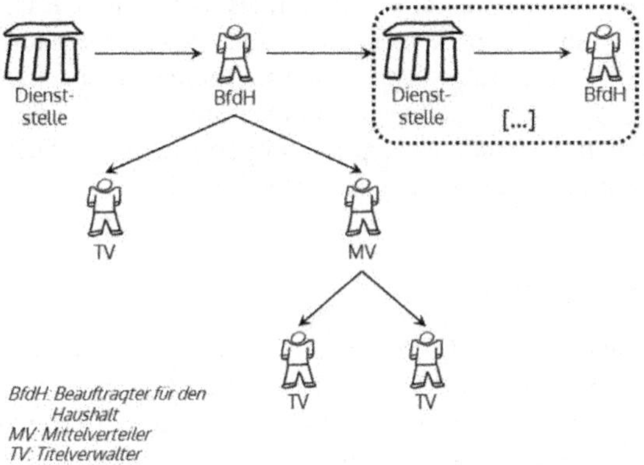

Abbildung 66: Die Übertragung der Bewirtschaftung

In der BHO und den dazu ergangenen Verwaltungsvorschriften finden sich teilweise unterschiedliche Bezeichnungen, die alle auf die Bewirtschafterfunktion abzielen. So kann die Rede von Dienststellen oder zuständigen Stellen oder ermächtigten Dienststellen oder „für die Verwaltung von Bundesmitteln zuständigen Stellen" sein, ebenso wie von Beschäftigten (siehe oben). Wegen dieser begrifflichen Inkonsistenzen ist jeweils funktional zu betrachten, ob die betreffende Vorschrift auf Maßnahmen der Bewirtschaftung abzielt. 536

131 Vgl. VV Nr. 3.1.1 zu § 9 BHO.

6.4.2.2 Haushaltsmittel und Geld

537 Die Bewirtschafter verfügen über die haushaltsrechtlichen Ermächtigungen, das BMF (bzw. seine Kassen) über das Geld des Bundes (siehe oben). Der Geldbestand des Bundes unterliegt wegen der unterschiedlichen Fälligkeitsdaten der Einnahmen und Ausgaben teilweise erheblichen Schwankungen. Rechnerisch beginnt und endet jedes Haushaltsjahr ohne Geldbestand (§ 25 BHO), sodass der Haushalt nicht nur planmäßig („Soll") sondern auch tatsächlich („Ist") ausgeglichen wird. Zum Ausgleich der **Liquiditätsschwankungen** dürfen (kurzfristige) Kassenverstärkungskredite aufgenommen werden, die nicht auf die Kreditermächtigung angerechnet und außerhalb des Haushaltes in eigenen Büchern als sog. Verwahrungen behandelt werden (§ 60 Abs. 2 und 3 BHO. Überschüssige Geldbestände sollen demgegenüber angelegt werden (§ 43 Abs. 2 BHO) und zwar so, dass über sie kurzfristig verfügt werden kann.

538 Im Rahmen der zur Verfügung stehenden Liquidität werden die Bewirtschafter ermächtigt, die notwendigen **Auszahlungen zu leisten** (§ 43 Abs. 1 BHO). Zur besseren Liquiditätsplanung geben die obersten Bundesbehörden dafür Betriebsmittelanmeldungen ab.[132] Wenn die Kassenlage des Bundes befürchten lässt, dass die zu erwartenden Einnahmen die zu leistenden Ausgaben nicht decken, dann darf das BMF die Leistung von Ausgaben sogar im Rahmen einer sog. haushaltswirtschaftliche Sperre nach § 41 BHO von seiner vorherigen Zustimmung abhängig machen. Rechtlich begründete Verpflichtungen gegenüber Dritten können dadurch freilich nicht beseitigt werden (§ 3 Abs. 2 BHO).

6.4.2.3 Kassen- und Anordnungsprinzip

539 Muss ein Bewirtschafter die Annahme oder Leistung einer Zahlung veranlassen, dann ist das nur durch eine Kasse möglich (§ 70 Satz 1 BHO). Die Kassen wiederum nehmen Zahlungen und Buchungen nur dann vor, wenn dafür eine **schriftliche oder elektronische Anordnung** vorliegt (§ 70 Satz 2 BHO). Um Missbrauch vorzubeugen, müssen die personellen Verantwortlichkeiten von Bewirtschaftern und Kassenbeschäftigten strikt getrennt bleiben. Das nennt § 77 BHO Kassensicherheit.

---

132 Vgl. VV Nr. 3 bis 5 zu § 43 BHO.

Abbildung 67: Das Kassen- und Anordnungsprinzip

Die Kassen führen keine inhaltlichen Prüfungen der Anordnungen durch. Sie veranlassen auch keine Zahlungen oder Buchungen ohne vorherige Anordnung. Sie sind lediglich verpflichtet, die Anordnungen auf ihre **formelle Richtigkeit** (sog. Buchungsreife, also die Ausführbarkeit von Zahlung und zugehöriger Buchung) zu prüfen.[133] 540

Demnach sind Zahlungsanordnungen aus Gründen der Betrugssicherheit schon auf Bewirtschafterseite im **Vieraugenprinzip** zu erstellen.[134] Das gilt für schriftliche und sinngemäß auch für elektronische Anordnungen. Die Verantwortlichkeiten erstrecken sich auf die Feststellungen der sachlichen und rechnerischen Richtigkeit und die Ausübung der Anordnungsbefugnis. Für die Wahrnehmung dieser Verantwortlichkeiten sind bei den Bewirtschaftern natürliche Personen zu bestimmen. 541

Die **Feststellung der rechnerischen Richtigkeit** umfasst die Prüfung, ob der anzuordnende Betrag und alle auf Berechnungen beruhenden Angaben richtig sind. **Sachliche Richtigkeit** bedeutet, dass alle übrigen tatsächlichen und rechtlichen Voraussetzungen für die Anordnung der Zahlung erfüllt sind.[135] Die Feststellungen sind durch Unterschrift zu bescheinigen. Welche Beschäftigten zu den Feststellungen berechtigt sind, müssen die BfdH festlegen, eine bundeseinheitliche Regelung besteht nicht. Zur **Ausübung der Anordnungsbefugnis** gehört die Prüfung, ob die vorgenannten Feststellungen von berechtigten Personen bescheinigt worden sind und ob die Anordnung keine offenbaren Fehler enthält. Anders als die zur Feststellung befugten Personen müssen die Anordnungsbefugten der 542

133 Vgl. VV Nr. 1.3 ZBR BHO und Nr. 3.3.2 KBestB.
134 Vgl. VV Nr. 1.1.2 ZBR BHO.
135 Vgl. VV Nr. 1.2 ZBR BHO und Anlage 2 zur VV-ZBR BHO.

zuständigen Kasse mit einer Unterschriftsprobe auf dem dafür vorgesehenen Vordruck bekannt gegeben werden.[136]

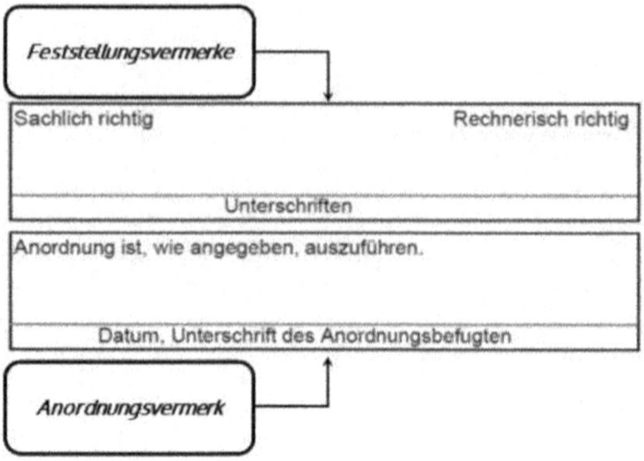

Abbildung 68: Die Feststellungs- und Anordnungsvermerke

6.4.3 Phasen der Bewirtschaftung

543 Mit Inkrafttreten des Haushaltsgesetzes darf über die Mittel des Haushaltsplans verfügt werden. Das Verteilen der Mittel auf die Bewirtschafter und die Verwendung der Mittel setzen voraus, dass dafür eine **zweckgemäße Infrastruktur** zur Verfügung steht. Diese Infrastruktur muss die Gewährleistung dafür bieten, dass der Wille des Haushaltsgesetzgebers zutreffende Abbildung findet, dass die BfdH und die nachgeordneten Bewirtschafter entsprechend ihrer Befugnisse handlungsfähig sind und dass die Einhaltung des Kassen- und Anordnungsprinzips sichergestellt ist.

544 **Haushaltsmittel sind Einnahmen, Ausgaben, Verpflichtungsermächtigungen, Planstellen und (andere) Stellen.** Ohne Einnahmen könne die geplanten Ausgaben nicht gedeckt werden („Leisten-Können", siehe oben), im Falle zweckgebundener Einnahmen (Ausnahme zum Gesamtdeckungsprinzip) bilden sie zugleich die rechtliche Ermächtigung zur Leistung der mit ihnen zusammenhängenden Ausgaben („Leisten-Dürfen"). Ausgaben ermächtigen die Verwaltung dazu, zu den im Haushaltsplan bestimmten Zwecken Auszahlungen zu leisten. Das muss das vorherige Eingehen derjenigen Zahlungsverpflichtungen einschließen, die noch in demselben Jahr kassenwirksam werden. Verpflichtungsermächtigungen sind die Ermächtigungen zum Eingehen von Zahlungsverpflichtungen, die erst in künftigen Jahren kassenwirksam werden (§ 6 BHO). Planstel-

136 Vgl. Nr. 2.2.4.3 der Anlage 2 zur VV-ZBR BHO.

len für Beamte und die Stellen für Arbeitnehmer ermächtigen die Verwaltung dazu, dauernde Zahlungsverpflichtungen einzugehen, die in dem laufenden oder in zukünftigen Jahren kassenwirksam werden. Hinsichtlich ihrer Wirkung für künftige Jahre sind Planstellen und Stellen also Verpflichtungsermächtigungen besonderer Art, auch wenn sie gemäß § 17 Abs. 5 und 6 BHO anders veranschlagt werden.

Wenn Einzelpläne nach dem Ressortprinzip eingerichtet sind, dann müssen fol- **545**
gerichtig zu Beginn des Haushaltsjahres alle in ihnen enthaltenen **Haushaltsmittel den BfdH der obersten Bundesbehörden zur Verfügung gestellt werden.**[137] Die Einzelpläne 32 und 60 (im Realprinzip) liegen in der Zuständigkeit des BMF, dem die darin enthaltenen Haushaltsmittel zur Verfügung gestellt werden.

Die Zuweisung und Verteilung der Einnahmen, Ausgaben und Verpflichtungser- **546**
mächtigungen erfolgt im automatisierten Verfahren für das Haushalts-, Kassen- und Rechnungswesen des Bundes (HKR-Verfahren).[138] In demselben Verfahren sind die tatsächlichen Einnahmen, Ausgaben und eingegangenen Verpflichtungen auch zu überwachen.[139]

Über Planstellen und Stellen ist ein „besonderer Nachweis" zu führen (VV **547**
Nr. 3.1.1 und 3.2 zu § 9 BHO). Dieser besondere Nachweis (VV Nr. 3 zu § 49 BHO) gilt auch für die Überwachung der Inanspruchnahme der Planstellen und (sinngemäß) Stellen. Näheres zur Form des Nachweises ist nicht geregelt, die Ausgestaltung liegt also bei den BfdH.

Sind die Haushaltsmittel an die Titelverwalter verteilt, können diese die **Mittel** **548**
verwenden (Einnahmen erheben, Ausgaben leisten, Verpflichtungen eingehen). Einzahlungen und Auszahlungen sind ebenso zu buchen wie eingegangene Verpflichtungen und entstandene Geldforderungen (§ 71 Abs. 1 BHO). Bei Ausgaben sind die eingegangenen Verpflichtungen zu Lasten des laufenden Jahres als **Festlegungen** zu buchen; Festlegungen verringern das verfügbare Soll beim Titelverwalter. Sind alle rechtlichen und tatsächlichen Voraussetzungen für die Leistung der Ausgabe erfüllt, dann ist die Kasse zur Zahlung anzuordnen; angeordnete Ausgaben verringern das verfügbare Soll ebenfalls. Auch Ist-Ausgaben (tatsächlich geleistete Ausgaben, § 25 Abs. 1 BHO) verringern das verfügbare Soll. Wegen dieses Ablaufs vom Plan („Soll") über Zuweisung/Verteilung der Mittel, Festlegungen und Anordnungen bis zum Ergebnis („Ist") spricht man auch von einer Phasenbuchführung im HKR-Verfahren. Die Verpflichtungen zu Lasten künftiger Jahre werden zu Lasten der Verpflichtungsermächtigungen oder aufgrund anderer Ermächtigung (§ 38 Abs. 4 BHO) gebucht und im zutreffenden Fälligkeitsjahr dann bei den Ausgaben in Festlegungen umgewandelt. Bei Ein-

137 Vgl. VV Nr. 3.1.1 zu § 9 und Nr. 1.1 zu § 34 BHO.
138 Vgl. VV Nr. 3.1.1 und 3.2 zu § 9 BHO.
139 Vgl. VV Nr. 7 bis 9 zu § 34 BHO.

nahmen gibt es kein vergleichbares Instrument zu den Festlegungen bei Ausgaben. Erst Ist-Einnahmen erhöhen die Verfügbarkeit beim Bewirtschafter, zur Annahme angeordnete Beträge (entstandene Geldforderungen, sog. Sollstellungen) grundsätzlich noch nicht.

Abbildung 69: Die Phasen der Bewirtschaftung bei Ausgaben

6.4.4 Bewirtschaftung der Einnahmen und Ausgaben

6.4.4.1 Grundsätze

549 Einnahmen sind rechtzeitig und vollständig zu erheben (§ 34 Abs. 1 BHO), und zwar unabhängig davon, ob sie vorher im Haushaltsplan veranschlagt wurden.[140] Ausgaben dürfen nur geleistet werden, soweit sie für eine sparsame Verwaltung erforderlich sind (§ 34 Abs. 2 BHO). Es gilt die sachliche Bindung an die veranschlagten Zwecke und Beträge laut Haushaltsplan. Dabei ist für eine Bewirtschaftung zu sorgen, die über das gesamte Haushaltsjahr auskömmlich ist. Die Regeln für die Bewirtschaftung der Ausgaben gelten für die Verpflichtungsermächtigungen sinngemäß (§ 34 Abs. 3 BHO). Auf Planstellen und (andere) Stellen als selbständige Arten der Verpflichtungsermächtigungen sind die Bewirtschaftungsregeln dementsprechend ebenfalls anzuwenden.

6.4.4.2 Bewirtschaftung der Einnahmen

550 **Einnahmen sind rechtzeitig und vollständig zu erheben** (siehe oben). Erheben bezieht sich nicht nur auf öffentlich-rechtliche Ansprüche, auch wenn der Begriff das andeuten könnte. Privatrechtliche Einnahmen, z.B. aus der Veräußerung von Verwaltungsvermögen, sind ebenso rechtzeitig und vollständig geltend zu

140 Vgl. VV Nr. 3.1 zu § 34 BHO.

machen und durchzusetzen. Rechtzeitige Erhebung schließt die Geltendmachung eines Anspruchs und die Sorge dafür ein, dass die Einnahmen bei Fälligkeit eingehen. Vollständige Erhebung bedeutet zum einen in voller Höhe, zum anderen auch die Geltendmachung von Verzugsschäden.[141]

Werden Verträge zum **Nachteil des Bundes** (also unter Verzicht auf Einnahmen oder durch Vereinbarung späterer Fälligkeitsdaten) geändert oder bei Rechtsstreitigkeiten Vergleiche geschlossen, dann ist dazu nach § 58 BHO die Einwilligung des BMF erforderlich. Dasselbe gilt für die außervertragliche Veränderung von Einnahmeansprüchen in Form von Stundung, Niederschlagung oder Erlass gemäß § 59 BHO. **551**

Die **Stundung** ist eine Verlängerung des Zahlungsziels, auch in Form der Vereinbarung einer Ratenzahlung.[142] Sie wird nur auf Antrag gewährt, wenn die sofortige Einziehung mit einer erheblichen Härte verbunden wäre und wenn der Anspruch durch die Maßnahme nicht gefährdet wird. Zum Begriff der erheblichen Härte vgl. VV Nr. 1.2 zu § 59 BHO. Dabei soll („muss, wenn kann") der Anspruch verzinst und Sicherheitsleistung verlangt werden. **552**

Beim **Erlass** erlischt der Zahlungsanspruch.[143] Daher ist er subsidiär zur Stundung anzuwenden.[144] Der Erlass setzt dementsprechend eine besondere, also mehr als nur erhebliche, Härte für den Anspruchsgegner durch die Einziehung voraus. Hier ist nicht mehr die Rede von „sofortiger" Einziehung. Es muss also eine besondere Härte von einiger Dauer angenommen werden können.[145] Sie wird grundsätzlich auf Antrag gewährt, aber aufgrund der hohen Hürden der besonderen Härte kann sie ausnahmsweise auch von Amts wegen gewährt werden. **553**

Eine rein verwaltungsinterne Maßnahme ohne Außenwirkung stellt die **Niederschlagung** dar. Mit ihr verzichtet die Verwaltung lediglich auf die Einziehung eines fälligen Anspruchs. Sie ist vorgesehen für offensichtlich erfolglose Erhebungsverfahren oder solche, bei denen die Forderung gegenüber dem Aufwand der Erhebung außer Verhältnis steht. Ein Antrag ist hier nicht erforderlich, die Maßnahme muss dem Anspruchsgegner auch nicht mitgeteilt werden. Sobald wieder Aussicht auf Erfolg der Erhebung besteht, muss sie wieder aufgenommen werden.[146] **554**

Bei Niederschlagung, Stundung oder Erlass ist gemäß § 59 Abs. 3 BHO der Vorrang der Spezialgesetze zu beachten. Sind im konkreten Fall spezialgesetzliche **555**

141 Vgl. VV Nr. 3 und 4 zu § 34 BHO.
142 Vgl. VV Nr. 1.1 zu § 59 BHO.
143 Vgl. VV Nr. 3.1 zu § 59 BHO.
144 Vgl. VV Nr. 3.2 zu § 59 BHO.
145 Vgl. VV Nr. 3.4 zu § 59 BHO.
146 Vgl. Nr. 2.5 zu § 59 BHO.

Regelungen vorhanden, gehen diese den Auffangtatbeständen des § 59 BHO vor.[147]

556 Wird Verwaltungsvermögen veräußert oder zur Nutzung überlassen, ist dafür ein **angemessenes Entgelt zu berechnen** (§ 63 Abs. 3 und 4 BHO). Das gilt auch für den Leistungsaustausch zwischen Stellen der Bundesverwaltung nach § 61 BHO (interne Verrechnungen). Beides ist vor dem Hintergrund von § 34 Abs. 1 BHO konsequent. Eine unentgeltliche Abgabe oder Überlassung ist nur erlaubt, wenn der Haushaltsplan oder das Haushaltsgesetz das zulassen (§ 34 Abs. 3 Satz 2 BHO).[148]

6.4.4.3 Bewirtschaftung der Ausgaben

557 **Ausgaben dürfen nur soweit und nicht eher geleistet werden, als sie zu einer sparsamen Verwaltung erforderlich sind**, siehe oben. Es muss also ein sachliches Erfordernis vorliegen, d.h. dass keine finanziell weniger belastende Maßnahme mit denselben Erfolgsaussichten zur Verfügung steht, und ein zeitliches Erfordernis, d.h. dass man die Leistung der Ausgabe nicht zurückstellen kann.

558 Ausgaben dürfen nur zweckentsprechend und grundsätzlich nur im Rahmen des veranschlagten Solls in Anspruch genommen oder geleistet werden (§ 45 Abs. 1 Satz 1 BHO). Mehrausgaben gegenüber dem Soll sind nur im Rahmen zweckgebundener Einnahmen, deckungsfähiger Ausgaben, der Inanspruchnahme von Ausgaberesten oder bei Umsetzungen nach § 50 BHO erlaubt.

559 Aus § 34 Abs. 2 BHO folgt, dass der Bund vor Empfang einer Gegenleistung grundsätzlich nicht in Vorleistung tritt. **Vorschusszahlungen** sind nur dann erlaubt, wenn das mit Bezug auf das Geschäft üblich oder wegen besonderer Umstände (z.B. besonderer Dringlichkeit oder besonders hoher Nachfrage an einer notwendigen Leistung) geboten ist.[149]

560 **Ausgaben sind nie vor ihrer Fälligkeit zu leisten.** Die Fälligkeit kann z.B. durch Gesetz, durch Verwaltungsakt oder vergleichbaren Hoheitsakt, durch Rechtsgeschäft oder Satzung bestimmt sein. Es geht also um den Zeitpunkt, zu dem eine Zahlung geschuldet wird. Eine vorherige Zahlung schließt § 34 Abs. 2 BHO aus. Insbesondere ist das nahende Haushaltsjahresende kein Rechtfertigungsgrund, vor Fälligkeit zu zahlen, ungeachtet eines eventuellen politischen Handlungsdrucks.

561 Verträge, die den Bund zur Leistung von Ausgaben verpflichten, dürfen zum **Nachteil des Bundes** (also z.B. durch Vorverlegung der Fälligkeit, nachträgliche Erhöhung der zu leistenden Ausgaben) nur mit Einwilligung des BMF geändert

147 Z.B. § 222 AO, § 18 OWiG.
148 Z.B. § 7 HG 2021.
149 § 56 Abs. 1 BHO.

werden (§ 58 BHO). Das schließt Vergleiche im Rahmen von Rechtsstreitigkeiten ein.

Die Leistung von Ausgaben für öffentliche Aufträge (§ 55 BHO, § 103 Abs. 1 GWB), für Zuwendungen (§ 44 BHO) und zur Beteiligung an Unternehmen in privater Rechtsform (§ 65 BHO) unterliegen weiteren Voraussetzungen. **562**

6.4.4.4 Bewirtschaftung bei der Vergabe öffentlicher Aufträge

6.4.4.4.1 Grundlagen und Grundbegriffe

Ziele des Vergaberechts sind eine **wirtschaftliche und sparsame Verwendung von Haushaltsmitteln** bei der Deckung des Beschaffungsbedarfs der öffentlichen Hand, durch die Gebote der Gleichbehandlung, Nichtdiskriminierung und Transparenz einen ungehinderten Wettbewerb zwischen den bietenden Unternehmen sicherzustellen und Korruption und Vetternwirtschaft zu verhindern. Weitere Ziele der Politik können durch die Einbeziehung von umweltbezogenen, sozialen und innovativen Kriterien einbezogen werden. **563**

Das **Vergaberecht** umfasst alle Regeln und Vorschriften, die öffentliche Auftraggeber beim Einkauf von Gütern und Leistungen und bei der Vergabe von Konzessionen befolgen müssen. Öffentliche Auftraggeber sind dabei Gebietskörperschaften und deren Sondervermögen sowie andere juristische Personen des öffentlichen und des privaten Rechts, die zu dem besonderen Zweck gegründet wurden, im allgemeinen Interesse liegende Aufgaben nicht gewerblicher Art zu erfüllen und finanziell oder bezüglich der Aufsichtsrechte von Gebietskörperschaften, deren Sondervermögen oder von diesen abhängigen Verbänden beherrscht werden[150]. Außerdem gilt Vergaberecht auch für Sektorenauftraggeber, das sind Einrichtungen, die Trinkwasser, Elektrizität und Gas und Wärme bereitstellen und einspeisen sowie Verkehrsbetriebe, Betreiber von Flughäfen und Häfen sowie Einrichtungen, die Öl oder Gas fördern oder die Exploration oder Förderung von Kohle oder anderen festen Brennstoffen betreiben.[151] **564**

150 § 99 GWB.
151 § 100 i.V.m. § 102 GWB.

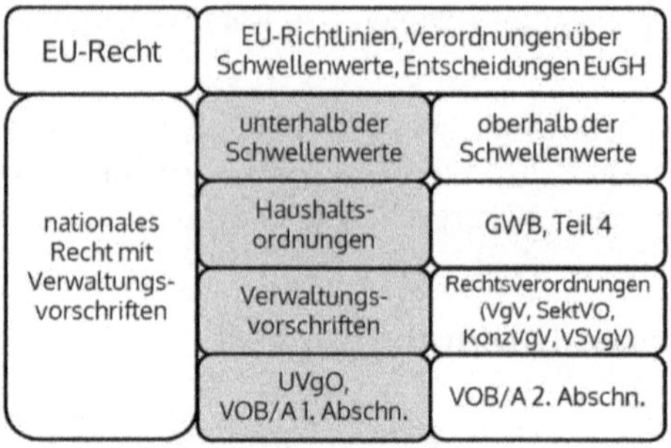

Abbildung 70: Übersicht über die Vorschriften im Vergaberecht

6.4.4.4.2 Die Schwellenwerte

565 Dabei gibt es einen Unterschied, ob die Vergabe ober- oder unterhalb der **EU-Schwellenwerte** erfolgen soll. Seit dem 01.01.2020 gelten folgende Schwellenwerte[152]:

1. Liefer- und Dienstleistungsaufträge von Sektorenauftraggebern: 428.000 €
2. Bauaufträge: 5.350.000 €
3. Liefer- und Dienstleistungsaufträge für oberste, obere Bundesbehörden und vergleichbare Bundeseinrichtungen: 139.000 €
4. Liefer- und Dienstleistungsaufträge für alle anderen Auftraggeber: 214.000 €

566 Bei Vergaben **unterhalb der Schwellenwerte** findet traditionell Haushaltsrecht Anwendung. Über entsprechende Verweise in der Bundeshaushaltsordnung[153] sowie in den Landeshaushaltsordnungen/Landesvergabegesetzen finden für Liefer- und Dienstleistungsaufträge die Unterschwellenvergabeverordnung (UVgO) vom 07.02.2017[154] und für Bauaufträge die Vergabe- und Vertragsordnung für Bauleistungen, Teil A, Abschnitt 1[155] Anwendung.

6.4.4.4.3 Vergabe ab Erreichen der Schwellenwerte

567 Die Grundlagen des Vergaberechts **oberhalb der Schwellenwerte** sind in Teil 4 des Gesetzes gegen Wettbewerbsbeschränkungen (GWB)[156] enthalten. Dieser Teil besteht aus

152 Hier sind nur die wichtigsten Schwellenwerte aufgeführt.
153 § 55 BHO, VV zu § 55 BHO.
154 BAnz AT 07.02.2017 B1.
155 BAnz AT 19.02.2019 B2.
156 Gesetz gegen Wettbewerbsbeschränkungen in der Fassung der Bekanntmachung vom 26. Juni 2013 (BGBl. I S. 1750, 3245), zuletzt geändert durch Artikel 1 des Gesetzes vom 18. Januar 2021 (BGBl. I S. 2).

- Vorschriften zum Vergabeverfahren (Kapitel 1)
- Vorschriften zum Nachprüfungsverfahren (Kapitel 2).

Abschnitt 1 des ersten Kapitels umfasst Regelungen zum Anwendungsbereich, Grundsätze und Definitionen; Abschnitt 2 regelt die Verfahrensarten, den gesamten Ablauf des Vergabeverfahrens, die Ausschlussgründe, die Eignung, die Zuschlagserteilung u.a. Darauf folgt Abschnitt 3 zur Vergabe in besonderen Bereichen und von Konzessionen. Kapitel 2 enthält Vorschriften für das Nachprüfungsverfahren vor den Vergabekammern sowie für das Verfahren vor den Vergabesenaten der Oberlandesgerichte. 568

Die Vergabeverordnung (VgV)[157] konkretisiert die Bestimmungen des Teils 4 Kapitel 1 des GWB. Bei der Vergabe von Bauleistungen ist neben bestimmten Teilen der VgV weiterhin die VOB/A EU anzuwenden (vgl. § 2 VgV). Die VgV gliedert sich in sieben Abschnitte, zum Teil mit Unterabschnitten. 569

Der Abschnitt 1 betrifft allgemeine Bestimmungen und Regelungen zur Kommunikation. Abschnitt 2 VgV regelt das Vergabeverfahren mit 570

- den Zulassungsvoraussetzungen für die Wahl einer Verfahrensart,
- den Regeln zum genauen Ablauf der einzelnen Verfahrensarten,
- der Eignung und sonstigen Anforderungen an Unternehmen,
- den Regelungen zur Einreichung, Form und zum Umgang mit Angeboten, Teilnahmeanträgen, Interessensbekundungen und Interessensbestätigungen
- der Prüfung und Wertung der Angebote.

Abschnitt 3 enthält besondere Vorschriften für die Vergabe sozialer und anderer besonderer Dienstleistungen. Für diese Art der Dienstleistungen gibt es eine Reihe von Erleichterungen: die freie Wahl der wettbewerblichen Verfahrensart, die Dauer von Rahmenvereinbarungen, die Zuschlagskriterien und die Mindestfristen. Abschnitt 4 beinhaltet Vorschriften zur Beschaffung von energieverbrauchsrelevanten Leistungen und Straßenfahrzeugen, Abschnitt 5 enthält grundlegende Vorschriften zur Durchführung von Planungswettbewerben und zwar nicht nur solchen im Bereich der Bauplanung. Abschnitt 6 trägt den Besonderheiten der Vergabe von Architekten- und Ingenieurleistungen Rechnung. Abschnitt 7 schließlich trifft Übergangs- und Schlussbestimmungen. Die Vergabeverordnung (VgV) konkretisiert die Bestimmungen des Teils 4 Kapitel 1 des GWB. Bei der Vergabe von Bauleistungen ist neben bestimmten Teilen der VgV weiterhin die VOB/A EU anzuwenden (vgl. § 2 VgV). Die VgV gliedert sich in sieben Abschnitte, zum Teil mit Unterabschnitten. 571

Die Sektorenverordnung (SektVO)[158] regelt die Vergabe von Bau-, Liefer- und Dienstleistungsaufträgen im Bereich des Verkehrs, der Trinkwasserversorgung und der Energieversorgung durch Sektorenauftraggeber (z.B. kommunale Ver- 572

157 Vergabeverordnung (VgV) vom 12. April 2016 (BGBl. I S. 624).
158 Sektorenverordnung vom 12. April 2016 (BGBl. I S. 624, 657).

sorgungswirtschaft). In diesem Bereich stellt die SektVO ein flexibles Regelwerk zur Verfügung, das im Aufbau in weiten Teilen der Vergabeverordnung entspricht, aber den Besonderheiten des Sektorenbereichs Rechnung trägt.

573 Die Verordnung über die Vergabe von Konzessionen Konzessionsvergabeverordnung – KonzVgV[159] beinhaltet Vorschriften zur Vergabe von Bau- und Dienstleistungskonzessionen für die öffentlichen Auftraggeber und die Sektorenauftraggeber.

574 Konzessionen sind in der Regel langfristige und komplexe Vereinbarungen, bei denen der Konzessionsnehmer Verantwortlichkeiten und Risiken übernimmt, die üblicherweise vom Konzessionsgeber getragen werden und normalerweise in dessen Zuständigkeit fallen. Konzessionsgeber sind nicht auf bestimmte Verfahrensarten festgelegt, sondern dürfen das Vergabeverfahren im Rahmen der Vorgaben der Richtlinie 2014/23/EU frei ausgestalten. Das Verfahren darf ein- oder zweistufig durchgeführt werden, d.h. Konzessionsgeber dürfen im Rahmen eines einstufigen Verfahrens eine Vielzahl von Unternehmen öffentlich zur Abgabe eines Angebots auffordern oder im Rahmen eines zweistufigen Verfahrens erst über die Eignung der Bewerber in einem Teilnahmewettbewerb befinden und die geeigneten Bewerber sodann zur Angebotsabgabe auffordern.

575 Die Vergabeverordnung Verteidigung und Sicherheit (VSVgV)[160] trägt den bereichsspezifischen Besonderheiten der Beschaffung verteidigungs- und sicherheitsrelevanter Leistungen Rechnung und setzt die EU-Richtlinie 2009/81/EG in nationales Recht um. Die EU-Richtlinie 2009/81/EG beabsichtigt den schrittweisen Aufbau eines europäischen Markts für Verteidigungs- und Sicherheitsausrüstungen mit gleichen Wettbewerbsbedingungen für Anbieter aus den EU-Mitgliedstaaten und die Öffnung nationaler Beschaffungsmärkte zugunsten von Anbietern aus anderen EU-Mitgliedstaaten. Zur Erreichung dieser Ziele setzt sie für die Beschaffung im Verteidigungs- und Sicherheitsbereich EU-weite, wettbewerbliche Vergabeverfahren voraus.

576 Um die Ziele des Vergaberechts – wirtschaftliche und sparsame Verwendung von Haushaltsmitteln, Gleichbehandlung, Transparenz, ungehinderten Wettbewerb, Vermeidung von Korruption und Vetternwirtschaft – zu erreichen, sieht es bestimmte, stark formalisierte Verfahren bei der Beschaffung von Waren, der Ausführung von Bauleistungen oder die Erbringung von Dienstleistungen vor.

6.4.4.4.4 Vergabe unterhalb der Schwellenwerte

577 Im **Unterschwellenbereich** sieht § 55 BHO als Regelfall die **öffentliche Ausschreibung** vor, sofern nicht die Natur des Geschäfts oder besondere Umstände eine Ausnahme rechtfertigen. Eine öffentliche Ausschreibung liegt vor, wenn im

159 Konzessionsvergabeverordnung vom 12. April 2016 (BGBl. I S. 624, 683).
160 Vergabeverordnung Verteidigung und Sicherheit vom 12. Juli 2012 (BGBl. I S. 1509).

vorgeschriebenen Verfahren eine unbeschränkte Zahl von Unternehmen aufgefordert wird, Angebote für Lieferungen und Leistungen einzureichen. Bei der **beschränkten Ausschreibung** fordert der öffentliche Auftraggeber in der Regel öffentlich zur Teilnahme (**Teilnahmewettbewerb**) auf, bevor er sodann aus dem Bewerberkreis eine beschränkte Anzahl von Unternehmen zur Angebotsabgabe auffordert. Die dritte Möglichkeit ist das **Verhandlungsverfahren**, welches unter anderem Verhandlungen über die Auftragsbedingungen mit den Unternehmen zulässt. Es ist das formfreieste der Vergabeverfahren. Dem Auftraggeber stehen die Öffentliche Ausschreibung und die Beschränkte Ausschreibung mit Teilnahmewettbewerb nach seiner Wahl zur Verfügung. Die anderen Verfahrensarten stehen nur zur Verfügung, soweit dies nach den Absätzen 3 und 4 gestattet ist.[161]

6.4.4.4.5 Das Vergabeverfahren

Im **Oberschwellenbereich** entspricht der öffentlichen Ausschreibung das **offene Verfahren** und der beschränkten Ausschreibung das **nicht offene Verfahren**, bei dem der öffentliche Auftraggeber nach vorheriger öffentlicher Aufforderung zur Teilnahme eine beschränkte Anzahl von Unternehmen nach objektiven, transparenten und nicht diskriminierenden Kriterien auswählt (Teilnahmewettbewerb). **578**

Das **Verhandlungsverfahren** kann mit Teilnahmewettbewerb und ohne Teilnahmewettbewerb. durchgeführt werden. Das Verhandlungsverfahren **mit Teilnahmewettbewerb** unterliegt erleichterten Zulassungsvoraussetzungen. In Betracht kommt es nun etwa bei Aufträgen zu konzeptionellen oder innovativen Lösungen oder, wenn der Auftrag aufgrund konkreter Umstände, die mit der Art, der Komplexität oder dem rechtlichen oder finanziellen Rahmen oder entsprechenden Risiken zusammenhängen, eine vorherige Verhandlung erfordert. Das Verhandlungsverfahren **ohne Teilnahmewettbewerb** erfordert keine europaweite Veröffentlichung und ist daher nur in besonders restriktiv auszulegenden Ausnahmefällen zulässig. **579**

Nur im Oberschwellenbereich gibt es als weitere mögliche Verfahren den **wettbewerblichen Dialog**, der dem öffentlichen Auftraggeber noch mehr Spielraum bei den Verhandlungen mit den Bietern einräumt und die **Innovationspartnerschaft**, bei welcher der öffentliche Auftraggeber im Anschluss an den Teilnahmewettbewerb in mehreren Phasen mit den ausgewählten Unternehmen über Erst- und Folgeangebote verhandelt. Der wettbewerbliche Dialog ist ein Verfahren zur Vergabe öffentlicher Aufträge mit dem Ziel der Ermittlung und Festlegung der Mittel, mit denen die Bedürfnisse des öffentlichen Auftraggebers am besten erfüllt werden können. Nach einem Teilnahmewettbewerb eröffnet der öffentliche Auftraggeber mit den ausgewählten Unternehmen einen Dialog zur **580**

161 § 8 Abs. 2 UVgO.

Erörterung aller Aspekte der Auftragsvergabe[162]. Die Innovationspartnerschaft ist ein Verfahren zur Entwicklung innovativer, noch nicht auf dem Markt verfügbarer Liefer-, Bau- oder Dienstleistungen und zum anschließenden Erwerb der daraus hervorgehenden Leistungen[163].

581 Im Oberschwellenbereich gibt es eine Gleichrangigkeit von offenem und nicht offenem Verfahren[164]. Das nicht offene Verfahren erfordert zwingend einen vorgeschalteten Teilnahmewettbewerb[165]. Wegen des zwingend erforderlichen vorgeschalteten Teilnahmewettbewerbs im nicht offenen Verfahren steht grundsätzlich jedem Unternehmen die Teilnahme am Wettbewerb offen.

582 Die danach vom öffentlichen Auftraggeber nach pflichtgemäßem Ermessen zu treffende Auswahl erfolgt nach objektiven, diskriminierungsfreien Gesichtspunkten, wobei das Wettbewerbs-, Gleichbehandlungs- und Transparenzgebot zu beachten sind. Die Auswahl der Vergabeart ist im Vergabevermerk zu dokumentieren. Die übrigen Vergabeverfahrensarten im Oberschwellenbereich (Verhandlungsverfahren, wettbewerblicher Dialog und Innovationspartnerschaft) sind nur zulässig, sofern die jeweiligen Zulassungsvoraussetzungen dafür erfüllt sind[166].

583 Seit dem 18. Oktober 2018 ist die **elektronische Vergabe**, also die vollständige elektronische Abwicklung eines Vergabeverfahrens, eingeführt. Bekanntmachungen an das Amt für Veröffentlichung der EU müssen elektronisch übermittelt werden. Die Vergabeunterlagen müssen grundsätzlich elektronisch bereitgestellt werden.

584 Die elektronische Vergabe ist weit fortgeschritten. Der gesamte Prozess ist elektronisch abgebildet, die gesamte Kommunikation zwischen Einkäufer und Wirtschaft kann elektronisch über die e-Vergabeplattform des Bundes[167] abgewickelt werden. Über 600 Vergabestellen aus Bund, Ländern und Kommunen wickeln mit der e-Vergabe online den Beschaffungsprozess für Aufträge in Milliardenhöhe ab. Ein Großteil der mit der Wirtschaft abgeschlossenen Verträge wird den Bundesbehörden über das virtuelle Kaufhaus des Bundes zum Abruf bereitgestellt.[168] Aufgrund des § 4a EGovG und der darauf basierenden ERechV müssen Rechnungssteller ihre Rechnungen elektronisch an den Bund erstellen und übermitteln, der Bund muss den elektronischen Empfang gewährleisten.

585 Die vergaberechtlichen Vorschriften des GWB sind nicht auf so genannte **In-House-Aufträge** anzuwenden. Das sind Aufträge, die von einem öffentlichen Auftraggeber an eine juristische Person des öffentlichen oder privaten Rechts vergeben werden, wenn

162 § 119 Abs. 6 GWB.
163 § 119 Abs. 7 GWB.
164 § 119 Abs. 2 GWB.
165 § 119 Abs. 4 GWB.
166 §§ 17 ff. VgV.
167 https://www.evergabe-online.de.
168 https://www.kdb.bund.de

1. der öffentliche Auftraggeber über die juristische Person eine ähnliche Kontrolle wie über seine eigenen Dienststellen ausübt,
2. mehr als 80 Prozent der Tätigkeiten der juristischen Person der Ausführung von Aufgaben dienen, mit denen sie von dem öffentlichen Auftraggeber oder von einer anderen juristischen Person, die von diesem kontrolliert wird, betraut wurde, und
3. an der juristischen Person keine direkte private Kapitalbeteiligung besteht, mit Ausnahme nicht beherrschender Formen der privaten Kapitalbeteiligung und Formen der privaten Kapitalbeteiligung ohne Sperrminorität, die durch gesetzliche Bestimmungen vorgeschrieben sind und die keinen maßgeblichen Einfluss auf die kontrollierte juristische Person vermitteln[169].

Eingehender kann der Bereich des Vergaberechts in einem universellen Lehrbuch der Öffentlichen Finanzwirtschaft nicht dargestellt werden. Haushaltswirtschaftlich sind wir in einer Phase, in der Verpflichtungen zur Zahlung begründet werden, eine Zahlung aber in aller Regel noch nicht erfolgt, da Leistungen des Bundes vor Empfang der Gegenleistung nur vereinbart oder bewirkt werden dürfen, wenn dies allgemein üblich oder durch besondere Umstände gerechtfertigt ist[170]. 586

6.4.4.5 Bewirtschaftung von Zuwendungen

6.4.4.5.1 Grundlagen und Grundbegriffe

Gem. § 23 BHO sind **Zuwendungen** 587
- Ausgaben und Verpflichtungsermächtigungen für Leistungen
- an Stellen außerhalb der Bundesverwaltung
- zur Förderung bestimmter Zwecke,
- an deren Erfüllung der Bund ein erhebliches Interesse hat.

Die Zweckbestimmungen können dabei wirtschaftlicher, sozialer, kultureller, wissenschaftlicher, politischer oder sonstiger Art sein. Zuwendungen können in **Form** zweckgebundener Zuschüsse, von Zuweisungen und anderen nicht rückzahlbaren Leistungen sowie zweckgebundenen Darlehen und anderen bedingt oder unbedingt rückzahlbaren Leistungen gewährt werden.

Wie beim Vergaberecht auch, kann hier nur ein sehr kurzer Überblick über das Zuwendungsrecht, ein Spezialgebiet des Haushalts- und Verwaltungsrechts, gegeben werden.

Da die Bewilligung von Zuwendungen einen **Ermessensspielraum der Verwaltung** voraussetzt, sind Leistungen, auf die der Empfänger einen gesetzlich begründeten Anspruch hat, keine Zuwendungen im Sinne des § 23 BHO. Nicht 588

169 § 108 Abs. 1 GWB.
170 § 56 Abs. 1 BHO.

zu den Zuwendungen gehören ferner Zahlungen auf Grund von Verträgen, die den Preisvorschriften des Bundes unterliegen, sowie sonstige Zahlungen zur Abgeltung von Leistungen an den Bund. Die Abgrenzung der Zuwendung von anderen finanziellen Leistungen des Bundes kann in Einzelfällen schwierig sein. Nach der Definition des § 23 BHO („Ausgaben und Verpflichtungsermächtigungen…“) stellen Sachleistungen sowie die Übernahme von Bürgschaften und Garantien keine Zuwendungen dar.

589 Vom Begriff Zuwendungen sind **Zuweisungen** zu unterscheiden. Entsprechend der Definition in § 23 BHO dürfen Zuwendungen nur an Stellen außerhalb der Bundesverwaltung gewährt werden. Sollen Projekte innerhalb der Bundesverwaltung (wozu auch die Sondervermögen des Bundes gehören) gefördert werden, kommen Zuwendungen demgemäß nicht in Betracht. In diesen Fällen werden die Mittel durch eine Zuweisung von Haushaltsmitteln an den Empfänger geleitet. Das ist der übliche Weg, um Ausgabemittel und Verpflichtungsermächtigungen innerhalb der Bundesverwaltung an die Mittelbewirtschafter zu leiten.

590 Der für die Mittelverteilung innerhalb der Bundesverwaltung gebrauchte Begriff der Zuweisung ist nicht identisch mit dem in VV Nr. 1.1 zu § 23 BHO gebrauchten Zuweisungsbegriff, der sich auf die finanzstatistische Definition in Nr. 3.1 der Allgemeinen Vorschriften zum Gruppierungsplan bezieht. Danach sind Zuweisungen einmalige oder laufende Geldleistungen innerhalb des öffentlichen Bereichs. In diesem Buch wird der Zuweisungsbegriff nur haushaltsrechtlich, also als Verteilung der Mittel innerhalb der unmittelbaren Bundesverwaltung, gebraucht.

Zuwendungen	→	an Stellen außerhalb der Bundesverwaltung
Zuweisungen	→	an Stellen innerhalb der Bundesverwaltung

591 Rechtsgrundlage für die **Veranschlagung von Zuwendungen im Bundeshaushaltsplan** ist § 23 BHO. Für die Gewährung von Zuwendungen ist § 44 BHO maßgeblich. Da nach § 44 Abs. 1 S. 1 BHO Zuwendungen nur unter den Voraussetzungen des § 23 gewährt werden dürfen, müssen die Voraussetzungen des § 23 BHO nicht nur bei der Veranschlagung, sondern auch für die Bewilligung von Zuwendungen erfüllt sein. Beide Bestimmungen der BHO werden durch umfangreiche Verwaltungsvorschriften ergänzt. Über die EU-Regelungen des Beihilferechts wirkt auch europäisches Recht in den Zuwendungsbereich ein. Die Ressorts, in deren Bereich Zuwendungen eine erhebliche Rolle spielen, haben im Rahmen der genannten Bestimmungen genauere Verfahrensregelungen erlassen (z.B. das „Handbuch der Projektförderung“ des BMBF). Die Rechtsbeziehung zum Zuwendungsempfänger wird in der Regel in einem Bewilligungsbescheid geregelt. Ausnahmsweise kann auch eine Bewilligung der Zuwendung durch Vertrag in Betracht kommen. Bei einer Bewilligung durch einen Zuwendungsbescheid müssen diesem standardisierte so genannte „Allgemeine Nebenbestimmungen – ANBest" beigefügt werden. Es handelt sich um die ANBest-I, wobei „I" für institutionelle Förderung steht, die ANBest-Gk für Zuwendungen zur Projektförderung an Gebietskörperschaften, die ANBest-P für Projektförderungen allgemein und die ANBest-P-Kosten für eine Projektförderung auf der Basis der zuwendungsfähigen Kosten. Eine besondere Rolle spielen die Förderrichtlinien, die Sonderregelungen für bestimmte Förderbereiche beinhalten. Sie sind zwar „nur" Verwaltungsvorschriften, erhalten aber durch die Veröffentlichung (i.d.R. im Bundesanzeiger) einen nach Außen verbindlichen Charakter.

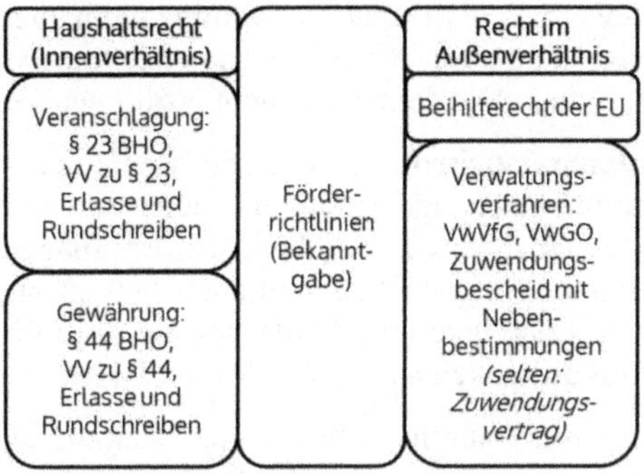

Abbildung 71: Vorschriften für die Veranschlagung und Gewährung von Zuwendungen

6.4.4.5.2 Voraussetzungen für die Bewilligung von Zuwendungen

Die Voraussetzungen für die Bewilligung von Zuwendungen ergeben sich weitgehend aus der in § 23 BHO gegebenen Legaldefinition und den Ergänzungen in VV Nr. 1 zu § 44 BHO. Sie sind im Einzelnen in der Folge beschrieben. **592**

Der Zuwendungsgeber muss über die **verfassungsrechtliche Finanzierungskompetenz nach § 6 BHO** verfügen. Es würde der verfassungsrechtlichen Aufteilung der Finanzverantwortung auf Bund und Länder widersprechen, wenn der Bund einen Teil seiner Mittel Ländern und Gemeinden außerhalb der verfassungsrechtlich zugelassenen Möglichkeiten, wie etwa nach Art. 104a GG, zweckgebunden zuwenden würde. **593**

Es muss ein **erhebliches Interesse des Zuwendungsgebers** vorliegen. Das Bundesinteresse an der Erfüllung bestimmter Zwecke muss das Interesse an diesen Zwecken selbst voraussetzen. Es muss sich also um Zwecke handeln, die geeignet sind, das Streben nach Verwirklichung der allgemein anerkannten übergeordneten politischen Zielsetzungen (z.B. innere Sicherheit, Wirtschaftswachstum) zu unterstützen. Ein erhebliches Interesse wird dann anzuerkennen sein, wenn es sich um die Erfüllung von Aufgaben handelt, die von der unmittelbaren staatlichen Verwaltung selbst wahrgenommen werden müssten, gäbe es nicht Trägerorganisationen außerhalb der Staatsverwaltung, die diese Aufgaben bereits selbst erledigen (Bereiche der Kultur, Wissenschaft und Forschung). Das erhebliche Bundesinteresse sollte in **Förderrichtlinien** konkretisiert werden. Im Ergebnisvermerk über eine Antragsprüfung ist zu den dort beschriebenen Zielen ein Bezug herzustellen.

594 Es kommt als weitere Voraussetzung hinzu, dass dieses Interesse ohne die Zuwendungen nicht oder nicht im notwendigen Umfang befriedigt werden kann. Das ist dann der Fall, wenn die Stelle außerhalb der Bundesverwaltung nicht über ausreichende Mittel verfügt, aber auch dann, wenn die betreffende Stelle zwar die finanziellen Mittel hat, dieser Zweck aber ohne die Hilfen nicht erfüllt würde.

Der Zuwendungsgeber hat das **Subsidiaritätsprinzip** zu beachten. Die Zuwendungsempfängerin oder Zuwendungsempfänger sind gehalten, zuerst und vor allem ihre Eigenmittel einzusetzen, um den Zweck zu erfüllen. Die Leistungen des Bundes dürfen nur bestehende Finanzierungslücken schließen helfen, sie haben nur subsidiären Charakter. Die Nachrangigkeit der Förderung aus öffentlichen Mitteln ergibt sich aus dem Wirtschaftlichkeitsgrundsatz des § 7 BHO.

595 In der Praxis wird der Subsidiaritätsgrundsatz durchbrochen, wenn finanzstarke Zuwendungsempfänger – etwa Industrieunternehmen – gefördert werden, die selbst über genügend Finanzmittel verfügen, um den Zuwendungszweck zu erreichen. In diesen Fällen soll der Zuwendungsempfänger zu einer Änderung seiner Prioritätensetzung veranlasst werden.

6.4.4.5.3 Zuwendungsarten, Finanzierungsformen und Finanzierungsarten

596 Zuwendungen zur Deckung der gesamten Ausgaben oder eines nicht abgegrenzten Teils der Ausgaben des Zuwendungsempfängers (**institutionelle Förderung**). Hierbei ist Gegenstand der Förderung nicht ein einzelnes abgegrenztes Vorhaben, sondern eine Stelle außerhalb der Bundesverwaltung, mit der Maßgabe, dass die Zuwendungen an diese Stelle der Deckung ihrer gesamten Ausgaben oder eines nicht abgegrenzten Teiles ihrer Ausgaben dienen. Das bedeutet nicht, dass die Zuwendung den Umfang der gesamten Ausgaben der Einrichtung ausmacht, sondern, dass die gesamten Ausgaben der Einrichtung die Grundlage für die Höhe der Zuwendung in Form der Fehlbedarfsfinanzierung sind.

597 Zuwendungen können als **unbedingt rückzahlbare**, **bedingt rückzahlbare** oder **nicht rückzahlbare** Geldleistungen gewährt werden. Nach dem Grundsatz der Subsidiarität sollen nicht rückzahlbare Zuwendungen nur bewilligt werden, soweit der Zweck nicht durch unbedingt oder bedingt rückzahlbare Zuwendungen erreicht werden kann.

598 Vor Bewilligung einer Zuwendung ist zu prüfen, welche **Finanzierungsart** unter Berücksichtigung der Interessenlage des Bundes und des Zuwendungsempfängers den Grundsätzen der Wirtschaftlichkeit und Sparsamkeit am besten entspricht. Man unterscheidet zwischen Teilfinanzierung und Vollfinanzierung. Die Zuwendung wird grundsätzlich zur **Teilfinanzierung** des zu erfüllenden Zwecks bewilligt, und zwar

1.) als **Anteilfinanzierung** nach einem bestimmten Prozentsatz oder Anteil der zuwendungsfähigen Ausgaben; die Zuwendung ist bei der Bewilligung auf einen Höchstbetrag zu begrenzen;[171] oder 599

2.) als **Fehlbedarfsfinanzierung** zur Deckung des Fehlbedarfs, der insoweit verbleibt, als der Zuwendungsempfänger die zuwendungsfähigen Ausgaben nicht durch eigene oder fremde Mittel zu decken vermag; die Zuwendung ist bei der Bewilligung auf einen Höchstbetrag zu begrenzen;[172] oder 600

3.) als **Festbetragsfinanzierung** mit einem festen Betrag an den zuwendungsfähigen Ausgaben; dabei kann die Zuwendung auch auf das Vielfache eines Betrages festgesetzt werden, der sich für eine bestimmte Einheit ergibt. In Hinblick auf die Eigenart der Festbetragsfinanzierung, wonach Minderausgaben des Zuwendungsempfängers nicht dem Zuwendungsgeber zu Gute kommen, darf diese Finanzierungsart nur in Ausnahmefällen in Betracht kommen. Eine Festbetragsfinanzierung darf nicht erfolgen, wenn im Zeitpunkt der Bewilligung mit nicht bestimmbaren späteren Finanzierungsbeiträgen Dritter oder mit Einsparungen zu rechnen ist.[173] 601

Eine Zuwendung darf **ausnahmsweise** zur **Vollfinanzierung** bewilligt werden, wenn der Zuwendungsempfänger an der Erfüllung des Zwecks kein oder ein nur geringes wirtschaftliches Interesse hat, das gegenüber dem Bundesinteresse nicht ins Gewicht fällt, oder wenn die Erfüllung des Zwecks in dem notwendigen Umfang nur bei Übernahme sämtlicher zuwendungsfähiger Ausgaben durch den Bund möglich ist. Die Zuwendung ist bei der Bewilligung auf einen Höchstbetrag zu begrenzen. 602

6.4.4.5.4 Zuwendungsfähige Ausgaben oder Kosten

Allgemein sind alle Ausgaben zuwendungsfähig, die bei Beachtung der Grundsätze der Wirtschaftlichkeit und Sparsamkeit zur Erreichung des Zuwendungszwecks innerhalb des Bewilligungszeitraums notwendig sind. Dabei können aber nur die **projektspezifischen** Ausgaben des Zuwendungsempfängers anerkannt werden, d.h. diejenigen Ausgaben, die erst und allein durch das Projekt zusätzlich verursacht werden. Nicht zuwendungsfähig sind diejenigen Ausgaben, die auch ohne das Projekt anfallen würden. 603

171 VV Nr. 2.2.1 zu § 44 BHO.
172 VV Nr. 2.2.2 zu § 44 BHO.
173 VV Nr. 2.2.3 zu § 44 BHO.

604 Die Zuwendung kann – allerdings **nur bei der Projektförderung – nach Kosten** bemessen werden, wenn der Zuwendungsempfänger nach den Regeln der kaufmännischen Buchführung verfährt, also nach Kosten kalkuliert.[174] Dies ist durchgehend der Fall bei Zuwendungsempfängern der gewerblichen Wirtschaft, insbesondere bei Forschungs- und Entwicklungsvorhaben. Bei Zuwendungen an gewerbliche Unternehmen respektiert also die öffentliche Hand das dort übliche betriebswirtschaftliche Rechnungswesen, das kostenorientiert ist. Eine Umstellung der kaufmännischen Buchführung auf eine kameralistische Buchführung bei Projekten, die von der öffentlichen Hand mitfinanziert werden, wäre nicht zumutbar und müsste schon buchungstechnisch auf größte Schwierigkeiten stoßen. Daher kann die Zuwendung in diesen Fällen statt zur Deckung der zuwendungsfähigen Ausgaben zur Deckung der zuwendungsfähigen Kosten bewilligt werden.

6.4.4.6 Bewirtschaftung bei Beteiligungen an privatrechtlichen Unternehmen

605 Zum Stichtag 31. Dezember 2018 war der Bund (Mit-)Eigentümer an 110 Unternehmen in privater Rechtsform und an 433 weiteren Unternehmen mittelbar beteiligt (also Tochterunternehmen der vorgenannten, unmittelbaren Beteiligungsgesellschaften).[175] Dabei sind nur die mittelbaren Beteiligungen berücksichtigt, die ein Nennkapital von mindestens 50 TEUR aufweisen und an denen die Muttergesellschaft mindestens 25% der Anteile („Sperrminorität") hält.

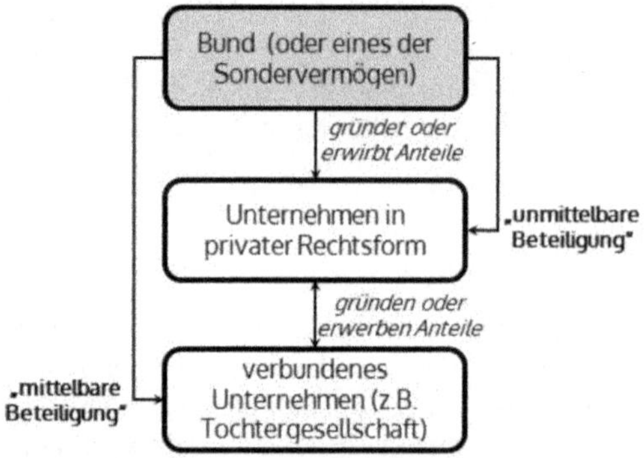

Abbildung 72: Übersicht über die Arten der Bundesbeteiligungen

174 VV Nr. 13a zu § 44 BHO.
175 BMF (2020), Beteiligungsbericht 2019.

Mit dem Bund verbunden im Sinne des § 15 AktG waren weltweit zum Stichtag 31. Dezember 2019 sogar 660 Unternehmen.[176] Man kann also durchaus auch vom Bund als einem Konzern sprechen. 606

Nach § 65 Abs. 1 BHO soll sich der Bund nur dann an privatrechtlichen Unternehmen beteiligen oder sie gründen, wenn ein **wichtiges Bundesinteresse** an der Gründung oder Beteiligung besteht[177], das sich nicht besser auf andere Art und Weise erreichen lässt (Subsidiarität). Die Unternehmensbeteiligung muss auf einen bestimmten Einzahlungsbetrag (hinsichtlich eventueller Nachschusspflichten) begrenzt sein, der Bund muss einen angemessenen Einfluss erhalten (durch Vertretung in den Organen der Gesellschaft) und es muss sichergestellt sein, dass mindestens Jahresabschlüsse und Lageberichte nach den Vorschriften für große Kapitalgesellschaften (§ 267 Abs. 3 HGB) erstellt werden. 607

Bei Beteiligungen an Genossenschaften (§ 1 Abs. 1 GenG) gilt abweichend § 65 Abs. 5 BHO. 608

Bei der Verwaltung der Bundesbeteiligungen (Erwerb, Veräußerung, Beteiligungserhöhung, Kapitalerhöhung, Erwerb von Anteilen an dritten Unternehmen, im Einzelnen vgl. VV Nr. 2 zu § 65 BHO) hat das zuständige Ministerium die Einwilligung des BMF einzuholen, § 65 Abs. 2 & 3 BHO. 609

Bei besonders bedeutsamen Bundesbeteiligungen soll die Entscheidung über die Veräußerung bei Bundestag und Bundesrat liegen, § 65 Abs. 7 BHO. 610

Die Bundesregierung hat sich mit dem „Public Corporate Governance Kodex des Bundes" (PCGK) zu Standards guter und verantwortungsvoller **Unternehmensführung und -überwachung** verpflichtet. Er gehört, wie die „Richtlinien für eine aktive Beteiligungsführung bei Unternehmen mit Bundesbeteiligung" zu den „Grundsätzen guter Unternehmens- und aktiver Beteiligungsführung im Bereich des Bundes" vom 16. September 2020.[178] Unternehmensführung bezieht sich auf die unternehmensinternen Entscheidungen, Beteiligungsführungen auf die Beziehungen zwischen Bund und Beteiligungsunternehmen. 611

Zur Verwirklichung des oben genannten, wichtigen Bundesinteresses ist es nötig, dass der öffentliche Auftrag (politische Zielsetzung oder gesetzlicher Erfüllungsauftrag) und der Unternehmenszweck der Beteiligungsgesellschaft in Einklang stehen. Durch **gute Unternehmensführung** soll die Erreichung von Unternehmenszweck und öffentlichem Auftrag sichergestellt werden. Dazu enthält der PCGK: 612

176 „Alphabetische Zusammenstellung der Unternehmen, die mit der Bundesrepublik Deutschland i.S.d. § 15 AktG verbunden sind", BMF, 2. Juni 2020.

177 Das wäre zum Beispiel bei reiner Absicht zur Einnahmeerzielung oder zur Informationsgewinnung nicht gegeben.

178 Bis die Neufassung veröffentlicht ist, wird an dieser Stelle auf die Fassung vom 30. Juni 2009 Bezug genommen.

- Empfehlungen (wenn im Beteiligungsbericht von ihnen abgewichen wird, muss das im jährlichen Corporate Governance Bericht offengelegt werden),
- Anregungen (von ihnen kann ohne Offenlegung abgewichen werden) und
- Regelungen (sie bilden geltendes Recht im PCGK ab und müssen daher ohnehin befolgt werden), Nr. 1.2 PCGK.

Durch Anmerkungen werden die Regelungen, Empfehlungen und Anregungen erläutert.[179]

613 Im PCGK sind im Wesentlichen die Aufgaben der Organe des Unternehmens und ihre Verhältnisse zueinander beschrieben (Nr. 1 bis 5 PCGK). Neben den Regeln für Rechnungslegung und Abschlussprüfung (Nr. 7) sind weitergehende Transparenzbestimmungen enthalten (Nr. 6).

614 Die „Richtlinien für eine **aktive Beteiligungsführung** bei Unternehmen des Bundes“ stellen im Wesentlichen eine Zusammenfassung der einschlägigen Vorschriften mit weitergehenden Hinweisen dar.

615 Ausgaben für die Gründung eines Unternehmens (Einlagen) oder für den Erwerb von Anteilen sowie für die Deckung von Verlusten dürfen geleistet werden, wenn der Haushaltsplan dazu ermächtigt (sachliche Bindung). Einnahmen aus der Veräußerung von Beteiligungen oder aus Gewinnablieferungen (z.B. Dividende) fließen dem Bundeshaushalt zu.[180]

616 Erwerbe durch Anteilstausch („share deals“) oder Überlassung von Anlagevermögen („asset deals“) würden sich aber der Systematik des Haushaltsplans entziehen, da hierbei keine Zahlungen geleistet werden.

6.4.5 Bewirtschaftung bei Verpflichtungen zu Lasten künftiger Jahre

6.4.5.1 Bewirtschaftung der Verpflichtungsermächtigungen

617 Zahlungsverpflichtungen für zukünftige Jahre dürfen gemäß § 38 Abs. 1 Satz 1 BHO grundsätzlich nur eingegangen werden, wenn dafür im Haushaltsplan **Verpflichtungsermächtigungen** veranschlagt sind. Die Verpflichtungsermächtigungen werden gemäß § 16 BHO gesondert bei den Ausgabetiteln veranschlagt, aus denen die resultierenden Zahlungen zu leisten wären. Dabei ist mindestens der Gesamtbetrag anzugeben, soweit möglich aufgeteilt auf einzelne Fälligkeitsjahre.

179 Bei Beteiligungen an börsennotierten Unternehmen ist der PCGK nicht anzuwenden; es gilt der nach § 161 AktG vorgeschriebene „Deutsche Corporate Governance Kodex“ vom 16. Dezember 2019.
180 Z.B. bei Kap. 6002, Tit. 121 01.

Insoweit gilt die sachliche Bindung aus § 45 Abs. 1 Satz 1 BHO sowohl bezüglich des Zwecks als auch bezüglich der zur Verfügung stehenden Jahresbeträge (siehe dazu unten zu den „Planabweichungen").

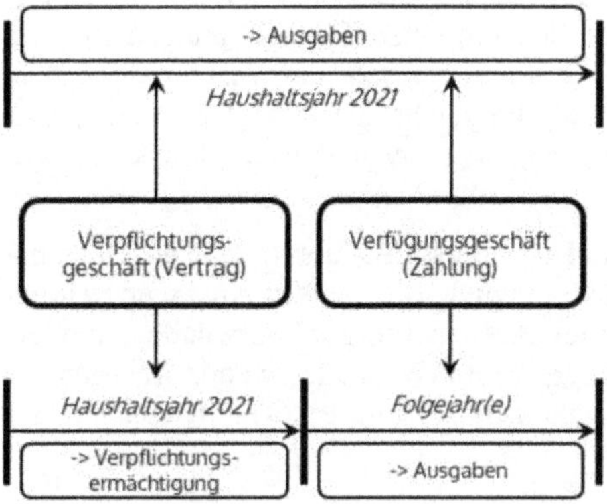

Abbildung 73: Ausgaben und Verpflichtungsermächtigungen am Beispiel des zivilrechtlichen Abstraktionsprinzips

Das Eingehen von **Eventualverbindlichkeiten** (Bürgschaften, Garantien und sonstigen Gewährleistungen) stellt keine hinreichend konkrete Zahlungsverpflichtung i.S.v. § 38 BHO dar. Sie unterliegen daher stattdessen den besonderen Voraussetzungen des § 39 BHO und den Regelungen im jährlichen Haushaltsgesetz[181] **618**

Verpflichtungsermächtigungen dürfen nur in Anspruch genommen werden, soweit das für eine **wirtschaftliche und sparsame Verwaltung** erforderlich ist (§ 34 Abs. 3 BHO). Wie bei den Ausgaben (siehe oben) gilt also, dass Verpflichtungen nur dann eingegangen werden dürfen, wenn der angestrebte Zweck nicht günstiger (also durch niedrigeren Verpflichtungsbetrag) oder später (also durch späteres Eingehen der Zahlungsverpflichtung) ebenso gut erreicht werden könnte. **619**

Im Rahmen des § 71 Abs. 1 Satz 2 BHO sind alle eingegangenen Verpflichtungen zu buchen. Die hierzu ergangene Richtlinie des BMF stellt klar, dass es bei Inanspruchnahme von Verpflichtungsermächtigungen keine Ausnahmen von der Buchungspflicht gibt.[182] Folglich sind die in Anspruch genommenen Verpflichtungsermächtigungen unter Angabe der voraussichtlichen Fälligkeitsjahre unverzüglich und vollständig zu buchen. **620**

Der Tatbestand von § 19 Abs. 1 BHO umfasst nur Ausgaben. Nicht in Anspruch genommene Verpflichtungsermächtigungen können also niemals in das Folge- **621**

181 Z.B. § 3 HG 2021.
182 Nr. 1.3 der Richtlinie nach § 71 Abs. 1 Satz 2 BHO zur Buchung eingegangener Verpflichtungen vom 11. November 2011.

jahr übertragen werden. Dadurch ist in der Praxis die **Doppelveranschlagung von Verpflichtungsermächtigungen** notwendig geworden, wenn bei der Haushaltsaufstellung nicht hinreichend genau abgesehen werden kann, ob die Zahlungsverpflichtungen in dem betreffenden Haushaltsjahr oder erst in dem darauffolgenden Jahr entstehen werden. Wurden dieselben Ermächtigungen in zwei Haushaltsjahren veranschlagt und bereits im ersten Jahr der Veranschlagung in Anspruch genommen, so dürfen sie im Folgejahr nicht erneut in Anspruch genommen werden; sie unterliegen insoweit einer Verfügungsbeschränkung nach VV Nr. 5 zu § 16 BHO.

622 In § 20 Abs. 2 BHO wird die gekorene **Deckungsfähigkeit für Verpflichtungsermächtigungen** zugelassen. Es ist also möglich, die nicht in Anspruch genommene Verpflichtungsermächtigung eines Ausgabetitels zu verwenden, um die Ermächtigung eines anderen zu erweitern (vgl. VV Nr. 1, zweiter Anstrich, zu § 20 BHO). Dabei gelten die Voraussetzungen des § 46 BHO sinngemäß.[183]

6.4.5.2 Bewirtschaftung bei Verpflichtungen auf Grund anderer Ermächtigungen

623 § 38 Abs. 4 & 5 BHO erlauben das Eingehen bestimmter Zahlungsverpflichtungen zu Lasten künftiger Hauhaltsjahre auch **ohne veranschlagte Verpflichtungsermächtigung**. Das schließt drei Arten von Verpflichtungen ein:
- Verpflichtungen für laufende Geschäfte,
- Verpflichtungen zu Lasten übertragbarer Ausgaben und
- Verpflichtungen auf der Grundlage von Verträgen nach Art. 59 Abs. 2 Satz 1 Grundgesetz.

624 **Verpflichtungen für laufende Geschäfte** sind die, die sich im Rahmen der üblichen Verwaltungstätigkeit auf Personalausgaben, sächliche Verwaltungsausgaben und Ausgaben für den Schuldendienst beziehen.[184] Bei Miet- oder Pachtvereinbarungen mit einer Jahresmiete oder -pacht von mehr als 120.000 Euro und bei Sachverständigengutachten oder Forschungsaufträgen mit einer Gesamtbelastung von mehr als 250.000 Euro sind davon abweichend aber nicht mehr als laufende Geschäfte zu behandeln und bedürfen demnach einer Verpflichtungsermächtigung. Finanzierungszusagen auf Grund von Versorgungs- oder vergleichbaren Ansprüchen der institutionell geförderten Zuwendungsempfänger gelten ebenfalls als laufende Geschäfte.

625 **Verpflichtungen zu Lasten übertragbarer Ausgaben** dürfen eingegangen werden, soweit Minderausgaben übertragbar sind, daraus Ausgabereste gebildet werden (siehe dazu „Jährlichkeit und zeitliche Bindung") und die eingegangene Ver-

183 Vgl. VV zu § 46 BHO.
184 Siehe hierzu VV Nr. 5 zu § 38 BHO.

pflichtung auch gebucht wird.[185] Es dürfen auf dieser Grundlage nur Verpflichtungen eingegangen werden, die im Folgejahr fällig werden.

Der Bundespräsident schließt **die völkerrechtlichen Verträge** des Bundes gemäß Art. 59 Abs. 1 Satz 2 Grundgesetz. Diese bedürfen in den Fällen des Art. 59 Abs. 2 der Zustimmung des Gesetzgebers. Wenn ein völkerrechtlicher Vertrag also Zahlungsverpflichtungen für den Bund begründet, ist der parlamentarische Wille dazu bereits durch die Zustimmung zum Ausdruck gekommen. Es bedarf zum Eingehen der Verpflichtungen keiner Verpflichtungsermächtigung im Haushaltsplan. Im Rahmen des Vollständigkeitsgebotes (siehe oben zur „Einheit und Vollständigkeit") wären aber Verpflichtungsermächtigungen zu veranschlagen, soweit der beabsichtigte Abschluss und Umfang der daraus entstehenden Verpflichtungen schon während der Haushaltsaufstellung hinreichend bekannt sind. **626**

In den vorgenannten Fällen des Eingehens von Verpflichtungen ohne Verpflichtungsermächtigung sind **Buchungserleichterungen** möglich.[186] Dessen ungeachtet empfiehlt es sich alle eingegangenen Zahlungsverpflichtungen vollständig zu buchen, um für die Haushaltsaufstellung und Finanzplanung der betreffenden Fälligkeitsjahre über die erforderlichen Nachweise verfügen zu können. **627**

6.4.6 Buchführung über die Bewirtschaftung

6.4.6.1 Grundbegriffe

Buchführung ist jede systematische, zeitlich geordnete **Aufzeichnung von Geschäftsvorfällen**. Welche Geschäftsvorfälle aufgezeichnet werden müssen, hängt von den gesetzlichen Vorgaben ab. § 1a HGrG stellt Bund und Ländern frei, ihre Haushaltswirtschaft kameral oder nach den Prinzipien der doppelten Buchführung zu gestalten. **628**

Der Grundgesetzgeber macht in Art. 110 Abs. 1 GG die Einnahmen und Ausgaben zum Gegenstand des Haushaltsplans. Bei der Auslegung dieser beiden unbestimmten Rechtsbegriffe ist besonders der historische Bezug zu berücksichtigen. Die Verfassungsurkunde für den Preußischen Staat enthielt in Art. 99 Abs. 1 bereits dieselben Bezugsgrößen. Folgerichtig wendet der Bund kamerale Prinzipien (Fälligkeit, Einzelveranschlagung) in seiner Haushaltswirtschaft an.[187] Die gesamte Systematik des Bundeshaushaltsrechts basiert auf der **Kameralistik**, das BMF stellt das in VV Nr. 4.1.1 ZBR BHO noch ausdrücklich klar. **629**

185 Vgl. BMF (18.12.2020), Rundschreiben zur Haushaltsführung 2021, Nr. 4.3.
186 Nr. 1.3 der Richtlinie nach § 71 Abs. 1 Satz 2 BHO zur Buchung eingegangener Verpflichtungen vom 11. November 2011.
187 Piduch (2020), Rn. 39 und 42 zu Art. 110 GG.

6.4.6.2 Betriebswirtschaftliche Wertkategorien

630 Dieser Bedeutung muss man sich bei der Anwendung des Haushaltsrechts ebenso klar sein wie der Tatsache, dass Einnahmen und Ausgaben für Kaufleute etwas fundamental anderes bedeuten. In der betriebswirtschaftlichen Abgrenzung der Wertkategorien werden vier wesentliche Begriffspaare unterschieden. **Ein- oder Auszahlungen** erhöhen bzw. verringern den (liquiden) Geldbestand; das entspricht den haushaltsrechtlichen Begriffen von Einnahmen und Ausgaben als zu erwartenden Geldströmen eines Haushaltsjahres.

631 **Einnahmen oder Ausgaben** im betriebswirtschaftlichen Sinne allerdings erhöhen bzw. verringern das Geldvermögen, also den Saldo aus Geld-, Forderungs- und Verbindlichkeitenbestand; entstehende oder erlöschende Forderungen oder Verbindlichkeiten sind aber gerade nicht Bezugsgrößen des kameralen Haushaltsplans. Das ist für die Jahresabgrenzung von Geschäftsvorfällen besonders wichtig. Das Risiko Missverständnisse zu produzieren, die enorm teure Folgen haben können[188], liegt auf der Hand.

632 Länder, Kommunen und andere Träger der öffentlichen Finanzwirtschaft betreiben aber auch die doppelte Buchführung.[189] Dabei können entweder die Regeln des HGB unmittelbar Anwendung finden (z.B. bei staatlichen Unternehmen in privater Rechtsform) oder auf Grund von Ausnahmeregeln in den Haushaltsordnungen (z.B. bei staatlichen Eigenbetrieben, § 74 Abs. 1 BHO). In den meisten Fällen nehmen aber die Haushaltsordnungen für die nach kaufmännischen Grundsätzen buchenden Stellen Bezug auf die Standards staatlicher Doppik (§ 49a Abs. 1 HGrG). Sie sind angelehnt an die Vorschriften des HGB. Bezugsgrößen sind Erträge und Aufwendungen.

633 **Erträge und Aufwendungen** sind Wertverzehre bzw. -zuwächse am bilanziellen Reinvermögen (Eigenkapital). Das beinhaltet Wertverzehr oder -zuwachs der Aktiva (bewegliche und unbewegliche Sachen, immaterielle Vermögensgegenstände) ebenso wie die Bildung oder Auflösung von Rückstellungen (§ 249 Abs. 1 HGB) und die Auflösung von Rechnungsabgrenzungsposten (§ 250 Abs. 1 HGB).

634 In der Systematik der doppelten Buchführung wird das Gesamtvermögen, bewertet in Geld, in seiner Zusammensetzung (Aktiva) und nach seiner Finanzierung (Passiva) einschließlich deren Veränderungen (Aktivtausch, Passivtausch, Bilanzmehrung/-minderung, Erträge, Aufwendungen) aufgezeichnet. Dafür hat sich auf staatlicher Ebene der Fantasiebegriff „**Doppik**“[190] durchgesetzt. Werden

188 Beispielsweise bei Beschaffung und/oder Entwicklung von Softwarelösungen für die Bewirtschaftung von Haushaltsmitteln.

189 Z.B. § 4 LHO der Freien und Hansestadt Hamburg, für die hessischen Kommunen § 92 Abs. 3 HGO oder § 8 Abs. 1 BImAG.

190 In offenbar beabsichtigter Abgrenzung von der Kameralistik (von lat. camera) verkürzt aus „[dopp]elte Buchführung [i]n [K]onten“.

Bücher auf Grund gesetzlicher Vorschriften „für andere“ geführt, spricht man von externem Rechnungswesen.

Zu eigenen Steuerungszwecken Informationen über Wertverzehre und -zuwächse nach subjektiven Maßstäben aufzuzeichnen, wäre dagegen Gegenstand eines internen Rechnungswesens. Dabei haben sich **Erlöse und Kosten** als Begriffe durchgesetzt, mit denen Wertzuwächse oder -verzehre am betriebsnotwendigen Vermögen abgebildet werden sollen. 635

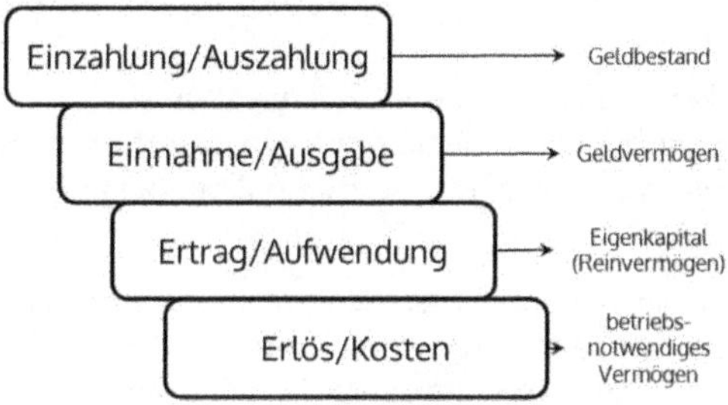

Abbildung 74: Betriebswirtschaftliche Wertkategorien

6.4.6.3 Abgrenzung zwischen den Wertkategorien

Manche Geschäftsvorfälle wären in allen vier Kategorien mit gleichem Wert abzubilden, z.B. Mieten, Pachten, Zinsen, Versicherungsprämien und Gehälter. Bei allen verringert sich der Geldbestand (damit Auszahlung), ohne dass dem eine Verringerung von Verbindlichkeiten oder Erhöhung von Forderungen gegenüberstünde (damit Ausgabe) oder sich ein anderer zu bilanzierender Vermögensgegenstand veränderte (damit Aufwand). Zudem dienen sie der betrieblichen Leistungserstellung (damit auch Kosten). 636

Wenn eine **Einzahlung keine Einnahme** darstellt, bedeutet das entweder, dass in Höhe der Einzahlung gleichzeitig eine Verbindlichkeit entstanden (z.B. Kreditaufnahme) oder eine Forderung erloschen (z.B. Tilgung durch Schuldner) ist. Tilgungen gegenüber einem Gläubiger oder die Gewährung eines Darlehens wären Beispiele für entsprechende Gegenstücke (**Auszahlungen, aber keine Ausgaben**). 637

So müssen die Begriffe „Einnahmen aus Krediten“ (Art. 109 Abs. 3 GG) oder „Ausgaben zur Tilgung“ (§ 15 Abs. 1 Satz 2 BHO) für Kaufleute erst einmal befremdlich wirken. In der kameralen Systematik sind Einnahmen und Ausgaben aber schlicht Geldzugänge oder -abgänge, siehe oben. 638

Erhöht oder verringert sich das Geldvermögen, siehe oben, ohne dass eine Ein- oder Auszahlung vorliegt, muss das auf das **Entstehen oder Erlöschen von For-** 639

derungen oder Verbindlichkeiten zurückzuführen sein, z.B. durch Rechnungstellung an einen Kunden oder Rechnungseingang von einem Lieferanten – jeweils nach erfolgter Gegenleistung – oder durch Uneinbringlichkeit einer Forderung.

640 Steht einer Veränderung am Geldvermögen (Einnahme oder Ausgabe) eine **gleichwertige Veränderung** am übrigen Bilanzvermögen gegenüber, dann handelt es sich bei dem Vorfall nicht um einen Aufwand oder Ertrag. Beispiele dafür wären der Kauf eines Anlagegutes oder die Verwandlung einer Verbindlichkeit in eine Lieferschuld (Ware statt Geld).

641 **Erträge und Aufwendungen, die keine Einnahmen oder Ausgaben sind**, sind alle Wertverzehre oder -zuwächse, die nicht das Geldvermögen betreffen. Das wären zum Beispiel Abschreibungen (Verzehr durch Alterung, Abnutzung oder sonstige Wertminderung von Sachen).

642 Wertverzehre oder -zuwächse, die zwar handels- oder steuerrechtlich angesetzt werden dürfen, aber nicht auf den Betriebszweck zurückzuführen sind oder bereits kalkulatorisch erfasst wurden, nennt man **neutrale Erträge bzw. Aufwendungen**. Sie können betriebsfremd sein (außerhalb der gewöhnlichen Geschäftstätigkeit), periodenfremd (kalkulatorisch in Vorjahren berücksichtigt) oder außerordentlich (außerhalb der Geschäftstätigkeit und üblicherweise als kalkulatorische Wagnisse bereits berücksichtigt).

643 Erlöse und Kosten, die im externen Rechnungswesen nicht angesetzt werden dürfen, bezeichnet man als **Zusatzerlöse bzw. -kosten**. Dazu zählen etwa kalkulatorische Kosten, also solche, die durch die Geschäftstätigkeit ausgeglichen werden müssen, aber in den Aufwendungen nicht berücksichtigt werden dürfen, z.B. mangels Realisation – also tatsächlichem Lebensereignis. So müssen Betriebsrisiken, die nicht versichert (und damit nicht als Aufwand realisiert) werden können, zumindest anteilig in die Kalkulation eingehen (kalkulatorisches Wagnis). Bei profitorientiertem Wirtschaften müssten auch Opportunitätskosten (Kosten entgangener Möglichkeiten) berücksichtigt werden, z.B. eingebrachtes Kapital, das sonst eine vergleichsweise sichere Rendite erbracht hätte (kalkulatorische Zinsen oder Mieten).

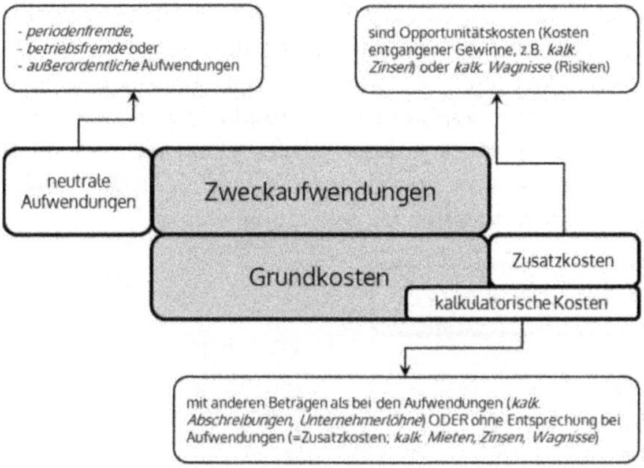

Abbildung 75: Neutrale Aufwendungen und kalkulatorische Kosten

6.4.6.4 Wirtschaftlichkeitsbetrachtungen

Zwar ist das Rechnungswesen des Bundes nach kameralen Grundsätzen aufgebaut (siehe oben). Der Grundsatz der Wirtschaftlichkeit und Sparsamkeit verlangt aber ein **effizientes Verhalten** von den Bewirtschaftern. Demzufolge sind nicht nur die Ausgaben zu betrachten, die mit einer Maßnahme verbunden sind, sondern auch die übrigen Wertverzehre, die sich auf das Vermögen des Bundes auswirken. **644**

Deswegen sind **Wirtschaftlichkeitsuntersuchungen zur Planung, Begleitung und Evaluation** aller finanzwirksamen Maßnahmen vorgeschrieben (§ 7 Abs. 2 BHO). Unterschiedliche Methoden von Wirtschaftlichkeitsuntersuchungen beschreibt VV Nr. 2.3 zu § 7 BHO, ohne dass dabei konkrete Methoden explizit vorgeschrieben würden. So finden aber auch kostenbasierte Methoden Einzug in die Entscheidungsfindung und -kontrolle, z.B. in Form der Kostenvergleichsrechnung. **645**

In „geeigneten Bereichen" ist eine **Kosten- und Leistungsrechnung** (KLR) einzuführen (§ 7 Abs. 3 BHO). Die Vorschrift mutet eigenwillig an, denn welche Bereiche geeignet sind, wird (auch in den VV zu § 7 BHO) nicht näher bestimmt. Wann der gesetzgeberische Anspruch der „Einführung" erfüllt wurde oder was nach erfolgreicher Einführung in den Regelbetrieb übernommen werden soll, ist ebenfalls nicht geregelt. VV Nr. 4 zu § 7 BHO beschreibt in kurzen Worten die Vorzüge einer KLR. Das Handbuch der Kosten- und Leistungsrechnung (Ansatz einer Standard-KLR) ist den VV zu § 7 BHO als Anlage beigefügt. Darin (Nr. I.2) ist folgerichtig festgestellt, dass es wohl keinen Bereich geben kann, der für eine KLR ungeeignet wäre. **646**

647 Mit der Standard-KLR findet also auch ein internes Rechnungswesen des Bundes statt. Eine kostensensitive Entscheidungsfindung wird sich unbestreitbar positiv auf das Gesamtvermögen und damit auch – mindestens auf die zukünftige – Finanzlage des Bundes auswirken. Den Zielkonflikt zwischen den verfügbaren Haushaltsmitteln eines Jahres und den kostenrechnerisch effizientesten Lösungen über die gesamte Dauer einer Maßnahme aufzulösen, das ist wohl die größte Herausforderung der gesamten Haushaltswirtschaft.

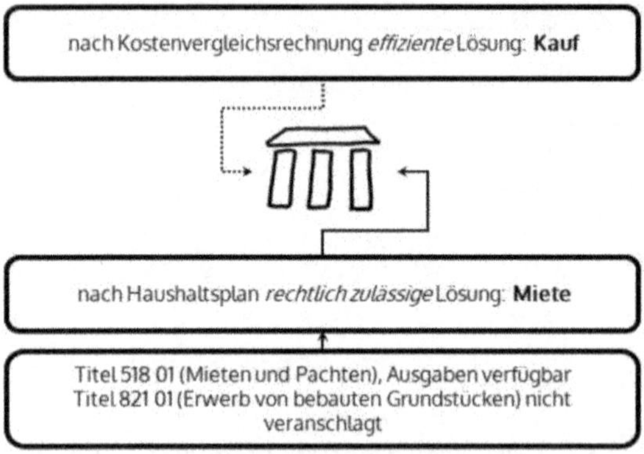

Abbildung 76: Beispiel eines Zielkonfliktes zwischen effizientester Lösung und Ausgabeermächtigung

6.4.6.5 Kamerale Buchführung, Jahresabschluss und Rechnungslegung des Bundes

6.4.6.5.1 Gliederung der Bücher

648 An dieser Stelle werden wir uns aber auf das externe Rechnungswesen des Bundes beschränken müssen. Der Zweck der kameralen Buchführung ist vor allen anderen die Bereitstellung der erforderlichen Daten für die Finanzkontrolle gemäß Art. 114 GG (siehe unten).

649 Teil IV der BHO (§§ 70 bis 87) und die zugehörigen VV-ZBR BHO regeln den Umgang mit **Zahlungen, Buchführung und Rechnungslegung**. Sie gelten für die Buchführung über Einnahmen, Ausgaben und eingegangene Verpflichtungen ebenso wie für die Buchführung über das Vermögen und die Schulden des Bundes. In der doppelten Buchführung sind Vermögensbestände und -veränderungen in denselben Büchern zu führen, nach § 73 Abs. 2 BHO sind beim Bund die Buchführungen über Einnahmen und Ausgaben sowie über das Vermögen und die Schulden lediglich zu verbinden.

Die **Gliederung des Haushaltsplans** gibt die wesentliche Struktur für die Bücher über Einnahmen und Ausgaben vor (§ 71 Abs. 1 BHO). Eine „sonst vorgesehene Ordnung“ findet für die Einnahmen und Ausgaben des Bundes nur in der vorläufigen Haushaltsführung Anwendung. Weil in dieser Zeit noch kein Haushaltsplan festgestellt worden ist, legt das BMF auf Grund von § 5 BHO die Ordnung in seinem Rundschreiben zur vorläufigen Haushaltsführung fest. Üblicherweise wird dabei an der Ordnung des letzten Regierungsentwurfs festgehalten. 650

In einzelnen Fällen werden **Titel außerplanmäßig ausgebracht**, in erster Linie für außerplanmäßige Ausgaben (§ 37 Abs. 1 BHO, VV Nr. 2 zu § 37 BHO) oder Verpflichtungsermächtigungen (§ 38 Abs. 1 Satz 2 BHO), auf Grund von VV Nr. 1.3 zu § 37 BHO für unvorhergesehene zweckgebundene Einnahmen oder nach § 71 Abs. 2 Nr. 2 BHO für selbständige Ausgabereste. Sie fügen sich dann in die Ordnung des Haushaltsplans als Haushaltsstellen ein und sind in der Haushaltsrechnung so auszuweisen, als wären sie im Plan enthalten gewesen. 651

Neben den Einnahmen und Ausgaben des Haushaltsplans werden aber auch einige **Nebenhaushalte (Sondervermögen) in der Kassenwirtschaft des Bundes** verwaltet und demnach auch in seinen Büchern geführt; nach § 113 BHO werden für die Sondervermögen werden die Vorschriften der BHO sinngemäß angewendet, wenn nicht im jeweiligen Errichtungsgesetz etwas anderes bestimmt oder zugelassen ist. Wird ein Sondervermögen in Anwendung der BHO vom Bund verwaltet, ist sein Wirtschaftsplan (§ 26 Abs. 2 BHO) als „Pseudokapitel“ (z.B. Energie- und Klimafonds mit der Nummer 6092) in die Buchführung des Bundes integriert. 652

Eine abweichende Ordnung muss auch für die Verwahrungen und Vorschüsse vorgesehen sein (§ 60 BHO), denn diese Einzahlungen und Auszahlungen können ja gerade (noch) nicht endgültig in der Ordnung des Haushaltsplans gebucht werden. Für Verwahrungen und Vorschüsse sind **ein eigenes Verwahrungs- und ein Vorschussbuch** bei dem „Pseudoeinzelplan“ 90 eingerichtet. Das Nähere regelt die VO/VW-RiB zu § 60 BHO. 653

Anders als die Kredite vom Kreditmarkt sind die Geldmarktkredite (Tages- oder Termingeld) des Bundes als **Kassenverstärkungskredite** nicht in der Ordnung des Haushaltsplans zu buchen, sondern gemäß § 60 Abs. 3 BHO im Verwahrungsbuch da sie nur zum Ausgleich von Liquiditätsschwankungen, aber nicht zur Einnahmeerzielung dienen sollen. Die Zinsen, die durch die Kassengeschäfte des Bundes gezahlt oder vereinnahmt werden, werden aber in der Ordnung des Haushaltsplans gebucht.[191] 654

Die **Selbstbewirtschaftungsmittel** nach § 15 Abs. 2 BHO werden in der Kassenwirtschaft des Bundes verwaltet und ebenfalls wie Verwahrungen behandelt, 655

191 Haushaltsplan des Bundes 2021: Kapitel 3205, Titel 162 12 und 575 21.

Abschnitt 1 des Verwahrungsbuches. Sie gelten aus Sicht des Haushaltsplans mit der Zuweisung auf das Selbstbewirtschaftungskonto als ausgegeben, auch wenn sie den Geldbestand des Bundes noch nicht verlassen haben (§ 15 Abs. 2 Satz 4 BHO).

656 **Andere Fremdgelder**, die vom Bund verwaltet werden, z.B. die Eigenmittel der Europäischen Union oder die Einnahmen aus der Biersteuer, sind – solange sie sich im Geldbestand des Bundes befinden – ebenfalls wie Verwahrungen zu behandeln.[192]

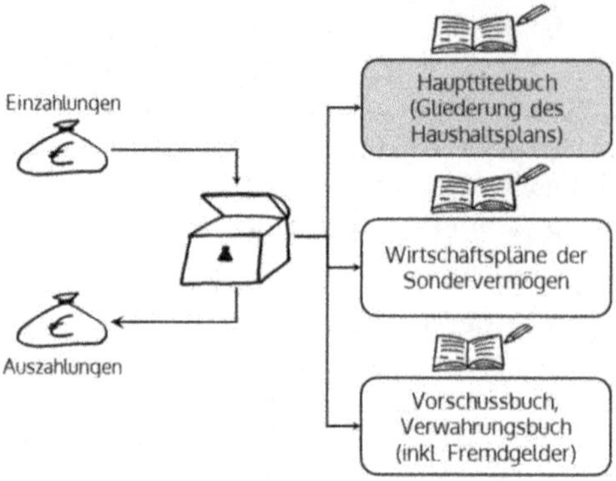

Abbildung 77: Die Bücher in der Kassenwirtschaft des Bundes

657 Für **technische Zwecke** und für die Geldverwaltung der Kassen können weitere Konten in der Ordnung des Vorschuss- oder Verwahrungsbuches des Bundes eingerichtet sein. Als „Pseudotitel" können zudem vorläufige Deckungskonten eingerichtet werden, z.B. nach VV Nr. 12 zu § 37 BHO (für die vorläufige Einsparung über- oder außerplanmäßiger Ausgaben), VV Nr. 2.5 zu § 38 BHO (vorläufige Einsparung über- oder außerplanmäßiger Verpflichtungsermächtigungen), VV Nr. 2 zu § 41 BHO (für die Erbringung haushaltswirtschaftlicher Sperren) oder VV Nr. 5 zu § 45 BHO (vorläufige kassenmäßige Einsparung für die Inanspruchnahme von Ausgaberesten).

658 Konten in der Buchführung, die der Ordnung des Haushaltsplans entstammen, nennt man **Haushaltsstellen**. Konten in der Buchführung des Bundes, die neben der Ordnung des Haushaltsplans geführt werden, nennt man **Buchungsstellen**.

192 Abschnitt 7 des Verwahrungsbuches, Nr. 2.4 VO/VW-RiB.

6.4.6.5.2 Buchungspflichtige Bewirtschaftungsvorgänge

Eine originäre Nachweispflicht besteht bezüglich der **Ist-Einnahmen und Ist-Ausgaben**. Dementsprechend sind alle Zahlungen zu buchen (§ 71 Abs. 1 Satz 1 BHO). 659

Über eingegangene **Verpflichtungen und Geldforderungen** ist nach Richtlinien des BMF Buch zu führen (§ 71 Abs. 1 Satz 2 BHO). Zu Lasten von Verpflichtungsermächtigungen, auf Grund von § 38 Abs. 4 BHO oder zu Lasten des laufenden Haushaltsjahres (als Festlegungen, siehe oben) ist nach der Richtlinie zur Buchung eingegangener Verpflichtungen des BMF zu buchen. Eine entsprechende Richtlinie für die Geldforderungen gibt es nicht. Hier wären die Vorschriften zum HKR-Verfahren des Bundes ersatzweise zu nennen, insbesondere die VerfRiB-MV/TV-HKR und die Verfahrensvorschriften zu den Einnahmeverfahren des Bundes. 660

Für **andere Geschäftsvorfälle** kann das BMF die Buchführung anordnen. Das gilt insbesondere für die sogenannten Solländerungen, also die Inanspruchnahme von Ausgaberesten, Deckungsfähigkeit oder zweckgebundener Einnahmen (z.B. VV Nr. 5 zu § 45 oder Nr. 2 zu § 46 BHO). 661

Die Buchungsbelege für Bewirtschafter (HKR-Vordrucke) sind in den VerfRiB-MV/TV-HKR abschließend aufgeführt. Das gilt für die elektronische Belegerstellung und -übermittlung sinngemäß.[193] 662

6.4.6.5.3 Grundsätze der Buchführung, insbesondere Jahresabgrenzung

Alle Bewirtschaftungsvorgänge sind in zeitlicher Folge (§ 71 Abs. 1 BHO) und nach Haushaltsjahren getrennt (§ 72 Abs. 1 BHO) zu buchen. Dabei sind alle Buchungen zu belegen (§ 75 BHO). 663

Die **Jahresabgrenzung** der Bewirtschaftungsvorgänge erfolgt im kameralen Rechnungswesen – entsprechend dem Fälligkeitsprinzip der Haushaltsaufstellung – grundsätzlich nach dem Zahlungsdatum (§ 72 Abs. 2 BHO). Auf den wirtschaftlichen Erfolg (Periodenabgrenzung nach HGB) oder auf das Entstehen der Zahlungsverpflichtungen kommt es dabei nicht an. 664

Ausnahmen (also Buchungen in ein Haushaltsjahr, das noch nicht begonnen hat, oder in eins, das bereits vorbei ist) sind in § 72 Abs. 3 und 4 BHO geregelt. Das Haushaltsjahr ist das Kalenderjahr (§ 4 BHO). Buchungen in das kommende Haushaltsjahr sind also nur möglich, wenn die Bücher für dieses Jahr schon eröffnet sind. Umgekehrt kann das abgelaufene Haushaltsjahr nur so lange bebucht werden, bis die Bücher dafür geschlossen werden (§ 76 Abs. 2 BHO). 665

193 Vgl. VV Nr. 4.3 ZBR BHO.

666 Den **Zeitpunkt des Jahresabschlusses** bestimmt BMF durch sein jährliches Rundschreiben zum Jahresabschluss (§ 76 Abs. 1 BHO). Darin werden je nach Bewirtschaftungsvorgang oder Übermittlungsweg unterschiedliche Zeitpunkte festgelegt. Einen „Kassenschluss", wie aus dem Rundschreiben manchmal fehlerhaft angenommen wird, gibt es nicht.

667 Sind die Bücher für das neue Haushaltsjahr bereits eröffnet und zeitgleich die des neuen Jahres noch nicht abgeschlossen, kommen § 72 Abs. 3 und 4 BHO in Betracht. Ein- oder Auszahlungen, die überfällig geworden sind, sind noch in das alte Haushaltsjahr zu buchen. Vor Fälligkeit im alten Haushaltsjahr eingehende Einzahlungen sind in das neue Haushaltsjahr zu buchen. Dasselbe gilt für Auszahlungen mit längerer Laufzeit, die für den fristgerechten Eingang beim Empfänger noch im alten Haushaltsjahr belastet werden müssen, und für im Voraus zu zahlende Bezüge für den ersten Monat des neuen Haushaltsjahres.

668 Die Ausnahmeregelungen des § 72 Abs. 3 und Abs. 4 Nr. 1 BHO gelten nicht für die in Abs. 5 genannten öffentlich-rechtlichen Zahlungsansprüche. Es dürfen aber im Haushaltsplan (oder erst recht im Haushaltsgesetz) weitere Ausnahmen zugelassen werden (§ 72 Abs. 6 BHO).[194]

6.4.6.5.4 Nachweis über Vermögen und Schulden

669 Über **Vermögen und Schulden** ist Buch zu führen oder „ein anderer Nachweis" zu erbringen (§ 73 Abs. 1 Satz 1 BHO). Das folgt aus der Rechnungslegungspflicht über Vermögen und Schulden nach Art. 114 Abs. 1 GG.

670 Die unbestimmten Rechtsbegriffe Vermögen und Schulden sind auslegungsbedürftig. In der kameralen Haushaltswirtschaft des Bundes wäre es nachvollziehbar, vom positiven und negativen Geldvermögen auszugehen (Geldbestand, Geldforderungen und -verbindlichkeiten). Das würde der Systematik der Buchungspflicht nach § 71 Abs. 1 Sätze 1 & 2 entsprechen. Aufgrund von § 73 Abs. 1 Satz 2 BHO hat das BMF das Nähere in seinen VV-ReVuS geregelt. Sie sind Teil der VV-ZBR BHO. Der Vermögensbegriff wird hier aber nicht alleine im Sinne des Geldvermögens bestimmt, sondern als die Gesamtheit der beweglichen und unbeweglichen Sachen und geldwerten Rechte im Eigentum des Bundes (Nr. 1.5 VV-ReVuS). Die Schulden aber sollen ausschließlich die in Geld zu erfüllenden Verpflichtungen umfassen (Nr. 1.6 VV-ReVuS).

671 Das lässt sich schwierig mit den Zielbestimmungen der Nr. 1.1 und 1.3 VV-ReVuS in Einklang bringen. Demnach soll die Vermögensbuchführung Anfangs- und Endbestände sowie die unterjährigen Veränderungen nachweisen, und die Vermögensrechnung das am Ende mit den haushaltswirksamen Zahlungen des abgelaufenen Jahres in Einklang bringen. Der Vermögensbegriff der VV-ReVuS

194 Zum Beispiel § 13 Abs. 2 Satz 1, erste Alternative, und Satz 2 HG 2021, oder der Haushaltsvermerk zu Kap. 3201.

entspricht nahezu dem Informationsgehalt der zu bilanzierenden Aktiva in der handelsrechtlichen Bilanz. Buchmäßige Veränderungen an diesen Vermögensbestandteilen aufzuzeichnen, würde also bedeuten, neben der kameralen Buchführung eine weitere in Anlehnung an das kaufmännische Rechnungswesen zu unterhalten. Dieses würde aber an dem Schuldenbegriff aus Nr. 1.6 VV-ReVuS scheitern, weil die Abbildung der Passiva nur unzureichend davon erfasst ist. Bei Beständen, die sich ausschließlich durch haushaltswirksame Buchungen verändern können, kann das wohl noch gelingen. Spätestens aber bei der Folgebewertung der Sachen (planmäßigen oder außerordentlichen Abschreibungen) lassen sich die notwendigen Informationen nicht mehr im Sinne des § 73 Abs. 2 BHO mit der Buchführung über Einnahmen und Ausgaben verbinden.

Schon in den allgemeinen Bestimmungen der Nr. 2 VV-ReVuS verliert der o.g. Ansatz jegliche Form. Liegenschaftsvermögen (Grundstücke und Bauten) ist flächenmäßig zu bewerten, bewegliche Sachen „mindestens mengenmäßig“ (Nr. 2.1.1.1 und 2.1.1.2). Nach Nr. 2.1.2 wird der Schuldenbegriff abweichend von Nr. 1.6 auch um Rückstellungen (ungewisse Verbindlichkeiten) erweitert. In der Folge werden die „zu führenden Bücher“ im Einzelnen aufgezählt. Nr. 2.4 regelt das Vorgehen beim Jahresabschluss. Da über das oben bezeichnete Vermögen und die Schulden keine einheitliche Systematik Anwendung findet, kann wohl nicht von einer Buchführung im eigentlichen Sinne (siehe oben) gesprochen werden, sondern von dem in § 73 Abs. 1 Satz 1 BHO genannten „anderen Nachweis“. **672**

Bislang hat es noch kein Gesetzgeber ernsthaft in Angriff genommen, den Vermögens- oder Schuldenbegriff, deren Buchungssystematik oder Rechnungslegung eindeutig klarzustellen. Vor den VV-ReVuS wurden Vermögen und Schulden nach dem Entwurf einer Buchführungs- und Rechnungslegungsordnung für das Vermögen des Bundes (VBRO) von 1953 erfasst. Insofern können die VV bereits als Verbesserung verstanden werden. **673**

6.4.6.5.5 Jahresabschluss und Rechnungslegung

Das BMF hat nach Art. 114 Abs. 1 GG über die Einnahmen und Ausgaben des Bundes Rechnung zu legen (Haushaltsrechnung), ebenso über das Vermögen und die Schulden (Vermögensrechnung). Dabei ist ihm eine Frist bis zum Ende des nächsten Haushaltsjahres gesetzt. **674**

Abbildung 78: Die Haushalts- und die Vermögensrechnung des Bundes

675 Die **Haushaltsrechnung** beruht auf den abgeschlossenen Büchern, auf deren Grundlage zunächst die „zuständigen Stellen" Rechnung zu legen haben, § 80 Abs. 1 BHO. Zuständige Stellen sind die „für Zahlungen zuständigen Stellen" (Bundeskassen und Zahlstellen i.S.v. § 70 BHO) und die „für die Einzelpläne zuständigen Stellen" (also BfdH und übrige Bewirtschafter). Das Verfahren der Erstellung der Haushaltsrechnung legt das BMF in seinem jährlichen Rundschreiben zur Rechnungslegung fest.

676 So wie in der Haushaltsaufstellung die obersten Bundesbehörden und Nichtregierungsorgane ihre Voranschläge zum Haushaltsentwurf liefern, erstellen sie zunächst die Entwürfe der Haushaltsrechnungen über die Einzelpläne. Die Daten aus dem automatisierten HKR-Verfahren des Bundes werden dazu übernommen. Dabei kommt der **Zentralkasse im Zentralen Finanzwesen des Bundes (ZFB)** besondere operative Bedeutung zu. Das ZFB stellt den Ressorts die Daten zu den Entwürfen ihrer Einzelplanrechnungen zur Verfügung; es folgt die Zusammenarbeit zur Überarbeitung und Prüfung, bevor das ZFB im Auftrage des BMF aus den Entwürfen und weiteren Beiträgen die Haushaltsrechnung erstellt, Nr. 1.4 des Rechnungslegungsrundschreibens 2020 vom 07. Oktober 2020.

677 Die grundsätzliche **Gliederung der Haushaltsrechnung** ist in § 81 BHO geregelt. Hier ist, ähnlich wie bei der Vermögensrechnung festzustellen, dass Gesetzeswortlaut und Realität sich nicht uneingeschränkt entsprechen. So ist in § 81 Abs. 2 Nr. 1 lit. c) BHO von „Einnahmeresten" die Rede, die die übrigen Vorschriften der BHO nicht kennen. Sie existieren schlichtweg nicht. Die nach § 71 Abs. 1 Satz 2 BHO zu buchenden Geldforderungen und eingegangenen Verpflichtungen wären bei den einzelnen Titeln auszuweisen. Mit Ausnahme der eingegangenen Verpflichtungen zu Lasten künftiger Jahre erfolgte aber noch nie ein solcher Ausweis in den Haushaltsrechnungen des Bundes.

678 Dafür werden aber interessante andere Bewirtschaftungsvorgänge, für die die Buchführung vorgeschrieben ist (Solländerungen wie z.B. Verstärkungen aus

Einnahmen, Inanspruchnahme von Ausgaberesten etc.), titelweise abgebildet. So kann nachvollzogen werden, wozu Mehreinnahmen oder Minderausgaben verwendet oder wie Mehrausgaben gedeckt wurden.

0602 IT und Netzpolitik, Digitalfunk und Moderne Verwaltung

Titel und Funktion	Zweckbestimmung	Soll 2019 €	Ist 2019 €	Abweichung Ist ./. Soll €
1	2	3	4	5
894 51-019	Zuschüsse an die Bundesanstalt für den Digitalfunk der Behörden und Organisationen mit Sicherheitsaufgaben für Investitionen zum Betrieb der Netze des Bundes	0,00	14.269.000,00	14.269.000,00
	Solländerung	(14.269.000,00)		
	Erläuterungen			
	Deckung gemäß Haushaltsvermerk bei Tit. 685 51 ... *14.269.000,00 €*			
	Sollzugang ... *14.269.000,00 €*			

Abbildung 79: Beispiel der Titeldarstellung aus der Haushaltsrechnung 2019

Die Haushaltsrechnung soll im besten Sinne eine Gegenüberstellung der tatsächlichen Werte im Vergleich zu den geplanten Werten des Haushaltsplans sein. Das gilt nicht nur für die Betrachtung der Einzelpläne, Kapitel und Titel, sondern auch des Gesamtplans und der Übersichten zum Haushaltsplan. **679**

Die Ergebnisse der Vermögensbuchführung (siehe oben) sind gem. § 86 BHO in der **Vermögensrechnung** nachzuweisen. **680**

Nach dem Öffentlichkeitsgrundsatz sind die Haushalts- und Vermögensrechnungen des Bundes auf geeignete Art und Weise verfügbar zu machen. Sie können online in dem Informationsportal „www.bundeshaushalt.de“ abgerufen werden. **681**

6.4.7 Anordnungsverfahren und automatisiertes HKR-Verfahren des Bundes

6.4.7.1 Anordnungen und Anweisungen, Grundsätze

Anordnungen können schriftlich oder auf elektronischem Wege erteilt werden (§ 70 BHO). Die Buchungen bei Einnahmen, Ausgaben und Verpflichtungsermächtigungen werden im automatisierten Verfahren für das Haushalts-, Kassen- und Rechnungswesen des Bundes (**HKR-Verfahren**) angeordnet oder angewiesen. **682**

Buchungen können durch Anordnungen oder Anweisungen veranlasst werden. Anordnungen sind Vorgänge, mit denen über Haushaltsmittel verfügt wird (Mit- **683** tel verwendet werden).[195] Anweisungen sind alle anderen Vorgänge, mit denen Buchungen ausgelöst werden.

684 **Anordnungen und Anweisungen auf elektronischem Wege** veranlasst man entweder durch Erfassung in einem der Bildschirmdialogverfahren von HKR (z.B. HICO, HKR@WEB) oder durch Dateiübermittlung aus einem eigenen Bewirtschafterverfahren (z.B. das Projektförderinformationssystem -Profi-, das Personalverwaltungssystem -PVSplus- oder ERP[196]-Systeme der Bewirtschafter) über die elektronischen Schnittstellen F13Z, F15Z.

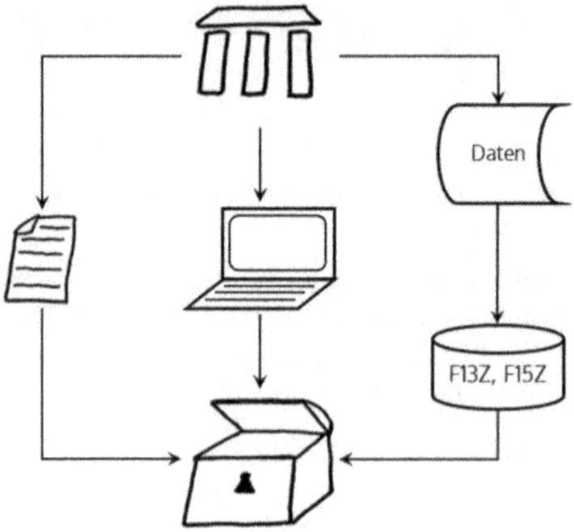

Abbildung 80: Schriftliche und elektronische Anordnungen

6.4.7.2 Schriftliche Anordnungen und Anweisungen

685 **Schriftliche Anordnungen und Anweisungen** werden auf den Vordrucken des siebten bzw. sechsten Abschnitts der VerfRiB-MV/TV-HKR und nach den Vorschriften der Anlage 2 zu den VV-ZBR BHO erteilt.

686 Die **Belege** sind mit urkundengeeigneten Schreibmitteln leserlich auszufüllen. In den Erfassungsfeldern (Feldern mit vorgegebenen Zeichenanzahlen) ist Blockschrift (Druckschrift in Großbuchstaben) zu verwenden. In den Feldern, in denen Korrekturen überhaupt zulässig sind (bei allen zahlungsrelevanten Daten nicht), darf nicht radiert, ausgekratzt oder übermalt werden. Es ist so zu streichen, dass die fehlerhafte Eintragung lesbar bleibt.[197]

195 Nr. 3.1 VerfRiB-MV/TV-HKR.
196 „enterprise ressource-planning“, Unternehmensplanung und -steuerung.
197 Nr. 3.5.2 VerfRiB-MV/TV-HKR.

Für die Feststellungsvermerke und die Ausübung der Anordnungsbefugnis (siehe oben) ist das **Vier-Augen-Prinzip** zu beachten. Eine Anordnung darf grundsätzlich nicht von einer Person allein bewirkt werden. Bei Kassenanweisungen kann eine einzige Person die Buchung veranlassen. 687

Die **Feststellungen über die sachliche oder rechnerische Richtigkeit** können jeweils von mehreren Personen wahrgenommen werden (Teilfeststellungen). So können die Verantwortlichkeiten bei komplexen Lebenssachverhalten und Bewirtschaftungsvorgängen sachgerecht zugeordnet und abgebildet werden. 688

Dieselbe Person kann die sachliche und rechnerische Richtigkeit feststellen. Dann muss eine zweite Person die Anordnungsbefugnis ausüben. Es können auch die Anordnungsbefugten zugleich die sachliche Richtigkeit feststellen.[198] Die Anordnungsbefugten dürfen aber niemals zugleich die rechnerische Richtigkeit feststellen. 689

Schriftliche Anordnungen werden bei der **Bundeskasse** zunächst auf Buchungsreife (formelle Richtigkeit) geprüft und dann durch die Bundeskasse in einem eigenen HKR-Dialogverfahren erfasst. Das Nähere bestimmen die KBestB. 690

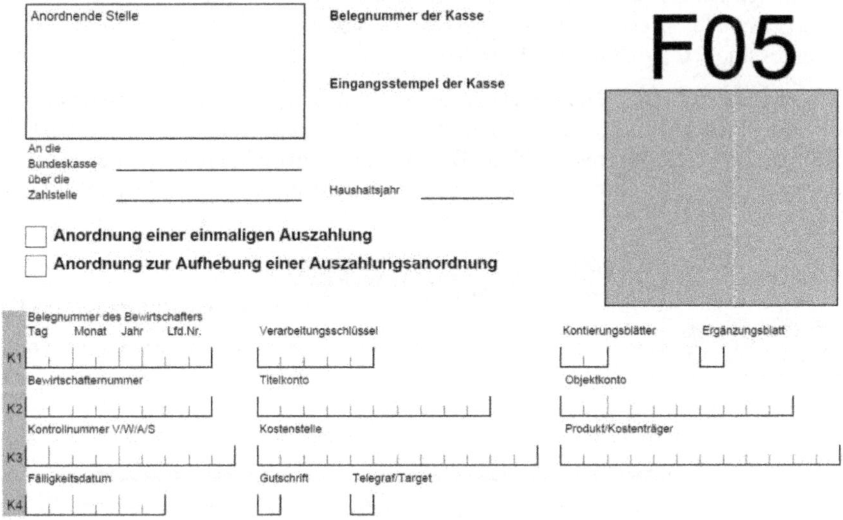
Anordnende Stelle

Belegnummer der Kasse

Eingangsstempel der Kasse

F05

An die Bundeskasse ______

über die Zahlstelle ______

Haushaltsjahr ______

☐ Anordnung einer einmaligen Auszahlung

☐ Anordnung zur Aufhebung einer Auszahlungsanordnung

K1 Belegnummer des Bewirtschafters (Tag, Monat, Jahr, Lfd.Nr.) | Verarbeitungsschlüssel | Kontierungsblätter | Ergänzungsblatt

K2 Bewirtschafternummer | Titelkonto | Objektkonto

K3 Kontrollnummer V/W/A/S | Kostenstelle | Produkt/Kostenträger

K4 Fälligkeitsdatum | Gutschrift | Telegraf/Target

Abbildung 81: Kopfdaten eines F05-Vordrucks

198 In dem Fall kann auf die Unterschrift zur Bescheinigung der sachlichen Richtigkeit verzichtet werden, sie gilt mit der Ausübung der Anordnungsbefugnis als bescheinigt (siehe Rundschreiben des BMF „Feststellungsvermerk der rechnerischen oder sachlichen Richtigkeit; Verbindung mit der Anordnung“ vom 24. August 2004).

691 Die **Nachteile schriftlicher Anordnungen** liegen auf der Hand: lange Bearbeitungs- und Laufzeiten, Medienbrüche, Fehleranfälligkeit durch Falscheintragung und größerer Organisationsaufwand. Die Bewirtschafter sind verpflichtet zu überwachen, ob ihre erteilten Kassenanordnungen zutreffend ausgeführt worden sind. Das bedeutet bei beleghaften Anordnungen zusätzliche Arbeit noch nach der Erstellung und Übermittlung der Anordnung. Zu diesem Zweck werden teilweise bei den Bewirtschaftern sogar noch die – aus Zeiten der ausschließlich papiergebundenen Verwaltung stammenden – Haushaltsüberwachungslisten (oder kurz: HÜL) geführt. Das kann bei elektronischen Belegen durch die interne Protokollierung der Verfahren selbstverständlich entfallen.

6.4.7.3 Anordnungen und Anweisungen auf elektronischem Wege, Bewirtschaftersysteme

692 Bei der **Dialogerfassung** einzelner Belege (z.B. F05-Dialog, ZÜV-Dialog) werden die erforderlichen Daten in Bildschirmmasken eingegeben. Unplausible Eingaben, unzulässige Sonderzeichen und ähnliche Fehler können so von vorneherein ausgeschlossen werden. Die Berechtigungen zur Wahrnehmung der Verantwortlichkeiten (Feststellungsvermerke, Anordnungsbefugnis) werden durch Rechte- und Rollenkonzepte abgebildet.

693 **Zugriff auf die HKR-Dialogverfahren** erhält man nur aus den Netzen des Bundes oder den angeschlossenen Netzen, mit Benutzerkennung (auch „UserID") und persönlichem Kennwort. Neue Benutzerkennungen können von den zuständigen BfdH bei der Bundeskasse mit einem Zulassungsvordruck beantragt werden.

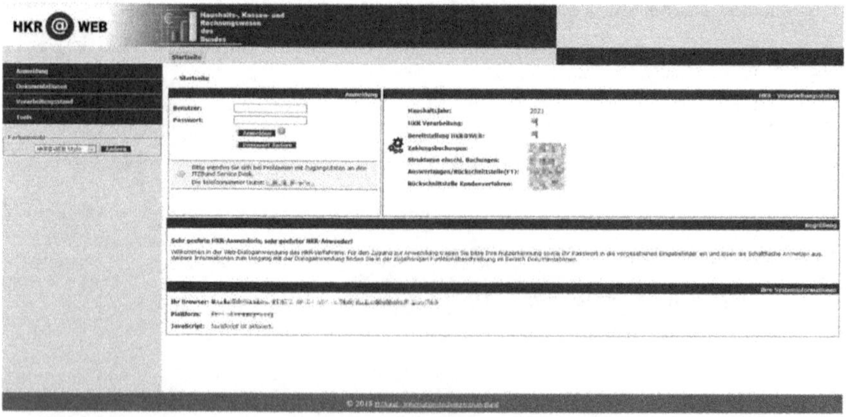

Abbildung 82: Anmeldebildschirm des HKR@WEB-Dialogs

Die Dialogerfassung bietet sich natürlich nicht gerade an, wenn man große Mengen von Buchungen aus bereits elektronisch vorhandenen Daten erzeugen will (z.B. Bezüge, gesetzliche Geldleistungen). Hierfür schaffen **elektronische Schnittstellen** Abhilfe. Die von den Bewirtschaftern eingesetzten Systeme erzeugen Dateien mit vielen Buchungsdaten. Die Dateien können von den dazu zugelassenen Systemen an das ITZBund übermittelt werden. Zum Abgleich der Dateien vor der Verarbeitung werden zusätzlich Druckbilder mit Kontrollangaben zur Datei an die Bundeskasse übermittelt. Bei der Kasse wird das Druckbild erfasst und, wenn die Angaben mit dem Inhalt der Datei übereinstimmen, die Datei zur Buchung freigegeben. **694**

In der Vergangenheit hat der Bundesrechnungshof vielfältige Prüfungen bei den Bewirtschaftersystemen durchgeführt. Dabei sind umfangreiche technische und administrative Fehler zu Tage getreten.[199] Seitdem hat der Bundesrechnungshof zu dem Themenkomplex verschiedene Leitsätze veröffentlicht und verstärkt Prüfungen durchgeführt.[200] **695**

Auch das BMF hat auf die Mängel reagiert und unter anderem die einschlägigen Verwaltungsvorschriften und Verfahrensrichtlinien angepasst. Für die elektronischen Schnittstellen sind die VerfRiBeS-HKR maßgeblich. Für die Einrichtung und den übrigen Betrieb der Bewirtschaftersysteme gelten insbesondere die VV Nr. 6 ZBR BHO, die GoBIT-HKR (Anlage 1 zu den VV-ZBR BHO) und die BestMaVB-HKR. **696**

6.4.7.4 HKR-Strukturen

Ob schriftlich oder auf elektronischem Wege: die korrekte Buchung hängt von denselben Faktoren ab. So ist neben der Belegart (vgl. Nr. 3.5 VerfRiB-MV/TV-HKR) der fünfstellige **Verarbeitungsschlüssel** (VSL) ausschlaggebend für Plausibilitätsprüfung und Verarbeitung. Für eigene Zwecke des Bewirtschafters kann es wichtig sein, Buchungen mit Textinformationen (strukturiertem Buchungstext) zu versehen, um später Daten schneller auswerten, zuordnen oder finden zu können (Nr. 6.5 VerfRiB-MV/TV-HKR). Der Buchungstext in den Datenbanken des HKR-Verfahrens wird grundsätzlich nicht indiziert[201]. Stellt man einer Zeichenfolge aber zwei Pluszeichen voran und hinten an (++TEXT++), wird ein Index angelegt, nach dem sich Buchungen schneller identifizieren lassen. Für **697**

199 BRH (13.05.2016), Bericht nach § 88 Abs. 2 BHO über die Prüfung von automatisierten Verfahren zur Bewirtschaftung von Haushaltsmitteln des Bundes.

200 BRH, Leitsätze der externen Finanzkontrolle, Leitsatzsammlung 01 „Finanzen, Haushalt, Bewirtschaftung“.

201 Das heißt im übertragenen Sinne, dass nicht für einzelne Begriffe einzelne Tabellenspalten angelegt werden; eine Suche nach Textbestandteilen wird dadurch sehr langsam.

manche Bewirtschaftungsvorgänge sind bestimmte Textinformationen vorgeschrieben.[202]

698 Alle Buchungen müssen genau einem Bewirtschafter zu genau einem bestimmten sachlichen Zweck zugeordnet werden können. Die Bewirtschafter im HKR-Verfahren werden dazu mit achtstelligen **Bewirtschafternummern** identifiziert. Sie beginnen bei den BfdH[203] und den übrigen Mittelverteilern (MV) mit „01", bei Titelverwaltern mit „03". Es folgen fünf individuellen Ziffern und am Ende – zum Schutz vor Fehlern – eine Prüfziffer.

699 Der sachliche Zweck wird im HKR-Verfahren durch die **Haushalts- oder Buchungsstelle** (siehe oben) und gegebenenfalls durch ein Objekt bezeichnet. Objekte sind Unterkonten von Haushalts- oder Buchungsstellen oder von übergeordneten Objekten. Haushalts- oder Buchungsstellen können von den Bewirtschaftern nach eigenem Ermessen in Objekte eingeteilt werden[204]. Haushalts- und Buchungsstellen werden durch die vierstellige Kapitelnummer (gegebenenfalls Pseudokapitelnummer, siehe oben) und die fünfstellige Titelnummer (analog) zuzüglich einer Prüfziffer abgebildet. Die zehnstellige Ziffernfolge bezeichnet dann ein sog. Titel- oder Buchungskonto. Objekte erhalten ebenfalls eine zehnstellige Ziffernfolge zur Identifizierung. Sie beginnt mit zwei führenden Nullen, gefolgt von sieben individuellen Ziffern und endet wieder mit einer Prüfziffer. Anders als bei Titel- oder Buchungskontonummern lässt sich aus der Ziffernfolge nicht auf eine Bedeutung schließen.

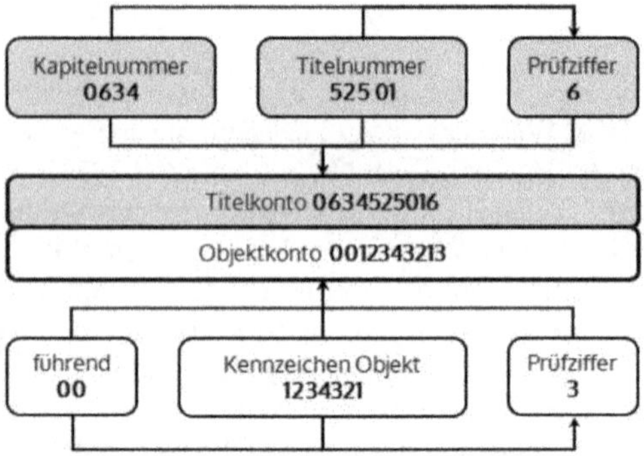

Abbildung 83: Kontonummern bei Titel- und Objektkonten

202 Z.B. BMF (18.12.2020) Rundschreiben zur Haushaltsführung 2021, sog. Deckungskennzeichen nach Anlage 4.

203 Die BfdH der obersten Bundesbehörden und Nichtregierungsorgane werden im HKR-Sprachgebrauch als „MV1" (Mittelverteiler der obersten Ebene) bezeichnet.

204 Man „erbt" aber die Objektstruktur, die übergeordnete Bewirtschafter bei demselben Titel- oder Buchungskonto bereits eingerichtet haben.

Die **Bewirtschafterstruktur** ist die primäre Struktur im HKR-Verfahren. Titel-, Buchungs- oder Objektkonten existieren nie ohne Zuordnung zu mindestens einem Bewirtschafter, sie bilden also die sekundäre Struktur. Als Konto im eigentlichen Sinne – also dem Ort, an dem Buchungen aufgezeichnet werden – dient im HKR-Verfahren das Sachbuchkonto, es stellt die Kombination aus dem primären und dem sekundären Strukturmerkmal dar. Die Sachbuchkontonummer ist also achtzehnstellig, bestehend aus Bewirtschafternummer und Titel-, Buchungs- oder Objektkontonummer. 700

Abbildung 84: Die Sachbuchkontonummer

Will man aus den Buchungsdaten – regelmäßig oder ad-hoc – **Auswertungen** erstellen, kann man das durch intelligente Strukturen und Textinformationen (siehe oben) erheblich vereinfachen. Ob man diese Intelligenz in die Strukturen und Abläufe des vorgelagerten Bewirtschaftersystems investiert oder in die des HKR-Verfahrens, das mag man unterschiedlich beurteilen. Es hängt zumindest von dem konkreten Informationsbedürfnis ab. Am Ende bleibt die Buchführung in HKR aber diejenige, die für den Jahresabschluss und für die Rechnungslegung maßgeblich ist, und insoweit „die Wahrheit“. 701

6.4.8 Die Bewirtschaftung der Planstellen und Stellen

6.4.8.1 Personalwirtschaft im Haushaltsrecht des Bundes

Die personalwirtschaftlichen Bestimmungen sind in der BHO einschließlich der Verwaltungsvorschriften dazu und in den **jährlichen Haushaltsgesetzen** des Bundes zu finden. Da die Regelungen der BHO durch die jährlichen Haushaltsgesetze z.T. erheblich erweitert werden, muss das Haushalts- wie auch das Personalreferat einer jeden Behörde die genauen Bestimmungen des jeweiligen Haushaltsgesetzes intensiv studieren. 702

703 Bei **Beamten** koppelt § 49 BHO die Verleihung eines Amtes (Ernennung) mit der Einweisung in eine **besetzbare Planstelle**. Ohne Vorliegen einer der Besoldungsgruppe entsprechenden besetzbaren Planstelel darf eine Ernennung nicht ausgesprochen werden.

704 Mit der Tarifeinigung für den öffentlichen Dienst vom 9.2.2005 und den ausfüllenden Tarifregelungen **(TVöD)** sind die vorher geltenden Vergütungs- und Lohntabellen für Angestellte und Arbeiterinnen und Arbeiter zu einer einheitlichen **Entgelttabelle für Arbeitnehmerinnen und Arbeitnehmer** zusammengefasst worden.

705 Stellen für Arbeitnehmerinnen und Arbeitnehmer (Titel 428.1) werden in den Erläuterungen zu dem jeweiligen Titel ausgewiesen und sind damit grundsätzlich nicht verbindlich. Seit 1972 bestimmen jedoch die jährlichen Haushaltsgesetze, dass die in den Erläuterungen zu den entsprechenden Titeln nach Entgeltgruppen ausgewiesenen Stellen verbindlich sind.[205]

Kraftfahrt-Bundesamt 1215

Planstellen-/Stellenübersicht

Besoldungs-/ Entgelt- gruppen	2021	2020	Ist-Besetzung am 1. Juni 2020	Erläuterung der Veränderung gegenüber dem Vorjahr										von Sp. 2 entfallen auf Funktionsgruppen
				Neue Stellen, Stellenwegfall				Wirksamwerden von ku- und kw-Vermerken		Hebungen, Herabstufungen		Umwandlungen, Umsetzungen		
				ohne ku/ kw-Vermerke		und Umsetzungen mit ku/ kw-Vermerken								
				+	-	+	-	+	-	+	-	+	-	
1	2	3	4	5		6		7		8		9		10
Titel 428 01 - Erläuterungen														
Tarifliche Arbeitnehmerinnen und Arbeitnehmer														
E 15	1,0	1,0	2,0	-	-	-	-	-	-	-	-	-	-	-
E 14	7,0	7,0	6,0	-	-	-	-	-	-	-	-	-	-	-
E 13	12,0	12,0	4,0	-	-	-	-	-	-	-	-	-	-	-
E 12	13,0	13,0	17,1	-	-	-	-	-	-	-	-	-	-	-
E 11	128,5	120,5	111,5	8,0	-	-	-	-	-	-	-	-	-	-
E 10	13,0	13,0	17,0	-	-	-	-	-	-	-	-	-	-	-
E 9c	16,0	12,0	12,0	4,0	-	-	-	-	-	-	-	-	-	-

Abbildung 85: Auszug aus einem Stellenplan, Erläuterungen zu Titel 428 01 (Arbeitnehmerinnen und Arbeitnehmer)

706 Die im Haushaltsplan verbindlich ausgewiesenen Planstellen bilden den **Stellenplan für Beamte**, die durch die Haushaltsgesetze für verbindlich erklärten Stellen für Arbeitnehmerinnen und Arbeitnehmer den Stellenplan für Tarifbeschäftigte. Mit diesen Stellenplänen nimmt das Parlament über den Haushaltsplan auf die Verwaltung lenkend und begrenzend Einfluss. Die **haushaltswirtschaftliche Bindung der Exekutive** an diese Stellenpläne bezieht sich jeweils auf das Kapitel, das im Haushaltsplan i.d.R. für eine bestimmte Behörde eingerichtet ist.

205 Z. B. § 14 Abs. 1 HG 2021.

Kraftfahrt-Bundesamt 1215

Planstellen-/Stellenübersicht														
Besoldungs-/ Entgelt-gruppen	2021	2020	Ist-Besetzung am 1. Juni 2020	Erläuterung der Veränderung gegenüber dem Vorjahr										von Sp. 2 entfallen auf Funk-tions-gruppen
				Neue Stellen, Stellenwegfall				Wirksamwerden von ku- und kw-Vermerken		Hebungen, Herab-stufungen		Umwand-lungen, Umsetzungen		
				ohne ku/ kw-Vermerke		und Umsetzungen mit ku/ kw-Vermerken								
				+	-	+	-	+	-	+	-	+	-	
1	2	3	4	5		6		7		8		9		10
Titel 422 01														
Beamtinnen und Beamte														
B 6	1,0	1,0	1,0	-	-	-	-	-	-	-	-	-	-	-
B 3	1,0	1,0	1,0	-	-	-	-	-	-	-	-	-	-	-
B 2	4,0	4,0	4,0	-	-	-	-	-	-	-	-	-	-	-
A 16	5,0	5,0	5,0	-	-	-	-	-	-	-	-	-	-	-
A 15	8,0	8,0	4,0	-	-	-	-	-	-	-	-	-	-	-
A 14	15,2	14,0	8,0	1,2	-	-	-	-	-	-	-	-	-	-
A 13 h	4,0	1,0	9,0	3,0	-	-	-	-	-	-	-	-	-	-

Abbildung 86: Auszug aus einem Stellenplan, Titel 422 01 (Beamtinnen und Beamte)

Nach § 17 Abs. 1 HG 2021 **gilt eine Planstelle** für die Beamtin oder den Beamten, die oder der als Ersatzkraft eine Funktion wahrnehmen soll, **als ausgebracht**, soweit **707**

- ein unabweisbarer Bedarf besteht den Dienstposten wiederzubesetzen und
- wenn die bisherige Inhaberin oder der bisherige Inhaber des Dienstpostens
  - gemäß§ 14 des Deutschen Richtergesetzes in einem Land als Richterin oder Richter kraft Auftrags verwendet werden soll oder
  - mindestens sechs Monate im Rahmen der internationalen Zusammenarbeit ohne Wegfall der Dienstbezüge verwendet oder auf eine entsprechende Verwendung vorbereitet werden soll.

Die Planstellen sind bis zur **Rückkehr der bisherigen Inhaberin** oder des bisherigen Inhabers des Dienstpostens befristet und haben die Wertigkeit der Besoldungsgruppe der Beamtin oder des Beamten, die oder der als **Ersatzkraft** die Funktion wahrnehmen soll; die Wertigkeit der Planstelle der bisherigen Inhaberin oder des bisherigen Inhabers des Dienstpostens wird nicht überschritten. **708**

Das Bundesministerium der Finanzen wird durch § 15 Abs. 1 HG 2021 ermächtigt, mit Einwilligung des Haushaltsausschusses des Deutschen Bundestages Planstellen für Beamtinnen und Beamte und Stellen für Arbeitnehmerinnen und Arbeitnehmer sowie Planstellen oberhalb der Besoldungsgruppe B 3 für Soldatinnen und Soldaten **zusätzlich auszubringen**, wenn hierfür ein unabweisbarer, auf andere Weise nicht zu befriedigender Bedarf besteht. **709**

Die neu ausgebrachten Planstellen und Stellen sind in finanziell gleichwertigem Umfang durch den **Wegfall anderer Planstellen und Stellen einzusparen**. Dem Bundesrechnungshof muss Gelegenheit zur Stellungnahme gegeben werden.

710 Die Planstellen sind befristet bis zur **Rückkehr der bisherigen Inhaberin** oder des bisherigen Inhabers des Dienstpostens und in der Wertigkeit der Besoldungsgruppe der Beamtin oder des Beamten auszubringen, die oder der als Ersatzkraft die Funktion wahrnehmen soll. Über den weiteren Verbleib der Planstellen ist im nächsten Haushaltsplan zu entscheiden.

711 § 15 Abs. 2 HG 2021 ermächtigt darüber hinaus das Bundesministerium der Finanzen, Planstellen und Stellen auszubringen, um Bedienstete von bundesunmittelbaren juristischen Personen des öffentlichen Rechts, Unternehmen im Sinne von § 65 BHO, Sondervermögen des Bundes oder von durch den Bund institutionell geförderten Zuwendungsempfängern, für die Planstellen und Stellen im Bundeshaushalt nicht ausgebracht sind und bei denen ein **Personalüberhang** besteht, zu übernehmen. Die Ausbringung dieser Planstellen und Stellen setzt voraus, dass hierfür ein **unabweisbarer, auf andere Weise nicht zu befriedigender Bedarf** besteht, die Finanzierung der neu ausgebrachten Planstellen und Stellen auf Dauer sichergestellt ist und die Übernahme der Bediensteten zu einer Entlastung des Bundeshaushalts an anderer Stelle führt.

712 Zusätzlich ermächtigt § 16 HG 2021 das Bundesministerium der Finanzen, Planstellen für Beamtinnen und Beamte oder Stellen für Arbeitnehmerinnen und Arbeitnehmer umzusetzen oder neue Planstellen oder Stellen auszubringen, wenn für die umgesetzten oder neuen Planstellen ein Bedarf besteht und sie mit Überhangpersonal besetzt werden. Diese Planstellen sind mit einem Haushaltsvermerk zu versehen, wonach sie nur mit Überhangpersonal besetzt werden dürfen. Werden Planstellen neu ausgebracht, fallen die bei der abgebenden Behörde frei werdenden Planstellen des übernommenen Überhangpersonals zum Zeitpunkt der Übernahme weg.

713 Die Planstellen sind – wie auch die Ausgabeansätze des Haushaltsplanes –**Höchstgrenzen**. Demgemäß ist in Nr. 1.3. der VV zu § 49 BHO geregelt, dass, soweit im Haushaltsplan nicht etwas anderes bestimmt oder zugelassen ist, eine Planstelle auch mit einem Beamten einer niedrigeren Besoldungsgruppe derselben Laufbahn besetzt werden darf. Außerdem kann eine Planstelle einer höheren Laufbahngruppe auch mit einem Beamten der nächstniedrigeren Laufbahngruppe besetzt werden, wenn der Beamte in die Aufgaben der neuen Laufbahn eingeführt wird oder sich nach der Einführung darin zu bewähren hat.

6.4.8.2 Besetzbarkeit von Planstellen

714 **Besetzbar** ist eine Planstelle, wenn sie
- durch endgültiges **Ausscheiden des Stelleninhabers** (z.B. Eintritt in den Ruhestand, Versetzung, Entlassung) frei geworden ist,
- durch Einweisung des bisherigen Stelleninhabers **in eine andere Planstelle** (z.B. bei Beförderung) frei wird oder

- bisher überhaupt **nicht besetzt ist** (z.B. neu bewilligte Planstelle) und
- **keine Verfügungsbeschränkungen** bestehen, wie z.B. Besetzungssperren des BMF nach § 41 BHO oder Wegfall- und Umwandlungsvermerke nach §§ 21, 47 BHO.

Eine Planstelle ist auch dann **nicht besetzbar**, wenn der eingewiesene Beamte ohne Dienstbezüge beurlaubt ist, wenn seine Dienstbezüge von einer anderen Dienststelle gezahlt werden oder wenn er aus anderen Gründen keine Dienstbezüge aus der Planstelle erhält. **715**

Nach den Haushaltsgesetzen dieses und der vergangenen Jahre[206] sind freie Planstellen und Stellen vorrangig mit Bediensteten zu besetzen, die bei anderen Behörden der Bundesverwaltung wegen Aufgabenrückgangs oder wegen der Auflösung der Behörde **nicht mehr benötigt** werden (sog. Überhangpersonal). **716**

Eine Planstelle darf auch mit mehreren **teilzeitbeschäftigten** Beamtinnen bzw. Beamten besetzt werden; die Gesamtarbeitszeit dieser Beamtinnen und Beamten darf die regelmäßige Gesamtarbeitszeit einer vollbeschäftigten Beamtin oder eines vollbeschäftigten Beamten nicht übersteigen. Eine Planstelle, die mit einer teilzeitbeschäftigten Beamtin oder einem teilzeitbeschäftigten Beamten besetzt ist, darf gleichzeitig für teilzeitbeschäftigte Arbeitnehmerinnen oder Arbeitnehmer der vergleichbaren oder einer niedrigeren Vergütungsgruppe in Anspruch genommen werden; die regelmäßige Gesamtarbeitszeit der Beamtin oder des Beamten und der Angestellten darf die regelmäßige Arbeitszeit einer vollbeschäftigten Beamtin oder eines vollbeschäftigten Beamten nicht übersteigen.[207] **717**

Eine Planstelle darf für eine Arbeitnehmerin oder einen Arbeitnehmer der vergleichbaren oder einer niedrigeren Entgeltgruppe[208] in Anspruch genommen werden, solange aus ihr keine Dienstbezüge gezahlt werden. Planstellen, auf denen länger als zwei Jahre Tarifbeschäftigte geführt werden, sind in Stellen umzuwandeln. Dies gilt nicht für Planstellen, auf denen Arbeitnehmerinnen oder Arbeitnehmer geführt werden, die in das Beamtenverhältnis übernommen werden sollen oder die außertariflich vergütet werden.[209] **718**

Während der Sperrvermerk die Leistung von Ausgaben vom Eintritt eines bestimmten Ereignisses abhängig macht, bewirkt der **Wegfallvermerk**[210] das Gegenteil, nämlich den Wegfall einer Bewilligung mit dem Eintritt eines bestimmten Ereignisses. Dieser Vermerk, im Haushaltsplan mit „kw" („künftig wegfallend") abgekürzt, hat eine besondere Bedeutung bei den Planstellen und Stellen. Eine mit dem „kw"- Vermerk versehene Stelle oder Planstelle steht nach **719**

206 Z. B. § 21 HG 2021.
207 VV Nrn. 2.2 und 4.1 zu § 49 BHO.
208 Siehe hierzu Tarifvertrag über die Entgeltordnung des Bundes – TV EntgO.
209 VV Nr. 2.4 zu § 49 BHO.
210 § 21 Abs. 1 BHO.

Ausscheiden des Stelleninhabers nicht mehr zur Verfügung.[211] Die „kw"- Vermerke können auch mit Zusätzen im Haushaltsplan veranschlagt werden, aus denen konkret hervorgeht, bei Eintritt welcher Bedingung (z.B. bestimmtes Datum) die Stelle/Planstelle wegfallen soll. Form und mögliche Inhalte von kw-Vermerken sind in den Haushaltstechnischen Richtlinien des Bundes (HRB) festgelegt.

Übersicht der ku- und kw- Vermerke

Bes.-/ E.-Gr.	2021 Soll	2021 Ersatz-(plan)st.	2020 Soll	lfd. Nr.	Inhalt des Vermerks	Erläuterung der Veränderung gegenüber dem Vorjahr
1	2	3	4	5	6	7
Zu Titel 422 01						
					kw	
				1.	**kw mit Ausscheiden der Planstelleninhaber/innen**	
				1.1	-	
A 11	2,0	-	2,0	1.1.1	ehem. BKK	-
A 9 m+Z	1,0	-	-			Aufnahme des Vermerks
A 9 m	-	-	1,0			Wegfall des Vermerks
				3.	**kw 31.12.2021**	
				3.1	-	
A 9 m	1,0	-	1,0	3.1.2	§ 16 Abs. 1 Nr. 2 HG 2016	-

Abbildung 87: Beispiel für Wegfallvermerke („kw")

720 Das Bundesministerium der Finanzen wird in den jährlichen Haushaltsgesetzen[212] ermächtigt zuzulassen, dass von einem kw-Vermerk mit Datumsangabe abgewichen wird, wenn die Planstelle oder Stelle weiter benötigt wird, weil sie nicht rechtzeitig frei wird; in diesem Fall fällt die nächste freiwerdende Planstelle oder Stelle der betreffenden Besoldungs- oder Vergütungsgruppe weg.

Übersicht der ku- und kw- Vermerke

Bes.-/ E.-Gr.	2021 Soll	2021 Ersatz-(plan)st.	2020 Soll	lfd. Nr.	Inhalt des Vermerks	Erläuterung der Veränderung gegenüber dem Vorjahr
1	2	3	4	5	6	7
Zu Titel 422 01						
					ku	
				1.	**ku mit Ausscheiden der Planstelleninhaber /innen**	
				1.1	in Bes.-Gr. A 13 g	
A 9 g	1,0	-	1,0	1.1.1	-	-
				2.	**ku mit Ausscheiden der Planstelleninhaber /innen**	
				2.1	in Bes.-Gr. A 15	
A 16	1,0	-	1,0	2.1.1	-	-

Abbildung 88: Beispiel für Umwandlungsvermerke („ku")

721 Neben dem Wegfallvermerk gibt es mit einer ähnlichen Wirkung noch den **Umwandlungsvermerk** („ku"). Dieser Vermerk bewirkt die Umwandlung einer Planstelle in eine Planstelle einer niedrigeren Besoldungsgruppe oder in eine

211 § 47 Abs. 2 BHO.
212 Z. B. § 20 Abs. 1 HG 2021.

Stelle für Arbeitnehmerinnen oder Arbeitnehmer mit Ausscheiden des Stelleninhabers.[213]

6.4.8.3 Die Umsetzung von Planstellen und Stellen

Rechtsgrundlage für eine Umsetzung von Planstellen und anderen Stellen von einer Verwaltung auf eine andere ist § 50 BHO. 722

Unter „**Verwaltung**" i. S. v. § 50 Abs. 1 und 2 BHO ist jede Organisationseinheit des Bundes zu verstehen, für die im Bundeshaushaltsplan ein eigenes Kapitel mit Planstellen und anderen Stellen als Planstellen eingerichtet ist. Der vom Parlament verbindlich festgelegte Stellenplan bezieht sich regelmäßig auf das gesamte Kapitel. 723

Eine tiefergehende Zuordnung, etwa von Stellen zu Abteilungen oder Referaten, wird vom Parlament in der Regel nicht vorgenommen.

§ 50 BHO regelt zwei unterschiedliche Anwendungsfälle von **Umsetzungen**: 724
- § 50 Abs. 1 BHO gilt für den Fall, dass eine Umsetzung von einem Kapitel auf ein anderes Kapitel **mit Aufgabenübergang** vorgenommen wird.
- Diese Umsetzung setzt im Regelfall nur die Einigung zwischen den beteiligten Bundesministern und dem BMF voraus. Im Streitfall bedarf es eines Beschlusses der Bundesregierung. Die tatsächliche Umsetzung erfolgt binnen des Haushaltsjahres durch ein gesondertes Schreiben des BMF an die beteiligten Verwaltungen (Ressorts).
- § 50 Abs. 2 BHO gilt für den Fall, dass eine Umsetzung von einem Kapitel auf ein anderes Kapitel **ohne Aufgabenübergang** vorgenommen wird.

Hier ist die Einwilligung des BMF von der Erfüllung zusätzlicher Voraussetzungen abhängig. Die Umsetzung muss auf einem Personalbedarf bei der empfangenden Verwaltung beruhen, der gegenüber der abgebenden Verwaltung 725
- unvorhergesehen und
- unabweisbar vordringlich ist.

Mit den Merkmalen **„unvorhergesehen"** und **„unabweisbar"** werden die gleichen strengen Voraussetzungen für eine Umsetzung gem. § 50 Abs. 2 BHO genannt wie für eine über- oder außerplanmäßigen Ausgabe nach § 37 Abs. 1 BHO.

§ 50 Abs. 2 BHO lässt üblicherweise lediglich die Umsetzung von freien Planstellen/Stellen zu. Eine besetzte Planstelle/Stelle kann nur unter gleichzeitiger Versetzung des betreffenden Stelleninhabers umgesetzt werden.

Die **tatsächliche Umsetzung** einer Stelle im laufenden Haushaltsjahr erfolgt durch ein gesondertes Schreiben des BMF an die beteiligten Verwaltungen. Über 726

213 § 21 Abs. 2 BHO.

die eventuelle Umsetzung von Mitteln ist der zuständigen Kasse des Bundes Kassenanweisung zu erteilen.[214] Die Umsetzungen von Planstellen/Stellen sind gem. VV Nr. 3.1.2.2 zu § 49 BHO in den Nachweisungen zur Planstellen- bzw. Stellenüberwachung nach der Zeitfolge festzuhalten.

727 Im Fall der Umsetzung **mit Aufgabenübergang** nach § 50 Abs. 1 BHO hat das Parlament bereits für eine bestimmte Aufgabe eine Planstellen-/Stellenbewilligung vorgenommen. Wenn die Aufgabe von Ressort zu Ressort bzw. von Kapitel zu Kapitel übergeht, ist es nur folgerichtig, dass die für die Aufgabe bewilligten Planstellen/Stellen mit übergehen, also umgesetzt werden. Deshalb ist hier die konstitutive Entscheidungsmöglichkeit des Parlaments im Haushaltsplan des Folgejahres im Gegensatz zu § 50 Abs. 2 Satz 2 BHO nicht in der BHO enthalten.

728 Nach § 50 Abs. 2 Satz 2 BHO i.V.m. § 50 Abs. 4 BHO ist im Haushaltsplan des Folgejahres über den **weiteren Verbleib der umgesetzten Stelle** zu entscheiden.

729 Aus den Formulierungen in § 50 Abs. 2 BHO („unvorhergesehener und unabweisbarer … Personalbedarf") geht hervor, dass diese Vorschrift eine nähere Ausgestaltung des Art. 112 GG darstellt. Aus dem Grundgedanken, dass das BMF in Ausübung seiner Kompetenz gem. Art. 112 GG **das Parlament in seiner Budgethoheit nicht präjudizieren darf**, folgt, dass eine Umsetzung ohne Aufgabenübergang nach § 50 Abs. 2 BHO zunächst nur für das laufende Haushaltsjahr Geltung hat. Im nächsten Haushaltsplan bedarf die Umsetzung der ausdrücklichen Bewilligung durch das Parlament.

730 Aus diesem Grunde erhalten die durch das BMF gem. § 50 Abs. 2 BHO mit gesondertem Schreiben umgesetzten Planstellen/Stellen in dem empfangenden Kapitel einen kw-Vermerk. Sollte das Parlament die Umsetzung nicht nachvollziehen, so wird der kw-Vermerk zum 31.12. des Jahres wirksam, in dem die Umsetzung durch das BMF vorgenommen wurde.

6.4.8.4 Leerstellen

731 Leerstellen[215] sind für Beamte vorgesehen, die vorübergehend – insbesondere bei **Beurlaubung ohne Dienstbezüge** oder bei **Abordnung an Stellen außerhalb der Bundesverwaltung** – aus ihrer bisherigen Tätigkeit ausscheiden und deren Planstelle für einen Nachfolger freigemacht werden muss.

732 Nach den jährlichen Haushaltsgesetzen[216] **gelten Leerstellen** vom Beginn der Beurlaubung **als ausgebracht** für Beamte (gilt entsprechend für Richterinnen und Richter, Soldatinnen und Soldaten sowie für Arbeitnehmerinnen und Arbeitnehmer),

214 VV Nr. 1.1 zu § 50 BHO.
215 Siehe VV Nr. 4.3 zu § 17 BHO, VV Nr. 3 zu § 50 BHO.
216 Z. B. § 18 Abs. 1 HG 2021.

- die nach § 92 Abs. 1, § 95 Abs. 1, § 90 Abs. 3 Satz 1 Nr. 2 BBG sowie nach § 7 des Dienstrechtlichen Begleitgesetzes vom 30.7.1996 (BGBl. I S. 1183) ohne Dienstbezüge mindestens für sechs Monate beurlaubt werden oder
- die nach § 6 der Mutterschutz- und Elternzeitverordnung vom 12.2.2009 (BGBl. I S. 320) mindestens sechs Monate ohne Unterbrechung Elternzeit in Anspruch nehmen oder
- die im unmittelbaren Anschluss an eine Elternzeit nach Nr. 2 zum Zwecke der Fortsetzung der Kinderbetreuung ohne Dienstbezüge beurlaubt werden oder
- die nach § 24 des Gesetzes über den Auswärtigen Dienst unter Wegfall der Besoldung für die Dauer der Tätigkeit der Ehepartnerin oder des Ehepartners an einer Auslandsvertretung beurlaubt werden oder
- die beim Bundeskanzleramt oder beim Bundespräsidialamt verwendet werden oder
- die im dienstlichen Interesse des Bundes unter Wegfall der Dienstbezüge mindestens sechs Monate für eine der folgenden Verwendungen beurlaubt werden:
  d. bei einer Fraktion oder Gruppe des Deutschen Bundestages oder eines Landtages,
  e. bei einer juristischen Person des öffentlichen Rechts,
  f. bei einer öffentlichen zwischenstaatlichen oder überstaatlichen Einrichtung,
  g. im Rahmen der entwicklungspolitischen Zusammenarbeit oder bei einer Tätigkeit im Rahmen der Hilfe beim Aufbau des Rechtssystems der Staaten Mittel- und Osteuropas oder der Gemeinschaft Unabhängiger Staaten oder bei einer Auslandshandelskammer,
  h. bei einem zu mindestens 50 % aus Zuwendungen des Bundes institutionell geförderten Zuwendungsempfänger oder bei einer vergleichbaren Mitgliedseinrichtung der Wissenschaftsgemeinschaft Gottfried Wilhelm Leibniz e.V.

Es kann sich das Bedürfnis ergeben, **Leerstellen** während der Beurlaubung/ **733**
Abordnung **anzupassen**. Nach § 18 Abs. 5 HG 2021 wird das Bundesministerium der Finanzen ermächtigt, Leerstellen anzupassen, wenn eine Beförderung erfolgen soll. Leerstellen, die für zum Bundeskanzleramt oder zum Bundespräsidialamt versetzte Bedienstete ausgebracht wurden, gelten als angepasst, wenn die oder der Bedienstete auf einer Planstelle oder Stelle des Bundeskanzleramts oder des Bundespräsidialamts befördert oder höhergruppiert worden ist.

Die Leerstelle gibt dem Beamten die **Gewähr**, in seine Dienststelle auf eine **734**
Planstelle der seinem Amt entsprechenden Wertigkeit zurückzukehren. Steht bei Beendigung der Beurlaubung oder Abordnung eine besetzbare Planstelle der entsprechenden Besoldungsgruppe derselben Fachrichtung innerhalb desselben Kapitels zur Verfügung, ist der Beamte in diese Planstelle zu übernehmen; mit

der Übernahme fällt die Leerstelle weg, wenn sie an die Person gebunden ist. Kehren mehrere Beamte gleichzeitig in den Bundesdienst zurück, kann das Bundesministerium der Finanzen mit Einwilligung des Haushaltsausschusses des Deutschen Bundestages in besonderen Fällen zulassen, dass nur jede zweite freiwerdende Planstelle für die zurückkehrenden Beamten in Anspruch zu nehmen ist. Steht bei Beendigung der Beurlaubung oder Abordnung keine besetzbare Planstelle der genannten Art zur Verfügung, wird der Beamte auf der Leerstelle weitergeführt. Er ist in die nächste innerhalb desselben Kapitels freiwerdende Planstelle derselben Besoldungsgruppe für Beamte derselben Fachrichtung zu übernehmen. Mit der Übernahme fällt die Leerstelle weg, wenn sie an die Person gebunden ist.[217]

735 Soweit durch die Zahlung der Dienstbezüge aus der Leerstelle die Ansätze der entsprechenden Titelüberschritten werden, gilt die nach § 37 Abs. 1 erforderliche Einwilligung des BMF mit der Maßgabe als erteilt, dass ein entsprechender Betrag innerhalb des betroffenen Einzelplans eingespart wird.[218]

6.4.8.5 Überwachung der Planstellen und Stellen

736 Die obersten Bundesbehörden und die nachgeordneten Dienststellen, denen Planstellen zur Bewirtschaftung zugewiesen sind, führen **Nachweisungen zur Planstellenüberwachung**, und zwar getrennt nach einzelnen Dienststellen. Die Nachweisungen können für mehrere Haushaltsjahre geführt werden. In die Nachweisungen sind zu Beginn eines jeden Haushaltsjahres die der Dienststelle zur Bewirtschaftung zugewiesenen Planstellen getrennt nach den einzelnen Besoldungsgruppen einzutragen. Planstellen mit Amtszulage gelten hierbei als besondere Besoldungsgruppe. Während des Haushaltsjahres müssen laufend sämtliche Änderungen (z.B. Zuweisungen, Einsparungen und Umsetzungen) der Zeitfolge nach erfasst werden.

737 Außerdem führen die obersten Bundesbehörden und die nachgeordneten Dienststellen, denen Planstellen zur Bewirtschaftung zugewiesen sind, **Aufzeichnungen** über die Besetzung der von ihnen selbst bewirtschafteten Planstellen. In die Aufzeichnungen sind sämtliche Änderungen laufend aufzunehmen, so dass jederzeit die Zahl der besetzten oder in Anspruch genommenen Planstellen und der freien Planstellen festgestellt werden kann.

6.4.8.6 Zusammenfassung

738 Die **personalwirtschaftlichen Bestimmungen** sind in der BHO (einschließlich VV dazu) und den jährlichen Haushaltsgesetzen zu finden. Da die Regelungen

217 VV Nr. 3.1 zu § 50 BHO.
218 VV Nr. 3.2 zu § 50 BHO.

der BHO durch das jeweilige Haushaltsgesetz zum Teil erheblich ergänzt werden, sind die Bestimmungen des jährlichen Haushaltsgesetzes genau zu verfolgen.

Auch wenn das Haushaltsgesetz nur für ein Jahr gilt, so sind doch in den jeweiligen Haushaltsgesetzen der vergangenen Jahre immer wieder gleichlautende oder zumindest ähnlich lautende Bestimmungen aufgenommen worden. Die wichtigsten Regelungen von BHO und jährlichen Haushaltsgesetzen lassen sich wie folgt zusammenfassen: **739**

Im Haushaltsplan wird unterschieden zwischen **Planstellen** für planmäßige Beamte und **Stellen** für Arbeitnehmerinnen und Arbeitnehmer und Sonstige (beamtete Hilfskräfte usw.); **740**

die Planstellen sind hinsichtlich Wertigkeit und Anzahl verbindlich, die Stellen hingegen werden im Stellenplan unter Erläuterungen ausgebracht und sind demgemäß grundsätzlich nicht verbindlich; seit 1972 bestimmen jedoch die jährlichen Haushaltsgesetze, dass auch die Stellenpläne für Arbeitnehmerinnen und Arbeitnehmer verbindlich sind;

die haushaltswirtschaftliche **Bindung der Exekutive** an die Stellenpläne (für Beamte und Tarifbeschäftigte) bezieht sich auf das jeweilige Kapitel (kapitelweise Bindung);

mit Einwilligung des Bundesministeriums der Finanzen können Planstellen und Stellen von einem Kapitel auf ein anderes Kapitel **umgesetzt** werden, wenn auch die Aufgaben übergehen oder wenn bei der empfangenden Verwaltung ein unvorhergesehener und unabweisbarer vordringlicher Personalbedarf besteht (§ 50 BHO);

Voraussetzung für die Verleihung eines Amtes (Ernennung) ist das Vorhandensein einer **besetzbaren Planstelle** (§ 49 BHO); **741**

besetzbar ist eine Planstelle, wenn sie durch Ausscheiden oder Beförderung des bisherigen Stelleninhabers frei geworden ist oder bisher überhaupt nicht besetzt war (z.B. neue Planstelle). Voraussetzung ist allerdings, dass keine Verfügungsbeschränkungen oder Wegfall- und Umwandlungsvermerke bestehen;

eine Planstelle darf auch mit mehreren **teilzeitbeschäftigten** Beamtinnen bzw. Beamten besetzt werden, wenn die Gesamtarbeitszeit dieser Beamtinnen und Beamten die regelmäßige Gesamtarbeitszeit einer vollbeschäftigten Beamtin oder eines vollbeschäftigten Beamten nicht übersteigt; eine Planstelle darf auch mit einer Arbeitnehmerin oder einem Arbeitnehmer der vergleichbaren oder einer niedrigeren Entgeltgruppe besetzt werden, solange aus ihr keine Dienstbezüge bezahlt werden. Die Besetzung einer Planstelle mit mehreren teilzeitbeschäftigten Arbeitnehmerinnen oder Arbeitnehmern ist zulässig;

742 zusätzliche, im Haushaltsplan nicht vorgesehene Planstellen und Stellen können gemäß den jährlichen Haushaltsgesetzen durch den Bundesminister der Finanzen bewilligt werden, wenn ein unabweisbares Bedürfnis danach besteht;

eine mit **Wegfallvermerk** versehene Planstelle oder Stelle steht nach Ausscheiden des Stelleninhabers nicht mehr zur Verfügung. Die Wegfallvermerke (kw) können auch mit Zusätzen (z.B. bestimmtes Datum) im Haushaltsplan veranschlagt werden;

nach den jährlichen Haushaltsgesetzen wird das Bundesministerium der Finanzen ermächtigt zuzulassen, dass von einem Wegfallvermerk mit Datumsangabe abgewichen wird, wenn die Planstelle oder Stelle nicht rechtzeitig frei wird;

ein **Umwandlungsvermerk** bewirkt die Umwandlung einer frei werdenden Planstelle in eine Planstelle einer niedrigeren Besoldungsgruppe oder in eine Stelle für Tarifbeschäftigte (§ 21 Abs. 2 BHO);

743 bei **Abordnung** eines Beamten an eine andere Dienststelle verbleibt die Planstelle bei der abordnenden Dienststelle. Diese kann mit Einwilligung des Bundesministeriums der Finanzen auch die Personalausgaben für den abgeordneten Beamten bis zur Verkündung des nächsten Haushaltsgesetzes weiter zahlen (§ 50 Abs. 3 BHO). Die jährlichen Haushaltsgesetze lassen in bestimmten Fällen zu, dass die Personalausgaben für die gesamte Dauer der Abordnung von der abordnenden Behörde weitergezahlt werden. Leerstellen sind für Beamte vorgesehen, die vorübergehend aus ihrer bisherigen Tätigkeit ausscheiden (Beurlaubung, Abordnung) und deren Planstelle für einen Nachfolger frei gemacht werden muss;

kehrt der Beamte zurück und steht eine entsprechende Planstelle innerhalb desselben Kapitels zur Verfügung, ist der Beamte in diese Planstelle zu übernehmen und die Leerstelle fällt weg;

steht keine entsprechende Stelle zur Verfügung, wird der Beamte auf derer Leerstelle weitergeführt, bis eine entsprechende Planstelle frei wird. Erst dann fällt die Leerstelle weg;

soweit durch die Zahlung der Dienstbezüge aus der Leerstelle die Ansätze der entsprechenden Titelüberschritten werden, sind entsprechende Einsparungen im betroffenen Einzelplan vorzunehmen.

6.4.9 Planabweichungen

6.4.9.1 Planabweichungen bei Haushaltsmitteln

In der Haushaltswirtschaft gibt es eine Reihe von Möglichkeiten der Abweichung von einer planmäßigen Bewirtschaftung der Einnahmen, Ausgaben, Verpflichtungsermächtigungen sowie Planstellen und Stellen. 744

Auf der **Einnahmeseite** kann der Fall auftreten, dass bereits geltend gemachte Ansprüche nicht zu realisieren sind, siehe hierzu oben (Bewirtschaftung der Einnahmen). 745

Auf der **Ausgabenseite** sind folgende Konstellationen denkbar: 746

- der Ausgabeansatz des Haushaltsplans muss überschritten werden (**überplanmäßige** Ausgabe),
- es müssen Ausgaben geleistet werden, die im Haushaltsplan nicht vorgesehen sind (**außerplanmäßige** Ausgabe),
- die Leistung von im Haushaltsplan vorgesehenen Ausgaben ist vom Eintritt von bestimmten Bedingungen abhängig (**Haushaltssperre**),
- Ausgabebewilligungen fallen im Planungszeitraum mit dem **Eintritt von bestimmten Bedingungen** weg (kw-Vermerk).

6.4.9.2 Über- und außerplanmäßige Ausgaben

Überplanmäßige Ausgaben sind Ausgaben, bei denen der für die Zweckbestimmung im Haushaltsplan zunächst vorgesehene **Ansatz** unter Berücksichtigung der Ausgabereste, der Haushaltsvorgriffe, der zur Verstärkung verwendeten deckungspflichtigen Ausgaben sowie unter Berücksichtigung zweckgebundener Einnahmen **überschritten werden muss.**[219] 747

---

219 VV Nr. 1 zu § 37 BHO.

Heimat, Gesellschaft und Verfassung 0601

Titel und Funktion	Zweckbestimmung	Soll 2019 €	Ist 2019 €	Abweichung Ist ./. Soll €
1	2	3	4	5
532 49-011	Ausgaben aus Anlass von Verfassungsjubiläen und Gedenktagen	350.000,00	25.981.247,72	25.631.247,72
	Solländerung	(25.655.247,72)		(-24.000,00)

Erläuterungen

haushaltsmäßige Einsparung einer überplanmäßigen Ausgabe bei Kap. 0603 Tit. 685 19 zu Lasten aller Epl. .... 25.631.247,72 €

haushaltstechnische Verrechnungen bei Tit. 381 03 .... 24.000,00 €

Sollzugang .... 25.655.247,72 €

Erläuterungen

überplanmäßige Ausgabe........ 25.631.247,72 €
Das BMF hat nach Art. 112 GG in die überplanmäßige Ausgabe bis zu einer Höhe von 25.631.247,72 Euro eingewilligt.
Konzeptionierung und Durchführung von Feierlichkeiten "30 Jahre Friedliche Revolution und Deutsche Einheit".

Abbildung 89: Beispiel einer überplanmäßigen Ausgabe aus der Haushaltsrechnung 2019

748 Außerplanmäßige Ausgaben sind Ausgaben, für die der Haushaltsplan **keine Zweckbestimmung** und **keinen Ansatz** enthält und auch **keine Ausgabereste** vorhanden sind.[220]

1512 Bundesministerium

Titel und Funktion	Zweckbestimmung	Soll 2019 €	Ist 2019 €	Abweichung Ist ./. Soll €
1	2	3	4	5
831 01-812	Erwerb von Beteiligungen an Gesellschaften	0,00	530.886,21	530.886,21
	Solländerung	(530.886,21)		

Erläuterungen

haushaltsmäßige Einsparung einer außerplanmäßigen Ausgabe bei Kap. 1504 Tit. 686 06 .... 530.886,21 €

Sollzugang .... 530.886,21 €

Erläuterungen

außerplanmäßige Ausgabe........ 530.886,21 €
Das BMF hat nach Art. 112 GG in die außerplanmäßige Ausgabe bis zu einer Höhe von 530.886,21 Euro eingewilligt.
Erwerb von Geschäftsanteilen an der gematik Gesellschaft für Telematik Anwendungen der Gesundheitskarte mbH und Erwerbsnebenkosten. Die Mehrausgabe dient der Erfüllung einer Rechtsverpflichtung. Die Rechtsverpflichtung beruht auf § 291b Absatz 2 Nummer 1 Fünftes Buch Sozialgesetzbuch in der ab 11. Mai 2019 geltenden Fassung.

Abbildung 90: Beispiel einer außerplanmäßigen Ausgabe aus der Haushaltsrechnung 2019

749 Da es sich bei über- und außerplanmäßigen Ausgaben um Abweichungen vom parlamentarischen Budgetrecht handelt, sind die Voraussetzungen zur Leistung solcher Ausgaben in der Verfassung definiert. Art. 112 GG gibt dem Bundesminister der Finanzen das Entscheidungsrecht über die Leistung über- oder außerplanmäßiger Ausgaben. Man spricht auch vom **„Notbewilligungsrecht“** des BMF. Nach § 37 Abs. 1 BHO ist die Entscheidung des Bundesministers der Finanzen auf jeden Fall **vor Leistung der Ausgabe** einzuholen („Einwilligung“), nach § 37 Abs. 2 BHO folgerichtig auch vor Maßnahmen, durch die eine Zah-

220 VV Nr. 2 zu § 37 BHO.

lungsverpflichtung entsteht, sodass nicht zuerst eine rechtliche Verpflichtung begründet werden darf, die das BMF dann vor vollendete Tatsachen stellen würde. Nach § 116 Abs. 1 BHO ist die Entscheidung des BMF endgültig, es bedarf keiner Bestätigung durch die Bundesregierung oder den Bundestag.[221]

Die Einwilligung des BMF setzt voraus, dass bei der Antragstellung eine **konkrete Einsparstelle** benannt wird. Einsparungen im Gesamthaushalt sind grundsätzlich nicht möglich.

Über- und außerplanmäßige Ausgaben werden aufgrund des nur unterjährig gel- **750**
tenden Notbewilligungsrechts des Bundesfinanzministers zur Verfügung gestellt; sie sind daher nicht übertragbar, die Bildung von Resten ist ausgeschlossen.

Voraussetzung zur Leistung einer über- oder außerplanmäßigen Ausgabe ist das **751**
Vorliegen eines **unvorhergesehenen und unabweisbaren Bedürfnisses** zur Leistung solcher Ausgaben. Zur Auslegung dieser Begriffe hat die Bundesverfassungsgerichtsentscheidung BVerfGE 45,1 entscheidend beigetragen.

Unvorhergesehen ist danach ein Bedürfnis zur Leistung einer Ausgabe, wenn es **752**
von den an der Aufstellung und Feststellung des Haushaltsplans Beteiligten nicht gesehen wurde. Denkbar ist auch, dass zwar grundsätzlich über das Bedürfnis für diese Ausgabe diskutiert wurde, aber die gesteigerte Dringlichkeit, die es durch Änderung der Sachlage inzwischen erlangt hat, nicht gesehen wurde. Damit soll verhindert werden, dass bewusst nicht oder nicht in der Höhe in den Haushaltsplan aufgenommene Ausgaben im Wege der Bewilligung über- oder außerplanmäßiger Ausgaben am Willen des Parlaments vorbei geleistet werden.

Bei der Prüfung der **Unabweisbarkeit** spielt eine wesentliche Rolle, dass **753**
Art. 112 GG eine Kompetenzregelung darstellt. Im Interesse der Budgethoheit des Parlaments liegt eine Unabweisbarkeit zur Leistung einer über- oder außerplanmäßigen Ausgabe nur vor, wenn das Parlament nicht mehr in die Lage versetzt werden kann, im Wege der Beschlussfassung über den nächsten regulären Haushalt oder zumindest über einen Nachtragshaushaltüber die Ausgabe zu entscheiden (**zeitliche Unabweisbarkeit**). Außerdem muss der Bedarf **sachlich unabweisbar** sein. Das liegt dann vor, wenn auf die Erfüllung des Bedarfs nicht verzichtet werden kann, z.B. im Falle rechtlich begründeter Verpflichtungen oder wenn der Bund aus anderen zwingenden Gründen einschreiten muss. Nach BVerfGE 45,1 musste die Ausgabe „unbedingt notwendig“ sein, also das Maß der „einfachen“ Notwendigkeit aus §§ 6, 34 Abs. 2 BHO erheblich übersteigen.

Entsprechende Regelungen finden sich im § 37 Abs. 1 BHO. Dort wird zudem bestimmt, dass es eines Nachtragshaushalts – selbst wenn er herbeigeführt werden könnte – dann nicht bedarf, wenn

221 Für die ausnahmsweise Genehmigung (nachträgliche Zustimmung) nach § 116 Abs. 2 BHO lässt sich bei den heutigen Kommunikationsmitteln wohl kein Anwendungsfall mehr konstruieren.

- die Mehrausgaben im Einzelfall einen im jährlichen Haushaltsgesetz festzulegenden Betrag nicht überschreiten („Bagatellgrenze") oder
- wenn Rechtsverpflichtungen zu erfüllen sind.

754 Im Haushaltsgesetz bestimmt das Parlament jedes Jahr, ab welchem Betrag es auf sein Recht auf parlamentarische Bewilligung besteht und wann es darauf verzichtet. Für das Jahr 2021 wurde die **Betragsgrenze** auf 5 Millionen € festgelegt.[222]

Im Falle von Mehrausgaben infolge von Rechtsverpflichtungen wäre die Beteiligung des Parlaments nur formaler Natur, da es solchen durch Gesetz oder Vertrag begründeten Verpflichtungen des Bundes ohnehin nur zustimmen könnte.

755 Der Antrag auf Einwilligung zu einer über- oder außerplanmäßigen Ausgabe ist nach einem Muster zu VV Nr. 11 zu § 37 BHO mit Begründung auf dem Dienstweg an das Bundesministerium der Finanzen zu richten. Bei diesem Antrag ist der Beauftragte für den Haushalt zumindest zu beteiligen.[223]

756 Der Bundesminister der Finanzen wird dem Antrag nur zustimmen, wenn Einsparungen bei anderen Ausgaben in demselben Einzelplan angeboten werden.[224]

757 Einen in diesem Zusammenhang darzustellenden **Sonderfall** bilden die Mehrausgaben bei **übertragbaren** Ausgaben. Diese in § 37 Abs. 6 BHO als Vorgriffe bezeichneten überplanmäßigen Ausgaben sind unter den Voraussetzungen, dass ein unvorhergesehenes und unabweisbares Bedürfnis zu ihrer Leistung vorliegt, auf die nächstjährige Bewilligung für den gleichen Zweck anzurechnen. Das Bundesministerium der Finanzen kann allerdings Ausnahmen zulassen.

Ein Vorgriff ist zulässig, soweit im Haushaltsplan des nächsten Haushaltsjahres eine Ausgabe mit gleicher Zweckbestimmung und im laufenden Haushaltsjahr ein kassenmäßiger Ausgleich vorgesehen wird. Wird eine Ausgabe mit gleicher Zweckbestimmung im Haushaltsplan des nächsten Haushaltjahres nicht oder nicht in der erforderlichen Höhe vorgesehen, so ist die Mehrausgabe insoweit als überplanmäßige Ausgabe zu behandeln.[225]

758 Eine **kassenmäßige Einsparung** liegt vor, wenn das Kassen-Ist in Höhe des einzusparenden Betrages nicht in Anspruch genommen wird. Da sich das Haushaltssoll bei dem für die Einsparung in Anspruch genommenen Titel nicht ändert, könnte dort trotz kassenmäßiger Einsparung ein Ausgaberest gebildet werden. Im Unterschied zur über- oder außerplanmäßigen Ausgabe im Sinne des § 37 Abs. 1 BHO, die in demselben Jahr haushaltsmäßig auszugleichen sind,[224] erfolgt beim Vorgriff der haushaltsmäßige Ausgleich bei demselben Titel im Folgejahr.

222 § 4 Abs. 1 HG 2021.
223 VV Nr. 3.3.2 zu § 9 BHO.
224 § 37 Abs. 3 BHO.
225 Nr. 6 VV-BHO zu § 37.

6.4.9.3 Veränderungen bei Verpflichtungsermächtigungen

6.4.9.3.1 Abweichung von den Jahresbeträgen

Die **vorherige Zustimmung des BMF** zur Inanspruchnahme der im Haushaltsplan enthaltenen Verpflichtungsermächtigungen ist nach § 38 Abs. 2 BHO für die Fälle vorgeschrieben, in denen 759
- von den nach § 16 Satz 2 BHO im Haushaltsplan angegebenen Jahresbeträgen erheblich abgewichen werden soll oder
- keine Jahresbeträge im Haushaltsplan (abweichend von § 16 Satz 2 BHO) angegeben sind.

Sind bei der Veranschlagung von Verpflichtungsermächtigungen nach § 16 Satz 2 BHO die Jahresbeträge im Haushaltsplan angegeben worden und wird von den Jahresbeträgen nicht erheblich abgewichen, entfällt nach § 38 Abs. 2 BHO das Erfordernis einer vorherigen Zustimmung des BMF zur Inanspruchnahme der Verpflichtungsermächtigungen, weil die Prüfung der finanziellen Mehrjahresauswirkungen im Hinblick auf die Finanzplanung bereits bei der Aufstellung des Haushaltsplans vorgenommen worden ist. Als **erheblich** ist nach der VV Nr. 3.1 zu § 38 BHO eine Überschreitung eines Jahresbetrages um mehr als 5 % anzusehen. 760

Im Fall einer höheren Abweichung von den im Haushaltsplan angegebenen Jahresbeträgen sieht die BHO für das BMF eine **abgestufte Entscheidungskompetenz** vor, die in den VV Nr. 3 zu § 38 BHO festgeschrieben worden ist: 761
- Bei Überschreitung eines Jahresbetrages bis zu 10 % ist dem BMF eine gleichwertige Einsparung für das Jahr der Überschreitung vorzuschlagen. Dem BMF steht danach nur die Entscheidung zu, ob der Einsparungsvorschlag zu einer gleichwertigen Einsparung führt.
- Bei Überschreitung eines Jahresbetrages um mehr als 10 % ist dem BMF für die Entscheidung über eine Einwilligung zusätzlich zu einem gleichwertigen Einsparungsvorschlag für das Jahr der Überschreitung ferner eine Begründung für die Notwendigkeit der Überschreitung zu übersenden.

Sind bei Verpflichtungsermächtigungen im Haushaltsplan **keine Jahresbeträge** angegeben,[226] bedarf die Inanspruchnahme solcher Verpflichtungsermächtigungen in jedem Einzelfall der vorherigen Zustimmung des BMF. In diesem Fall kann eine geordnete Haushaltsentwicklung im Rahmen der mehrjährigen Finanzplanung nur durch Beteiligung des BMF sichergestellt werden. Dem BMF ist anzugeben und zu begründen, welche Jahresbeträge beim Eingehen einer Verpflichtung auf künftige Haushaltsjahre voraussichtlich entfallen, d.h. welche kassenmäßigen Ausgaben voraussichtlich in den einzelnen Jahren zu leisten sind, bevor die Verpflichtung eingegangen wird. 762

226 § 38 Abs. 2 Satz 1 Nr. 2 BHO.

6.4.9.3.2 Über- und außerplanmäßige Verpflichtungsermächtigungen

763 Sollen überjährig ausgabewirksame Verpflichtungen für einen Zweck eingegangen werden, für den im Haushaltsplan eine Verpflichtungsermächtigung nicht oder nicht in der benötigten Höhe erteilt ist, so ist beim BMF zuvor eine außerplanmäßige bzw. überplanmäßige Verpflichtungsermächtigung zu beantragen.

764 Eine benötigte Verpflichtungsermächtigung ist

- **überplanmäßig**, wenn eine im Haushaltsplan für den vorgesehenen Zweck (nach § 16 Satz 1 BHO) erteilte Verpflichtungsermächtigung hinsichtlich ihres **Gesamtbetrags** überschritten wird (eine Überschreitung der **Jahresbeträge** richtet sich nach § 38 Abs. 2 BHO),
- außerplanmäßig, wenn für den vorgesehenen Zweck im Haushaltsplanüberhaupt keine Verpflichtungsermächtigung erteilt ist (demgegenüber ist die Inanspruchnahme einer im Haushaltsplan enthaltenen Verpflichtungsermächtigung, für die lediglich keine Jahresbeträge angegeben sind, nicht außerplanmäßig, sondern regelt sich nach § 38 Abs. 2 BHO).

Bundesamt für kerntechnische Entsorgungssicherheit **1615**

Titel und Funktion	Zweckbestimmung	Soll 2019 €	Ist 2019 €	Abweichung Ist ./. Soll €
1	2	3	4	5
	Sächliche Verwaltungsausgaben			
518 02-341	Mieten und Pachten im Zusammenhang mit dem Einheitlichen Liegenschaftsmanagement	3.900.000,00	2.957.209,32	-942.790,68

Erläuterungen

Das BMF hat gemäß § 38 Abs.1 Satz 2 BHO in die überplanmäßige Verpflichtungsermächtigung bis zu einer Höhe von 26.054.000 Euro eingewilligt.
Abschluss eines Mietvertrages für das Bundesamt für kerntechnische Entsorgungssicherheit (BfE) für die Dauer von 15 Jahren zur Anmietung eines Dienstgebäudes für den Dienstsitz in Berlin.

Verpflichtungen

für das Jahr	Verpflichtungsermächtigung (VE) 2019				In 2019 eingegangene Verpflichtungen			aus früheren Jahren T€	sonstige Veränderungen T€	Gesamtstand Sp. 8-10 T€
	Soll VE T€	üpl/apl T€	sonstige T€	Summe T€	zu Lasten VE T€	sonstige T€	Summe T€			
1	2	3	4	5	6	7	8	9	10	11
2020..........	*3.900*	*-77*	-	*3.823*	*3.823*	-	*3.823*	-	-	*3.823*
2021..........	*3.200*	*663*	-	*3.863*	*3.863*	-	*3.863*	-	-	*3.863*
2022..........	*2.600*	*-382*	-	*2.218*	*2.218*	-	*2.218*	-	-	*2.218*
2023..........	-	*2.106*	-	*2.106*	*2.106*	-	*2.106*	-	-	*2.106*
2024..........	-	*2.149*	-	*2.149*	*2.149*	-	*2.149*	-	-	*2.149*
2025..........	-	*2.191*	-	*2.191*	*2.191*	-	*2.191*	-	-	*2.191*
2026..........	-	*2.235*	-	*2.235*	*2.235*	-	*2.235*	-	-	*2.235*
2027..........	-	*2.280*	-	*2.280*	*2.280*	-	*2.280*	-	-	*2.280*
2028..........	-	*2.326*	-	*2.326*	*2.326*	-	*2.326*	-	-	*2.326*
2029..........	-	*2.372*	-	*2.372*	*2.372*	-	*2.372*	-	-	*2.372*
2030..........	-	*2.420*	-	*2.420*	*2.420*	-	*2.420*	-	-	*2.420*
2031..........	-	*2.468*	-	*2.468*	*2.468*	-	*2.468*	-	-	*2.468*
2032..........	-	*2.517*	-	*2.517*	*2.517*	-	*2.517*	-	-	*2.517*
2033..........	-	*2.568*	-	*2.568*	*2.568*	-	*2.568*	-	-	*2.568*
2034..........	-	*218*	-	*218*	*218*	-	*218*	-	-	*218*
zusammen..	*9.700*	*26.054*	-	*35.754*	*35.754*	-	*35.754*	-	-	*35.754*

Negative Beträge ergeben sich aufgrund von Korrektur- und Umbuchungen.

Abbildung 91: Beispiel einer überplanmäßigen Verpflichtungsermächtigung aus der Haushaltsrechnung 2019

Über- oder außerplanmäßige Verpflichtungsermächtigungen sind beim BMF zu beantragen, bevor die beabsichtigten Verpflichtungen eingegangen werden. Für die Einwilligung des Bundesministers der Finanzen müssen nach § 38 Abs. 1 Satz 2 BHO dieselben Voraussetzungen vorliegen wie bei über- oder außerplanmäßigen Ausgaben. **765**

Wie für über- und außerplanmäßigen Ausgaben ist auch für über- und außerplanmäßige Verpflichtungsermächtigungen im jährlichen Haushaltsgesetz eine **Mindestbetragsregelung** enthalten, nach der es eines Nachtragshaushalts nicht bedarf, wenn für über- oder außerplanmäßige Verpflichtungsermächtigungen, bei denen die Ausgaben nur in einem Haushaltsjahr fällig werden, der Betrag 5 Mio. €, bei mehrjährigen Verpflichtungsermächtigungen 10 Mio €, nicht überschreitet (§ 4 Abs. 2 HG 2021). Wenn überplanmäßige oder außerplanmäßige Ausgaben und überplanmäßige oder außerplanmäßige Verpflichtungsermächtigungen zusammentreffen, gilt insgesamt der Betrag von 10 Mio €. **766**

6.4.9.4 Haushaltssperren

Haushaltssperren können auf mehrere Arten entstehen: **767**

Sind durch Gesetz (§ 24 Abs. 3 BHO, Haushaltsgesetz) oder im Haushaltsplan (s. § 22 BHO) bestimmte Ermächtigungen des Haushaltsplans als „gesperrt“ bezeichnet, so bedeutet dies, dass über diese Haushaltsermächtigungen **nur mit vorheriger Zustimmung des BMF** verfügt werden darf. Dasselbe gilt, sobald das BMF aus kassenwirtschaftlichen Gründen eine Sperre nach § 41 BHO während der Haushaltsausführung anordnet (oder ein Fall des § 6 Abs. 1 StabG gegeben ist). Demgemäß stellt § 36 BHO klar, dass Ausgaben, die durch Gesetz oder im Haushaltsplan als gesperrt bezeichnet sind, nur mit vorheriger Zustimmung (Einwilligung) des Bundesministers der Finanzen geleistet werden dürfen. **768**

Den Sperrvermerk gibt es in der einfachen Form oder als **qualifizierten** Sperrvermerk. Der Unterschied besteht in der Kompetenz zur Freigabe der gesperrten Ausgaben. Im Normalfall kann der Bundesminister der Finanzen bei Eintritt der Bedingung, an die der Sperrvermerk geknüpft ist, diesen aufheben. Bei einem qualifizierten Sperrvermerk bedarf die Freigabe der Mittel eines Beschlusses des Haushaltsausschusses des Deutschen Bundestages[227].

einfache Sperre:	„Die Ausgaben sind gesperrt“ oder „Die Ausgaben sind in Höhe von … T€ gesperrt“
qualifizierte Sperre:	„Die Ausgaben sind in Höhe von … T€ gesperrt; die Aufhebung der Sperre bedarf der Einwilligung des Haushaltsausschusses des Deutschen Bundestages.“

227 Siehe § 36 BHO.

769 Ist eine Inanspruchnahme bestimmter Haushaltsermächtigungen von der Einwilligung des BMF abhängig, ist es seinem pflichtgemäßen Ermessen überlassen, zu entscheiden, ob und ggf. unter welchen Bedingungen oder Auflagen eine Einwilligung erteilt wird.

Haushaltssperren können sowohl bei Ausgabeermächtigungen als auch bei Verpflichtungsermächtigungen, Planstellen oder Stellen bestehen.

770 **Sperren** bedeuten eine **Verfügungsbeschränkung**, die bis zu ihrer Aufhebung durch Entscheidung des BMF bestehen bleibt. Je nach ihrer Zielsetzung lassen sie sich zumindest wie folgt unterscheiden:

- Sperren zu **Einsparungszwecken** (etwa nach § 41 BHO, § 6 StabG) werden grundsätzlich nicht aufgehoben, sondern bleiben beim Haushaltsvollzug bestehen. Zur Verbesserung der Verfügbarkeitskontrolle kann im HKR-Verfahren durch Kassenanweisung ein Sperrkonto (bei Sperrung bestimmter Titel) oder ein vorläufiges Deckungskonto (bei Globalsperren) eingerichtet werden, das bis zum Abschluss der Bücher mit Kassenanweisung durch Zuführung der Einsparungsmittel auszugleichen ist. Diese Sperren entfallen ausnahmsweise nur dann, wenn das kassenwirtschaftliche Erfordernis nicht mehr gegeben ist.
- Sperren zu **sonstigen Zwecken** (etwa nach §§ 22, 24 Abs. 3 BHO) bedeuten eine vorläufige Verfügungsbeschränkung, die auf Antrag vom BMF aufgehoben werden kann, wenn im Antrag nachgewiesen ist, dass inzwischen die Voraussetzungen erfüllt sind, deren Mangel für die bisherige Sperre maßgebend gewesen sind (z.B. nachträgliche Vorlage einer HU-Bau). Solche Sperren werden vom BMF allerdings nur mit der Maßgabe aufgehoben, dass anderweitige Sperren zu Einsparungszwecken bestehen bleiben.[228] Reicht die Einwilligung des BMF allein nicht aus (qualifizierte Sperren), weil darüber hinaus zur Aufhebung die Einwilligung des Bundestages (in der Praxis: des Haushaltsausschusses) erforderlich ist, ist diese vom BMF vor seiner Entscheidung einzuholen.

771 Es ist folgendes Verfahren vorgesehen:

- Das mittelbewirtschaftende Ressort beantragt beim BMF die Entsperrung und fügt diesem Antrag einen Bericht bei, den das BMF für den Fall seiner Einwilligung an den Haushaltsausschuss des Bundestages weiterleitet.
- Hiernach hat das BMF zu entscheiden, ob und mit welcher Begründung es diesen Bericht dem Parlament zur Letztentscheidung vorlegt. Ggf. lautet die Schlussformel im Anschreiben des BMF: „Ich beabsichtige, die Sperre aufzuheben, und bitte um Einwilligung."
- Sobald der Haushaltsausschuss des Bundestages über die vom BMF beantragte Einwilligung beschlossen hat, erteilt mit dieser Maßgabe das BMF seine Einwilligung; sie ist dem antragstellenden Ressort etwa mit der Formel

228 Siehe § 22 Satz 3 BHO.

mitzuteilen: „Ich hebe die bei Titel… ausgebrachte Sperre auf; der Haushaltsausschuss des Bundestages hat seine Einwilligung am … erteilt."

6002 Allgemeine Bewilligungen

Titel und Funktion	Zweckbestimmung	Soll 2019 €	Ist 2019 €	Abweichung Ist ./. Soll €
1	2	3	4	5
687 02-029	Zahlung an die Hellenische Republik	230.890.000,00	230.890.000,00	0,00

Erläuterungen

Das BMF hat gemäß § 36 Satz 2 BHO mit Einwilligung des Haushaltsausschusses des Deutschen Bundestages in die Leistung der gesperrten Ausgaben eingewilligt.

Verpflichtungen

für das Jahr	Verpflichtungsermächtigung (VE) 2019				in 2019 eingegangene Verpflichtungen			aus früheren Jahren T€	sonstige Veränderungen T€	Gesamtstand Sp. 8-10 T€
	Soll VE T€	üpl/apl T€	sonstige T€	Summe T€	zu Lasten VE T€	sonstige T€	Summe T€			
1	2	3	4	5	6	7	8	9	10	11
2020.........	*334.730*	-	-	*334.730*	*334.730*	-	*334.730*	-	-	*334.730*
2021.........	*149.700*	-	-	*149.700*	*149.700*	-	*149.700*	-	-	*149.700*
2022.........	*125.530*	-	-	*125.530*	*125.530*	-	*125.530*	-	-	*125.530*
zusammen..	*609.960*	-	-	*609.960*	*609.960*	-	*609.960*	-	-	*609.960*

Haushaltsvermerk

Die Ausgaben sind gesperrt.

Die Aufhebung der Sperre bedarf der Einwilligung des Haushaltsausschusses des Deutschen Bundestages.

Abbildung 92: Beispiel der Einwilligung in die Leistung gesperrter Ausgaben aus der Haushaltsrechnung 2019

6.5 Die Finanzkontrolle

6.5.1 Überblick

Der Ablauf der Kontrollphase ist durch Art. 114 GG bestimmt. Die Rechnungslegung (siehe oben) bildet den Übergang von der Haushaltsausführung zur Finanzkontrolle ab. 772

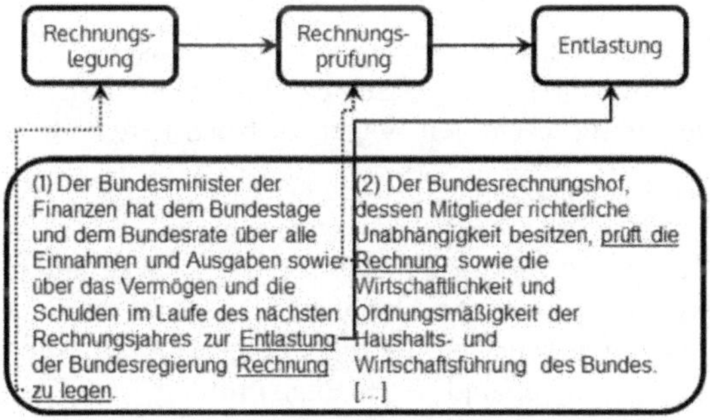

Abbildung 93: Phasen der Haushaltskontrolle

6.5.2 Rechnungsprüfung

773 Rechtsgrundlage für die Prüfung der Rechnung und der Haushalts- und Wirtschaftsführung der Verwaltung durch den Rechnungshof sind Art. 114 Abs. 2 GG sowie § 88 Abs. 1 BHO. Inhalt und Umfang der Prüfung bestimmt der Rechnungshof im Rahmen der §§ 89 und 90 BHO selbst. **Gegenstand** der Rechnungsprüfung ist eine umfassende Prüfung des gesamten Handelns der Verwaltung.

774 Der **Bundesrechnungshof** (BRH) ist eine oberste Bundesbehörde und als unabhängiges Organ der staatlichen Finanzkontrolle nur dem Gesetz unterworfen. Die Stellung des BRH und seiner Mitglieder sowie seine wesentlichen Aufgaben sind im Grundgesetz verfassungsrechtlich garantiert. Sitz des Bundesrechnungshofs ist Bonn, in Potsdam unterhält er eine Außenstelle. Der Bundesrechnungshof besteht zurzeit aus neun Prüfungsabteilungen mit 50 Prüfungsgebieten. Die Prüfungen werden in den Prüfungsgebieten geplant, organisiert und wahrgenommen. An deren Spitze steht die Prüfungsgebietsleiterin oder der Prüfungsgebietsleiter. Den Prüfungsgebieten gehören Prüfungsbeamtinnen und Prüfungsbeamte sowie weitere Bedienstete an.

775 Die Maßstäbe für die Prüfung des Bundesrechnungshofes sind Wirtschaftlichkeit und Ordnungsmäßigkeit des Verwaltungshandelns. Die **Prüfung der Ordnungsmäßigkeit** umfasst die Beachtung von Vorschriften, die der Leistung von Ausgaben, der Erhebung von Einnahmen sowie dem Eingehen von Verpflichtungen zugrunde liegen; sie umfasst auch die fehlerfreie Errechnung, Belegung und Buchung der Einnahmen und Ausgaben sowie die Einhaltung der für die Haushalts- und Wirtschaftsführung geltenden Vorschriften und Grundsätze. Bei der - **Prüfung der Wirtschaftlichkeit** wird untersucht, ob das günstigste Verhältnis zwischen dem verfolgten Zweck und den eingesetzten Mitteln angestrebt und erreicht wurde. Sie umfasst die Wirksamkeit und Zweckmäßigkeit des Verwaltungshandelns einschließlich der Zielerreichung (Erfolgskontrolle). Sie umfasst auch die Prüfung, ob die eingesetzten Mittel auf den zur Erfüllung der Aufgaben notwendigen Umfang beschränkt wurden (Grundsatz der Sparsamkeit).

776 Der Bundesrechnungshof bestimmt Zeit und Art seiner Prüfungen selbst. Er kann Erhebungen an Ort und Stelle vornehmen; Akten, Belege und Daten sind ihm ohne Einschränkung offen zu legen, die gestellten Fragen zu beantworten (§ 95 BHO).

777 Über die **Prüfungsvorhaben** wird bei der jährlichen Arbeitsplanung entschieden. Auch dabei ist der Bundesrechnungshof frei. Er kann Prüfungsschwerpunkte bestimmen und Prüfungen auf Stichproben beschränken. Hauptziel bei der Arbeitsplanung ist es, einen aussagefähigen Überblick über die Haushalts- und Wirtschaftsführung des Bundes zu gewinnen und so genannte prüfungsfreie Räume nach Möglichkeit zu vermeiden. Bei der Auswahl seiner Prüfungsschwerpunkte nutzt der Bundesrechnungshof sämtliche Informationen, die ihm bei sei-

ner Prüfungstätigkeit, aber auch durch die Hinweise von Bürgerinnen und Bürgern oder durch die Berichterstattung in öffentlichen Medien zugänglich sind. Er stützt sich zudem auf eine systematische Analyse von Prüfungsfeldern, die insbesondere bewertet, ob bestimmte Bereiche des Verwaltungshandelns finanziell besonders bedeutend oder fehleranfällig sind. Prüfungswünsche des Parlaments und seiner Ausschüsse werden so weit wie möglich berücksichtigt.

In einer **Prüfungsmitteilung** wird der ermittelte Sachverhalt, dessen Würdigung, **778**
die nach Auffassung des Bundesrechnungshofes gebotenen Folgerungen sowie gegebenenfalls Empfehlungen, wie festgestellte Mängel zu beheben sind, festgehalten. Empfänger der Prüfungsmitteilung sind die Stellen, die von den Prüfungsergebnissen unmittelbar betroffen sind. Dies sind die geprüfte Stelle, in der Regel die vorgesetzte Stelle oder eine Dienststelle, die für Vorbereitung und Erlass von Rechtsvorschriften oder für Aufsichtsmaßnahmen zuständig ist. Die Prüfungsmitteilung oder die Prüfungsergebnisse werden mit einem Übersendungsschreiben zur Äußerung oder gegebenenfalls nur zur Kenntnisnahme übersandt. Prüfungsmitteilungen mit Ergebnissen von grundsätzlicher oder erheblicher finanzieller Bedeutung werden auch dem Bundesministerium der Finanzen zugeleitet (§ 96 Abs. 2 BHO). Der Bundesrechnungshof teilt der Stelle, die sich geäußert hat, mit, wie er nach Würdigung der Äußerung die einzelnen Prüfungsergebnisse beurteilt, ob seinem Anliegen hinreichend entsprochen wurde und welche Maßnahmen er noch erwartet.

Die **Berichterstattung des Bundesrechnungshofes** an Bundestag, Bundesrat **779**
und Bundesregierung umfasst

- die Bemerkungen nach § 97 BHO,
- die Berichte über Angelegenheiten von besonderer Bedeutung nach § 99 BHO und
- die Beratung aufgrund von Prüfungserfahrungen nach § 88 Abs. 2 BHO.

Die Bemerkungen enthalten die Ergebnisse der Prüfung der Rechnungen für das Haushaltsjahr, das zur Entlastung ansteht, sowie wesentliche Feststellungen über die Haushalts- und Wirtschaftsführung unabhängig vom Entlastungsjahr (besondere Prüfungsergebnisse). Zur Vorbereitung der Beratungen des Rechnungsprüfungsausschusses stellt der Bundesrechnungshof dem Vorsitzenden eine aktualisierte Zusammenfassung des Bemerkungsinhalts und einen Beschlussvorschlag zur Verfügung.

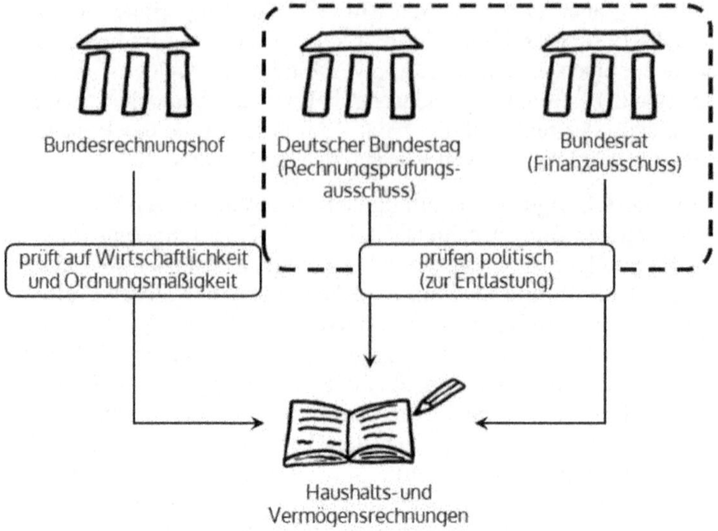

Abbildung 94: Die Rechnungsprüfung durch Parlament und Bundesrechnungshof

6.5.3 Entlastung der Bundesregierung

780 Der BMF legt die Jahresrechnung gleichzeitig dem Bundestag und dem Bundesrat vor und stellt den Antrag, der Bundesregierung **Entlastung** zu erteilen. Beratungsgegenstand des Entlastungsverfahrens sind die Haushalts- und Vermögensrechnung[229] einschließlich des dazugehörigen kassenmäßigen Abschlusses und des Haushaltsabschlusses,[230] des Abschlussberichtes,[231] der Übersichten zur Haushaltsrechnung[232] und die Bemerkungen des Bundesrechnungshofes.[233]

781 Das eigentliche Entlastungsverfahren beginnt – häufig erst im Herbst des übernächsten Jahres – mit der Vorlage des Jahresberichts (den sogenannten Bemerkungen) des Bundesrechnungshofs unmittelbar an Bundestag, Bundesrat und Bundesregierung.

782 Nach den Beratungen im Finanzausschuss beschließt der Bundesrat, der Bundesregierung die Entlastung zu erteilen und teilt dies i.d.R. gleichzeitig dem Bundes-

229 §§ 81, 86 BHO.
230 §§ 82, 83 BHO.
231 § 84 BHO.
232 § 85 BHO.
233 Gemäß § 97 BHO.

tag (als Stellungnahme des Bundesrates) mit. Im Bundestag wird der Entlastungsantrag der Bundesregierung einschließlich der Haushalts- und Vermögensrechnung und der Bemerkungen des Bundesrechnungshofes dem Haushaltsausschuss und von diesem dem Rechnungsprüfungsausschuss zugeleitet.

Die Mitglieder des **Rechnungsprüfungsausschusses** sind zugleich Mitglieder **783**
des Haushaltsausschusses. Im Rechnungsprüfungsausschuss werden die Bemerkungen des Bundesrechnungshofs bei Anwesenheit von Vertretern des betreffenden Ressorts, des Bundesfinanzministeriums und des Bundesrechnungshofs im Einzelnen behandelt. Der Rechnungsprüfungsausschuss erstellt den Entwurf von Beschlussempfehlungen, die über den Haushaltsausschuss an das Plenum des Deutschen Bundestages geleitet werden. Die Behandlung dieser Beschlussempfehlungen erfolgt im Entlastungsverfahren.

Bundestag und Bundesrat beschließen jeweils selbstständig und voneinander **784**
unabhängig über die Entlastung. Die **Entlastung** hat lediglich eine politische Bedeutung, es sind keine unmittelbar verfassungsrechtlichen oder sonstigen rechtlichen Wirkungen mit ihr verbunden. In der Geschichte der Bundesrepublik Deutschland hat das Parlament der Regierung – abgesehen von den Jahresrechnungen 1972 und 1973[234] – noch nie die Entlastung verweigert. Selbst wenn sich die politischen Mehrheitsverhältnisse verändert hatten, wurde der Regierung stets die Entlastung erteilt. Es geht bei der Entlastung nicht um eine politische Bewertung der Regierungsarbeit, sondern um die parlamentarische Diskussion der gesamten Haushalts- und Wirtschaftsführung der Bundesverwaltung.[235]

Mit der Entlastung schließt die vierte Phase des Haushaltskreislaufs.

6.6 Der Haushaltskreislauf (Zusammenfassung)

Der Haushaltsplan als Grundlage für die Haushalts- und Wirtschaftsführung **785**
erfährt in seinem „Leben" einen Ablauf, der – in vier Phasen eingeteilt – als Haushaltskreislauf bezeichnet wird. Jeder Haushaltskreislauf beginnt mit dem Aufstellungsverfahren zu einem bestimmten Zeitpunkt, unabhängig davon, ob ein früherer Haushaltskreislauf abgeschlossen ist.

Die **Aufstellung des Bundeshaushaltsplans** ist geprägt von Vorgaben der Bun- **786**
desregierung (Top-Down) und der Bedarfsanmeldung durch die einzelnen Behörden (Bottom-up).

1. Nach Vorbereitung durch das Bundesministerium der Finanzen und einer regierungsinterne Abstimmung der Haushaltseckwerte erfolgt in der Regel bis spätestens Mitte März des Vorjahres der Kabinettbeschluss über Ein-

---

234 Teilweise durch den Bundesrat, vgl. BR-Drs. 549/77, BT-Drs. 8/1138.
235 Mit weiteren Nachweisen: *v. Mutius/Nawrath* in: Heuer, KHR, Rn. 4 zu Art. 114 GG.

zelplanplafonds und andere wesentliche Eckwerte. Der **Eckwertebeschluss** legt Obergrenzen der Ausgaben für jeden Einzelplan fest. Parallel zur Vorbereitung des Eckwertebeschlusses im Bundesministerium der Finanzen und zur regierungsinternen Abstimmung der Haushaltseckwerte werden in den einzelnen Ressorts die Vorschläge für die Einzelpläne erstellt. Auf Basis der vom Kabinett beschlossenen, verbindlichen Eckwerte erfolgt ein technisches BMF-Rundschreiben zur Haushaltsaufstellung. Daraufhin erfolgen die Anmeldungen der Ressorts in Form der **Voranschläge für die Einzelpläne.**

2. Der in der Regel bis spätestens Mitte Juli gefasste Kabinettsbeschluss über den Entwurf des Haushaltsgesetzes und -plans bildet den förmlichen Abschluss der Aufstellungsphase des Haushaltskreislaufs. Zusammen mit dem Haushaltsentwurf für das kommende Jahr verabschiedet das Kabinett auch den Finanzplan, dessen Planungszeitraum im laufenden Jahr beginnt.

787 Die **Feststellung des Haushaltsplans** erfolgt im Haushaltgesetzgebungsverfahren durch das Parlament. Es handelt sich um ein normales Gesetzgebungsverfahren, wobei das Haushaltsgesetz und der Haushaltsplan als Anlage dazu ein sogenanntes Einspruchsgesetz darstellen, d.h. dem Bundesrat steht das Einspruchsrecht zu (mit der Möglichkeit einer Zurückweisung durch den Bundestag) und nicht das Recht der Zustimmung.

3. Drei Besonderheiten unterscheiden das Haushaltsgesetzgebungsverfahren von dem „normalen" Gesetzgebungsverfahren:
   Beim üblichen Gesetzgebungsverfahren des Bundes können Gesetzesvorlagen aus der Mitte des Bundestages, durch die Bundesregierung oder durch den Bundesrat eingebracht werden (Art. 76 Abs. 1 GG). Das Gesetzesinitiativrecht hat beim Haushaltsgesetzgebungsverfahren nur die Bundesregierung.
   Vorlagen der Bundesregierung werden zunächst dem Bundesrat zuzuleiten und erst nach dessen Stellungnahme dem Bundestag (Art. 76 Abs. 2 GG). Die Entwürfe des Haushaltsgesetzes und des Haushaltsplans werden zur Beschleunigung des Verfahrens gleichzeitig mit der Zuleitung an den Bundesrat beim Bundestag eingebracht (Art. 110 Abs. 3 GG).
   Nach Art. 82 Abs. 1 GG werden die nach den Vorschriften des GG zustande gekommenen Gesetze mit allen Anlagen im Bundesgesetzblatt verkündet. Im Haushaltsgesetzgebungsverfahren wird jedoch zusammen mit dem Haushaltsgesetz nur der Gesamtplan, nicht auch die Einzelpläne verkündet.

788 Die **Ausführung des Bundeshaushaltsplans** erfolgt durch die Exekutive. Der gesetzlich festgestellte Haushaltsplan ermächtigt die Verwaltung, Ausgaben zu leisten und Verpflichtungen einzugehen (§ 3 Abs. 1 BHO/LHO). Das bedeutet nicht, dass der Haushaltsplan die Verwaltung auch verpflichtet, die vorgesehenen Ausgaben zu leisten. Derartige Verpflichtungen müssen sich aus anderen Anordnungen des Gesetzgebers, d.h. aus Leistungsgesetzen, die auch im Haushaltsgesetz enthalten sein können, ergeben.

4. Mit der Verteilung der Haushaltsmittel ist den mittelbewirtschaftenden Dienststellen die Ermächtigung zur Bewirtschaftung erteilt worden (**Bewirtschaftungsbefugnis**). In den Behörden liegt die Bewirtschaftung der Mittel zunächst bei der oder dem Beauftragten für den Haushalt. Die oder der Beauftragte für den Haushalt ist regelmäßig der Zentralabteilung zugeordnet, häufig die Leiterin oder der Leiter des Haushaltsreferats. Daneben bestehen Fachabteilungen, bei denen schwerpunktmäßig die Aufgabenerfüllung liegt. Die Delegation der Bewirtschaftungsbefugnis durch die oder den Beauftragten für den Haushalt auf die Titelverwalterinnen und Titelverwalter in Referaten der Zentralabteilung und der Fachabteilungen bedeutet eine Zusammenführung der Ausgaben- mit der Aufgabenzuständigkeit. Die oder der Beauftragte für den Haushalt ist bei allen Maßnahmen von finanzieller Tragweite zu beteiligen.
5. Unter Bewirtschaftungsbefugnis versteht man das Recht, eine selbstständige Bewirtschaftung der Haushaltsmittel unter Beachtung der Haushaltsgrundsätze vorzunehmen. Neben der Bewirtschaftungsbefugnis gibt es die **Anordnungsbefugnis**. Grundlage einer Zahlung ist eine auf schriftlichem oder elektronischem Weg gefertigte und von der oder dem Anordnungsbefugten erteilte Kassenanordnung (§ 70 BHO). An einer Anordnung, die zu einer Einzahlung oder einer Auszahlung führt, darf nicht nur eine Person beteiligt sein. Neben der Unterschrift der oder des Anordnungsbefugten muss mindestens eine weitere Person die sachliche und/oder die rechnerische Richtigkeit durch Unterschrift bescheinigen.
6. Technisch abgewickelt wird die Ausführung des Haushaltsplanes durch das **automatisierte HKR-Verfahren**. In diesem Verfahren werden die kameralistischen Buchungen für den gesamten Bundesbereich und alle Dienststellen, die Bundesmittel verwalten durchgeführt. Das HKR-Verfahren ist mit den Verfahren zur Haushalts- und Finanzplanung des Bundes verzahnt. Durch das HKR-Verfahren ist das BMF ständig über den aktuellen Bewirtschaftungsstand des Bundeshaushalts informiert und kann eine tagesgenaue Liquiditätsplanung vornehmen.
7. Zu Abweichungen vom planmäßigen Ablauf der Haushaltswirtschaft kann es bei den Einnahmen kommen durch Niederschlagung (interner Vorgang, befristet oder unbefristet), Stundung (Hinausschieben der Fälligkeit) oder Erlass (Verzicht auf die Forderung). Bei den Ausgaben kann es zu Sperren oder zu über- oder außerplanmäßigen Ausgaben nach Art. 112 GG kommen. Sind bei einem Titel Verpflichtungsermächtigungen für mehrere Jahre ausgebracht, kann es zu Abweichungen von den Jahresbeträgen kommen, ohne dass der Gesamtbetrag der Verpflichtungsermächtigung überschritten wird. Wird der Gesamtbetrag der Verpflichtungsermächtigung überschritten, liegt eine überplanmäßige Verpflichtungsermächtigung vor.

8. Besondere Gebiete bei der Ausführung des Haushaltsplans sind das Vergaberecht, das bei öffentlichen Aufträgen zu beachten ist, das Zuwendungsrecht, das sowohl bei der institutionellen Förderung als auch bei der Projektförderung zur Anwendung kommt, und das Recht der Bundesbeteiligungen an privatrechtlichen Unternehmen, das die Führung der Beteiligungen ebenso betrifft wie die finanziellen Wechselbeziehungen zwischen dem Bund und den Beteiligungsunternehmen.

789 Die Kontrolle des Haushaltsplans besteht aus drei Abschnitten:

9. **Die Rechnungslegung** bildet den Übergang von der Haushaltsausführung zur Finanzkontrolle ab und hat die Haushalts- und Vermögensrechnung des Bundes zum Ergebnis. Die **Haushaltsrechnung** hat den Nachweis über die betragsmäßige Verwendung der Haushaltsmittel zu erbringen. Der Inhalt der Haushaltsrechnung wird durch die §§ 81 ff. BHO sowie ergänzende Vorschriften bestimmt. In der **Vermögensrechnung** sind der Bestand des Vermögens und der Schulden zu Beginn des Haushaltsjahres, die Veränderungen während des Haushaltsjahres sowie der Bestand zum Ende des Haushaltsjahres darzustellen (§ 86 BHO).
10. In der folgenden **Rechnungsprüfung** prüft der Bundesrechnungshof die Rechnung sowie die Wirtschaftlichkeit und Ordnungsmäßigkeit der Haushalts- und Wirtschaftsführung des Bundes. Geprüft werden auch die Sozialversicherungsträger und das Handeln des Bundes bei privatrechtlichen Unternehmen, an denen er beteiligt ist. Insgesamt sind dies vielfältige Aufgaben in unterschiedlichen Bereichen, z.B. Verteidigung, Straßenbau, Steuern oder die Betätigung des Bundes z.B. bei der Deutschen Bahn AG, der Post AG und der Telekom AG. Der BRH fasst seine Prüfungsfeststellungen in Prüfungsmitteilungen zusammen, die den geprüften Stellen zur Stellungnahme zugehen. Der BRH hat außer der Bundesregierung unmittelbar dem Bundestage und dem Bundesrate jährlich zu berichten. Diese „Bemerkungen“ (Jahresberichte) sind Grundlage für die Entlastung der Bundesregierung durch das Parlament. auf der Grundlage der „Bemerkungen“ des Bundesrechnungshofes findet die parlamentarische Prüfung im Rechnungsprüfungsausschuss des Deutschen Bundestags statt.
11. Der Rechnungsprüfungsausschuss gibt dem Plenum des Deutschen Bundestages zum Abschluss seiner Beratungen eine Beschlussempfehlung. Bundestag und Bundesrat beschließen unabhängig voneinander die **Entlastung** der Bundesregierung für das entsprechende Haushaltsjahr. Diese Entlastung der Bundesregierung stellt die abschließende politische Beurteilung der Haushalts- und Wirtschaftsführung der Bundesregierung dar.

Anhang

Gesetz über die Feststellung des Bundeshaushaltsplans für das Haushaltsjahr 2021 (Haushaltsgesetz 2021)

vom 21.12.2020 (BGBl. I S. 3208)

Abschnitt 1
Allgemeine Ermächtigungen

§ 1
Feststellung des Haushaltsplans

(1) Der diesem Gesetz als Anlage beigefügte Bundeshaushaltsplan für das Haushaltsjahr 2021 wird in Einnahmen und Ausgaben auf 498 620 000 000 Euro festgestellt.

(2) Der dem Kapitel 6002 des Bundeshaushalts für das Haushaltsjahr 2021 als Anlage 2 beigefügte Wirtschaftsplan des Sondervermögens „Digitale Infrastruktur“ wird für das Jahr 2021 in Einnahmen und Ausgaben auf 4 194 108 000 Euro und mit den ausgebrachten Vermerken festgestellt.

(3) Der dem Kapitel 6002 des Bundeshaushalts für das Haushaltsjahr 2021 als Anlage 3 beigefügte Wirtschaftsplan des Sondervermögens „Energie- und Klimafonds“ wird für das Jahr 2021 in Einnahmen und Ausgaben auf 42 694 600 000 Euro festgestellt.

§ 2
Kreditermächtigungen

(1) Das Bundesministerium der Finanzen wird ermächtigt, zur Deckung von Ausgaben für das Haushaltsjahr 2021 Kredite bis zur Höhe von 179 820 000 000 Euro aufzunehmen.

(2) [1]Dem Kreditrahmen nach Absatz 1 wachsen die Beträge zur Tilgung von im Haushaltsjahr 2021 fällig werdenden Krediten zu; deren Höhe ergibt sich aus dem Saldo der im Kreditfinanzierungsplan (Teil IV des Gesamtplans) ausgewiesenen Ausgaben zur Tilgung von Krediten (Nummer 2) und den sonstigen Einnahmen zur Schuldentilgung (Nummer 1.2). [2]Dem Kreditrahmen nach Satz 1 wachsen im Falle eines unvorhergesehenen Bedarfs Beträge in Höhe von bis zu 15 000 000 000 Euro zum Rückkauf von Wertpapieren des Bundes oder zur Rückzahlung von Darlehen zu, soweit die in Satz 1 genannte Summe der Beträge

zur Tilgung überschritten wird. [3]Das Bundesministerium der Finanzen wird ermächtigt, Mehreinnahmen bei Kapitel 6002 Titel 133 01 zur Tilgung der Schulden des Bundes zu verwenden; insoweit vermindert sich die Ermächtigung nach Satz 1. [4]Bei Mehreinnahmen nach Satz 3 können Maßnahmen nach § 60 Absatz 2 der Bundeshaushaltsordnung ergriffen werden.

(3) [1]Das Bundesministerium der Finanzen wird ermächtigt, ab Oktober des Haushaltsjahres im Vorgriff auf die Kreditermächtigung des nächsten Haushaltsjahres Kredite bis zur Höhe von 4 Prozent des in § 1 Absatz 1 festgestellten Betrages aufzunehmen. [2]Diese Kredite sind auf die Kreditermächtigung des nächsten Haushaltsjahres anzurechnen.

(4) [1]Auf die Kreditermächtigung ist bei Diskontpapieren der Nettobetrag anzurechnen. [2]Fremdwährungsanleihen sind mit den Euro-Gegenwerten auf die Kreditermächtigung anzurechnen, die sich aus den spätestens gleichzeitig abgeschlossenen ergänzenden Verträgen zur Begrenzung des Währungsrisikos ergeben.

(5) [1]Das Bundesministerium der Finanzen wird ermächtigt, Kredite zum Aufbau von Eigenbeständen an Bundesanleihen, Bundesobligationen, Bundesschatzanweisungen und unverzinslichen Schatzanweisungen des Bundes aufzunehmen. [2]Der gesamte Eigenbestand an Bundeswertpapieren darf die Höhe von 20 Prozent des Betrages der umlaufenden Bundeswertpapiere nicht übersteigen; der Betrag der umlaufenden Bundeswertpapiere ergibt sich aus der jeweils letzten im Bundesanzeiger veröffentlichten Übersicht über die umlaufenden Bundeswertpapiere. [3]Das Bundesministerium der Finanzen wird ferner ermächtigt, Eigenbestände in Form der Wertpapierleihe oder zur Besicherung von Zinsswapgeschäften zu verwenden oder sie im Rahmen der Kreditermächtigungen des Satzes 1 und des Absatzes 2 Satz 1 zu verkaufen.

(6) [1]Das Bundesministerium der Finanzen wird ermächtigt, im Rahmen der Kreditfinanzierung und der Kassenverstärkungskredite im laufenden Haushaltsjahr ergänzende Verträge abzuschließen

1. zur Optimierung der Zinsstruktur und zur Begrenzung von Zinsänderungsrisiken mit einem Vertragsvolumen von bis zu 80 000 000 000 Euro sowie
2. zur Begrenzung des Zins- und Währungsrisikos von Fremdwährungsanleihen mit einem Vertragsvolumen von bis zu 30 000 000 000 Euro.

[2]Das Bundesministerium der Finanzen wird ferner ermächtigt, im laufenden Haushaltsjahr ergänzende Verträge zur Übernahme von Zinsswapgeschäften von bundesunmittelbaren Anstalten des öffentlichen Rechts in alleiniger Trägerschaft des Bundes mit einem Vertragsvolumen von bis zu 45 000 000 000 Euro abzuschließen. [3]Auf die Höchstgrenzen nach Satz 1 und 2 werden zusätzliche Verträge nicht angerechnet, die Zinsrisiken aus bereits bestehenden Verträgen verringern oder ausschließen.

(7) [1]Das Bundesministerium der Finanzen wird ermächtigt, auch im folgenden Haushaltsjahr bis zum Tag der Verkündung des Haushaltsgesetzes im Rahmen der Kreditaufnahme folgende Verträge abzuschließen:

1. Kreditverträge bis zur Höhe der Ermächtigung nach Absatz 2 Satz 1, wenn die Kredite zur Tilgung fällig werdender Kredite aufgenommen werden;
2. Verträge nach Absatz 6 in dem in dieser Vorschrift bestimmten Umfang.

[2]Die so in Anspruch genommenen Ermächtigungen werden auf die jeweiligen Ermächtigungen des folgenden Haushaltsjahres angerechnet.

(8) Vor Inanspruchnahme der über 1 Prozent des in § 1 Absatz 1 festgestellten Betrages liegenden Kreditermächtigungen nach § 18 Absatz 3 Satz 1 der Bundeshaushaltsordnung ist der Haushaltsausschuss des Deutschen Bundestages zu unterrichten, sofern nicht aus zwingenden Gründen eine Ausnahme geboten ist.

(9) [1]Das Bundesministerium der Finanzen wird ermächtigt, Kassenverstärkungskredite bis zur Höhe von 20 Prozent des in § 1 Absatz 1 festgestellten Betrages aufzunehmen. [2]Für Geschäfte, die den gleichzeitigen Ver- und Rückkauf von Bundeswertpapieren beinhalten, können weitere Kassenverstärkungskredite bis zur Höhe von 20 Prozent des in § 1 Absatz 1 festgestellten Betrages aufgenommen werden. [3]Das Bundesministerium der Finanzen wird ferner ermächtigt, Kassenverstärkungskredite bis zur Höhe von 10 Prozent des in Absatz 6 Satz 1 Nummer 1 genannten Betrages zur Besicherung von Zinsswapgeschäften aufzunehmen. [4]Zur Besicherung von Zinswährungsswapgeschäften können weitere Kassenverstärkungskredite bis zur Höhe von 10 Prozent des in Absatz 6 Satz 1 Nummer 2 genannten Betrages aufgenommen werden. [5]Das Bundesministerium der Finanzen wird ferner ermächtigt, die Besicherung der gemäß Absatz 6 Satz 2 übernommenen Zinsswapgeschäfte abzuwickeln. [6]Die zu diesem Zweck über den Bund weitergeleiteten Beträge sind nicht auf die Kreditermächtigungen der Sätze 1 bis 4 anzurechnen, sofern diese Beträge dem Bund von den betroffenen Anstalten zur Verfügung gestellt werden. [7]Auf die Kreditermächtigungen der Sätze 1 bis 4 sind die Beträge anzurechnen, die aufgrund von Ermächtigungen früherer Haushaltsgesetze aufgenommen worden sind.

(10) [1]Das Bundesministerium der Finanzen wird ermächtigt, zur Finanzierung der der Bundesanstalt für Landwirtschaft und Ernährung nach § 2 Absatz 1 Satz 2 Nummer 2 des Gesetzes über die Errichtung einer Bundesanstalt für Landwirtschaft und Ernährung vom 2. August 1994 (BGBl. I S. 2018, 2019), das zuletzt durch Artikel 364 der Verordnung vom 31. August 2015 (BGBl. I S. 1474) geändert worden ist, obliegenden Aufgabe Kassenverstärkungskredite bis zur Höhe von 7 000 000 000 Euro aufzunehmen. [2]Auf die Kreditermächtigung sind die Beträge anzurechnen, die aufgrund von Ermächtigungen früherer Haushaltsgesetze aufgenommen worden sind.

§ 3
Gewährleistungsermächtigungen

(1) [1]Das Bundesministerium der Finanzen wird ermächtigt, Bürgschaften, Garantien oder sonstige Gewährleistungen bis zur Höhe von insgesamt 821 710 000 000 Euro zu übernehmen, davon

1. bis zu 155 000 000 000 Euro im Zusammenhang mit förderungswürdigen oder im besonderen staatlichen Interesse der Bundesrepublik Deutschland liegenden Ausfuhren,
2. bis zu 75 000 000 000 Euro
   a) für Kredite an ausländische Schuldner zur Finanzierung förderungswürdiger Vorhaben oder bei besonderem staatlichen Interesse der Bundesrepublik Deutschland,
   b) zur Absicherung des politischen Risikos bei förderungswürdigen Direktinvestitionen im Ausland,
   c) für Kredite der Europäischen Investitionsbank an Schuldner außerhalb der Europäischen Union,
3. bis zu 35 000 000 000 Euro
   a) für Kredite zur Mitfinanzierung entwicklungspolitisch förderungswürdiger Vorhaben der bilateralen Finanziellen Zusammenarbeit,
   b) für zinsverbilligte Kredite für entwicklungspolitisch förderungswürdige Vorhaben der bilateralen Finanziellen Zusammenarbeit,
   c) für Förderkredite der Kreditanstalt für Wiederaufbau für entwicklungspolitisch förderungswürdige Vorhaben der bilateralen Finanziellen Zusammenarbeit sowie
   d) für zinsverbilligte Kredite der Kreditanstalt für Wiederaufbau für bilaterale Vorhaben des internationalen Klima- und Umweltschutzes,
4. bis zu 700 000 000 Euro für Marktordnungs- und Bevorratungsmaßnahmen auf dem Ernährungsgebiet,
5. bis zu 430 000 000 000 Euro zur Förderung der Binnenwirtschaft und zur Abdeckung von Haftungslagen im In- und Ausland,
6. bis zu 110 000 000 000 Euro im Zusammenhang mit der Beteiligung der Bundesrepublik Deutschland an europäischen oder internationalen Finanzinstitutionen und Fonds,
7. bis zu 1 010 000 000 Euro für die Nachfolgeeinrichtungen der Treuhandanstalt,
8. bis zu 15 000 000 000 Euro zur Absicherung des Zinsrisikos bei der Refinanzierung von Krediten für den Bau von Schiffen im Sinne des Anhangs I der Verordnung (EU) Nr. 1233/2011 des Europäischen Parlaments und des Rates vom 16. November 2011 über die Anwendung bestimmter Leitlinien auf dem Gebiet der öffentlich unterstützten Exportkredite sowie zur Aufhebung der Beschlüsse 2001/76/EG und 2001/77/EG des Rates (ABl. L 326 vom 8.12.2011, S. 45) auf deutschen Werften.

[2]Einzelheiten ergeben sich aus den verbindlichen Erläuterungen zu Kapitel 3208 des Bundeshaushaltsplans.

(2) [1]Auf die in Absatz 1 Satz 1 genannten Höchstbeträge werden die aufgrund der Ermächtigungen früherer Haushaltsgesetze übernommenen Gewährleistungen angerechnet, soweit der Bund noch in Anspruch genommen werden

kann. [2]In diesem Fall erfolgt eine Anrechnung auch, soweit er in Anspruch genommen worden ist und für die erbrachten Leistungen keinen Ersatz erlangt hat.

(3) Gewährleistungen nach Absatz 1 Satz 1 können auch in ausländischer Währung übernommen werden; sie sind auf der Basis desjenigen Euro-Referenzkurses der Europäischen Zentralbank auf den Höchstbetrag anzurechnen, der vor der Ausfertigung der Gewährleistungserklärung zuletzt festgestellt worden ist.

(4) [1]Eine Bürgschaft, Garantie oder sonstige Gewährleistung ist auf den Höchstbetrag der entsprechenden Ermächtigung in der Höhe anzurechnen, in der der Bund daraus in Anspruch genommen werden kann. [2]Zinsen und Kosten sind auf den jeweiligen Ermächtigungsrahmen nur anzurechnen, soweit dies gesetzlich bestimmt ist oder bei der Übernahme ein gemeinsamer Haftungsbetrag für Hauptverpflichtung, Zinsen und Kosten festgelegt wird.

(5) Soweit in den Fällen der Gewährleistungsübernahme nach Absatz 1 Satz 1 der Bund ohne Inanspruchnahme von seiner Haftung frei wird oder Ersatz für erbrachte Leistungen erlangt hat, ist eine übernommene Gewährleistung auf den Höchstbetrag nicht mehr anzurechnen.

(6) Die in Absatz 1 Satz 1 Nummer 1 bis 8 genannten Ermächtigungsrahmen können mit Einwilligung des Haushaltsausschusses des Deutschen Bundestages auch für Zwecke der jeweils anderen Gewährleistungsermächtigungen verwendet werden.

(7) [1]Das Bundesministerium der Finanzen wird ermächtigt, zusätzliche Gewährleistungen nach Absatz 1 Satz 1 bis zur Höhe von 30 Prozent des in Absatz 1 Satz 1 bestimmten Ermächtigungsrahmens mit Einwilligung des Haushaltsausschusses des Deutschen Bundestages unter den Voraussetzungen des § 37 Absatz 1 der Bundeshaushaltsordnung zu übernehmen. [2]Eine Ausnahme von der Einwilligung des Haushaltsausschusses des Deutschen Bundestages ist nur aus zwingenden Gründen gestattet.

(8) Vor Übernahme von Bürgschaften, Garantien und sonstigen Gewährleistungen nach Absatz 1 Satz 1, die eine Übernahme einer Eventualverpflichtung von 1 000 000 000 Euro oder mehr vorsehen, ist der Haushaltsausschuss des Deutschen Bundestages zu unterrichten, sofern nicht aus zwingenden Gründen eine Ausnahme geboten ist.

§ 4
Über- und außerplanmäßige Ausgaben und Verpflichtungsermächtigungen

(1) [1]Der Betrag nach § 37 Absatz 1 Satz 4 der Bundeshaushaltsordnung wird auf 5 000 000 Euro festgesetzt. [2]Über- und außerplanmäßige Ausgaben, die im Einzelfall den in Satz 1 festgelegten Betrag, im Falle der Erfüllung von Rechtsverpflichtungen einen Betrag von 50 000 000 Euro überschreiten, sind vor Einwilligung des Bundesministeriums der Finanzen dem Haushaltsausschuss des

Deutschen Bundestages zur Unterrichtung vorzulegen, sofern nicht aus zwingenden Gründen eine Ausnahme geboten ist.

(2) [1]Der Betrag nach § 38 Absatz 1 Satz 3 der Bundeshaushaltsordnung wird auf 10 000 000 Euro festgesetzt. [2]Für über- oder außerplanmäßige Verpflichtungsermächtigungen, bei denen die Ausgaben nur in einem Haushaltsjahr fällig werden, wird der Betrag auf 5 000 000 Euro festgesetzt. [3]Die Betragsgrenze nach Satz 2 wird auch überschritten, wenn bei mehrjährigen über- oder außerplanmäßigen Verpflichtungsermächtigungen der in Satz 2 genannte Betrag in einem Fälligkeitsjahr überschritten wird. [4]Wenn über- oder außerplanmäßige Ausgaben und über- oder außerplanmäßige Verpflichtungsermächtigungen zusammentreffen, gilt insgesamt der in Satz 1 genannte Betrag; Absatz 1 bleibt unberührt. [5]Über- und außerplanmäßige Verpflichtungsermächtigungen, die die in den Sätzen 1 bis 4 festgelegten Beträge überschreiten, sind vor Einwilligung des Bundesministeriums der Finanzen dem Haushaltsausschuss des Deutschen Bundestages zur Unterrichtung vorzulegen, sofern nicht aus zwingenden Gründen eine Ausnahme geboten ist. [6]Bei über- und außerplanmäßigen Verpflichtungsermächtigungen ist § 37 Absatz 4 der Bundeshaushaltsordnung entsprechend anzuwenden.

(3) Das Bundesministerium der Finanzen wird ermächtigt, mit Einwilligung des Haushaltsausschusses des Deutschen Bundestages bei Aktiengesellschaften, an denen der Bund beteiligt ist, einem genehmigten Kapital im Sinne des § 202 des Aktiengesetzes zuzustimmen und sich zur Leistung des auf den Bundesanteil entfallenden Erhöhungsbetrages zu verpflichten.

Abschnitt 2
Bewirtschaftung von Einnahmen, Ausgaben und Verpflichtungsermächtigungen

§ 5
Flexibilisierte Ausgaben

(1) Auf die in Teil I Buchstabe D des Gesamtplans aufgeführten Kapitel des Bundeshaushalts sind die Absätze 2 bis 5 anzuwenden, soweit im Einzelfall keine andere Regelung durch Haushaltsvermerk getroffen ist.

(2) [1]Innerhalb der einzelnen Kapitel sind jeweils gegenseitig deckungsfähig:
1. Ausgaben der Hauptgruppe 4, ohne Ausgaben der Titel der Gruppe 411 und der Titel 428 .2, sowie Ausgaben der Titel 634 .3,
2. Ausgaben der Titel 511 .1, 514 .1, 517 .1, 518 .1, 519 .1, 523 .1, 525 .1, 526 .1, 526 .2, 527 .1, 527 .3, 532 .1, 532 .2, 532 .3, 539 .9, 543 .1, 544 .1 und 545 .1,
3. Ausgaben der Titel 632 .9, 636 .9, 671 .9, 681 .8, 681 .9, 684 .9, 686 .9 und 687 .9,
4. Ausgaben der Titel der Gruppen 711 bis 739,
5. Ausgaben der Titel der Hauptgruppe 8.

[2]Ausgaben anderer als der in den Nummern 1 bis 5 aufgeführten Titel, die durch Haushaltsvermerk in die flexibilisierten Ausgaben einbezogen werden, sind innerhalb der einzelnen Kapitel dem jeweiligen Ausgabenbereich nach Maßgabe ihrer Hauptgruppenzugehörigkeit zuzuordnen.

(3) Im Verhältnis der in Absatz 2 genannten Ausgabenbereiche zueinander dürfen zusätzliche Ausgaben bis zur Höhe von 20 Prozent der Summe der Sollansätze des jeweiligen Ausgabenbereichs aus Einsparungen bei den unter Nummern 2 bis 5 in Absatz 2 genannten Ausgabenbereichen geleistet werden.

(4) Die Ausgaben der in Absatz 2 genannten Ausgabenbereiche sind übertragbar.

(5) Für die flexibilisierten Ausgaben in den Kapiteln 0111, 0211, 0311, 0411, 0431, 0451, 0511, 0611, 0711, 0811, 0911, 1011, 1111, 1211, 1411, 1511, 1611, 1711, 1911, 2011, 2111, 2311 und 3011 gilt in Ergänzung zu den Absätzen 2 bis 4 folgende Regelung: Mehrausgaben dürfen gegen Einsparung innerhalb der flexibilisierten Ausgaben desselben Ausgabenbereichs nach Absatz 2 der anderen Kapitel des jeweiligen Einzelplans geleistet werden, wenn über das Soll und die Ausgabereste des deckungsberechtigten Titels vollständig für dessen Zweck verfügt ist.

(6) Das Nähere bestimmt das Bundesministerium der Finanzen.

§ 6
Verstärkungsmöglichkeiten, Deckungsfähigkeit, Zweckbindung

(1) Innerhalb eines Kapitels fließen die Einnahmen den Ausgaben bei folgenden Titeln zu:

1. Titel der Hauptgruppe 4 aus Personalkostenzuschüssen für die berufliche Eingliederung behinderter und schwerbehinderter Menschen sowie für Arbeitsbeschaffungsmaßnahmen und weitere Maßnahmen zur Eingliederung Arbeitsloser sowie aus Erstattungsleistungen nach dem Altersteilzeitgesetz vom 23. Juli 1996 (BGBl. I S. 1078), das zuletzt durch Artikel 22 des Gesetzes vom 12. Dezember 2019 (BGBl. I S. 2652) geändert worden ist,
2. Titel der Hauptgruppen 5 bis 8 aus Sachkostenzuschüssen für die berufliche Eingliederung behinderter und schwerbehinderter Menschen,
3. Titel der Obergruppe 44 aus Erstattungen und Schadenersatzleistungen Dritter.

(2) Innerhalb eines Kapitels fließen die Einnahmen den Ausgaben bei den Titeln zu, die den flexibilisierten Ausgabenbereichen gemäß § 5 Absatz 2 Satz 1 Nummer 1 oder 2 zugeordnet sind, soweit es sich bei den Einnahmen um Erstattungen und Beiträge Dritter handelt.

(3) Für die Kapitel des Bundeshaushalts, auf die § 5 Absatz 2 bis 5 nicht anzuwenden ist, gilt:

1. Die obersten Bundesbehörden können die Deckungsfähigkeit der Ausgaben bei Titeln der Gruppen 511 bis 525, 527 und 539 innerhalb eines Kapitels anordnen, soweit die Mittel nicht übertragbar sind, die Mehrausgaben des Einzeltitels nicht mehr als 20 Prozent betragen und die Maßnahme wirtschaftlich zweckmäßig erscheint.
2. Soweit eine Deckung nach Nummer 1 nicht möglich ist, kann das Bundesministerium der Finanzen in besonders begründeten Ausnahmefällen zulassen, dass Mehrausgaben bei Titeln der Gruppen 514 und 517 bis zur Höhe von 30 Prozent des Sollansatzes durch Einsparungen anderer Ausgaben innerhalb der Hauptgruppe 5 desselben Einzelplans gedeckt werden.
3. Mehrausgaben bei Titel 526 .1 können gegen Einsparungen bei anderen Ausgaben der Obergruppen 51 bis 54 desselben Einzelplans gedeckt werden.

(4) Innerhalb eines Kapitels dürfen Mehrausgaben für Mieten und Pachten im Zusammenhang mit dem Einheitlichen Liegenschaftsmanagement bei Titel 518.2 bis zur Höhe der Einsparungen bei den in die Flexibilisierung nach § 5 einbezogenen Titeln geleistet werden.

(5) [1]Das Bundesministerium der Finanzen wird ermächtigt, mit Einwilligung des Haushaltsausschusses des Deutschen Bundestages innerhalb des Einzelplans 14 die Deckungsfähigkeit der Ausgaben bei Titeln der Gruppen 551 bis 559 der Kapitel 1404 bis 1408 sowie bei Titel 514 03 in Kapitel 1407 anzuordnen, falls dies aufgrund von Umständen, die nach Inkrafttreten des Haushaltsgesetzes eingetreten sind, wirtschaftlich zweckmäßig erscheint. [2]Für das Kapitel 1405 gilt dies mit der Einschränkung, dass nur die einseitige Deckungsfähigkeit mit Deckungsberechtigung für das Kapitel 1405 angeordnet werden kann. [3]Die Regelungen nach Satz 1 und 2 gelten auch für übertragbare Ausgaben. [4]Das Bundesministerium der Finanzen wird darüber hinaus ermächtigt, mit Einwilligung des Haushaltsausschusses des Deutschen Bundestages innerhalb des Einzelplans 14 die Deckungsfähigkeit der Ausgaben bei einzelnen Titeln mit Ausnahme der Titel der Gruppe 529 anzuordnen, wenn unvorhergesehen und unabweisbar Mehrausgaben geleistet werden müssen, um die Wirtschaftlichkeit des Betriebs der Streitkräfte zu verbessern.

(6) [1]Bei Titel 537 02 des Kapitels 6003 fließen Erstattungen der obersten Bundesbehörden für die Inanspruchnahme des Flugdienstes zwischen Köln/Bonn und Berlin den Ausgaben zu. [2]Bei den Titeln 527 .1 und 453 .1 der obersten Bundesbehörden fließen Erstattungen des nachgeordneten Bereichs sowie von Dritten im Zusammenhang mit dem Flugdienst zwischen Köln/Bonn und Berlin den Ausgaben zu.

(7) [1]Innerhalb eines Kapitels können Mehreinnahmen aus der Veräußerung von Dienstkraftfahrzeugen herangezogen werden, um die Ausgaben für die Ersatzbeschaffung von Dienstkraftfahrzeugen zu verstärken. [2]Das Nähere bestimmt das Bundesministerium der Finanzen.

(8) Das Aufkommen an Mineralölsteuer, das nach Artikel 1 des Straßenbaufinanzierungsgesetzes in der im Bundesgesetzblatt Teil III, Gliederungsnummer 912-3, veröffentlichten bereinigten Fassung, das zuletzt durch Artikel 19 des Gesetzes vom 14. August 2017 (BGBl. I S. 3122) geändert worden ist, und nach Artikel 3 des Verkehrsfinanzgesetzes 1971 vom 28. Februar 1972 (BGBl. I S. 201), das zuletzt durch Artikel 99 des Gesetzes vom 8. Dezember 2010 (BGBl. I S. 1864) geändert worden ist, für Zwecke des Straßenwesens gebunden ist, ist auch für sonstige verkehrspolitische Zwecke im Bereich des Bundesministeriums für Verkehr und digitale Infrastruktur zu verwenden.

(9) Die Erhebung von Mehreinnahmen bei Kapitel 6002 Titel 359 01 bedarf der Einwilligung des Haushaltsausschusses des Deutschen Bundestages.

(10) [1]Innerhalb eines Kapitels dürfen für interne Verrechnungen nach § 61 der Bundeshaushaltsordnung bei Titel 981 .3 Mehrausgaben bis zur Höhe der Einsparungen geleistet und Ausgabetitel bis zur Höhe der Einnahmen bei Titel 381 .3 verstärkt werden. [2]Das Bundesministerium der Finanzen wird ermächtigt, diese Titel auszubringen.

(11) § 20 Absatz 1 der Bundeshaushaltsordnung findet auf die Festtitel 428 .2 „Entgelte für Wissenschaftlerinnen und Wissenschaftler" keine Anwendung.

§ 7
Überlassung und Veräußerung von Vermögensgegenständen sowie Verzicht auf Auslagenerstattung

(1) [1]Nach § 63 Absatz 3 Satz 2 der Bundeshaushaltsordnung wird zugelassen, dass Software, die von Bundesdienststellen im Bereich der Datenverarbeitung entwickelt worden ist, unentgeltlich an Stellen der öffentlichen Verwaltung im Inland abgegeben wird, soweit Gegenseitigkeit besteht. [2]Das gilt auch für Software, die von Bundesdienststellen erworben worden ist. [3]Für erworbene Lizenzen an Standardsoftware ist die jeweilige Lizenzvereinbarung maßgebend.

(2) Nach § 63 Absatz 3 Satz 2 der Bundeshaushaltsordnung wird zugelassen, dass Vorschriften in elektronischer Form, beispielsweise über das Internet, unentgeltlich oder gegen ermäßigtes Entgelt bereitgestellt werden können.

(3) [1]Es wird zugelassen, dass bei Maßnahmen zur Bewältigung der Flüchtlingskrise insbesondere im Rahmen der Amtshilfe auf eine Auslagenerstattung gemäß § 8 Absatz 1 Satz 2 des Verwaltungsverfahrensgesetzes verzichtet werden kann. [2]Entsprechendes gilt für Mehrausgaben im Personalbereich für diese Maßnahmen im Rahmen der Amtshilfe.

§ 8
Bewilligung von Zuwendungen

(1) [1]Ausgaben und Verpflichtungsermächtigungen für Zuwendungen im Sinne des § 23 der Bundeshaushaltsordnung zur Deckung der gesamten Ausgaben oder

eines nicht abgegrenzten Teils der Ausgaben einer Einrichtung außerhalb der Bundesverwaltung (institutionelle Förderung) sind gesperrt, solange der Haushalts- oder Wirtschaftsplan des Zuwendungsempfängers nicht von der zuständigen obersten Bundesbehörde gebilligt ist. [2]Der Haushalts- oder Wirtschaftsplan bedarf darüber hinaus der Billigung des Bundesministeriums der Finanzen, wenn er erstmals aufgestellt wird und in sonstigen vom Bundesministerium der Finanzen festgelegten Fällen.

(2) [1]Die in Absatz 1 genannten Zuwendungen zur institutionellen Förderung dürfen nur mit der Auflage bewilligt werden, dass der Zuwendungsempfänger seine Beschäftigten nicht besserstellt als vergleichbare Arbeitnehmerinnen und Arbeitnehmer des Bundes. [2]Entsprechendes gilt bei Zuwendungen zur Projektförderung, wenn die Gesamtausgaben des Zuwendungsempfängers überwiegend aus Zuwendungen der öffentlichen Hand bestritten werden. [3]Das Bundesministerium der Finanzen kann bei Vorliegen zwingender Gründe Ausnahmen zulassen. [4]Die Sätze 1 und 2 gelten nicht, soweit eine Wissenschaftseinrichtung gemäß § 2 des Wissenschaftsfreiheitsgesetzes vom 5. Dezember 2012 (BGBl. I S. 2457), das durch Artikel 153 der Verordnung vom 19. Juni 2020 (BGBl. I S. 1328) geändert worden ist, den bei ihr beschäftigten Wissenschaftlerinnen und Wissenschaftlern Gehälter oder Gehaltsbestandteile aus Mitteln zahlt, die weder unmittelbar noch mittelbar von der deutschen öffentlichen Hand finanziert werden. [5]Satz 4 gilt auch für sonstige im wissenschaftsrelevanten Bereich Beschäftigte, wenn sie im Rahmen der Planung, Vorbereitung, Durchführung, Auswertung oder Bewertung von Forschungsvorhaben einen wesentlichen Beitrag leisten.

§ 9
Baumaßnahmen der Bundesanstalt für Immobilienaufgaben

[1]Die §§ 24 und 54 der Bundeshaushaltsordnung bleiben für Baumaßnahmen zur Deckung des Raumbedarfs für Bundeszwecke nach § 2 Absatz 1 Satz 2 des Gesetzes über die Bundesanstalt für Immobilienaufgaben vom 9. Dezember 2004 (BGBl. I S. 3235), das durch Artikel 15 Absatz 83 des Gesetzes vom 5. Februar 2009 (BGBl. I S. 160) geändert worden ist, die im Wirtschaftsplan der Bundesanstalt für Immobilienaufgaben veranschlagt werden, unberührt. [2]Das Bundesministerium der Finanzen kann hiervon Ausnahmen zulassen.

§ 10
Bezüge

(1) [1]Abweichend von § 50 Absatz 3 der Bundeshaushaltsordnung können die Personalausgaben für abgeordnete Beschäftigte für die Dauer von bis zu drei Jahren von der abordnenden Verwaltung weitergezahlt werden. [2]Weiterzahlungen über drei Jahre hinaus bedürfen, sofern sie nicht durch Haushaltsvermerk geregelt sind, der Einwilligung des Bundesministeriums der Finanzen.

(2) [1]Innerhalb eines Kapitels dürfen Zulagen nach § 45 des Bundesbesoldungsgesetzes für Beamtinnen und Beamte bis zur Höhe von 0,1 Prozent der veranschlagten Ausgaben der Titel 422 .1 geleistet werden. [2]Innerhalb der Kapitel 1403 und 1412 dürfen Zulagen nach § 45 des Bundesbesoldungsgesetzes für Soldatinnen und Soldaten bis zur Höhe von 0,1 Prozent der veranschlagten Ausgaben des Titels 423 01 geleistet werden.

(3) Soweit Soldatinnen und Soldaten Leistungsprämien, Leistungszulagen oder Leistungsstufen gewährt werden, sind die Titel der Gruppe 423 der Kapitel 1403 und 1412 gegenseitig deckungsfähig.

(4) [1]Die obersten Bundesbehörden werden ermächtigt, Zuschüsse für ein Jobticket für Beschäftigte und Auszubildende in Höhe von bis zu 40 Euro monatlich, höchstens jedoch in Höhe der hälftigen durchschnittlichen monatlichen Jahresticketkosten bei Bezug eines 12-Monats-Abonnement, aus den Titeln der Gruppen 422, 423, 427 und 428 zu leisten. [2]Das Nähere regelt das Bundesministerium des Innern, für Bau und Heimat im Einvernehmen mit dem Bundesministerium der Finanzen.

§ 11
Verbriefung von Verpflichtungen

Das zuständige Bundesministerium wird ermächtigt, die Beteiligungen, Zuschüsse und Beiträge der Bundesrepublik Deutschland zugunsten der in Kapitel 0904 Titel 687 04, Kapitel 2303 Titel 687 04 und 896 09, Kapitel 2304 Titel 687 01, 687 02, 687 03, 687 04 und 687 05 des Bundeshaushaltsplans erwähnten internationalen Finanzinstitutionen und Fonds durch Hingabe unverzinslicher Schuldscheine zu erbringen.

§ 12
Liquiditätshilfen, Fälligkeit von Zuschüssen und Leistungen des Bundes an die Rentenversicherung

(1) [1]Die Liquiditätshilfen an die Bundesagentur für Arbeit nach § 364 des Dritten Buches Sozialgesetzbuch sind auf 18 000 000 000 Euro begrenzt. [2]Der Ermächtigungsrahmen darf wiederholt in Anspruch genommen werden. [3]Das der Bundesagentur für Arbeit im Haushaltsjahr 2020 gewährte und bis zum Ende des Haushaltsjahres 2021 nach § 365 des Dritten Buches Sozialgesetzbuch gestundete Darlehen des Bundes wird am Ende des Haushaltsjahres 2021 erlassen, soweit die Bundesagentur für Arbeit es nicht am Schluss des Haushaltsjahres 2021 zurückzahlen kann. [4]Die der Bundesagentur für Arbeit im Haushaltsjahr 2021 nach § 364 des Dritten Buches Sozialgesetzbuch als Darlehen gewährten unterjährigen Liquiditätshilfen werden am Ende des Haushaltsjahres 2021 abweichend von § 365 des Dritten Buches Sozialgesetzbuch in einen Zuschuss umgewandelt, soweit die Bundesagentur für Arbeit sie nicht bis zum Schluss des Haushaltsjah-

res 2021 zurückzahlen kann. [5]Der Erlass des Darlehens nach Satz 3 und die Umwandlung in einen Zuschuss nach Satz 4 erfolgen

1. nur bis zu der Höhe, in der die nicht zurückgezahlten Darlehen die allgemeine Rücklage der Bundesagentur für Arbeit am Ende des Haushaltsjahres 2021 übersteigen und
2. nur bis zur Höhe der Ausgaben der Bundesagentur für Arbeit für konjunkturelles Kurzarbeitergeld und für die Erstattung von Sozialversicherungsbeiträgen an Arbeitgeber in den Haushaltsjahren 2020 und 2021.

[6]Die Umwandlung in einen Zuschuss nach Satz 4 erfolgt erst, wenn der Darlehenserlass nach Satz 3 in voller Höhe in Anspruch genommen wurde.

(2) Die Liquiditätshilfe an die Bundesanstalt für Finanzdienstleistungsaufsicht ist auf 20 000 000 Euro begrenzt.

(3) [1]Die Zuschüsse des Bundes an die allgemeine Rentenversicherung und seine an die allgemeine Rentenversicherung zu entrichtenden Beiträge für Kindererziehungszeiten werden in zwölf gleichen Monatsraten gezahlt. [2]Abweichend von Satz 1 kann im Einvernehmen mit dem Bundesministerium der Finanzen die Zahlung vorgezogen werden, soweit dies zur Stabilisierung der Finanzlage der allgemeinen Rentenversicherung erforderlich ist.

(4) [1]Die Liquiditätshilfen an den Gesundheitsfonds nach § 271 Absatz 3 des Fünften Buches Sozialgesetzbuch sind auf 4 000 000 000 Euro begrenzt. [2]Der Ermächtigungsrahmen darf wiederholt in Anspruch genommen werden. [3]Die Zahlung von Leistungen des Bundes nach § 221 Absatz 1 des Fünften Buches Sozialgesetzbuch kann im Einvernehmen mit dem Bundesministerium der Finanzen vorgezogen werden, soweit dies zur Vermeidung von Liquiditätshilfen nach § 271 Absatz 3 des Fünften Buches Sozialgesetzbuch erforderlich ist.

(5) [1]Das Bundesministerium der Finanzen wird ermächtigt, eine zinslose, zur Aufrechterhaltung einer ordnungsgemäßen Kassenwirtschaft notwendige Liquiditätshilfe an die Postbeamtenversorgungskasse bis zu einer Höhe von 250 000 000 Euro zu leisten. [2]Das Darlehen ist so bald wie möglich zurückzuzahlen, spätestens jedoch mit dem Ende des Haushaltsjahres.

(6) [1]Das Bundesministerium der Finanzen wird ermächtigt, nach Maßgabe des Satzes 2 der Bundesanstalt für Landwirtschaft und Ernährung zur Erfüllung ihrer Aufgabe nach § 2 Absatz 1 Satz 2 Nummer 2 des Gesetzes über die Errichtung einer Bundesanstalt für Landwirtschaft und Ernährung vom 2. August 1994 (BGBl. I S. 2018, 2019), das zuletzt durch Artikel 364 der Verordnung vom 31. August 2015 (BGBl. I S. 1474) geändert worden ist, verzinsliche Liquiditätshilfen bis zu einer Höhe von insgesamt 7 000 000 000 Euro zu leisten. [2]Die Liquiditätshilfen dürfen nur in dem Umfang bereitgestellt werden, in dem die Bundesanstalt für Landwirtschaft und Ernährung Ausgaben zu leisten hat und entsprechende Mittel aus dem Haushalt der Europäischen Union noch nicht zur Verfügung gestellt sind. [3]Die Liquiditätshilfen sind so bald wie möglich zurückzuzah-

len, spätestens jedoch mit Erhalt der Mittelzuweisungen aus dem Haushalt der Europäischen Union.

(7) Der Bund leistet im Haushaltsjahr 2021 einen ergänzenden Zuschuss in Höhe von 5 Milliarden Euro an den nach § 271 des Fünften Buches Sozialgesetzbuch eingerichteten Gesundheitsfonds.

(8) [1]Der Bund leistet im Haushaltsjahr 2021 einen ergänzenden Zuschuss in Höhe von 32 500 000 Euro an die Künstlersozialkasse. [2]Der Entlastungszuschuss wird bei der Bestimmung des Prozentsatzes der Künstlersozialabgabe für das Jahr 2021 neben den in § 26 Absatz 2 Nummer 1 bis 3 des Künstlersozialversicherungsgesetzes vom 27. Juli 1981 (BGBl. I S. 705), das zuletzt durch Artikel 2f des Gesetzes vom 14. Oktober 2020 (BGBl. I S. 2112) geändert worden ist, genannten Berechnungsgrundlagen berücksichtigt.

§ 13
Rückzahlung, Titelverwechslung

(1) Die Rückzahlung zu viel erhobener Einnahmen kann aus dem jeweiligen Einnahmetitel geleistet werden und ist dann bei dem betreffenden Einnahmetitel abzusetzen.

(2) [1]Bei einer unrichtigen Zahlung, bei Doppelzahlungen oder Überzahlungen darf die Rückzahlung, soweit § 5 gilt, stets von der Ausgabe abgesetzt werden, im Übrigen nur, wenn die Bücher noch nicht abgeschlossen sind. [2]Die Rückzahlung zu viel geleisteter Personalausgaben ist stets beim jeweiligen Ausgabetitel abzusetzen.

(3) Titelverwechslungen dürfen nur berichtigt werden, solange die Bücher noch nicht abgeschlossen sind.

Abschnitt 3
Bewirtschaftung der Planstellen und Stellen

§ 14
Verbindlichkeit des Stellenplans

(1) [1]Die Erläuterungen zu den Titeln 428 .1 sind hinsichtlich der Zahl der für die einzelnen Entgeltgruppen angegebenen Stellen verbindlich. [2]Abweichungen von den verbindlichen Erläuterungen bedürfen der Einwilligung des Bundesministeriums der Finanzen. [3]Pauschale Abweichungen kann das Bundesministerium der Finanzen unter der Bedingung zulassen, dass dadurch die Personalausgaben der einbezogenen Stellen um mindestens 5 Prozent gemindert werden.

(2) [1]Die Erläuterungen zu den Titeln, aus denen Verwaltungskosten erstattet oder Zuwendungen im Sinne des § 23 der Bundeshaushaltsordnung zur institutionellen Förderung geleistet werden, sind hinsichtlich der Zahl der für die einzelnen Entgeltgruppen angegebenen Stellen verbindlich. [2]Dies gilt nicht für Stellen, die

für Projektaufgaben ausgebracht sind. [3]Die Wertigkeit außertariflicher Stellen ist durch Angabe der entsprechenden Besoldungsgruppen zu kennzeichnen. [4]Abweichungen von den verbindlichen Erläuterungen bedürfen der Einwilligung des Bundesministeriums der Finanzen. [5]Für die Fälle unvorhergesehener und tarifrechtlich unabweisbarer Höhergruppierungsansprüche kann das Bundesministerium der Finanzen seine Befugnisse auf die obersten Bundesbehörden übertragen.

§ 15
Ausbringung von Planstellen und Stellen

(1) [1]Das Bundesministerium der Finanzen wird ermächtigt, mit Einwilligung des Haushaltsausschusses des Deutschen Bundestages Planstellen für Beamtinnen und Beamte und Stellen für Arbeitnehmerinnen und Arbeitnehmer sowie Planstellen oberhalb der Besoldungsgruppe B 3 für Soldatinnen und Soldaten zusätzlich auszubringen, wenn hierfür ein unabweisbarer, auf andere Weise nicht zu befriedigender Bedarf besteht. [2]Die neu ausgebrachten Planstellen und Stellen sind in finanziell gleichwertigem Umfang durch den Wegfall anderer Planstellen und Stellen einzusparen. [3]Die für den Einzelplan zuständige Stelle gibt dem Bundesrechnungshof Gelegenheit zur Stellungnahme.

(2) [1]Das Bundesministerium der Finanzen wird ermächtigt, Planstellen und Stellen auszubringen, um Bedienstete folgender Einrichtungen zu übernehmen:
1. von bundesunmittelbaren juristischen Personen des öffentlichen Rechts,
2. von Unternehmen im Sinne von § 65 der Bundeshaushaltsordnung,
3. von Sondervermögen des Bundes oder
4. von Zuwendungsempfängern, die durch den Bund institutionell gefördert werden.

[2]Die Ausbringung dieser Planstellen und Stellen setzt voraus, dass für diese Bediensteten keine Planstellen und Stellen im Bundeshaushalt ausgebracht sind, ein Personalüberhang bei den genannten Einrichtungen besteht, ein unabweisbarer, auf andere Weise nicht zu befriedigender Bedarf besteht, die Finanzierung der neu ausgebrachten Planstellen und Stellen auf Dauer sichergestellt ist und die Übernahme der Bediensteten zu einer Entlastung des Bundeshaushalts an anderer Stelle führt.

§ 16
Ausbringung von Planstellen und Stellen für Überhangpersonal

(1) Das Bundesministerium der Finanzen wird ermächtigt, bei nachgewiesenem Bedarf Planstellen und Stellen auszubringen, wenn feststeht, dass sie mit Überhangpersonal von Bundesbehörden besetzt werden; mit der Versetzung des Überhangpersonals fallen die frei werdenden Planstellen und Stellen weg.

(2) Die im Bundeshaushalt ausgebrachten Haushaltsvermerke, wonach Planstellen und Stellen nur mit Überhangpersonal besetzt werden dürfen, entfallen nach der Versetzung des Überhangpersonals.

(3) Zur Deckung eines nachgewiesenen Mehrbedarfs bei Personalausgaben für die nach Absatz 1 ausgebrachten Planstellen und Stellen dürfen Haushaltsmittel von den abgebenden Bundesbehörden umgesetzt werden.

§ 17
Ausbringung von Ersatzplanstellen und Ersatzstellen

(1) [1]Soweit ein unabweisbarer Bedarf besteht, einen Dienstposten wiederzubesetzen, gilt eine Planstelle für die Beamtin oder den Beamten, die oder der als Ersatzkraft die Funktion wahrnehmen soll, als ausgebracht, wenn die bisherige Inhaberin oder der bisherige Inhaber des Dienstpostens

1. nach § 14 des Deutschen Richtergesetzes in einem Land als Richterin oder Richter kraft Auftrags verwendet werden soll oder
2. mindestens sechs Monate im Rahmen der internationalen Zusammenarbeit ohne Wegfall der Dienstbezüge verwendet oder auf eine entsprechende Verwendung vorbereitet werden soll.

[2]Die Planstelle ist bis zur Rückkehr der bisherigen Inhaberin oder des bisherigen Inhabers des Dienstpostens befristet und hat die Wertigkeit der Besoldungsgruppe der Beamtin oder des Beamten, die oder der als Ersatzkraft die Funktion wahrnehmen soll; die Wertigkeit der Planstelle der bisherigen Inhaberin oder des bisherigen Inhabers des Dienstpostens wird nicht überschritten.

(2) Absatz 1 gilt entsprechend für Richterinnen und Richter, Soldatinnen und Soldaten sowie für Arbeitnehmerinnen und Arbeitnehmer.

§ 18
Ausbringung von Leerstellen

(1) Eine Leerstelle der entsprechenden Besoldungsgruppe gilt von Beginn der Beurlaubung oder Verwendung an als ausgebracht für planmäßige Beamtinnen und Beamte,

1. die nach § 92 Absatz 1, § 95 Absatz 1, § 90 Absatz 3 Satz 1 Nummer 2 des Bundesbeamtengesetzes oder nach § 7 des Dienstrechtlichen Begleitgesetzes vom 30. Juli 1996 (BGBl. I S. 1183), das zuletzt durch Artikel 15 Absatz 1 des Gesetzes vom 5. Februar 2009 (BGBl. I S. 160) geändert worden ist, ohne Dienstbezüge mindestens für sechs Monate beurlaubt werden,
2. die nach § 6 der Mutterschutz- und Elternzeitverordnung vom 12. Februar 2009 (BGBl. I S. 320), die zuletzt durch Artikel 2 der Verordnung vom 20. Mai 2020 (BGBl. I S. 1061) geändert worden ist, mindestens sechs Monate ohne Unterbrechung Elternzeit in Anspruch nehmen,
3. die im unmittelbaren Anschluss an eine Elternzeit nach Nummer 2 zum Zwecke der Fortsetzung der Kinderbetreuung ohne Dienstbezüge beurlaubt werden,
4. die nach § 24 des Gesetzes über den Auswärtigen Dienst vom 30. August 1990 (BGBl. I S. 1842), das zuletzt durch Artikel 175 der Verord-

nung vom 19. Juni 2020 (BGBl. I S. 1328) geändert worden ist, unter Wegfall der Besoldung für die Dauer der Tätigkeit der Ehepartnerin oder des Ehepartners an einer Auslandsvertretung beurlaubt werden,

5. die im dienstlichen Interesse des Bundes unter Wegfall der Dienstbezüge mindestens sechs Monate für eine der folgenden Verwendungen beurlaubt werden:
   a) bei einer Fraktion oder Gruppe des Deutschen Bundestages oder eines Landtages,
   b) bei einer juristischen Person des öffentlichen Rechts,
   c) bei einer öffentlichen zwischenstaatlichen oder überstaatlichen Einrichtung,
   d) im Rahmen der entwicklungspolitischen Zusammenarbeit oder bei einer Tätigkeit im Rahmen der Hilfe beim Aufbau des Rechtssystems der Staaten Mittel- und Osteuropas oder der Gemeinschaft Unabhängiger Staaten oder bei einer Auslandshandelskammer,
   e) bei einem zu mindestens 50 Prozent aus Zuwendungen des Bundes institutionell geförderten Zuwendungsempfänger oder bei einer vergleichbaren Mitgliedseinrichtung der Wissenschaftsgemeinschaft Gottfried Wilhelm Leibniz e. V.

   oder
6. die beim Bundeskanzleramt oder beim Bundespräsidialamt verwendet werden.

(2) Kehren mehrere Beamtinnen und Beamte gleichzeitig in den Bundesdienst zurück, kann das Bundesministerium der Finanzen Sonderregelungen zur Nachbesetzung treffen.

(3) Die Absätze 1 und 2 gelten entsprechend für Richterinnen und Richter, Soldatinnen und Soldaten sowie für Arbeitnehmerinnen und Arbeitnehmer.

(4) Werden planmäßige Bundesrichterinnen oder Bundesrichter an einem obersten Gerichtshof des Bundes zu Richterinnen oder Richtern des Bundesverfassungsgerichts gewählt, kann die zuständige oberste Bundesbehörde für diese Richterinnen oder Richter eine Leerstelle der bisherigen Besoldungsgruppe ausbringen.

(5) [1]Das Bundesministerium der Finanzen wird ermächtigt, Leerstellen, die nach Absatz 1 Nummer 1 bis 5 als ausgebracht gelten oder die für die in Absatz 1 Nummer 1 bis 5 genannten Tatbestände ausgebracht sind, anzupassen, wenn eine Beförderung erfolgen soll. [2]Das Bundesministerium der Finanzen wird ermächtigt, die Befugnis nach Satz 1 auf die obersten Bundesbehörden zu übertragen. [3]Leerstellen, die nach Absatz 1 Nummer 6 als ausgebracht gelten oder die für die in Absatz 1 Nummer 6 genannten Tatbestände ausgebracht sind, gelten als angepasst, wenn die oder der Bedienstete auf einer Planstelle oder Stelle des Bundeskanzleramtes oder des Bundespräsidialamtes befördert oder höhergruppiert worden ist.

§ 19
Umwandlung von Planstellen und Stellen

Die obersten Bundesbehörden werden ermächtigt, Planstellen in gleichwertige Stellen und Stellen in gleichwertige Planstellen umzuwandeln, soweit dafür ein unabweisbarer Bedarf besteht.

§ 20
Sonderregelungen

(1) [1]Das Bundesministerium der Finanzen wird ermächtigt zuzulassen, dass von einem kw-Vermerk mit Datumsangabe abgewichen wird, wenn die Planstelle oder Stelle weiter benötigt wird, weil sie nicht rechtzeitig frei wird. [2]In diesem Fall fällt die nächste freiwerdende Planstelle oder Stelle der betreffenden Besoldungs- oder Entgeltgruppe weg.

(2) [1]Die obersten Bundesbehörden werden ermächtigt, Planstellen und Stellen, die einen kw-Vermerk tragen, nach ihrem Freiwerden mit schwerbehinderten Menschen wiederzubesetzen, wenn es sich um eine Neueinstellung oder eine beamtenrechtliche Anstellung handelt und eine nach den §§ 154 bis 159 des Neunten Buches Sozialgesetzbuch berechnete Beschäftigungsquote schwerbehinderter Menschen von 6 Prozent bei den Planstellen und Stellen des Einzelplans nicht erreicht ist. [2]Mit Ausscheiden des schwerbehinderten Menschen aus der Planstelle oder Stelle fällt diese weg. [3]Sie bleibt ausnahmsweise erhalten, wenn die Beschäftigungsquote nach Satz 1 zu diesem Zeitpunkt noch nicht erreicht ist und die Planstelle oder Stelle wieder mit einem schwerbehinderten Menschen besetzt wird. [4]Die Sätze 1 bis 3 gelten nicht, wenn die Planstelle oder Stelle den Vermerk „kw mit Wegfall der Aufgabe“ trägt, sowie für Ersatzplanstellen und Ersatzstellen, die nach § 17 oder aufgrund der entsprechenden Regelungen früherer Haushaltsgesetze ausgebracht wurden oder als ausgebracht gelten.

(3) [1]Behörden, für die Planstellen und Stellen im Haushaltsplan beschlossen werden, dürfen Arbeitsverträge, die nach dem Teilzeit- und Befristungsgesetz vom 21. Dezember 2000 (BGBl. I S. 1966), das zuletzt durch Artikel 10 des Gesetzes vom 22. November 2019 (BGBl. I S. 1746) geändert worden ist, ohne Vorliegen eines sachlichen Grundes kalendermäßig befristet sind, nicht abschließen, wenn die Anzahl der nach dem Teilzeit- und Befristungsgesetz sachgrundlos befristeten Arbeitsverträge damit 2,5 Prozent ihres Stellensolls im jeweiligen Kapitel übersteigen würde. [2]Das Bundesministerium der Finanzen wird ermächtigt, bei Vorliegen zwingender Gründe Ausnahmen zuzulassen. [3]Ein zwingender Grund liegt insbesondere vor, wenn der Stellenaufbau zur Beendigung sachgrundlos befristeter Beschäftigungsverhältnisse noch nicht abgeschlossen ist.

§ 21
Überhangpersonal

Freie Planstellen und Stellen sind vorrangig mit Bediensteten zu besetzen, die bei anderen Behörden der Bundesverwaltung wegen Aufgabenrückgangs oder wegen Auflösung der Behörde nicht mehr benötigt werden.

Abschnitt 4
Übergangs- und Schlussvorschriften

§ 22
Stundung von Ansprüchen

§ 59 Absatz 1 Satz 1 Nummer 1 der Bundeshaushaltsordnung findet im Haushaltsjahr 2021 mit der Maßgabe Anwendung, dass die Wörter „und der Anspruch durch die Stundung nicht gefährdet wird" gestrichen werden.

§ 23
Fortgeltung

§ 2 Absatz 2 Satz 3 und 4, Absatz 4 und 5 sowie die §§ 3 bis 21 gelten bis zum Tag der Verkündung[236] des Haushaltsgesetzes des folgenden Haushaltsjahres weiter.

§ 24
Inkrafttreten

Dieses Gesetz tritt am 1. Januar 2021 in Kraft.

236 **Anm. d. Verlages:** Verkündet am 29.12.2020.

Gesamtplan des Bundeshaushaltsplans 2021

Teil I: **Haushaltsübersicht**

A. Einnahmen

B. Ausgaben

C. Verpflichtungsermächtigungen und deren Fälligkeiten

D. Flexibilisierte Ausgaben nach § 5 des Haushaltsgesetzes

Teil II: **Berechnung der zulässigen Kreditaufnahme nach § 5 des Artikel 115-Gesetzes sowie der Verordnung über das Verfahren zur Bestimmung der Konjunkturkomponente nach § 5 des Artikel 115-Gesetzes**

Teil III: **Finanzierungsübersicht**

Teil IV: **Kreditfinanzierungsplan**

Gesamtplan – Teil I: Haushaltsübersicht

A. Einnahmen

Epl.	Bezeichnung	Summe Einnahmen 2021 1 000 €	Summe Einnahmen 2020 1 000 €	gegenüber 2020 mehr (+) weniger (–) 1 000 €
1	2	3	4	5
01	Bundespräsident und Bundespräsidialamt	**193**	193	–
02	Deutscher Bundestag	**1 779**	1 945	–166
03	Bundesrat	**86**	56	+30
04	Bundeskanzlerin und Bundeskanzleramt	**3 502**	2 902	+600
05	Auswärtiges Amt	**200 789**	170 694	+30 095
06	Bundesministerium des Innern, für Bau und Heimat	**1 195 621**	1 206 020	–10 399
07	Bundesministerium der Justiz und für Verbraucherschutz	**624 777**	614 777	+10 00
08	Bundesministerium der Finanzen	**620 446**	318 670	+301 776
09	Bundesministerium für Wirtschaft und Energie	**465 095**	463 940	+1 155

Epl.	Bezeichnung	Summe Einnahmen		gegenüber 2020 mehr (+) weniger (–)
		2021 1 000 €	2020 1 000 €	1 000 €
1	2	3	4	5
10	Bundesministerium für Ernährung und Landwirtschaft	**80 381**	65 132	+15 249
11	Bundesministerium für Arbeit und Soziales	**1 813 314**	2 111 042	–297 728
12	Bundesministerium für Verkehr und digitale Infrastruktur	**8 085 379**	8 572 956	–487 577
14	Bundesministerium der Verteidigung	**260 797**	485 897	–225 100
15	Bundesministerium für Gesundheit	**102 691**	93 617	+9 074
16	Bundesministerium für Umwelt, Naturschutz und nukleare Sicherheit	**852 978**	892 232	–39 254
17	Bundesministerium für Familie, Senioren, Frauen und Jugend	**199 048**	245 848	–46 800
19	Bundesverfassungsgericht	**40**	40	–
20	Bundesrechnungshof	**3 925**	3 907	+18
21	Der Bundesbeauftragte für den Datenschutz und die Informationsfreiheit	**85**	61	+24
23	Bundesministerium für wirtschaftliche Zusammenarbeit und Entwicklung	**802 525**	790 813	+11 712
30	Bundesministerium für Bildung und Forschung	**40 276**	39 276	+1 000
32	Bundesschuld	**180 921 280**	218 924 396	–38 003 116
60	Allgemeine Finanzverwaltung	**302 344 993**	273 525 344	+28 819 649
	Einnahmen	**498 620 00**	**508 529 758**	**–9 909 758**

Zu Spalte 3: Darin enthalten sind

- Steuereinnahmen in Höhe von 292 794 000 T€,
- Einnahmen aus Krediten in Höhe von 179 820 000 T€ sowie
- sonstige Einnahmen in Höhe von 26 006 000 T€.

Epl.	Bezeichnung	Steuern und steuerähnliche Abgaben 2021 1 000 €	Verwaltungseinnahmen 2021 1 000 €	Übrige Einnahmen 2021 1 000 €
1	2	6	7	8
01	Bundespräsident und Bundespräsidialamt	–	3	190
02	Deutscher Bundestag	–	1 779	–
03	Bundesrat	–	66	20
04	Bundeskanzlerin und Bundeskanzleramt	–	3 464	38
05	Auswärtiges Amt	–	200 589	200
06	Bundesministerium des Innern, für Bau und Heimat	–	911 960	283 661
07	Bundesministerium der Justiz und für Verbraucherschutz	–	624 493	284
08	Bundesministerium der Finanzen	–	566 744	53 702
09	Bundesministerium für Wirtschaft und Energie	–	463 322	1 773
10	Bundesministerium für Ernährung und Landwirtschaft	–	73 997	6 384
11	Bundesministerium für Arbeit und Soziales	–	46 354	1 766 960
12	Bundesministerium für Verkehr und digitale Infrastruktur	–	7 909 122	176 257
14	Bundesministerium der Verteidigung	–	169 575	91 222
15	Bundesministerium für Gesundheit	–	102 089	602
16	Bundesministerium für Umwelt, Naturschutz und nukleare Sicherheit	–	73 434	779 544
17	Bundesministerium für Familie, Senioren, Frauen und Jugend	–	19 824	179 224
19	Bundesverfassungsgericht	–	40	–
20	Bundesrechnungshof	–	14	3 911
21	Der Bundesbeauftragte für den Datenschutz und die Informationsfreiheit	–	85	–
23	Bundesministerium für wirtschaftliche Zusammenarbeit und Entwicklung	–	15 004	787 521
30	Bundesministerium für Bildung und Forschung	–	30 245	10 031
32	Bundesschuld	–	656 290	180 264 990
60	Allgemeine Finanzverwaltung	293 030 000	7 772 101	1 542 892
	Summe Haushalt 2021	**293 030 000**	**19 640 594**	**185 949 406**

Epl.	Bezeichnung	Steuern und steuerähnliche Abgaben 2021 1 000 €	Verwaltungseinnahmen 2021 1 000 €	Übrige Einnahmen 2021 1 000 €
1	2	6	7	8
	Summe Haushalt 2020	**264 778 000**	**19 106 168**	**224 645 590**
	gegenüber 2020 mehr(+)/weniger(–)	**+28 252 000**	**+534 426**	**–38 696 184**

B. Ausgaben

Epl.	Bezeichnung	Summe Ausgaben		gegenüber 2020 mehr (+) weniger (–) 1 000 €
		2021 1 000 €	2020 1 000 €	
1	2	3	4	5
01	Bundespräsident und Bundespräsidialamt	**44 650**	44 691	–41
02	Deutscher Bundestag	**1 059 755**	1 032 811	+26 944
03	Bundesrat	**41 189**	39 449	+1 740
04	Bundeskanzlerin und Bundeskanzleramt	**3 652 407**	4 385 165	–732 758
05	Auswärtiges Amt	**6 301 728**	6 623 861	–322 133
06	Bundesministerium des Innern, für Bau und Heimat	**18 457 714**	15 668 285	+2 789 429
07	Bundesministerium der Justiz und für Verbraucherschutz	**957 461**	919 734	+37 727
08	Bundesministerium der Finanzen	**8 742 340**	7 916 447	+825 893
09	Bundesministerium für Wirtschaft und Energie	**10 433 534**	10 568 355	–134 821
10	Bundesministerium für Ernährung und Landwirtschaft	**7 676 076**	7 018 276	+657 800
11	Bundesministerium für Arbeit und Soziales	**164 920 480**	170 682 386	–5 761 906
12	Bundesministerium für Verkehr und digitale Infrastruktur	**41 154 472**	36 783 457	+4 371 015
14	Bundesministerium der Verteidigung	**46 930 012**	45 645 981	+1 284 031
15	Bundesministerium für Gesundheit	**35 299 023**	41 250 354	–5 951 331
16	Bundesministerium für Umwelt, Naturschutz und nukleare Sicherheit	**2 657 058**	3 020 884	–363 826
17	Bundesministerium für Familie, Senioren, Frauen und Jugend	**13 128 091**	13 628 263	–500 172
19	Bundesverfassungsgericht	**37 170**	35 866	+1 304

20	Bundesrechnungshof	**168 882**	163 135	+5 747
21	Der Bundesbeauftragte für den Datenschutz und die Informationsfreiheit	**31 537**	26 846	+4 691
23	Bundesministerium für wirtschaftliche Zusammenarbeit und Entwicklung	**12 425 681**	12 434 082	–8 401
30	Bundesministerium für Bildung und Forschung	**20 799 427**	20 308 692	+490 735
32	Bundesschuld	**10 793 596**	16 732 027	–5 938 431
60	Allgemeine Finanzverwaltung	**92 907 717**	93 600 711	–692 994
	Ausgaben	**498 620 000**	**508 529 758**	**–9 909 758**

Epl.	**Bezeichnung**	**Personal-ausgaben** **2021** **1 000 €**	**Sächliche Verwal-tungsausga-ben** **2021** **1 000 €**	**Militäri-sche Beschaf-fungen, Anlagen usw.** **2021** **1 000 €**	**Schulden-dienst** **2021** **1 000 €**
1	**2**	**6**	**7**	**8**	**9**
01	Bundespräsident und Bundespräsidialamt	25 185	12 932	–	–
02	Deutscher Bundestag	711 963	174 145	–	–
03	Bundesrat	19 266	14 059	–	–
04	Bundeskanzlerin und Bundeskanzleramt	344 676	1 297 514	–	–
05	Auswärtiges Amt	1 031 150	446 959	–	–
06	Bundesministerium des Innern, für Bau und Heimat	5 038 524	4 566 841	–	–
07	Bundesministerium der Justiz und für Verbraucherschutz	593 238	185 886	–	–
08	Bundesministerium der Finanzen	3 710 947	1 640 968	–	–
09	Bundesministerium für Wirtschaft und Energie	951 292	385 039	–	–
10	Bundesministerium für Ernährung und Landwirtschaft	370 796	266 944	–	–
11	Bundesministerium für Arbeit und Soziales	248 666	154 082	–	–
12	Bundesministerium für Verkehr und digitale Infrastruktur	1 780 474	1 952 219	–	–
14	Bundesministerium der Verteidigung	19 295 332	7 624 496	18 145 168	–

Epl.	Bezeichnung	Personal-ausgaben 2021 1 000 €	Sächliche Verwal-tungsausga-ben 2021 1 000 €	Militäri-sche Beschaf-fungen, Anlagen usw. 2021 1 000 €	Schulden-dienst 2021 1 000 €
1	2	6	7	8	9
15	Bundesministerium für Gesundheit ..	292 665	265 125	–	–
16	Bundesministerium für Umwelt, Naturschutz und nukleare Sicherheit	318 810	381 010	–	–
17	Bundesministerium für Familie, Senioren, Frauen und Jugend	171 725	65 714	–	–
19	Bundesverfassungsgericht	27 693	5 301	–	–
20	Bundesrechnungshof	128 477	26 604	–	–
21	Der Bundesbeauftragte für den Datenschutz und die Informations-freiheit	20 489	7 761	–	–
23	Bundesministerium für wirtschaftli-che Zusammenarbeit und Entwick-lung	105 399	71 705	–	–
30	Bundesministerium für Bildung und Forschung	131 469	115 614	–	–
32	Bundesschuld	–	92 580	–	5 781 016
60	Allgemeine Finanzverwaltung	641 040	489 090	10 000	–
	Summe Haushalt 2021	**35 959 276**	**20 242 588**	**18 155 168**	**5 781 016**
	Summe Haushalt 2020	**35 412 706**	**18 632 235**	**17 155 750**	**9 557 165**
	gegenüber 2020 mehr(+)/weni-ger(–)	**+546 570**	**+1 610 353**	**+999 418**	**–3 766 149**

Epl.	Bezeichnung	Zuweisun-gen und Zuschüsse (ohne Inves-titionen) 2021 1 000 €	Ausgaben für Investi-tionen 2021 1 000 €	Besondere Finanzie-rungsausga-ben 2021 1 000 €
1	2	10	11	12
01	Bundespräsident und Bundespräsidialamt	4 652	1 881	–
02	Deutscher Bundestag	150 137	23 510	–
03	Bundesrat	699	7 165	–

04	Bundeskanzlerin und Bundeskanzleramt	1 517 887	506 011	–13 681
05	Auswärtiges Amt	4 652 678	256 679	–85 738
06	Bundesministerium des Innern, für Bau und Heimat	4 148 671	4 957 199	–253 521
07	Bundesministerium der Justiz und für Verbraucherschutz	156 096	30 593	–8 352
08	Bundesministerium der Finanzen	2 577 669	812 756	–
09	Bundesministerium für Wirtschaft und Energie	5 181 020	4 040 620	–124 437
10	Bundesministerium für Ernährung und Landwirtschaft	5 719 693	1 431 544	–112 901
11	Bundesministerium für Arbeit und Soziales	165 197 420	20 312	–700 000
12	Bundesministerium für Verkehr und digitale Infrastruktur	9 976 246	27 704 356	–258 823
14	Bundesministerium der Verteidigung	1 926 457	570 511	–631 952
15	Bundesministerium für Gesundheit	35 088 021	168 530	–515 318
16	Bundesministerium für Umwelt, Naturschutz und nukleare Sicherheit	264 427	1 726 373	–33 562
17	Bundesministerium für Familie, Senioren, Frauen und Jugend	11 907 919	1 056 328	–73 595
19	Bundesverfassungsgericht	2 644	1 532	–
20	Bundesrechnungshof	7 780	6 021	–
21	Der Bundesbeauftragte für den Datenschutz und die Informationsfreiheit	1 300	1 987	–
23	Bundesministerium für wirtschaftliche Zusammenarbeit und Entwicklung	3 875 744	8 418 263	–45 430
30	Bundesministerium für Bildung und Forschung	18 598 444	2 421 626	–467 726
32	Bundesschuld	–	4 920 000	–
60	Allgemeine Finanzverwaltung	59 369 541	2 767 863	29 630 183
	Summe Haushalt 2021	**330 325 145**	**61 851 660**	**26 305 147**
	Summe Haushalt 2020	**356 829 219**	**71 286 323**	**–2 343 640**
	gegenüber 2020 mehr(+)/weniger(–)	**–28 504 074**	**–9 434 663**	**+28 648 787**

C. Verpflichtungsermächtigungen und deren Fälligkeiten

Epl.	Bezeichnung	Verpflichtungs-ermächtigung 2021 1 000 €	von dem Gesamtbetrag (Spalte 3) dürfen fällig werden 2022 1 000 €	2023 1 000 €	2024 1 000 €	Folgejahre 1 000 €	in künftigen Haushalts-jahren 1 000 €
1	2	3	4	5	6	7	8
01	Bundespräsident und Bundespräsidialamt	1 748	437	437	437	437	–
02	Deutscher Bundestag	25 057	10 755	4 692	1 194	3 239	5 177
04	Bundeskanzlerin und Bundeskanzleramt	1 930 677	471 879	480 483	390 562	573 003	14 750
05	Auswärtiges Amt	2 279 160	1 040 287	603 695	397 979	237 199	–
06	Bundesministerium des Innern, für Bau und Heimat	11 448 158	2 783 233	2 018 131	1 868 673	4 778 121	–
07	Bundesministerium der Justiz und für Verbraucherschutz	67 102	12 295	23 009	13 408	18 390	–
08	Bundesministerium der Finanzen	2 143 021	426 822	260 025	161 174	1 295 000	–
09	Bundesministerium für Wirtschaft und Energie	8 841 801	3 097 136	2 512 454	1 815 095	1 395 926	21 190
10	Bundesministerium für Ernährung und Landwirtschaft	1 739 413	683 853	531 003	382 023	142 534	–
11	Bundesministerium für Arbeit und Soziales	8 131 955	3 187 945	2 283 025	1 167 285	1 493 700	–
12	Bundesministerium für Verkehr und digitale Infrastruktur	25 423 151	5 619 877	4 638 340	3 704 880	8 330 054	3 130 000
14	Bundesministerium der Verteidigung	24 855 834	5 172 377	4 425 499	3 712 384	11 545 574	–

15	Bundesministerium für Gesundheit	472 338	188 975	143 265	94 288	45 810	–
16	Bundesministerium für Umwelt, Naturschutz und nukleare Sicherheit	2 170 714	644 025	547 630	429 665	549 394	–
17	Bundesministerium für Familie, Senioren, Frauen und Jugend	952 583	622 471	206 418	110 444	13 250	–
19	Bundesverfassungsgericht	5 904	284	3 309	2 156	155	–
20	Bundesrechnungshof	21 356	6 486	7 349	7 521	–	–
23	Bundesministerium für wirtschaftliche Zusammenarbeit und Entwicklung	10 660 491	1 510 500	1 463 316	1 062 575	648 880	5 975 220
30	Bundesministerium für Bildung und Forschung	7 096 035	1 951 449	1 680 426	1 547 111	1 596 049	321 00
32	Bundesschuld	1 500 000	–	–	–	–	1 500 000
60	Allgemeine Finanzverwaltung	8 824 230	1 937 686	992 013	405 621	488 910	5 000 000
	Summe	**118 590 728**	**29 368 772**	**22 824 519**	**17 274 475**	**33 155 625**	**15 967 337**

D. Flexibilisierte Ausgaben nach § 5 des Haushaltsgesetzes

Epl.	Bezeichnung	Kapitel	Summe 2021 1 000 €	Summe 2020 1 000 €	gegenüber 2020 mehr (+) weniger (–) 1 000 €
1	2	3	4	5	6
01	Bundespräsident und Bundespräsidialamt	01, 11, 12, 13	**33 019**	33 240	–221
02	Deutscher Bundestag	11, 12, 13, 16, 17	**386 061**	374 756	+11 305
03	Bundesrat	11, 12	**33 515**	31 862	+1 653
04	Bundeskanzlerin und Bundeskanzleramt	10, 11, 12, 13, 31, 32, 51, 52, 53, 54, 55, 56	**429 798**	400 239	+29 559
05	Auswärtiges Amt	04, 11, 12, 13, 14	**1 424 081**	1 438 456	–14 375
06	Bundesministerium des Innern, für Bau und Heimat	11, 12, 14, 15, 16, 17, 18, 19, 20, 21, 22, 23, 24, 25, 28, 29, 33, 34, 35	**7 444 173**	6 588 231	+855 942
07	Bundesministerium der Justiz und für Verbraucherschutz	10, 11, 12, 13, 14, 15, 16, 17, 18, 19	**623 861**	605 074	+18 787
08	Bundesministerium der Finanzen	11, 12, 13, 15, 16	**4 474 530**	4 115 821	+358 709
09	Bundesministerium für Wirtschaft und Energie	11, 12, 13, 14, 15, 16, 17, 18	**1 100 433**	1 027 198	+73 235
10	Bundesministerium für Ernährung und Landwirtschaft	11, 12, 13, 14, 15, 16, 17, 18	**460 746**	483 436	–22 690
11	Bundesministerium für Arbeit und Soziales	11, 12, 13, 14, 15, 16	**263 216**	246 451	+16 765

12	Bundesministerium für Verkehr und digitale Infrastruktur	11, 12, 13, 14, 15, 17, 18, 19, 20, 21, 22, 23, 28	**1 714 328**	1 694 458	+19 870
14	Bundesministerium der Verteidigung	03, 07, 11, 12, 13	**7 026 541**	6 937 638	+88 903
15	Bundesministerium für Gesundheit	11, 12, 13, 15, 16, 17	**408 032**	316 587	+91 445
16	Bundesministerium für Umwelt, Naturschutz und nukleare Sicherheit	11, 12, 13, 14, 15, 16	**424 567**	402 227	+22 340
17	Bundesministerium für Familie, Senioren, Frauen und Jugend	11, 12, 13, 14, 15, 16	**190 971**	177 607	+13 364
19	Bundesverfassungsgericht	11, 12	**30 047**	28 934	+1 113
20	Bundesrechnungshof	11, 12	**115 749**	111 051	+4 698
21	Der Bundesbeauftragte für den Datenschutz und die Informationsfreiheit	11, 12	**28 134**	23 962	+4 172
23	Bundesministerium für wirtschaftliche Zusammenarbeit und Entwicklung	11, 12	**132 828**	128 323	+4 505
30	Bundesministerium für Bildung und Forschung	02, 11, 12	**182 622**	175 799	+6 823
	Summe		**26 927 252**	**25 341 350**	**+1 585 902**

Gesamtplan – Teil II: Berechnung der zulässigen Kreditaufnahme nach § 5 des Artikel 115-Gesetzes sowie der Verordnung über das Verfahren zur Bestimmung der Konjunkturkomponente nach § 5 des Artikel 115-Gesetzes

Komponenten zur Berechnung der zulässigen Kreditaufnahme	Betrag für 2021 Millionen €
1	2
1. Maximal zulässige strukturelle Nettokreditaufnahme (in % des BIP) ...	0,35
2. Nominales Bruttoinlandsprodukt des der Haushaltsaufstellung vorangegangenen Jahres ...	3 349 050
3. Maximal zulässige strukturelle Nettokreditaufnahme ... (Produkt aus 1. und 2.)	12 072
4. Saldo der finanziellen Transaktionen ... (Differenz zwischen 4a. und 4b.)	–8 451
4a. Finanzielle Transaktionen: Einnahmen ...	(963)
4aa. Einnahmen aus finanziellen Transaktionen Bundeshaushalt ...	963
4ab. Einnahmen aus finanziellen Transaktionen der Sondervermögen ...	–
4b. Finanzielle Transaktionen: Ausgaben ...	(9 414)
4ba. Ausgaben aus finanziellen Transaktionen Bundeshaushalt ..	9 423
4bb. Ausgaben aus finanziellen Transaktionen der Sondervermögen ...	–
5. Konjunkturkomponente ... (Produkt aus 5a. und 5b.)	–12 835
5a. Nominale Produktionslücke ...	–63 260
5b. Budgetsemielastizität (ohne Einheit) ...	0,203
6. Abbauverpflichtung aus dem Kontrollkonto ...	–
7. Zulässige Nettokreditaufnahme ... (Differenz zwischen 3. und der Summe der Positionen 4., 5. und 6.)	**33 358**
8. Nettokreditaufnahme des Bundes ...	179 820
9. Finanzierungssalden der Sondervermögen ...	–17 765
9a. Finanzierungssaldo Energie- und Klimafonds ...	–13 846
9b. Finanzierungssaldo Aufbauhilfefonds ...	–342
9c. Finanzierungssaldo Kommunalinvestitionsförderungsfonds	–1 400

9d. Finanzierungssaldo Digitale Infrastruktur	–1 777
9e. Finanzierungssaldo Ganztagsschulen	–400
10. Für die Schuldenregel relevante Kreditaufnahme (Differenz zwischen 8. und 9.)	**197 585**
11. Überschreitung der zulässigen Nettokreditaufnahme (Differenz zwischen 10. und 7.)	164 227
Nachrichtlich: Stand des Kontrollkontos auf Basis des Haushaltsabschlusses 2019	52 034

Datengrundlage: Statistisches Bundesamt und gesamtwirtschaftliche Vorausschätzungen der Bundesregierung.

Zu 9.: Der Mittelabfluss der einzelnen Sondervermögen basiert auf vorsichtigen Schätzungen.

Differenzen durch Rundung möglich.

Gesamtplan – Teil III: Finanzierungsübersicht

Finanzierungsübersicht	Betrag für 2021	Betrag für 2020
	1 000 €	
1	2	3
1. Berechnung des Finanzierungssaldos		
1.1 Einnahmen (ohne Einnahmen aus Krediten vom Kreditmarkt, Entnahmen aus Rücklagen, Einnahmen aus kassenmäßigen Überschüssen und Münzeinnahmen) *davon:*	318 564 000	290 425 776
Steuereinnahmen	*292 794 000*	*264 446 000*
Verwaltungseinnahmen	*19 640 594*	*19 106 168*
1.2 Ausgaben (ohne Ausgaben zur Schuldentilgung am Kreditmarkt, Zuführungen an Rücklagen und Ausgaben zur Deckung eines kassenmäßigen Fehlbetrages)	498 620 000	508 529 758
Finanzierungssaldo	**–180 056 000**	**–218 103 982**
2. Finanzierungssaldo		
2.1 Deckung des Finanzierungssaldos		
2.1.1 Münzeinnahmen	236 000	332 000
2.1.2 Nettoneuverschuldung (Nettokreditaufnahme) am Kreditmarkt	179 820 000	217 771 982

Finanzierungsübersicht	Betrag für 2021	Betrag für 2020
	1 000 €	
1	2	3
2.1.3 Entnahmen aus Rücklagen	–	–
2.2 Verwendung des Finanzierungssaldos		
2.2.1 Zuführungen an Rücklagen	–	–
2.3 Summe	(180 056 000)	(218 103 982)

Gesamtplan – Teil IV: Kreditfinanzierungsplan

Kreditfinanzierungsplan		Betrag für 2021	Betrag für 2020
		1 000 €	
1		2	3
1.	**Einnahmen**		
1.1	Einnahmen aus Krediten (Bruttokreditaufnahme)	(484 112 676)	(418 288 494)
1.1.1	Laufzeit mehr als vier Jahre	167 394 933	183 258 798
1.1.2	Laufzeit ein bis vier Jahre	35 167 924	172 064 586
1.1.3	Laufzeit weniger als ein Jahr	281 549 819	62 965 111
1.2	Sonstige Einnahmen zur Schuldentilgung	(–)	(18)
1.2.1	Bundesbankmehrgewinn (Kap. 6002 Tit. 121 04)	–	–
1.2.2	Freiwillige Geldleistungen Dritter	–	18
1.2.3	Teilaufhebung von Entschuldungsbescheiden nach Art. 25 Abs. 3 Einigungsvertrag	–	–
1.2.4	Rückbuchung erloschener Restanten	–	–
	Einnahmen	**484 112 676**	**418 288 512**
2.	**Ausgaben zur Tilgung von Krediten**		
2.1	Laufzeit mehr als vier Jahre	84 714 895	101 035 522
2.2	Laufzeit ein bis vier Jahre	43 948 357	46 222 977
2.3	Laufzeit weniger als ein Jahr	182 960 450	75 786 479
	Ausgaben	**311 623 702**	**223 044 978**

3.	**Herleitung der Nettokreditaufnahme**		
3.1	Bruttokreditaufnahme (aus 1.1)	484 112 676	418 288 494
3.2	Sonstige Einnahmen zur Schuldentilgung (aus 1.2)	–	18
		(484 112 676)	(418 288 512)
3.3	Tilgung von Krediten (aus 2.)	– 311 623 702	– 223 044 978
		(172 488 974)	(195 243 534)
3.4	Eigenbestandsveränderung (Marktpflege)	–	–
		(172 488 974)	(195 243 534)
3.5	Selbstbewirtschaftungsmittel		
3.5.1	Nicht kassenwirksame, NKA-erhöhende Haushaltsausgaben zur Finanzierung von Auszahlungen zur Verrechnung auf Selbstbewirtschaftungskonten	–	–
3.5.2	Kassenwirksame, nicht NKA-relevante Kreditaufnahme zur Finanzierung von Auszahlungen an Dritte aus Selbstbewirtschaftungskonten	–	–
3.6	Sondervermögen „Schlusszahlungsvorsorge“		
3.6.1	Nicht kassenwirksame, NKA-erhöhende Haushaltsausgaben zur Finanzierung der Zuführung zum Sondervermögen	70 790	1 039 232
3.6.2	Kassenwirksame, nicht NKA-relevante Kreditaufnahme zur Finanzierung von Auszahlungen aus dem Sondervermögen	–	–2 236 312
3.7	Sondervermögen „Kinderbetreuungsausbau“ und „Kinderbetreuungsfinanzierung“		
3.7.1	Nicht kassenwirksame, NKA-erhöhende Haushaltsausgaben zur Finanzierung der Zuführung zum Sondervermögen	500 000	800 000
3.7.2	Kassenwirksame, nicht NKA-relevante Kreditaufnahme zur Finanzierung von Auszahlungen aus dem Sondervermögen	–735 000	–320 000
3.8	Sondervermögen „Ausbau ganztägiger Bildungs- und Betreuungsangebote für Kinder im Grundschulalter“		
3.8.1	Nicht kassenwirksame, NKA-erhöhende Haushaltsausgaben zur Finanzierung der Zuführung zum Sondervermögen	1 000 000	1 750 000

Kreditfinanzierungsplan		Betrag für 2021	Betrag für 2020
		1 000 €	
1		2	3
3.8.2	Kassenwirksame, nicht NKA-relevante Kreditaufnahme zur Finanzierung von Auszahlungen aus dem Sondervermögen	–1 400 000	–
3.9	Sondervermögen „Aufbauhilfe“		
3.9.1	Nicht kassenwirksame, NKA-erhöhende Haushaltsausgaben zur Finanzierung der Zuführung zum Sondervermögen	–	–
3.9.2	Kassenwirksame, nicht NKA-relevante Kreditaufnahme zur Finanzierung von Auszahlungen aus dem Sondervermögen	–342 000	–728 000
3.10	Sondervermögen „Kommunalinvestitionsförderungsfonds“		
3.10.1	Nicht kassenwirksame, NKA-erhöhende Haushaltsausgaben zur Finanzierung der Zuführung zum Sondervermögen	–	–
3.10.2	Kassenwirksame, nicht NKA-relevante Kreditaufnahme zur Finanzierung von Auszahlungen aus dem Sondervermögen	–1 400 000	–1 300 000
3.11	Sondervermögen „Energie- und Klimafonds“		
3.11.1	Nicht kassenwirksame, NKA-erhöhende Haushaltsausgaben zur Finanzierung der Zuführung zum Sondervermögen	2 479 321	26 523 179
3.11.2	Kassenwirksame, nicht NKA-relevante Kreditaufnahme zur Finanzierung von Auszahlungen aus dem Sondervermögen	–16 325 178	–8 381 921
3.12	Sondervermögen „Digitale Infrastruktur“		
3.12.1	Nicht kassenwirksame, NKA-erhöhende Haushaltsausgaben zur Finanzierung der Zuführung zum Sondervermögen	570 591	1 222 185
3.12.2	Kassenwirksame, nicht NKA-relevante Kreditaufnahme zur Finanzierung von Auszahlungen aus dem Sondervermögen	–2 347 881	–2 249 761
3.13	Rücklage		
3.13.1	Nicht kassenwirksame, NKA-erhöhende Zuführung zur Rücklage	–	–
3.13.2	Nicht kassenwirksame, NKA-verringernde Entnahme aus der Rücklage	–	–

3.14	Rücklage zur Gewährung überjähriger Planungs- und Finanzierungssicherheit für Rüstungsinvestitionen		
3.14.1	Nicht kassenwirksame, NKA-erhöhende Zuführung zur Rücklage	–	–
3.14.2	Nicht kassenwirksame, NKA-verringernde Entnahme aus der Rücklage	–	–
3.15	Umbuchung zum Haushaltsausgleich gemäß dem Haushaltsvermerk zu Kap. 3201	25 260 383	6 409 846
	Nettokreditaufnahme	**179 820 000**	**217 771 982**

Stichwortverzeichnis

I

K

L

M

N

O

P

R

W

Z